巴斯特·基顿

电影的黎明

[美] 达娜·史蒂文斯 著

杨懿晶 译

上海人民出版社

献给我的祖父，大卫·沃尔特·史蒂文斯，

和巴斯特一样，他也出生于 1895 年；

以及我的外祖母，雪莉·弗兰西斯·哈克，

20 世纪 30 年代初"范琼与马可"巡回歌舞团的一名歌舞女郎。

本书中写到的过往，同样也是他们的故事。

目　录

引 言

　　我对巴斯特·基顿的钟爱始于二十五年前，恰在他百年诞辰过后不久。那是 1996 年的春天，我在阿尔萨斯[①]的斯特拉斯堡大学做交换生，那里距离德法边界不远。当地有一家受州政府资助的小型电影资料馆，"奥德赛"。为纪念 1995 年的基顿百年诞辰，"奥德赛"在次年春季又举办了一次纪念影展，组织放映了他的一系列经典默片。从我阴暗的地下室公寓到"奥德赛"只有一个街区的距离，此外——同样受益于政府的慷慨解囊——我能享受的学生优惠也十分可观，因而每部影片我都去看了好几遍。

　　我与这个"Malec"[②]持久的初遇在我心中刻下了难以磨灭的印记。这个面无表情的无名之辈，他的身躯如同橡胶制品一般柔韧——在他自制的默片里，基顿呈现给观众的几乎都是这样的形象。这个表情肃穆、美好优雅、仿佛摆脱了重力制衡的男人是谁？

---

① 法国东北部地区。(全书除特别说明外，脚注均为译者注)
② 法语，意为"小人物、小个子"。

他从哪一个与我们截然不同的宇宙乘风而来？那个世界好似遵循着一套自有的后牛顿派物理学法则。他是怎么做出那些令人叹服的杂耍动作，想到那些叫人捧腹的创意的？银幕以外的他是什么样的？一个人怎么能同时拥有那样灵活的形体、杰出的导演天赋，以及完全不因时光流逝而被削弱的喜剧色彩？

"奥德赛"电影资料馆规模不大，但馆藏和设施都很完备，我每天在那里逗留数小时，试图找到所有关于这个不受重力法则桎梏的男人的信息。不过，从我查找到的资料来看，他的人生故事的确相当精彩，可其中所述的内容都不足以解释他作品中的神秘魅力。这让我陷入了两难的境地：我对巴斯特·基顿了解得越多，就越发感到难以理解他。这样的认知让我焦躁不安，又促使我继续探究下去。那年夏天回到美国后，我不断推迟自己提交论文的日期，把研究内容扩大到他生活和工作过的年代——美国历史上一个非凡的年代，从格罗弗·克利夫兰的第二个任期一直延续到林登·贝恩斯·约翰逊的第一个也是唯一一个完整任期①；就我的家庭历史层面而言，则始于我祖父母辈中最年长的人出生的时刻，一直到我出生的那年。

最终我还是写完论文，拿到了学位。其后二十五年里，我离开学术界，转而投身电视行业，后来又为《石板书》（Slate）杂志②

---

① 格罗弗·克利夫兰（Grover Cleveland, 1837—1908），美国政治家，第22和24任美国总统，是美国历史上唯一一位两度当选且任期不连续的总统，也是内战后第一个当选总统的民主党人。林登·贝恩斯·约翰逊（Lyndon Baines Johnson, 1908—1973），美国第36任总统。1963年肯尼迪总统遇刺身亡后，约翰逊以副总统的身份继任总统一职，后于1964年正式当选为总统。
② 美国知名网络杂志，创立于1996年。内容涵盖美国的时事、政治和文化等内容，总体上持自由主义的编辑立场。

写起了影评。在此期间，我也会短暂地进行一些与基顿相关的研究。不妨这么说，想象生活在那个年代的他，已经成了我的一种兴趣。无论何时，只要我听到某件发生在 1895 年至 1966 年之间的事情，我就会不自觉地把那些人和事嵌入基顿生活与工作的神秘拼图之中。他的一生不过七十年，但就是在这七十年里，电影这一与他同龄的艺术给这个国家和世界都带来了巨大的、堪称重塑性的变化。随着时间的流逝，我越来越确信，要想理解他的人生，就要理解电影作为一种媒介走过的第一个世纪的历史。

回到美国后不久，年轻的我对基顿的沉迷达到了顶峰。一天，我和一名密友约好见面。我们各自吃了一个汉堡，又喝了几杯葡萄酒，之后我们决定一起拿出笔记本，分别尝试创作一首诗。倒不是为了分个高下，只是跟某些朋友分享一瓶酒时，你就会想要那样做。我的诗当然是以巴斯特为主题的；更确切地说，那是一首献给他的诗。它就那样跃然纸上，一首完成度很高的诗，平时我总要冥思苦想，才能写出这样的水平。这首诗是这样的：

越往西，
越迅疾，
巴斯特，赶往
你悲剧的宿命。

攀上桅杆，抵达哀恸之地。
巴斯特，听啊：你在梦中吗？
你在下落吗？你在飞吗？

巴斯特，电影
在死去。

电影在衰败，
时光是股飓风，
声响在
呼号。

无有低语，
也未曾大笑，
巴斯特，
感谢你悲剧的宿命。

我明白，我们应该用自嘲的态度否定自己年少时的多愁善感，
可我写下这首诗的时候，早已过了多愁善感的年纪，而我也始终珍
视这首五十多个词的短诗。事实上，这首写于二十年前的诗里含纳
了这本书的内核，十数年来我一直将其珍藏于心的念头：身为一个
普通人的基顿，被时代抛入了 20 世纪的洪流。为了追溯他飞掠过
的痕迹，让我们首先回到他出生的那一年。

序 章

◆

1895 年

《水浇园丁》剧照，1895 年，卢米埃尔兄弟首次公开放映的影片之一。

　　"本片的主人公**来路不明**——他不知道要去哪里，又被突然丢到了**某地**。"

　　　　　　　　——两本^①影片《暗号》（*The High Sign*，1920）片头

---

① 早年的电影使用放映拷贝，一部影片的胶片会被分成若干卷，"一本"即一卷胶片，时长大约 11—17 分钟。

　　在我的认知里，巴斯特·基顿在历史上的亮相类似于《暗号》的开场，乍显荒谬，实则自有深意。这部制作略显粗糙又稍带荒诞色彩的两本喜剧是巴斯特·基顿制片公司拍摄的第一部影片［尽管他把《暗号》推迟到次年上映，改用第二部独立制作的短片《一周》（*One Week*）作为自己的银幕首秀，显然他对这部如今已成经典的影片更有信心］。在透着几分自得的存在主义气质的片头过后，一列火车自左向右呼啸而过——早在 1920 年，银幕上如此朝向的运动就成了离家奔向未知的指代，告诉观众这辆交通工具"在路上"——主人公从一节敞开的车厢里被猛推下来，推他的人没有露面。他是没买票吗？还是惹恼了同行的人？这无关紧要。他挣扎着站起来，调整了一下头上的平顶帽，坚定地往前方走去。他身无长物地走向这座灰蒙蒙的美国铁路小镇，就像是被命运抛到了这里。

　　哪怕不是被这般突然地投掷到这世上，1895 年本也是历史上相当值得一过的时刻。正要过去的时代与即将到来的时代相互交错，如同一副紧密咬合的齿轮，承载着两者之间蓬勃的能量。那年春天，英国的维多利亚女王步入了其六十三年统治的最后一程；奥斯卡·王尔德被判在雷丁监狱服两年苦役，罪名是"严重猥亵"——十年前才生效的刑事诉讼法修正案将男性间的性行为列为非法，此后这个词就成了英国法律界对这一行为的委婉指称。同年秋天，一个名叫乔治·鲍德温·塞尔登（George Baldwin Selden）的发明家和专利律师在纽约罗切斯特取得了美国首例内燃动力汽车的专利——而他的竞争对手，雄心勃勃、不畏诉讼的亨利·福特最终比他更快地大批量生产并上市了这种汽车。① 与此同时，年轻的银矿开采大亨继承人威廉·伦道夫·赫斯特（William Randolph Hearst）从已是美国参议员的父亲那里接手了一份旧金山小报，并大胆收购了一份景况不佳的便士报②《纽约晨报》（New York Morning Journal），由此发展成一个旗下拥有三十多家报纸的传媒巨头，并改变了即将到来的 20 世纪新闻业的面貌。

同样是在 1895 年，一名爱好科学实验的意大利贵族青年，二十一岁的伽利尔摩·马可尼（Guglielmo Marconi）在父亲的庄园里首次成功地把无线电信号发送到一段相当可观的距离之外。他

---

① 当时美国的专利保护期限是 17 年，塞尔登成立了特许汽车制造商协会，据此向美国各大汽车公司收取专利费用，只有福特与塞尔登进行了长期诉讼，同时建立了自己的量产生产线。

② 又称"美分报"，即售价 1 美分的廉价小报，始于 19 世纪 30 年代，此前美国报纸售价大约为 6 美分。最早的成功例子是《纽约太阳报》，随后各地报业竞相效仿，促使美国报纸的内容趋向大众化、通俗化。

的发明催生了无线电报技术，最终促成了无线电广播和互联网的诞生。也是在那一年，7月底的一个炎热夜晚，一名正与家人度假的奥地利神经学专家从一个怪异的梦中醒来，并生发出一个更为怪异的念头：他要建立一种分析体系，以对梦境的阐释去解析人的精神状态，就从他自己的梦境开始。

弗洛伊德那意义重大却难以解读的梦境，其本质与1895年如出一辙：亟待到来的20世纪尚未揭开全貌，却已初露端倪。那一年，人们为诸多公共议题激烈地辩论，其内容大多与尚未定型的现代性有关；在我这个或许过分痴迷于1895年的人看来，这些议题仍有相当一部分一直延续到了我们眼下所处的时代。就像是20世纪迫不及待地纵身一跃到了较为保守的19世纪身边，让最后五年的它提前看看下一个时代钟情的移动、变化和速度。

同年9月，在佐治亚州举办的一场农业与工业展销会上，教育家、演说家布克·T. 华盛顿（Booker T. Washington）发表了一次反响热烈的演说。他致力于提高被解放黑奴的教育水平，也是战后南方早期民权运动的代言人。当天他的观众主要是白人，演说重点是渐进性地推动种族融合的重要意义。在日后更激进的一代黑人权益活动家眼中，他的演说——也就是后来人们所说的《亚特兰大种族和解声明》（"Atlanta compromise"）——及其背后未曾明言的社会契约过于温和；他们更认同1895年2月去世的社会改革先驱弗雷德里克·道格拉斯（Frederick Douglass）的看法，并在他的感召下把废奴运动和反种族歧视运动推向了高潮。年轻的杜波依斯（W. E. B. Du Bois）成了新一波更激进的民权运动的代言人，这位知识分子型的领袖也是首个获得哈佛大学博士学位的非裔美国人。他获得学位的时间——同样是 1895 年。

那一年，美国生活的方方面面都经历着前路未明的变革：技术、娱乐、交通、教育、劳动市场、种族关系、社会行为与性行为、育儿方式。而在这些可归纳总结的变化背后，是全体国民的生活与行为方式的改变。他们与彼此交往的方式，以及他们与周遭世界相处的方式，都有了更潜移默化且难以定论的差异。维多利亚时代的思维方式被现代性的思考模式所取代。对于生活在一个多世纪以后的我们来说，这些变化及其背后的原因都是显而易见的，但对生活在那个年代的人们却不见得如此。举个与我们这本书的内容相关的例子：1839 年发明的照相技术震撼了人们对于视像的主观经验，而影院内播放的活动影像将会更为彻底地动摇大众几被倾覆的认知；而社会与经济领域的重大变革——迄今最大规模的移民潮、高速发展的工业化进程、首波全球大众流行文化的诞生——又推动了这种新型观看模式的传播，其速度与规模远甚于历史上任何一种新的艺术形式。

当时的大部分美国人都被裹挟进了这一社会、技术和文化变革的大漩涡，相较之下，恐怕鲜有比迈拉·伊迪丝·卡特勒·基顿（Myra Edith Cutler Keaton）受影响更少的人。1895 年 10 月 4 日晚，时年十八、身高不足一米五的她在堪萨斯州皮奎镇一栋陌生人的房子里生下了第一个孩子。房主是镇上的木匠夫妇。那天她的丈夫，乔，恰好要在街对面的教堂大厅演出。乔是一名杂技演员兼“搞怪舞者”，当天他的演出名为“莫西干印第安人魔法秀”[1]，就连身上的行头都是东拼西凑来的。

皮奎镇是一个围绕铁路建起来的小镇，后来迈拉和乔都不曾再踏足此地。他们一开始取名为约瑟夫·弗兰克·基顿①（Joseph Frank Keaton）的长子在晚年开车环游美国时又来过一次。当时陪在他身边的是他的第三任妻子，埃莉诺（Eleanor）。巴斯特在灰蒙蒙的主街上走了五分钟，就要求回到车里，继续往前开。后来，乔声称，在他和迈拉带着新生儿离开皮奎镇后不久，一场龙卷风毁掉了整个小镇。如同乔公开发表的很多言论一样，这番说辞显然也是编造的，当事人非但无意遮掩，还为这番假话颇感自傲。

1895 年 12 月 28 日，卢米埃尔兄弟（Louis and Auguste Lumière）在巴黎大咖啡馆的地下室"印度沙龙"举办了首次付费放映活动，用新近取得专利的"摄影与电影放映机"（Cinématographe）为观众播放他们拍摄的影片。那晚观众一共观看了十部短片，第一部就是《工厂大门》（*Workers Leaving the Factory/La Sortie des Usines Lumièreà Lyon*）。这部如今看来平平无奇的影片令当晚的观众大受震撼，几个固定镜头展示了一群男女工人伴随着（当然是听不见的）下班铃声，从卢米埃尔家族的摄影器材工厂大门鱼贯而出的景象。当天包括《工厂大门》在内的九部影片都属于电影工业最初几年的主流类型——"纪实内容"，或者偶尔被搬演到摄影机前的真实生活事件的简短记录（但这部影片不是演的）。这一切发生时，迈拉和乔已经带着新生儿去了其他偏远的荒僻小镇，继续他们的江湖巡演。

那晚播放的第六部影片《水浇园丁》（*Le Jardinier*），有时也被称作《被喷水的喷水人》（*L'arroseur arose/The Sprinkler Sprinkled*），

---

① 巴斯特·基顿在一次采访中提到，他的父母曾与逃脱术大师哈里·胡迪尼一同巡回演出。有次六个月大的他从楼梯上摔下来却毫发无伤，胡迪尼看到了这一幕，说他"真是个结实的孩子（Buster）"，后来家人就这么称呼他了。

各类电影史通常都将其视为第一部喜剧片，也是第一部有叙事情节的影片。这是一出时长 49 秒的喜剧片段①，利用最简单的喜剧共识，借鉴了法国报刊漫画中以动作和场景制造喜剧效果的手法。一个男人在给花园浇水，一个也许是十岁或十二岁的男孩偷偷溜到他身后踩住水管，切断了水流。疑惑的园丁去检查出水口时，男孩松开脚，喷了"喷水人"一脸的水。于是被淋湿的男人追着男孩跑，拽住男孩的衣领，打了他好几下屁股，随后男孩往镜头外跑去，出画前的最后一刻，他飞快地瞟了一眼摄影机后面的人。

我们或许可以把这部形式简单的闹剧短片看作巴斯特和父亲将要打造的家庭闹剧的前身，只是少了几分艺术性，也不含任何暴力因素。巴斯特父子的演出将成为 20 世纪初杂耍表演业最受欢迎也争议最大的家庭演出。后来持续了十七年之久的"基顿三人秀"（Three Keatons）的核心喜剧前提与《水浇园丁》的基本情节架构如出一辙：淘气的年轻人戏弄严肃的年长者，为此受到惩罚，但他仍然通过让观众发笑而占上风。巴斯特既参与了创作，也是毋庸置疑的演出明星。自 1920 年起，基顿在好莱坞以独立制片人的身份享受了九年的高产创作期，其间他创作的喜剧片一再延续了类似的冲突，只是情节更为复杂，其中担当惩罚性角色的"父亲"往往被自然、科技或无情的命运的力量所取代。

从本质上来说，卢米埃尔兄弟那晚在巴黎咖啡馆地下室放映十部影片的行为主要基于商业宣传的目的。借由这些家庭内容为主的

---

① 原文为 comic sketch，在美式英语中指的是一个喜剧片段，用最简单的表现形式表达一个喜剧概念。

短片，他们想给世人展示的不只是一种娱乐设备，更是一种尚未被商业化的新技术概念的证明。然而，在之后的一百多年里，那晚在印度沙龙放映的内容仍然不断吸引着新的观众。当然，如今唯有思维实验还可能重现当晚观众体味到的新奇震撼。那天首映的观众席里还坐着魔术师和剧院经理乔治·梅里爱（Georges Méliès），他认定自己看到了一种"了不起的魔术手法"。[2] 眼下，我们每个人自出生起就沉浸在影像的世界里。1895 年以来，每过几十年，屏幕就会更进一步占据我们的意识领域，影像与现实的边界也愈发晦暗莫名。大多数时间里，那些发光的长方形屏幕播放着活动的人类影像，不断争夺我们的注意力。无论是在家里、办公室、车里，还是在各种公共空间，人们腕上和掌中的屏幕从不间歇地发着光。我们生活在一个被影像化的世界里，而这个世界又主导了我们的生活。

今时今日的观看之道与那晚坐在咖啡馆地下室折叠椅上的六十来名男女观众之间相隔了起码五代人，这让我们很难重构当时那些观众的感受，甚至无法想象他们是怀着怎样的心情观看了那些影像：喷水人被喷水、奥古斯特·卢米埃尔给戴软帽的吵闹婴儿（他的女儿）一勺勺喂粥，或是工人们接连走出工厂大门踏入夕阳之中。

这倒不是说他们和我们之间观影体验的区别仅在于前者的轻信和稚拙。卢米埃尔的观众大多是受过教育的中产阶级，他们可能也很熟悉当时流行的其他视觉奇观，例如爱迪生的活动电影放映机（Kinetoscope）。当时这种机器在美国各地的游乐场中广为流行，观众只要往卡槽里投一枚硬币，就能透过一个单独的窥孔观看一段不到一分钟的连续活动画面。这么说吧，从观看者的角度而言，卢米埃尔兄弟的放映机只是把仅供一人观看的"窥孔秀"转化为一种可共享的公众体验。

卢米埃尔兄弟的创新不在于把静止的照片串联起来并造成一种活动的假象——自 1878 年埃德沃德·迈布里奇（Eadweard Muybridge）首次用照相机记录一匹马飞奔的完整过程以来，很多人都设法复制了这一技术模式。但就是这对法国兄弟，身为家族照相企业第二代的革新者，首创了这样一个观看电影的公共空间。好几个世纪以来，人们熟悉的戏剧舞台骤然敞开，传统的纵深感摇身一变成了扁平的垂直表面，借由投影仪呈现出一面通向比人生更广阔的，甚至与真实生活几无差异的虚拟世界的窗口。

在有关卢米埃尔兄弟首映当晚的诸多传闻中，有一则流传甚广的误传，声称他们拍摄的火车开进拉西奥塔车站的短片吓坏了第一次看电影的观众，其中一些人以为那列火车会穿透银幕冲进人群，于是跑出了电影院（《火车进站》不在 1895 年 12 月的首映片单里，而要等到次年初的一次放映）。很多电影学者都证实了这件事没有发生过——已知的文献和记述都没有提及任何类似的奔逃事件——但我们不难想象这个传闻为何能够颠扑不破。这幅观众被吓跑的滑稽画面或许过分强调了早期观影者在视觉想象方面的天真——他们无法分辨电影和生活之间的区别，但它准确地预示了后来那些更具冲击力的影像在更广义的文化语境里所携带的符号暴力[1]。那类画面对我们造成的冲击堪比一列运行的火车，而在那列火车对我们造

---

[1]　符号暴力（symbolic violence）是法国社会学家皮埃尔·布迪厄阐述教育与文化再生产理论时提出的概念，指统治阶级通过一定形式将其文化强加给其他阶级的过程。

成了（不乏愉悦体验的）精神"创伤"后，影像与真实世界之间的界限再也不像过去那般泾渭分明。

即便这些早期观众中无人相信银幕上的一列火车真的会冲进现实空间，但这则轶事强调了电影这种新媒介的力量，它跳脱了任何既往的呈现方式，径直侵入观众的意识领域。在巴斯特·基顿投注最多心血也最具技术野心的作品中，他数次重返了那块在想象中被撞裂的银幕，那片真实生活与影像世界之间无法弥合的撕裂之地——在最具代表性的《福尔摩斯二世》(Sherlock Jr.) 中，沉溺于梦境的电影放映员爬进一部影片，搅乱了虚构世界的时序。

对于 21 世纪的观影者，印度沙龙那晚放映的影片会带来一种截然不同的失序感。对今天的我们而言，那种感觉并不基于日常生活被复制到银幕上的震惊，而在于那些早期影片呈现的内容与我们的日常生活之间毫无相似之处。在彼时与此刻，在他们与我们之间，横亘着如此漫长的时光，世界已然经历了翻天覆地的变化。如今我们可以在身边的任何便携式播放设备上观看卢米埃尔兄弟的影片，最令我们动容的是这些影像未经雕琢和编排的特质。如今我们观看早期电影时，往往会有这样的感受，即吸引我们注意的往往不是银幕上发生的一切，而是那些被同时记录下来的打断我们观看行为的动作。《水浇园丁》中的小淘气在最后时刻看了一眼摄影机，这一幕成了首个被镜头记录的打破第四堵墙的活动影像，被摄者与观众的眼神在这一刻产生了交汇，一个全新的观看与被观看的时代由此到来。

印度沙龙那晚播放的另一部时长 41 秒的《跳毯》(Le saut à la couverture/Jumping the Blanket) 记录了一个男人不那么炫目的杂

技尝试。其他人围成一圈，拉开一块类似消防救援用的毯子，男人试了好几次，要跳起来翻过那条毯子，结果都失败了〔短片的另一个标题《消防站的欺侮》(*A Hazing at the Firehouse*) 暗示这个游戏是某种新人入职的仪式〕。最后，跳毯子的人用一个滑稽的俯身斜跳动作来庆祝自己完成了翻越，像是为自己完成了电影史上首个成功的、尽管不那么令人惊艳的特技动作而自豪。

当我试图想象那晚坐在地下室里的巴黎人——尤其是梅里爱，后来七岁的巴斯特很可能看过他 1902 年的热门影片《月球旅行记》(*A Trip to the Moon*) ——我总忍不住把他们的经历和三个月前出生在皮奎的那个婴儿联系起来。在 19 世纪的帷幕落下之前，也就是巴斯特年满六岁以前，他都在舞台上用精彩的杂技演出娱乐观众；他的表演会让卢米埃尔兄弟镜头里不知名的跳毯选手自惭形秽。等到 20 世纪第二个十年结束时，比起他的前人——包括卢米埃尔兄弟、托马斯·爱迪生和其他发明并推广了电影技术的人，刚刚成年不久的巴斯特已经把电影的发展推向了一个此前无人能够想象的高度（从某些角度来看，他的很多创新之举至今仍未被超越）。而到了新世纪第三个十年画上句号时，基顿经历了人生中最多产、艺术野心最盛，也是经济回报最丰厚的时期，彼时他还不满三十五岁，但他的全盛期已然将近尾声，随即就要猝然跌落谷底。

电影这一新兴艺术形式以人们此前无法预见的程度飞速发展起来，而巴斯特这样的人就成了电影艺术蓬勃生机与能量的出口。如今我们很难找到确切的数据支持来分析早期电影业的发展速率，其主要原因在于电影业发展初期，拷贝往往不由发行商统一租借给影院，而是直接出售给流动放映商，这就导致了放映量的难以统计和盗版的肆意泛滥（假设巴斯特确实观看了梅里爱的《月球旅行记》，那很可能是一部美国盗版拷贝）。

1896 年 4 月，托马斯·爱迪生开始在美国用一种新的"维太放映机"（Vitascope）播放自己制作的影片。这种新设备其实不是爱迪生的发明，但他帮忙申请了专利并冠以自己的名号。同年春季，卢米埃尔兄弟带着"摄影与电影放映机"展开了全球巡回展映。相较于爱迪生公司旗下的放映机，他们的发明更让人惊讶——一个优雅的木头盒子，外观更轻盈，噪声也更小；它不仅可以拍摄影像，还能制作并播放这些内容。他们所到之地相距甚远，包括布鲁塞尔、伦敦、孟买、纽约、蒙特利尔和布宜诺斯艾利斯。

到了 1899 年，美国的歌舞杂耍剧场也开始与电影展映商合作，把电影放映加到他们的演出节目单上。进入 20 世纪以后，规模各异的"五分钱电影院"① 如雨后春笋般涌现在美国的各个城镇。这些以入场券标价得名的影院大多由私人经营。作为早期的专营观影场所，它们通常由商店改造而成，放上几排座椅，再加一块质量欠佳的银幕。基于这类营业场所的非官方性质，并且它们开业和关门的速度快得让人无法统计，如今很难确切追溯这股热潮的发展趋势。不过，根据早年间为规范电影行业而建立的美国电影专利公司（Motion Picture Patents Company）的记录，1910 年，全美国大约有一万个对公众开放的观影点，也包括那些把电影放映纳入歌舞杂

---

① "五分钱电影院"（Nickelodeon）是由入场费五分钱（Nickel）这个词，和希腊文戏院（Odeon）这个词结合而成的，因入场费只需一枚五分镍币而得名，故又称"镍币电影院"。最早由戏院经理约翰·P. 哈里斯（John P. Harris）及其妹夫哈里·戴维斯（Harry Davis）于 1905 年在匹兹堡创立，后迅速扩展到整个美国。

要表演节目单的娱乐剧院。[3]

关于摄影机这项技术的起源，以及谁才是它真正的发明者，一向存在诸多争议，而大众对于电影诞生纪念日的看法则要统一得多，往往都把它定为巴黎公开放映的那一天，这几乎成了一种情感上的偏好。不过卢米埃尔兄弟对"摄影与电影放映机"却没有投入太多感情。对这项发明贡献更多的路易·卢米埃尔认定它不过是个新奇的小玩意，至多只能风靡一时。实际上，根据另一则难以证实的电影界传说，在1895年的某个时间点——早于12月的"印度沙龙"放映，不过当时他们已经在一些私人场合和工业博览会上展示过这个设备——路易宣称"电影是一项没有前景的发明"（这个说法流传至今，包括戈达尔也在自己的剧本《蔑视》中有所提及）。

路易用了几年时间推广自己参与建立的娱乐系统，之后重又专注于他在干版彩色摄影① 方面的试验。1903年，卢米埃尔兄弟申请了奥托克罗姆微粒彩色干版的专利，在路易看来，这是他们对摄影技术最为重要的贡献。后来，第二次世界大战期间，兄弟俩又投身于另一项"实验"：路易成了墨索里尼政权坚定的支持者，二人都在维希法国② 执政期间到里昂担任了职务。

路易·卢米埃尔对于自己参与建立的艺术形式前景堪忧的断言

---

① 1851年，英国雕塑家 F.S. 阿切尔（Frederick Scott Archer）发明了"湿版摄影法"，利用火棉胶将感光化学药品附着于玻璃板上，其优点是光敏度高，感光快。1871年，英国医生 R.L. 马多克斯（Richard Leach Maddox）发明了另一种以玻璃为感光版的"干版摄影法"，速度更快，质量更稳定。1903年，卢米埃尔兄弟发明了彩色干版摄影技术，又称奥托克罗姆干版（autochrome），并于1907年开始批量生产彩色干版，让彩色摄影技术从实验走向了应用。
② 维希法国是"二战"期间德国攻入法国并迫使法国投降后，扶持法国政府要员组建的伪政权，存在于1940年7月到1945年间。

往往被后人引作文化视野方面一次缺乏先见之明的历史性败笔。然而，到了 21 世纪，这句话转而产生了新的预见性，传统电影放映模式的未来的确岌岌可危，这种由卢米埃尔兄弟建立起来的观看之道正逐步让位于其他更新的观看方式。不管怎么说，哪怕仅仅为了把这两则电影传奇勾连起来，我也愿意这样假设；路易·卢米埃尔确实对电影这种新媒介不甚明朗的前景下了这句难辨真伪的断言，并且他是在 1895 年 10 月 4 日左右说出这句话的，而在堪萨斯州的皮奎镇，那个有天将会证明他错了的男孩正呱呱坠地。

第一部分　起飞

——◆——

他们都在谈论某样东西。我不知道那是什么，但我明白它是好的，并且认为它是属于我的——可能就像我的篮球一样。他们叫它"20 世纪"。[1]

——巴斯特·基顿，回忆 1899 年的新年夜

他们叫它"20世纪"

"基顿三人组",约1901年。

[照片由鲍勃和米娜科·伯根(Bob and Minako Borgen)提供]

1899 年的新年夜，普罗克特 [①] 的二十三街剧院后台，一个四岁的小男孩还沉浸在上周收到的圣诞礼物带给他的巨大欣喜之中：那是一只由皮革缝合而成的棕色圆球。以它为主角的赛事在美国开展了还不到十年，职业联赛也才初具雏形。即便你不是那个男孩，这一晚也可谓意义重大。当然，巴斯特还过于年幼，不可能知道从一个世纪步入另一个世纪意味着什么，或者这一转变对他的双亲意味着什么——那年冬天，他们曾在纽约艰难地寻找工作，一家人不时陷入饥寒交迫的境地——突然有了足够的收入，可以给他买一份奢侈的礼物。

事情的经过是这样的：12 月初，乔和迈拉的双人杂技组合在托尼·奥斯托尔 [②] 的剧院遭遇了滑铁卢——按照乔后来在他偶尔为之

---

① 弗雷德里克·弗里曼·普罗克特（Frederick Freeman Proctor，1851—1929），美国歌舞杂耍演出经理、剧院老板。鼎盛时期的他在东海岸拥有 25 间歌舞杂耍剧院。
② 托尼·帕斯托尔（Tony Pastor，1837—1908），美国剧院经理人、喜剧歌手，被视为美国杂耍歌舞表演的创始人。

供稿的《纽约戏剧镜报》(*New York Dramatic Mirror*)某一个专栏上的说法,"演出并不……不算成功吧"[1],但他设法为自己和迈拉在著名的普罗克特连锁剧院争取到年末的一周演出,用挣来的钱给儿子买了这只篮球。

之后很长一段时间里,基顿家都把这只篮球当作演出道具。仅仅九个月后,基顿一家三口首次同台亮相,在特拉华州的威明顿市进行了第一次付费演出。巴斯特把球砸到站在舞台前部的父亲头上,打断了他滔滔不绝的育儿经——"耐心、温和地抚养孩子的重要性"——逗得观众哄堂大笑("父亲对做个严父深恶痛绝。"这是演出惯用的开场白)。基顿家的这种表演模式持续了好几年:巴斯特不停地在父亲看不到的地方干扰他的发言,偶尔他也会说上几句,但通常都会使用一些道具从父亲身后发起挑衅,或者做出让观众分心的动作。意识到自己失去了观众的注意力,乔会转过身去,发现自己的权威被儿子嘲弄了,便抓住迈拉缝在儿子演出服背上的行李箱把手,把他甩向舞台背景、幕布或某样布景,给观众和儿子上一堂更实用的育儿课。

这个小男孩被父亲状似粗暴的对待和他无论被丢到哪里都能木着脸爬起来的样子,成了逗乐观众的关键冲突。调查歌舞杂耍观众构成的统计显示,很多家庭都会带上孩子来看演出。基顿家的闹剧无疑会让他们不安,但这并非偶然的设计,反而恰恰是演出想要达到的效果。基顿一家不只能逗人发笑,他们还让人屏息,真实的风险是整个节目不可或缺的部分。在早年的演出中,乔偶尔会把巴斯特干净利落地丢向舞台侧翼,几秒钟的停顿后,紧张的气氛达到高潮,这时一名工作人员会从侧面走上舞台,怀里是咧着嘴笑的男孩，朝老基顿发问："这是您的吗，基顿先生？"[2]

多年后，长大的巴斯特已经没法再被乔随意丢向舞台某处，并且在观众一场又一场充满父爱的嘘声中学到了一点：只要他板着脸，台下的笑声就更大——面无表情的少年基顿就这样站到了舞台中央的桌子上（这张结实的木头桌子是基顿秀必不可少的道具，在巴斯特尚未加入父母的演出前，乔有时给自己的演出名号就是"带着桌子的人"）。巴斯特会在头上绕一根橡皮绳，末端绑着一个篮球，他不停地晃动脑袋，动作幅度越来越大，慢慢地走近父亲，首先打落他的帽子，再用下一个动作打到他本人，于是乔就有理由对儿子施加一些令人汗毛倒竖的惩罚行为。在另一个更惊悚的"弑父"表演中，乔站在台前，举着一把剃须刀刮胡子，嘴里还哼着小调，完全无视用脑袋转着篮球从后方慢慢接近他的巴斯特，观众随之紧张得大声抽气。有些演出中还加入小个子迈拉的身影。她站在舞台前部，一身无可挑剔的吉布森女郎①式打扮，陶醉地演奏着萨克斯风，无视身后正与死神共舞的儿子与丈夫，为整个演出增添了几分荒诞的氛围。

有一点也许是四岁的巴斯特无法想象的：某种程度上，他给这个即将到来的新世纪留下的印记，会比篮球这项运动更为深远。尽管他提前到来了五年，但巴斯特·基顿与20世纪的牵绊是无可取代的。20世纪塑造了巴斯特，而他也塑造了20世纪；很难想象没有基顿的20世纪或者生活在另一个时代的基顿会是什么样子。

---

① 美国漫画家查尔斯·达纳·吉布森（Charlie Dana Gibson, 1867—1944）在19世纪90年代以妻子艾琳及其姐妹为原型创作的女性形象，多为身材丰满、腰肢纤细的摩登女郎，个性独立，充满活力，在19世纪末和20世纪初的美国和加拿大广为流行。

在新世纪的前三十年里，巴斯特作为表演者和创作者的人生堪称一帆风顺。他只用了很短一段时间，就让基顿一家从娱乐业边缘人物摇身一变成了最炙手可热的巨星。1900年10月底，刚满五岁不久的巴斯特首度与父母同台，自那以后，基顿家每周可以通过威明顿的演出多挣十美元。巴斯特的肢体和戏剧天分成了基顿一家演出必不可少的金钥匙，为此，乔·基顿在那年年底写给防止虐待儿童协会①的一封信中，把儿子的年龄虚报了两岁。乔向协会申请，让巴斯特到纽约著名的普罗克特连锁剧院登台献艺，当地法律禁止七岁以下儿童在没有协会允许的情况下参与任何形式的剧场表演。[3]

协会的创始人埃尔布里奇·T. 格里（Elbridge T. Gerry），也是协会的长期会长，曾是一名影响卓著却颇受争议的律师，后来专注于儿童福利保障领域的工作，也是一名杰出的慈善家和社会改革者，因此当时人们更习惯于"格里协会"这个称呼。格里与祖父同名，后者是美国开国元勋之一，参与签署了《独立宣言》，曾在詹姆斯·麦迪逊手下任副总统。在他担任马萨诸塞州州长期间，曾随意划分本州选区以帮助自己的党派赢得选票，所以美国英语里多了"格里蝾螈"②这个词。言及此，让我们稍作停顿，把视线转向小格里先生和由他主导并推行的儿童保护运动，在以后的章节里，我们还会跟他和"格里人"③打更多交道。基顿家也一样。

---

① 防止虐待儿童保护协会（Society for the Prevention of Cruelty to Children，简称 SPCC）成立于1875年4月27日，是世界上首个儿童保护机构。
② 1812年参议院选举前，马萨诸塞州的民主党派为确保本党候选人赢下两个席位，重新划分了本州选区。新选区的形状酷似蝾螈，因此人们将当时的州长格里（Gerry）的名字和蝾螈（salamander）合成了一个新词"格里蝾螈"（gerrymandering），后成为骗票的代名词。
③ 19世纪70年代，格里说服警察部门，允许社会调查员（俗称"格里人"）保护儿童远离"不道德的"活动场所，例如剧院、廉价游乐场、贫民窟和移民社区等等。

"毫无疑问，她是一头小兽"

1874 年 4 月 9 日，玛丽·艾伦·威尔逊（Mary Ellen Wilson）
在纽约最高法院出庭作证。

在 19 世纪让位于 20 世纪的过程中，人们对"儿童"的定义处于不断地流变之中，那一时期的公共政策和个人行为也都反映了这些观念的更迭。同样是在那段时间，生物演化学、法律、教育和初露端倪的心理学等多个跨度甚广的领域都开始关注一种新的人类发展的模式。儿童不再被视作父母的私有财产，也不能被父母随意处置或用来获取经济利益；人们开始将儿童看成尚未长大的小小人类，理应受到某种程度的保护，使其免受商业劳动或家庭的伤害。

如今我们熟知的所有儿童保护制度几乎都是在 19 世纪最后二十五年里初现雏形的：禁止使用童工，规定最低年限的义务制教育，区别于成年罪犯审判制度的未成年人司法体系，还有类似埃尔布里奇·T. 格里创办的防止虐待儿童的保护组织。直到 1875 年，格里和同伴（美国防止虐待动物协会的创始人）共同建立协会的纽约州分会前，美国人甚至没有"儿童虐待"的相关法律意识。这一由个人主导的协会的建立，让长期以来归属私人领域的家庭抚育脱离了根深蒂固的文化习俗的范畴，首次成为法律关注的对象，并得到半官方的监管。

在很多案例中，这一新的监督体系产生的公共影响都是积极正面的，甚至挽救了不少孩子的生命。1874 年，格里在纽约州最高法院的一起案件中担任辩护律师，这成了他建立防止虐待儿童协会的初衷，后续也成为美国儿童保护历史上一个里程碑式的事件。主人公是一个十岁的女孩，玛丽·艾伦·威尔逊，她的父亲在美国内战中丧生，失去丈夫的母亲只能勉强维持生计，无力支付玛丽的"寄养"费用。玛丽在孤儿院待了一阵后，被来自纽约州的一对夫妇领养了。养父母的生活并不富裕，玛丽只能睡在厨房地板上。养母一直虐待她，大多数时间都把她锁在没有窗户的房间里。后来女孩在座无虚席的法庭上讲述了这段令人心碎的回忆，在场的人无不为之动容：

几乎每天都用鞭子抽我，还打我……我的头上现在还有妈妈打我留下的伤疤，我的左前额有一道伤口，是剪刀剪的……我从来不记得被人亲吻过……妈妈从不把我抱在膝头爱抚。我一直不敢跟别人说话，因为说了就要挨鞭子。我不知道妈妈为什么要用鞭子抽我——她那样做的时候从来不解释原因。我不想回去跟妈妈住了，她老是打我。[1]

无论从数量还是情感的角度，当代新闻界对玛丽·艾伦·威尔逊的报道都相当丰富，表现出那个时代对儿童处境的真切关注与模棱两可的道德取向。为了唤起公众对小女孩最大程度的同情，她出庭作证时还穿着前一天被救出来时穿的破衣服，这一形象又经当天摄影记者拍摄的大量照片广为传播。她身上套了一条破破烂烂的裙子，光着脚，腿上还有没愈合的鞭痕，（她证词里提到的）一道伤口从她的左前额延至脸颊。一篇未署名的《纽约时报》报道称"相当一部分人，包括几名女士，都是被诉讼前一天流出去的消息引来的，显然所有人都站在无依无靠的孤儿这边"。

那天出席听证会的还有雅各布·里斯（Jacob Riis）。当时他还是《纽约论坛报》（New York Tribune）的一名犯罪新闻记者。1890年，他将会以摄影师和社会活动家的身份出版一部影响甚广的作品，《另一半人怎样生活》（How the Other Half Lives），运用时新的频闪摄影术记录下纽约移民社区租客糟糕的生活环境。在报道玛丽的情况时，他用了非人的"它"去指代这个饱受虐待的小女孩，把玛丽·艾伦置于小女孩和无法开口的野兽当中的某个悬置之处：

> 我在一间挤满了人的庭审房间里。人们的脸色都苍白严肃。我看到一个孩子被带进来，披着一条马鞍毯，人们开始大声抽泣。我看着它被带到法官脚下，法官转开了脸；安静的法庭里响起一个声音，要以那些街头流浪犬的名义，为这个孩子讨回人们未曾给予的保护。[2]

如今人们在讨论玛丽·艾伦·威尔逊时，总是一再提到虐待儿童和虐待动物在道德方面的相似之处，并且往往暗示两者都缺乏对伤害的抵御能力，理应得到法律保护。卫理工会派传教士埃塔·安吉尔·惠勒（Etta Angell Wheeler）是第一个报告玛丽·艾伦遭到养母虐待的人，身为社工的她向防止虐待动物协会寻求帮助。惠勒曾因自己无力帮助这个不幸的孩子而向侄女倾诉，后者听了却说，"毫无疑问，她是一头小兽。"[3] 正是这句话，让惠勒下定决心要拯救玛丽。

根据里斯对庭审的回忆，这一动物／孩童的象征或要归因于埃尔布里奇·格里本人。作为一名过去一直服务于防止虐待动物协会的律师，格里在辩词中称，玛丽·艾伦起码应该享有与家养宠物一样的权利。里斯回忆道："'孩子也是动物，'格里说，'倘若它身为人类无法被公正对待，起码它也该得到和街头流浪狗一样的保护。它不该被虐待。'看着这一幕，我意识到自己正在见证的是世人对儿童权益关注的起点，而这一权益的前提是人们对犬类保护的认同……"[4]

玛丽·艾伦·威尔逊案揭开了一场旷日持久的辩论，其主题是美国社会针对人类种族中"小动物"的职责，包括这种责任的本质与边界。随着工业革命的到来，市场经济催生了巨额财富，而这些财富都掌握在一小部分"镀金时代"① 精英的手中，导致美国国民中最贫穷的群体在这个国家的生存环境日益恶化。到了 19 世纪的最后二十五年，透过美国社会表面平和假象的裂隙，一个久被忽视的秘密缓慢却不可抵挡地暴露在人们眼前：资本主义和儿童福祉不可兼容。尽管玛丽·艾伦·威尔逊的经历相当悲惨，但还有更多像

---

① 镀金时代（Gilded Age），19 世纪上半叶，美国社会经济取得了巨大的发展，却也出现了许多严重的社会问题，例如：市场垄断、环境污染、移民和穷人的生存问题等等。表面的繁荣之下是弊病丛生的社会环境，因而这一时期被称作"镀金时代"。

她一样挣扎在社会底层的未成年人；她成了世人眼中的特例（她的白人身份也更有利于舆论传播），事实上，起码从查尔斯·狄更斯生活的时代开始，这个问题就一直是人们关注的焦点。是时候改变这一切了。

除了宗教和世俗价值体系之间的冲突，大众争议的焦点也受到大众娱乐新旧定义的更替，以及农耕社会与工业时代家庭结构变化的影响。玛丽·艾伦·威尔逊案庭审过后六十四年，罗斯福政府于1938年颁布了"公平劳工标准法"（Fair Labor Standards Act）①，在此期间，进步运动②不断推动儿童相关的重要法律改革，后来这一运动也推动了妇女参政权和禁酒令宪法修正案③的通过。

玛丽·艾伦重获自由的背后，是基督教社会活动家同盟、意在揭露社会黑暗面的记者群体和一家新近取得政府授权从而具备监管能力的公益组织的共同努力，然而，之后几十年里，恰恰是这些群体阻碍了美国社会的发展和进步。曾在进步运动中组织起工会、纠正腐败现象和商业垄断行为、把童工送进学校并最终帮助妇女获得选举权的同一股力量，也会在数十年后成为各种形式的媒体审查、严格实行禁酒令并限制他们本想改善其处境的社会群体自由的幕后势力。在基顿家看来，这些"格里人"是一条荒唐法令来势汹汹的代言人，而不是来解放他们的救世主。实际上，很多家庭都有这样

---

① 这一法案规定了工人的最低工资、加班费要求和对童工的限制。
② 进步运动（Progressive Movement）是19世纪末20世纪初在美国兴起的政治、经济和社会改革运动，是美国历史上一股很有影响力的思潮。当时的总统罗斯福在这场运动中扮演了重要角色。
③ 1920年8月18日，美国国会批准了宪法第十九修正案，女性获得了参政权。1920年1月17日，美国宪法第十八修正案——禁酒法案正式生效，后于1933年被废止。

的感受，他们想方设法逃离格里协会的监管，就跟后来巴斯特在1922 年的两本影片《警察》(*Cops*)里冲到大街中央躲避那群穿着制服折磨他的人一样。在与协会的"交锋"中，基顿家确实已经属于最幸运的一类人。

玛丽·艾伦·威尔逊的养母因种种虐待行为被判犯有伤人和殴打重罪，法庭判处她一年监禁并服苦役。玛丽·艾伦一直活到九十二岁，育有两个女儿。她成了一名模范母亲，并给大女儿取名为埃塔——那个把她救出火坑的人。玛丽·艾伦的女儿们都取得了世纪之交难得的女性成就，大学毕业后都当了教师，并在教育领域有所成就，且一生都为促进儿童福祉而努力。我们也应该记得她们的贡献。[5]

3

"他是我儿子，我爱怎么扭断他的脖子都行"[1]

乔·基顿和巴斯特·基顿，年代不详。

　　玛丽·艾伦·威尔逊的悲惨境遇唤起了同时代公众的无限同情，然而，对于格里协会成立后推行的诸多改革措施，人们的反馈并不总是赞同的。有些贫穷的工人家庭要依靠孩子从棉纺厂赚来的工资或是充当小擦鞋匠和报童得到的小费过活，因而格里先生获得政府授权干预他们个人经济状况和育儿决策的"高尚行为"可没法让他们领情。

　　另一方面，从法律角度来看，防止虐待儿童协会的监管行为落入的是一个难以准确定义的灰色地带，既非纯粹的慈善工作，也不隶属于官方的警务行动，从而引发了公众的不信任感。协会的工作人员被称作"格里人""格里那头的"，或是更直接的、讽刺性化用协会名称含义的"虐待者"（"the cruelty"）。当地警方授予他们监管穷人和移民社区的权力，他们的职责不只限于搜寻虐待和剥削儿童的案例，还包括阻止未成年人进入剧院、游乐园、廉价游乐场和其他可能危害下一代道德水准的大众娱乐场所。

　　和进步运动中的很多其他社会改革措施一样，儿童保护运动也从一开始就紧密依托于白人新教基督徒主张"教化"的价值体系。他们往往对社会改革持保守态度，在帮助同伴提升个人境遇的过程中，有一个不言自明的前提假设，即被救助人将要进入的是一个尽可能贴近他的救助者认同的世界。协会工作人员在移民聚居区开展了大量工作，那里的住户大多是意大利南方人、爱尔兰天主教徒或东欧犹太人。他们眼中的格里人可不是埃塔·惠勒那样的救世主，而是些居高临下、自说自话的空想家。这些"虐待者"就像突然闯入他们生活的道德警察，但凡有一点可能，就要干涉穷人家庭的隐私，妨碍他们好不容易找到的维持生计的办法，在最糟糕的情况下，还要强制夺走他们心爱的、即便有时也受到虐待的孩子们。

　　对于从事娱乐行业的家庭来说，一个有天赋的孩子意味着全家人都能过上舒适的生活，反之则是跌落谷底的赤贫，这就注定了任何年少的天才都免不了成为家人利用的对象。无论是在大受欢迎的歌舞杂耍剧团还是"合法的"巡回马戏团演出，儿童演员每天的累计工作时长，包括日场和夜场，不会超过一个小时。因此，哪怕这样的演艺生活要求频繁的长途火车旅行，导致孩子无法拥有固定住处，也不能去上学，但就算是在规模较小、一天要演出三场的马戏团，舞台上的童年生活也好过去工厂做工或在家里干按件计费的手工活，尤其后一种情况也可能是全家人的命运。

　　基顿一家的表演吸引了大批观众，他们都是被节目中儿子对父亲的不敬、潜在的危险和小基顿不要命的即兴特技吸引来的，而这些特质很快也引起了防止虐待儿童协会纽约分会的注意。此时距离玛丽·艾伦·威尔逊事件已经过了整整一代人，而协会仍处在上了年纪却依旧令人敬畏的埃尔布里奇·格里的领导之下。他选定了演艺行业作为协会的主要阵地，以此开展他试图规范儿童用工的努力。他尤其针对基顿这颗冉冉升起的行业新星和他蔑视规则的父亲，简直像成了他的个人兴趣，要阻止他们出现在纽约州的任何一个舞台上，而这里是全国歌舞杂耍业最负盛名也回报最高的演出地。

玛丽·艾伦·威尔逊事件过后，紧接着就通过了一条 1876 年法令，禁止雇用任何不满十六岁的孩子"在任何地点"参与"歌舞演出、弹奏乐器、走钢索或绳索、乞讨或兜售行为，也不能表演体操、柔术、骑行或杂技"。[2] 七岁以下儿童禁止从事任何形式的舞台表演——基于这项规定，乔才会在此前提到的那封给格里协会的信中虚报巴斯特的年龄。在得到协会特别许可的情况下，超过六岁但不满七岁的孩子可以在台上承担一些说话的戏份，前提是他们不参与任何歌舞、特技和杂耍表演，以及任何有可能造成生理伤害的活动。

在巴斯特的童年时代，基顿三人组中小童星的人身安全总是争议的焦点，除了格里协会近乎偏执的关停儿童演艺行业的决心，乔把大儿子当作摇钱树的"马戏之王"① 般的商业态度也是原因之一。后来巴斯特在描述基顿三人组的演出时说，歌舞杂耍巡回演出界公认基顿家"表演的难度是舞台上从未有过的"[3]。多年来，他们掌握了与格里协会周旋的技巧。一旦得知格里协会有可能在暗中打

---

① 菲尼尔斯·泰勒·巴纳姆（Phineas Taylor Barnum，1810—1891），巴纳姆贝利马戏团的创始人之一，以各种非常人的形象，包括侏儒、巨人、长胡子的女人等满足观众的好奇心。1842 年在纽约开办"美国博物馆"，凭借大量广告和怪异的展品大获成功。2017 年的影片《马戏之王》就是以他为原型。

探，他们就会降低这周第一场午后演出的暴力程度，之后再慢慢增加舞台上的冲突，直到观众的期待和偏好得到满足。不过，在乔故意挑衅格里协会之后——他不仅让十二岁的巴斯特登台，还在布鲁克林的一次递补演出中把两个年纪更小的孩子也拉到台上——协会给了基顿一家两年内不得在纽约演出的禁令。

后来巴斯特在自传和各式各样的访谈（广播、电视和平面媒体）中反复讲述了他们一家人与格里协会工作人员之间的追逐战。他用一种戏谑的骄傲口吻回忆起基顿一家如何想方设法摆脱协会不切实际的好意，如同谈起他的银幕角色用灵巧而独特的方式甩掉身后讨人厌的追逐者，他们把某些不知名的法则施加给银幕上的巴斯特。长大成人的基顿依然忠实于童年时哈克·费恩 ① 般的舞台形象，把权威当作某种需要借助更聪明有趣的办法去克服或绕过的阻碍。1960 年，他笑着讲述基顿三人组遇到的法律难题，他们怎么抓到一条法律漏洞摆脱了格里协会的指控："我们的律师指出，法律禁止儿童走钢丝，高低都不行，也不能在秋千、自行车或类似的道具上表演。但是没有一个字禁止我父亲在台上把我当成人型拖把，或者往我脸上踢一脚。" [4]

维维安娜·泽利泽（Viviana Zelizer）在她的经典社会学研究著作《给无价的孩子定价：变迁中的儿童社会价值》（*Pricing the Priceless Child: The Changing Social Value of Children*）中写道，儿童演艺人员在未成年雇员中的地位"触发了"整个童工改革运动

---

① 《哈克贝利·费恩历险记》是美国作家马克·吐温创作的长篇小说，是小说《汤姆·索亚历险记》的续集，首次出版于 1884 年。主人公费恩是一个善良活泼、爱好自由的少年。

"对其中一个公众关注度最高也最具争议的观念的争论"。[5] 世纪之交的纺织厂、矿场、服装厂和其他工业生产场所充斥着大量被虐待和廉价雇用的童工，相较之下，儿童演员的总数也显得微不足道了。然而，在这个历史节点，有关儿童演员的争论被赋予了更具象征性的重要意义，人们实际想要探讨的是雇用儿童工作的本质和界限所在。

本杰明·巴尔·林赛（Benjamin Barr Lindsey）法官是进步运动的支持者，也是保护童工的积极推动者，主导建立了单独的美国青少年法庭系统。他支持儿童参与演艺活动，认为这是"唯一有可能在童工改革支持者中对每一项意见分歧都造成威胁的问题"。林赛认为儿童演员和儿童工人之间有着意义重大的差异。他不反对个别州允许未成年人登台演出，只要"这些孩子的表演可以被看作对他/她的训练和教育的一部分。对于这些有天分的、愿意登台表演的孩子，他们的工作就不能与那些被迫进入工厂、从事艰苦劳动的无依无靠的童工相提并论"。[6]

埃尔布里奇·格里于 1890 年在《北美评论》（*North American Review*）上撰文驳斥这一观点。他为"舞台上的儿童奴隶"而悲叹，称"没有了现行的人道主义法律规范，他们将要面临的是比曾经的以色列儿童更糟糕的压迫和虐待"。格里对演艺行业的谴责彰显了他秉持的维多利亚时代的道德观念，他的协会的行动也建立在同样的阶级和性别观念之上，故而坚持禁止儿童参与任何演出：

需要重申的是，与演艺人员为伍，会对儿童产生不利的影响。在某些场面华丽的演出中，他们经常接触一些道德水准不甚高尚的人。长期跟着这些巡回剧团演出，女孩很快会变得放荡不羁，一到法定年龄就开始走下坡路，最终沦落到低俗的舞厅、音乐沙龙并早早离开人世……男孩呢，过惯了懒散的浪荡生活，没法习惯于有用的工作，只能短暂地在最低档的剧院里干上一段时间，最终不是当了扒手，就是流落街头。[7]

　　为何世纪之交儿童演艺问题的利弊会引发如此剧烈的争议，导致基顿家这样依赖孩子演出为生的家庭与想要中止他们演出活动的协会"虐待者"陷于水火不容的境地，甚至让那些坚定的儿童福利保护制度的推动者内部都产生了难以调和的分歧？那个年代的低龄童星过的是什么样的生活？他们在《小爵爷》和《汤姆叔叔的小屋》①这类感伤的情节剧里扮演着维多利亚价值观中理想的童年生活，可他们自己的童年却被频繁的旅行和日间劳动所占据，与进步运动人士理想中享有保护、教育和闲暇的时光相去甚远？

　　我想要了解的不只是巴斯特·基顿的创作和生活，我也想了解他生活在其中的世界——理解那个世界，才能理解他，反之亦然——为此我一再回溯到他还是一名儿童娱乐演员的岁月，尽管那段时光已被尘封成谜。基顿已经离开了近半个世纪，曾在观众席上见证过他那些惊鸿一瞥的特技表演的人，其中最年轻的那位恐怕也已辞世好几十载了，既然如此，为何还要尝试重塑巴斯特十七年的

---

① 《小爵爷》，又名《小公子方特诺伊》（*Little Lord Fauntleroy*）是美国作家伯内特夫人的经典名作，多次被拍成电影，讲述一个天真善良的小男孩经历人生巨变，成为爵位继承人的故事。《汤姆叔叔的小屋》（*Uncle Tom's Cabin*）是美国作家斯托夫人发表于 1852 年的反奴隶制长篇小说。

闹剧天才生涯中和乔一起表演过的内容，以及它们对观众的吸引力呢？为何这看似徒劳的举动却让我感到别样的意义？

　　没能亲眼看到幼年巴斯特在台上表演，这样的遗憾必然是原因之一：我感怀于自己只能通过其他人留下的不完整的记录去定位已成过往的某一段历史，某一段经历，也为自己只能通过这样的方式与他产生短暂的联系而惆怅。我想要看着巴斯特、乔和迈拉（还有曾经短暂加入过他们却不甚成功的哈利和露易丝），看他们在舞台上随便表演什么都好——不要借助时光机器把故事载入史册的想象力，而是活生生的基顿一家人，倘若根本不知道那个动作轻盈灵巧的孩子日后会变成什么样子就更好了。我想要看到、听到、感知到他们的表演，和其他时而哈哈大笑、时而惊吓不已的观众一同坐在煤气灯（等到基顿家出道的第二个十年，可能已经变成了电灯）照亮的剧场里，相互推搡着，感受着观众席里汗湿的潮气。

　　假设我真的能够穿越时空，回到基顿一家还在演出的年代，我肯定自己会哈哈大笑的，因为在这个世界上，没有其他表演者能像成年后走上银幕的巴斯特那样让我如此确定又无法自抑地笑出声来。但我也可能会被感动至落泪，或者大喊"停下！"，或在某次基顿三人组的演出结束后直奔后台，冲乔直言不讳地发作一通？据说传奇女演员莎拉·伯恩哈特（Sarah Bernhardt）就曾那样做过。考虑到那个时代人们对于"儿童"不停流变的定义，这种种复杂的观感必然会并存于同一个观众，而且是每一个观众的内心。当他们年复一年地去观看那个好像永远不会受伤的冷面小男孩，看着他在舞台上被丢来丢去，却又奇迹般地平安无事，他们想要见证的是什么样的奇迹？

"少年演员的火车头"

巴斯特，约 1901 年。

　　世纪之交的娱乐行业满是家庭演出和儿童明星的身影，想要探究基顿三人组为何能够脱颖而出，就有必要了解巴斯特是如何在当时的观众群体中引发强烈反响的。"好好盯着这个孩子看。"乔在1901年的演出季宣传中如是说。但要是你读了当时媒体对基顿三人组的报道，就会意识到这句谏言般的宣传语完全是多余的。那些报道给人的感觉是，只要巴斯特在台上，观众就很难把注意力分给别的演员。曾有一位同时期的表演者在巴斯特带给其他共同出演者签名的留言簿上写道，他是"少年演员的火车头"，歌舞杂耍巡回演出界上升速度最快的新星。

　　1900年圣诞节期间，五岁出头的巴斯特已经参演了近两个月，当时的报道还只说他是父母在纳什维尔大歌剧院的"助演"。到了1901年6月末，仅仅六个月过后，《亚特兰大宪法报》(Atlanta Constitution)就称他为"基顿三人组合的明星"。同年10月，刚满六岁的巴斯特第一次在旧金山西欧菲姆大剧院亮相，是"基顿组合"中唯一被媒体直接提及名字的人,《旧金山之声》(*San Francisco Call*) 说这个"小不点喜剧人……不负他的笑料制造者之名",预示着巴斯特的名声在登台不到一年后,已经从东海岸先于他本人抵达了美国西部。

　　粗略翻阅这些 20 世纪初对巴斯特的报道,显然他以令人惊叹的速度一跃到了人才济济的娱乐业的顶端。1902 年 1 月,距离巴斯特在弗吉尼亚州里士满首次登台一年后不久,《时报》的一篇文章认为六岁的巴斯特"是比茹剧院年轻演员中最亮眼的,甚至在布罗德街娱乐场所的所有演员当中都数一数二"。几周后,基顿三人组来到纽约最顶尖的歌舞杂耍演出场地,托尼·帕斯托尔的剧场(不过同样曾是儿童明星的帕斯托尔更喜欢叫它"综艺剧院",认为歌舞杂耍是"娘娘腔和装腔作势的人才爱看的玩意儿")。那年 9 月,斯克兰顿《共和报》(*Republican*) 称"基顿三人组……是纽约歌舞杂耍界的顶流,本周为迪克西剧院的观众创造了无数欢笑。巴斯特是如今舞台上最耀眼的年轻杂技演员,基顿家的演出总能让你捧腹大笑"。

　　巴斯特七岁时,所有报道歌舞杂耍演出的媒体都已把他当作标杆来比对其他低龄喜剧演员。1902 年的一份演出传单用夸张的宣传口吻把一对母子搭档类比为当天并未参加演出的基顿三人组,评价丽丽安和小矮子德威特(Lillian and Shorty De Witt)"让全场观众高兴了 20 分钟。'小矮子'几乎和小'巴斯特·基顿一样搞笑。"到他八岁时,巴斯特成了能够拯救某些不够水准的演出的明星演员之一,只要他出场,哪怕累到极点的评论员都会坐直身子开始记录。

1903 年《华盛顿时报》(*Washington Times*) 的一篇报道慵懒地
评论道:"这周切斯剧院的高雅歌舞杂耍剧团太过斯文,演出徒有
其表。"这个家庭杂耍巡回剧团"伟大的马丁内斯"是节目单上最
大牌的组合,他们的技巧足够娴熟,可惜"表演没什么新意"。"他
们第二周演出时用上了大象"——时隔一百十八年,我们还能读出
这位匿名评论员的厌倦——"对那些没看过他们的人倒还有几分吸
引力。"与巴斯特尚未出生的小妹妹同名的知名歌手、正剧女演员
露易丝·德莱瑟(Louise Dresser)"有一副动人的女低音嗓,可她
的选曲不怎么欢快。她的原创滑稽小调,配上一些银幕图片,或许
还有改进的余地"。

但切斯剧院的乏味夜晚也有它的高光时刻。"值得一提的是基
顿滑稽三人组合中的巴斯特·基顿,最近涌现的儿童表演新星。他
扮演的爱尔兰喜剧演员十分出彩,无论是动作、笑话、歌唱还是名
人模仿,都表现出老手般的游刃有余,又增添了几分'神童'独有
的趣味。"

最后一句话也许会让当代读者感觉奇怪,尤其它描述的对象
是一个早已有了丰富舞台经验的七岁孩童。也许这名百无聊赖的匿
名评论员没有意识到自己在行文中调用了娱乐表演史上一个备受争
议的古老词汇——"神童"①——去描述那个让他在切斯剧院太过
斯文的夜晚唯一大笑出声的男孩。几个月前,圣路易斯的一名同样
为巴斯特倾倒的评论员运用了类似的写作技巧,但坚持认为这个词

---

① 原文为 infant phenomenon,被广泛用来指代儿童演员,是狄更斯小说《尼古拉
斯·尼克尔贝》中一个八岁女孩妮娜塔·克鲁姆斯的别称,她的父母是巡回剧团的
演员,她也是剧团的一员。

不适用于基顿三人组大受欢迎的人形炮弹环节。这篇文章表明了为何"神童"这个词有待商榷。他毫不掩饰自己对"舞台上的天才儿童"这一现象的反感，用巴斯特表现出来的"精力充沛"且"顽皮的"舞台气场与"神童"这个词汇隐含的"不自然的"早熟意味做了对比。

基顿三人组是当天最亮眼的表演者。巴斯特·基顿尤其聪明。他不是什么天才儿童，只是一个健康、顽皮的孩子，他在舞台上精力充沛地跑来跑去，他的存在让人无法抗拒。他的表演没有丝毫不自然的地方，却能让观众从头笑到尾。

小巴斯特是身为舞台支柱的童星，被父亲当作私人所有物，像清洁工具一样丢来丢去，同时又是"天生的"创意表演者，很早就表现出令人惊叹的表演能力。要理解他在当时那种演艺环境中的处境，就必须对19世纪的娱乐业有更深入的了解。在他登台收获第一批观众的笑声之前，英国和美国的舞台早已见证过好几代广受欢迎的儿童演员的更迭。

有时这些小天才成了演艺界的明星，演出的都是大人笔下的经典角色，例如曾在英国轰动一时的马斯特·威廉·贝蒂（Master William Betty），1803年，十一岁的他出演了自己的处女作，伏尔泰的《扎拉的悲剧》（Zair）。后来他又扮演了不少莎士比亚剧中的成人角色，广受赞誉，甚至他每每出现在伦敦舞台上都会引发踩踏和骚乱事件。更多儿童演员会出演与自己年龄相近的角色，既有全儿童班底的演出，也有改编自畅销儿童文学、大众喜闻乐见的全年龄段表演，例如《彼得潘》和《爱丽丝漫游奇境》。

这股自 19 世纪延续至 20 世纪初的儿童演员热潮，其背后的理论根源是浪漫主义思想对童年的定义，即那是人生中一段独特的神圣时光，一片稍纵即逝的内心的伊甸园，用威廉·华兹华斯（William Wordsworth）的话来说，"儿童是成人之父"。然而，过多的儿童演员也勾起了观众矛盾的心理。在马斯特·贝蒂最受欢迎的 1804 年至 1805 年间，从未亲眼见过他演出的华兹华斯这样写道："我不明白为什么一想到他，我就感到忧伤……一想到他我就要流泪，我敢肯定要是亲眼看到舞台上的他，我一定会哭的，甚或感到深重的悲伤。"早在有组织的儿童福利运动问世之前，那些观看了儿童演员演出的观众就意识到，这些本该在舞台上展现理想的"天真与自然"状态的年轻表演者本人往往过着不自然的、有时并不健康的生活。

一代人之后的查尔斯·狄更斯在长篇连载小说《尼古拉斯·尼克尔贝》里塑造了一个令人同情的儿童演员角色，她的父亲是一名巡回剧团演出经理人，不遗余力地把她打造成一个"神童"。透过小说的全知第三视角，旁白冷漠地描述了小妮娜塔·克鲁姆斯的样貌。她是个发育不良、出奇笨拙的小女孩，一副"没长大的样子……永远保持着五岁孩童的外观。然而，她每晚都不能睡觉，还要被灌下大量掺水的杜松子酒，从婴儿时期就是如此，只为了不让她长高"。伴随着 19 世纪初马斯特·贝蒂们的走红引发的不安，最终在 19 世纪 30 年代点燃了社会改革的引信。

不过，也不能说就是 19 世纪初对儿童演艺天才的追捧导致了后来一众社会改革者的强烈反对。事实上，公众需要"神童"的造星需求和他们对这些非正常形态的童年可能引发令人遗憾的错误的担忧，这两者从一开始就是相辅相成且互为因果的。

世纪之交的巴斯特开始为生计在舞台上摸爬滚打时，前来欣赏这些有天分的孩子演出的观众心里已经有了固定的道德标杆，即便其他孩子不会被他们身形魁梧的父亲丢向布景或打断他讲话的人胸前。那些"虐待者"会来叫停演出的可能必定增加了他们观看的刺激性，而这种混杂了愧疚、愉悦与悬念的复杂情感恰恰是乔和巴斯特这对父子组合的对抗表演想要诱发的情绪。这一时期的孩子们生活在这个没有唯一标准的复杂的文化、法律和心理空间之中，他们既是需要保护的对象、有经济价值的商品，也是父母能够随意处置的私人所有物，巴斯特纵身扑入的就是这样一个世界。

一个总惹麻烦的哈克·费恩

1908 年，巴斯特成为《纽约戏剧镜报》封面人物。

经理们同意让我领衔，是因为当时的歌舞杂耍界没有其他像我一样会惹麻烦的哈克·费恩类型的男孩角色，我是独一无二的。其他男孩都被父母打扮成可爱聪明的"小公爵"。女孩则都是留着金色长卷发的洋娃娃。

——巴斯特·基顿口述，查尔斯·塞穆尔斯执笔的自传《我的奇妙闹剧世界》(*My Wonderful World of Slapstick*，1960)

研究证实，成年基顿对世纪之交儿童表演者中充斥着"刻板类型"不无刻薄的观察是正确的，但情况也比他说得更复杂。19世纪末20世纪初的大众娱乐剧院里的确满是穿天鹅绒灯笼裤的小爵爷和假笑的卷发小公主——无论年轻或年老的观众都沉迷于这种多愁善感的典型白人中产阶级儿童生活。实际上，1906年迈拉·基顿怀上第三个孩子露易丝的时候（两年前她生下了二儿子，哈利·"叮当"·基顿），巴斯特不得不到新英格兰一家上演固定剧目的剧场演出了一个季度情节剧中的儿童角色，其中就包括一个穿天鹅绒衣服、戴夸张卷发的小爵爷。但当时还存在大量其他形式各异的儿童主演的节目，有时是跟基顿家同场演出的同行，也有跟他们争夺观众的其他连锁剧场。

那段时期，梅米·雷明顿和她的黑人小演员（Mayme Remington and her Pickaninnies）经常与基顿家同场演出。这家巡回剧团的特色是一群载歌载舞的黑人儿童由一名衣着华丽的白人女子"管理好"介绍给台下的观众——属于当时的保留节目类型，尽管在某些衍生节目中，担当主持的女主人也会唱歌跳舞和/或扮成黑人的样子。一名看过雷明顿剧团表演的观众评价，女主演"没有多少表现机会，除了华丽的演出服和对节目的流程安排。真正的'亮点'是那些黑皮肤的小家伙"。[1]

歌舞杂耍演出界的名伶，比如索菲·塔克（Sophie Tucker）、诺拉·拜雅思（Nora Bayes）、露易丝·德莱瑟和伊娃·坦圭（Eva Tanguay）都在职业生涯的某个节点和"亮点"一同巡回演出过，而有天分的黑人儿童演员也往往把这个陪衬角色当作职业生涯的起点。19世纪90年代，玛米巡回剧团中有一个名叫比尔·"伯强格斯"·罗宾逊①的孩子，后来成长为传奇踢踏舞蹈家和20世纪上半叶出场费最高的美国黑人娱乐明星。历史学家罗宾·伯恩斯坦（Robin Bernstein）认为，"黑小孩"（pickaninny）这一广泛存

---

① 罗宾逊（Bill "Bojangles" Robinson，1878—1949），美国黑人舞者，十二岁时首次参加专业演出，不久便成为黑人巡回剧院的明星人物。1908年结识了演员经纪人福金斯，在后者的帮助下成为喜剧明星和歌舞杂耍界的顶尖人物，后来又参演了多部影片，20世纪30年代与秀兰·邓波儿合作出演影片而出名。

在于世纪之交娱乐行业、广告业和流行图像中的主题由三个必要的特质所定义。他们是孩子，他们的肤色是黑色的，并且——值得一提的是巴斯特通常也在演出传单中被描述成那个"不会受伤的男孩"——他们总是带给观众欢乐的印象，从不露出严肃或忧伤的表情，也不会感到痛苦或受伤。[2] 不过，不同于基顿三人组，黑小孩的表演很少包含打闹般的暴力行为。他们更注重突出领导者的性感魅力、无法抑制的欢呼和她的舞蹈指挥技术。这样的演出内容呈现出一种微妙的种族、性别、年龄和权力差异的平衡，由此一位富有魅力的白人女性才得以与一群年轻的黑人男性同台。这些黑小孩呈现给观众一种快乐得难以自抑且被完美"管理"的儿童形象，从而免除了这些表演可能引起的性别或种族方面的不适感。

有时基顿家也会跟来自欧洲和亚洲的家族马戏团同台演出，他们的技巧都是代代相传的。成年后的巴斯特回忆起自己当时在后台通过观察和模仿学会了很多马戏表演的技巧——耍球、走钢丝、单车表演，后来这些技巧都出现在他的影片中。此外也有像福伊七宝（Seven Little Foys）这样更传统温馨的家族表演，由父亲担任表演指挥的角色，兄弟姐妹们按年龄从大到小依次跳着舞登台，他们的表演不如基顿家那么惊险，而是通过讲笑话、唱歌和其他不那么骇人的表演娱乐观众。

童年时的巴斯特在台上吸引人的地方必定不止于顽劣这一"类型"，即便作为成年人的他没有提到这一点。自他首次和父母一同登台以来，他独具魅力的表演就成了歌舞杂耍媒体圈一种特定的评论和推断的对象。评论员和观众不只是如我们所见的那般对巴斯特的表演产生即时的反馈，被他摔得四仰八叉的动作逗得哈哈大笑，也被他惊险刺激的动作吓得倒吸一口凉气。他们对他的欣赏是两方面的：从一开始他们就既把他看作一个技巧娴熟、堪比成人的演员，又是一个"有天赋的"、在台上自由玩耍的孩子。孩童自然的表现与艺术的高雅借由他随心掌控的肢体完美地合二为一。正如《纽约戏剧镜报》的一名观察员在看过巴斯特刚满八岁时的一场演出后评价道："巴斯特的表演毫无后天习得的痕迹"。

巴斯特只有五岁时，《纽约快船报》（ *New York Clipper* ）就惊叹于"这名喜剧小演员驾轻就熟的表演，既天真又娴熟，还充满了艺术性"。无论是评论界还是与基顿同时代的表演者，在描述基顿家的演出时都会不约而同地提到巴斯特早熟的运动才能和高难度的精湛技巧，同时也必定会赞赏他"轻巧的动作"和"与生俱来的天赋"，这些特质让他成为舞台上一个讨人喜欢的天真率直的存在。人们眼里的他不是一个经过严格训练的团队成员或可爱的小伙计——恰恰相反，迈拉和乔从一开始就是作为他的"伴演者"登场的。巴斯特一个人就能逗笑观众，他也是基顿家表演的新意来源。"只要他在台上，剧场里就会不时发出爆笑声，"《纽约戏剧镜报》1902 年的一篇文章如是写道，"他掌握了不断带给观众惊喜的诀窍。"

次年，八岁的巴斯特到辛辛那提演出时，又一次被评论视作演出的主要创意来源："基顿三人组又来到了我们身边，带给我们更甚于往日的欢乐。这多亏了让人印象深刻的'巴斯特'没有停滞不前，而是新添了更多灵巧诙谐的表演技巧。"这种程度的创新能力在歌舞杂耍界并不常见，佐证就是当天与基顿家一起演出的另外两个节目，一名希伯来语喜剧演员和一个叫作"韦伯船长的海豹们"

的动物表演都被点名批评缺乏"节目上的新鲜劲儿"，尽管评论员也承认那些海豹的表演"一向精彩，哪怕老套路也显出几分新意"。

　　当地报纸对巴斯特报道的整体风格——无疑大部分都是乔一手主导的——专注于这个男孩既是表演者又是孩子的定位，大多都提到他不受外界影响的游戏状态和展现出来的好奇，以及他老手般的游刃有余。通常这些报道会制造某种悬念，首先让读者担忧表演是否会对男孩的人身安全造成威胁，随后告知他们一切安好。巴斯特八岁时，肯塔基州路易斯维尔市的《信使日报》(*Courier-Journal*)——显然是缺乏其他可以报道的当周新闻——用间隔好几天的两期内容报道了他在当地一家商店购买玩具火车的事。据说巴斯特带着玩具返回他父母化妆间的路上，被街上的一辆蒸汽压路机吸引了注意力，他走上前去想要观察这个庞然大物，结果差点被压扁("好奇心给了小家伙好一顿惊吓。"标题饶有兴味地写到)。一个路人"看到小家伙身陷险境，冲他吼了一嗓子"，巴斯特"在街上跳了起来，闪到一辆汽车后面不见了，压路机的驾驶员都没意识到刚才发生了什么"。

　　无论这次惊险的遭遇有没有像报道所写的那样发生过，这起事件确实很像巴斯特日后影片中大量围绕交通工具展开的特技表演。这位匿名记者向读者保证男孩"没有受到严重伤害"，在结语中断言巴斯特的表演技巧是让他幸免于难的关键："'巴斯特'在舞台上摸爬滚打的丰富经验也许成了他的救星。"

　　《日报》在同一周又发表了一篇文章，惊叹于男孩对新玩具的喜爱，把他作为儿童爱玩的天性和他身为舞台老手的职业做了对比——在这样的语境中，他不再是个孩子，而是一个"小东西"。

这个小东西已经在舞台上表演了四年。玩具火车对他的吸引力就像他的成年同伴看到舞台脚灯。不管怎么说，小家伙还是个小男孩。等待"上场"的间隙里，他可能就在幕后的舞台脚手架和布景间玩耍。昨天他买了一辆玩具火车，他看上去就跟任何一个拥有自己玩具房的男孩一样开心。

我看过最有意思的一篇以"真实的男孩"角度描写巴斯特的文章是 1903 年《印第安纳波利斯星报》（*Indianapolis Star*）写的，就在那起难以证实的蒸汽压路机事件过后一周。那篇报道的标题是："'巴斯特'·基顿和其他男孩快乐地打成一片"。文章描述了八岁的小童星与一群当地小孩共度的一个下午，他们在宾馆外面堵住他，和他一起跑过城市的街道。最后巴斯特和另一个小男孩突然展开了一场儿童自行车赛，眼看巴斯特就要赢了，这时他突然撞上了"一只在街上横冲直撞的大狗"并且"径直冲向了人行道"——典型的巴斯特电影追逐战中的一幕。

这篇报道的作者似乎竭力想要提醒我们巴斯特作为一个儿童演员的双重身份：他既是一个最"天真自然的"孩童的典范，又是一个尚未长大的成年人。"这个小家伙的独白太过机灵，很多人都怀疑他其实是个侏儒，"这位匿名报道者写道，"但事实并非如此。他是一个无忧无虑的孩子，下了舞台的他和其他普通男孩一样，他离开后，街区里的小朋友们肯定会很想他。"作者向读者保证这起自行车事故"没有造成任何严重伤害"，随后他又说，巴斯特本人似乎无法清楚区分孩童游戏和娱乐演出的界限。在这场未完的自行车赛突然终止后，他"来了一段独白"，像是要对这出被打断的"演出"加以弥补。故事最后停在了一种忧伤的调子上，用当地小镇儿童快乐的安定童年和巴斯特居无定所的生活做了比照："他打小就在台上演出，最大的乐趣就是在某个地方停留几天，有机会跟其他同龄男孩玩耍，享受一番他们无拘无束的欢乐。"

这些把巴斯特当成一个普通男孩来描写的报道，无论掺杂了多少真相、作者的夸大其词和由乔主导的公关技巧，它们毕竟在某种程度上揭示了身为儿童演员的巴斯特的经历，人们对待他的态度，他在观众和媒体中同时引发的惊奇和喜爱。巴斯特既是神童又是"天真的"孩子的双重定位——这个"不会受伤的男孩"又是一个爱惹麻烦的小家伙，他的好奇心和爱好冒险的天性让他的身体尤其容易受伤——似乎以某种方式缓解了观看者在基顿三人组演出中可能感到的任何因暴力而生的焦虑。他们眼里的巴斯特好像真的成了舞台上的人形橡皮球，哪怕他把自己置于明显的危险境地，观众也能够大笑出声。维多利亚浪漫主义对"天才"和"杰出"儿童的迷恋开始被一种新的理念所取代，即童年是人生中一段脆弱而宝贵的时期，理应远离剥削和社会造成的伤害。于是，在 20 世纪到来之际，巴斯特·基顿的肉身成了这两种相互冲撞的观念吸引到的诸多关注之中的一个公开的阵地。

不会受伤的男孩

基顿三人组的商用信函头图，包括他们演出场景的照片和图画
（约 1901 年）。

> 不管你还多小，
>
> 不管你长多大，
>
> 永远都要记得，
>
> 爸爸在你身旁。
>
> 　　　　——基顿三人组演出广告的文案小诗，
>
> 　　　　作者是同为歌舞杂耍演员的
>
> "米尔顿四人组"中的弗兰克·米尔顿

　　在乔重复讲述的那些关于巴斯特的夸张故事里，有一则轶事完美复刻了后来巴斯特电影里那种不断加剧的灾难事件。在他的讲述里，当时巴斯特还是蹒跚学步的幼儿，一天下午，父母外出演出时，由于照看他的膳食公寓女主人的疏忽，小巴斯特把右手食指塞进一台洗衣机的金属绞拧器里，手指的第一节都被截断了。那天稍晚些时候，按说他手指的重伤还刚包扎好，巴斯特就在镇上四处游荡，看到一棵桃树，于是把一根树枝往上丢，想打下一个桃子来，结果失了准头，反而把自己打晕了（喷水人被喷水了！）。尽管如此，后来——理想的说法是他又打了个长盹——男孩被一阵路过的旋风卷起，毫发无伤地落到了几条街以外的路上。

这则被洗衣机绞断手指的故事是真的，毕竟几乎每部基顿影片的镜头都拍到他缺了一节的手指。而且，1899 年 3 月，堪萨斯州金斯利市的《图像》（*Graphic*）也报道过"基顿家的小男孩，那个来这里参加药品展示秀 ① 的小家伙，被沃尔嘉摩特太太家的绞拧器齿轮切断了手指尖"。[1] 不过，从性格图谱的角度来看，乔所吹嘘的故事的第一部分也像是真的，它勾勒出的幼年巴斯特的形象，尽管尚未展现出表演的天赋，却已表露了对机械的兴趣、大胆的活动能力和易惹麻烦的特质。当然，桃树下的那一幕和旋风出场的部分——更不用提这些事情还都被压缩在一个下午的时间里发生——很显然属于乔·基顿的夸大其词，为的是打造一个传奇的童星形象。

无论真假与否，乔带有幻想色彩的吹嘘都在巴斯特心中留下了痕迹。历经一系列逐渐升级的灾难事件后依然毫发无伤站在原地的小小身影，成了后来基顿典型的银幕形象。在十多年的创作生涯里，他将不断回溯当初的那个自己，每一幕中复杂的、连续不断的动作场景——目不暇接的追逐、喜剧噱头或特技——都要不断堆叠，最终以一个旋风级别的（有时真的是旋风）灾难场景达到高

---

① 19 世纪末和 20 世纪初美国流行的一种药品推销方式，演员通过表演、唱歌、讲故事的方式向观众展示药品。

潮。这样的螺旋发展式结构在基顿最后一部独立制作的长片《船长二世》(*Steamboat Bill, Jr.*)结尾处逐渐升级的气候灾难场景中得到了最为复杂的呈现。但类似这样的场面也几乎发生在他每一部20世纪20年代的影片里——那段时间也是基顿个人生活中最多产、最具创造力、经历最多起伏的时期，那些如旋风般突然而至的事件让人不禁发问："他是怎么熬过来的？"

乔想象中的幼年基顿动作系列片好似对他儿子后来的银幕形象造成了某种深层次的影响。站在乔的旋风故事中心的那个颇具冒险精神的小倒霉蛋，显然就是后来基顿默片中透过摄影机镜头（也通过他在私人生活中遭遇的几乎每一架照相机的镜头）一再看向我们的那个坚韧的小人物的原型：那个坚不可摧、无忧无虑、总是处在危机边缘又总能不明缘由地化险为夷的巴斯特。

且不提小巴斯特的喜剧天赋，他和乔用自己不断更新的表演创造了一个长达十七年的独特的梦境，家长在其中展现出来的无休止的暴力行为却被免除了一切批评，他们是怎么做到的？迈拉有一本保留了很多年的家庭剪贴簿，收集了大量没有日期的剪报，大多是基顿三人组表演的商业广告，同样着重于吹嘘这个年轻人能够承受多大的打击。乔在一则流传甚久的广告中宣称，他了不起的大儿子是"不会受伤的男孩"。另一条宣传语强调了巴斯特等同于家居用品的特征，说他是"人形拖把"，第三条则不加掩饰地把这个男孩的处境和买票来看演出的幸运儿做了对比："你以为自己儿时被粗暴对待了吗？看看他们是怎么对巴斯特的吧。"

有时，透过乔写下的异想天开的文案和他鼓动其他同行为他们的家庭演出传单创作的宣传语，观众可以明显感到他对大儿子天分的自豪。"征求：比巴斯特更搞笑的儿童喜剧演员。拜托，这有必要吗？"这是 1903 年的一份传单上的广告语。这句看起来饱含爱意的标语没有署名，因而很可能是乔写的。然而他在其他场合的极端公关言论却流露出别样的恶意，甚至含有一种杀婴的倾向。

　　乔曾在歌舞杂耍界的商业报纸上发表过一封给"德裔美国内科与外科医生协会"[2]的公开信（或许这是一次植入广告，尽管其中没有特意吹捧某种特定的疗法）。乔过于详细地描绘了巴斯特经历的一次几乎危及生命的医疗体验，信的内容和口吻都不太寻常，读来令人不安。乔讲了很多关于他儿子病情的细节，"鼓起的"腹部和"骨瘦嶙峋的"四肢，断言"看样子已经没办法救他的命了"。实际上，尽管当地政府和国家机构经常要求巴斯特脱掉外衣检查他身上是否有虐待留下的痕迹，他在所有方面都是一个相当健康的孩子，几乎从未有过因身体原因缺席演出的情况。只有一次例外：当时巴斯特还不到十三岁，有一次乔错误估计了踢向儿子头部的力道，导致后者昏迷了十八个小时。

　　乔一向热衷于用自己孩子的突发事件博取新闻头条。1906 年，为了给当地报纸提供一则吸引眼球的新闻事件，好让大家知道基顿家来这里演出了，他付钱给缅因州波特兰一家剧院的道具师，让后者暂时"劫走"巴斯特的小弟弟，当时只有一岁半的哈利·"叮当"·基顿。几年后，乔给《综艺》(Variety) 杂志写了一篇专栏，讲述基顿家到伦敦皇宫剧院演出一周的经历。行文语调轻快，内容却明显是深思熟虑过的。他在文章开头讲述了这趟跨洋旅行中跟官方负责人产生的冲突，他们不喜欢乔公开拍卖两岁的小露易丝的行为，尽管他是开玩笑地要把女儿卖给出价最高的人。

也是在这篇专栏文章里，乔写到基顿家在英国演出了几场后，他被人叫到阿尔弗雷德·巴特（Alfred Butt）的办公室里，邀请他们来演出的正是这位传奇的音乐厅经理人。"那是你儿子，还是你的养子？"巴特问乔。基顿回答说巴斯特是亲生的。"哎呀，"巴特叹道，"我还以为他是收养的孩子，你才会那样毫不在意地对待他。"[3]（这里也证实了人们对于孩童养育的观念会随着时间的推移不断完善。在这则轶事的传播过程中，没有人意识到其中值得质疑的前提——包括巴斯特在内，他对第一位传记作者几乎一字不差地复述了乔的话——即收养来的孩子可以或应该得到父母区别于"亲生的"对待。）

乔被这番暗示激怒了，竟然有人说他对待巴斯特的方式不符合理想的家长形象，为期一周的演出结束后，他立即定了最早的船票返回美国，取消了一家人期盼已久的首次欧洲之行。对于美国的歌舞杂耍演员，前往欧洲演出标志着一种传统意义上的成功，证明他们是这个国家最顶尖的表演者。乔的老朋友哈里·胡迪尼① 几年前就去过了，后来 W. C. 菲尔兹②、歌手索菲·塔克和许多与基顿三人组同属马戏黄金年代的演员也先后造访过欧洲大陆。然而，按照爱国主义者乔在专栏里的说法，他从来都不喜欢出国演出：他同意出去巡演是因为"巴斯特眼里的泪花"。[4]

如同乔发表的每一篇文章，这份关于皇宫剧院的回忆似乎也经

① 哈里·胡迪尼（Harry Houdini，1874—1926），原名埃里克·韦斯（Ehrich Weiss），匈牙利裔美国魔术师，享誉国际的脱逃艺术家，也是以魔术方法戳穿所谓"通灵术"的反伪科学先驱。
② 本名威廉·克劳德·达金菲尔德（William Claude Dukinfield，1880—1946），美国喜剧演员，出演过多部影片，常以愤世嫉俗者或自视甚高者的形象出现。

过了大量的修饰与美化。不管巴斯特有没有哭，他确实很难接受第一次海外旅行就这样被取消了。当时巴斯特刚满十三岁，这个年龄的孩子总是很难淡然应对失望，何况他从五岁起就一直被捧为行业里的顶尖演员，长久以来，无论基顿家的演出剧情如何变化，他始终是捣蛋儿了/暴躁爸爸剧情的核心主创。

十四五岁的巴斯特逐渐厌倦了这种演出模式，他已经长得太高了，没法随意让乔在舞台上丢来丢去，而且后者总是喝得醉醺醺地上台，动作也愈发粗暴，他们之间的互动变得更像是掺杂了创意技巧的纯粹的自我防卫：两名成年男性挥舞着扫帚互殴，现场乐队在台下胡乱演奏着威尔第的《铁砧之歌》①。如果要给基顿家后期的这些演出套路打个比方，他们就像是真人版的威利狼和哔哔鸟②，被困在毫无缘由又永无进展的争斗里。

尽管我们很难确切说出基顿家的演出是从何时起偏离了"大胆"而显出更多"危险"的倾向，但情况似乎是在英国之行后开始变化的。乔的酗酒倾向越来越严重，脾气也越来越差，甚至当着观众的面就要对巴斯特实行报复，这搞糟了他跟剧院经理和演出登记人的关系。另一方面，因为父亲很难想出新花样，巴斯特也变得越来越烦躁易怒。媒体注意到了基顿家在表演尴尬期中的问题。1912年，《纽约戏剧镜报》的一位评论员犀利地写道，他原本期待看到基顿家精彩的演出，然而"两个成年人给一个十六岁小伙子作配的戏码没什么看头"，还说巴斯特"应该更投入一点演出"。[5] 三年后，

---

① 歌剧《游吟诗人》(1853) 第二幕第一场的合唱选段。
② 华纳兄弟喜剧卡通系列《乐一通》里的一对角色搭档，外观造型是拟人化的郊狼及走鹃形象，威利狼想方设法要抓住哔哔鸟吃掉，却总是落入自己设下的陷阱。

他们到印第安纳州的韦恩堡演出，《日志公报》(*Journal-Gazette*)
在评论中提到过去"基顿爸爸把巴斯特到处乱甩的劲头比政客胡言
乱语的气势更盛"，如今巴斯特"背离了他母亲的期待，成了一个
平平无奇的普通男孩"。多么熟悉的论调；儿童天才令人失望的青
春期，长大的孩子不再讨人喜欢，许多当代童星也经历了类似的尴
尬期。

　　不过，这篇报道接着说道："巴斯特长的不只是块头。他头发
下面的灰质①也发育得相当不错，想到了很多新的特技和花招……
丰富了他的演出。这让父子俩的演出少有相同的内容，这对父亲来
说是个挑战，要猜透巴斯特的行动可不容易。"[6] 儿子迅速成长并
超越了父亲的表演水平，并在相对没有个人发挥空间的合作演出里
尝试新内容的举动，这幅聪明的年轻人惹恼家庭演出掌控者的画
面，似乎让时间快进到了 1917 年罗斯科·阿巴克尔②在纽约的电
影公司。那时的巴斯特刚刚摆脱了每日剧场演出的束缚，和一位富
有创意的年轻喜剧演员搭档，这个人不只是他的伙伴，也成了他的
导师。巴斯特的"灰质"将要在那里接受一种全新媒介的考验——
他的适应期很短，并且很快就开始了新的尝试。他一踏入电影界就
开始翱翔。

---

① 大脑灰质是信息处理的中心，能对外界的各种刺激作出反应。
② 罗斯科·阿巴克尔（Roscoe Arbuckle，1887—1933），美国电影喜剧演员，生于
美国堪萨斯州史密斯中心。最初是一个小型流动剧团的独演者和歌手，1908 年进
入电影界，随后加入了马克·森内特的启斯东影片公司，最后成立了他自己的公
司——考米克影片公司。他曾与卓别林和基顿合作拍摄了多部影片。

"逗笑我，基顿"

马丁·贝克，日期不详。

　　1916 年春天，巴斯特刚满二十岁不久，发生了一位传记作者称为"普罗维登斯①家具大屠杀"（the Providence furniture massacre）的事件。这件事本身并无特别之处，不过是乔的又一起糟糕行事，但它对基顿家的意义重大——直接导致基顿三人组十多年来位列行业顶流的演出突然画上了句号。[1]事情的起因是罗德岛的一名剧院经理要求扣下部分酬金以抵偿过去一周演出期间弄坏的椅子，这些道具本身就很破旧，勃然大怒的乔索性一气砸坏了那家剧院所有充当舞台道具的家具，包括一张很贵的法式沙发椅。这一砸到底的复仇策略似乎暗示了乔心底想要设法终止自己职业生涯的态度。多年后，巴斯特在米高梅最不如意的日子里，同样展现出了类似的自毁倾向。

　　接下来的一周，乔又跟经理人马丁·贝克（Martin Beck）发生了争吵，后者也曾是哈里·胡迪尼和 W.C. 菲尔兹的推广人。马

---

① 普罗维登斯（Providence），美国罗德岛州首府。

丁是著名的欧菲姆巡回马戏团的管理者，在当时的歌舞杂耍界享有
很大的话语权。他也是一个暴躁易怒、要求和文化程度都很高的
人。他和乔之间的摩擦已经持续了十多年。等到基顿一家抵达贝克
在纽约的皇宫剧院时，圈子里的流言已经传得沸沸扬扬，足以让贝
克听说乔在普罗维登斯都干了些什么。

　　贝克先是把基顿家的演出挪到开场，又在一次日场演出中站
到舞台侧翼，不无讽刺地挑衅乔："逗笑我，基顿。"乔当即冲下
台——留下尴尬的巴斯特在台上即兴发挥和唱歌——追着贝克冲出
剧院，沿着四十七街一路狂奔，直到贝克混进几个街区外的人群里
不见了。（"结果不错，"长大后的巴斯特这样评论贝克从他父亲手
下逃过一劫，"否则他肯定会被干掉的。"）[2]

　　出于报复心理，贝克要求基顿家把他们精确安排的表演缩减
到十二分钟——为表抗议，基顿三人组带着一只闹钟上了台，一满
十二分钟就弃观众而去。下一个演出季开始后，乔发现自己和家人
被降级到二流的潘塔基斯剧院演出，一天还要表演三场，以基顿家
的名声和才能，这无疑是一种侮辱性质的贬低。

　　十七年来，巴斯特凭借自己在舞台上展露的天分让父母脱离了
贫困的生活，这还是他们遭受的第一次重大的职业生涯的挫败。接
下来的几个月里，他们都在不入流的剧场演出，搭乘长途火车辗
转于西部城市之间，长时间的工作只换来缩水的报酬，这是基顿
家一段每况愈下的黑暗岁月。九岁的露易丝和十一岁的哈利·"叮
当"·基顿正在密歇根上寄宿学校，距离家里在马斯基根① 演员聚

————————————

① 密歇根州西部港口城市。

居地的可爱夏日度假小屋并不远，那个聚居点还是乔和迈拉帮忙建起来的。[3] 哈利和露易丝享受到的物质条件是他们负责养家糊口的哥哥从未有过的：教育和稳定的居所。但这两个十岁左右的孩子肯定也感到自己的多余和孤单，当初他们加入家庭演出的尝试证实了他们对这行既无兴趣也无天分，父母和哥哥在他们出生前就建立起来的完美的巡回表演体系中根本没有他们的位置。

　　对基顿家这样需要消耗大量体力的表演而言，一天演出两场还是三场的区别是很大的，对乔尤其如此。他很难再继续表演自己年轻时招牌的搭踢和高跳动作，何况他还总是醉醺醺的。但新的日程安排对巴斯特和迈拉也不好过——特别是迈拉，四十多年后巴斯特在口述自己的第一部传记时透露，"乔也在虐待她"。

　　母亲和儿子在这段灰暗的潘塔斯基时期变得更亲密了，又或许是乔愈发严重的酒瘾让他们意识到必须比以往更多地依靠彼此，在基顿家一向内敛谨慎的情感氛围中，这样的依赖反倒显得反常了。巴斯特在谈论父母的时候，很少把迈拉和乔做比较，尽管母亲在他的成年生活中扮演了更重要的角色。巴斯特口中关于迈拉的故事不多，主要讲她沉稳的性格、对手卷烟的喜爱，还有她多么钟意后台的纸牌游戏。不过，在巴斯特对这段痛苦的转型期的回忆中，她的形象陡然变得清晰：1917 年初，迈拉和巴斯特在加利福尼亚干了一桩大事，他们背着酩酊大醉的大家长密谋，商定在洛杉矶把他抛下，两人跳上一辆开往马斯基根的火车离开了，甚至没给乔留一张纸条。

　　巴斯特坚称最后是迈拉做了关键的决定："我们坐在从奥克兰开往洛杉矶的火车上，她对我说，巴斯特，老天在上，我受不了了。"巴斯特一生中还会面临好几次类似这样的抉择时刻，无论是在私人生活还是商业关系中，他总是被动接受着一切，并且往往把决定权交到别人手里——甚至偶尔会损害他自己的权益，尽管这次不是。"要不是迈拉做了决定，"他承认自己一辈子都是这样，"我猜我还会接着忍下去。"[4]乔对母子俩的离开一无所知，他还是照常喝得醉醺醺的，按照原定计划乘火车到了洛杉矶的演出场地，结果没能在剧院门前找到妻子和儿子，就连他们的行李也不见踪影。那里只有他自己的行李，还有那张破损痕迹很重的道具旧木桌，那是他从巴斯特出生前就开始用的。

巴斯特对家族闹剧表演的声誉和质量甚为关切，在日后的银幕生涯中，他也以同样严肃认真的态度投身于电影技术和喜剧技巧的革新。眼看着它日渐衰败的失望，对自己职业前景的担忧，以及母亲和他自己的人身安全，这种种考量促使他在那列通往命运转折点的火车上同意结束三人组的演出。

在对他的第一位传记作者鲁迪·布莱什（Rudi Blesh）讲述这段经历时，他没有过多描述三人组分崩离析的具体细节，语气也是轻描淡写的，但这段回忆本身就足以让读者感到震惊。比方说，他提到自己和父亲在台上的表演内容逐渐演变为纯粹的暴力相向，"为之前发生的事情在台上对我拳脚相加。再也不会私下打我了。"倒不是说巴斯特不能还手："最后我也气坏了，我们就开始互殴。"

在巴斯特的回忆里，乔开始变得不像他自己了，"大多数时候都神志不清，他看着你的时候，好像不认识你一样。"背后的原因也不难猜："只要我在台上闻到威士忌的味道，我就会做好防备。"这期间用头甩动篮球的套路渐渐成了巴斯特自我防卫的方式："只要他喝醉了，我就会把橡皮绳套到我的旧篮球上，把它当作链球一样甩动，好让他不能靠近我。"

巴斯特记得当时有一次跟他母亲谈起这件事，迈拉的回答显出几分哲学家的深度。"乔不是要惩罚你，"她对儿子说，"他那样做是身不由己。"巴斯特对此的回应构成了他在所有采访中鲜见的一闪而过的脆弱时刻。但在巴斯特的回忆里，迈拉坚称，"他不是在对你或别人发火。他只是想要做回从前那个说了算的父亲。不论男人或女人，有些人能接受自己变老，有些人就是做不到。"[5] 作为一个遭受丈夫家庭暴力的女人——很快她就要结束这段持续了大半辈子的婚姻，尽管迈拉和乔在法律上一直没有离婚——迈拉看透了乔的问题，她对他的评价不失公允，也许超出了乔应得的程度。

巴斯特用下述这段话结束了他对这段最后的演出时光的回忆，他对自己和乔搭档的父子喜剧最鼎盛时期的化学反应做了一番不常见的剖析，指出了他父亲的不可靠，甚至是他的表演惹人同情的氛围。

你忍不住要说，"可怜的家伙，永远抓不住他要打倒的东西！"可是老天啊，我们的表演！它是多么美妙。我们一起度过的那段美妙的时光——对看的人和表演的人都是美妙的。那些笑声，实实在在的笑声，你很清楚它们会在什么时候冒出来……可是看看后来发生的事情，站在那里，打来打去，像部廉价电影。不可能持久的。[6]

到了生命的那个阶段，基顿当然知道自己不只是在谈论一段被毁掉的美妙的职业生涯，酗酒、糟糕的抉择和不可抑制的走向崩坏的父权都是其后的诱因。在他这段突然的表白中，除了对基顿三人组用表演创造的魔力逐渐消失的遗憾，我也听到了巴斯特对他父亲的爱，就像我在那段母子火车对话中感到了他对母亲的爱一样。但他的话语中也有对他们曾经共同创造的东西的爱，他们投入了那么多年的时光，不断打磨出来的表演，为了听到观众的笑声。尽管基顿从不认为自己是个"艺术家"——听到其他喜剧演员这样自夸，他甚至会嗤之以鼻，一辈子都是那样——他总是不计代价地为之努力。他是一个特别糟糕的商人，一个不太引人注意的名人，直到晚年都充其量算是一个不太上心的丈夫和父亲。他把自己所有的脑力和体力都奉献给了这个行业，为的就是创造出"对看的人和表演的人都是美妙的"作品，在他清楚会逗笑观众的时候听到那些快乐的反馈。

不过，1917年春天的巴斯特还要设法找到将来的道路。他失去了一直以来唯一的喜剧搭档，在这突然的打击给他造成的震惊之中，他发现自己不必再作为家庭演出的一环登台了——但他还是要在未知的前程中担起养家的重任。乔最后一次把他丢向台下，而那里已没有了等着扶住他的人。等待他的是那个与他一同诞生并随之成长的媒介：电影。

第二部分　翱翔

———　◆　———

老天啊，那些日子里，我们是这么拍电影的，吃饭、睡觉，梦里都是它们。[1]

——巴斯特·基顿

暗影王国的速度狂热

芝加哥州湖剧院，约 1921 年。

　　1917 年，巴斯特·基顿遇到了罗斯科·阿巴克尔，就此展开
了他的电影生涯。那一年，《剧场》(*Theatre*) 杂志刊登了一篇题为
《速度狂热损害歌舞杂耍界》("Speed Mania Afflicts Vaudeville")
的文章，撰稿人是名字悦耳动人的记者内莉·雷维尔（Nellie
Revell），她也曾是一名歌舞杂耍演员。按照雷维尔的说法，"歌舞
杂耍演出的观众要求速度和特技，他们看到得越多，他们就想要看
更多。电影让人们习惯了用眼睛去享乐。只要一幅画面就能让他们
领会到很多话语才能描述的情景"。她引证了最近一场名为"两人
晚餐"的舞台短剧，认为"歌舞杂耍的短剧表演正在衰落"，抱怨
这出戏"本质上就是一部影戏 ①"。[1]

　　电影大概用了一代观众的时间取代剧场成为美国最受欢迎和最
具影响力的大众娱乐形式，这段时期也恰好与巴斯特·基顿前二十

———————

① 影戏，原文为 photoplay，指被拍摄成电影的剧场演出。在 20 世纪前十年被某些
媒体用来指代电影。

多年的人生相重合。在此期间，这两种表演形式的关系既有一定的亲缘性，也产生了某种程度的对立——这种复杂的代际对立倒是跟巴斯特和乔在台上台下的冲突不乏相似之处。最早期的影片内容往往都是舞台戏剧片段，很多美国人首次观看电影也是在剧场里，作为歌舞杂要演出节目的一部分——通常是压轴节目。大约在1905年，出现了第一批专门的观影场所，大多是把店面改装成一面可移动的银幕，摆上尽可能多的椅子，商家会在一天内连续播放一系列短片，入场费只要五美分。

直到1915年前后，美国才开始兴起专门建造电影院的风潮，在此之前，五分钱剧院大行其道，但它们的涌现并未切断电影和歌舞杂要演出的紧密联系。巴斯特幼年时参与过的大多数演出都会加入类似的节目，主要为观众展示某种形式的投影设备。这些机器被冠以各种充满诗意想象的产品名称，以此吸引观众的兴趣，类似卢米埃尔兄弟的"摄影与电影放映机"，大多是把希腊语或拉丁语的"运动"或"生活"加上表示观看或书写的后缀。他们是生活观看者、运动书写者和灵魂探查者：维太放映机、显像观测仪（the Biograph）、投影显像仪（the Projectiscope）、幽灵探测仪（the Phantiscope）。

在电影诞生后的第一个十年里，大众对这些机器投射的画面的称谓也在不断变化。它们是幻象记录、活动记录、运动记录、影剧，或者如雷维尔所写的，"影戏"。这个词在她写那篇文章的时候已经不太流行了，但就在前一年还被广泛使用，后来被一本影响甚巨的名流杂志用作刊名。1910年左右，"电影"（movies）成了最常用的英语单词，用来形容闪烁不定的画面。俄罗斯小说家马克西姆·高尔基（Maxim Gorky）第一次看到"摄影与电影放映机"的运作时，说它是来自"暗影王国"的"模糊却邪恶"的东西。[2]

当观众逐渐习惯了电影技术的新奇后，这些播放设备的名称不再专注于机器的特质，而开始着重对图像本身的描述。1901 年，威廉·麦金莱（William McKinley）总统被刺后几周，基顿家在旧金山的某场演出中出现了爱迪生的电影放映机，节目声称会播放"已故总统葬礼的影片"。两年后，在华盛顿的一场"高雅歌舞杂耍演出"的广告中写到，今晚的演出会带给观众如下体验：给洛克哈特马戏团的大象喂食，观赏歌手露易丝·德莱瑟、喜剧演员杰克·诺沃斯（Jack Norworth）和基顿三人组的表演（包括逗趣的小"巴斯特"），搭配哈尔和弗兰西斯（Hale and Francis）"精彩的滚铁环"，以及亲眼目睹"一场真实火灾的影片"。

不过，随着电影从一个技术奇观转向一种全新的、具有独特冲击力的叙事性的娱乐，给影片取名也逐渐成为了行业标准。针对 1903 年的同一场演出，《华盛顿时报》刊登了一篇捧场文章称"据说影片 ① 《午夜救援》（*A Midnight Rescue*）是用摄影机记录下来的最惊险的火灾场景"。文中所说的《午夜救援》很可能是指埃德温·S. 波特 ② 在当年推出的广受欢迎的救援影片《一名美国消防员的生活》（*Life of an American Fireman*）。作者将这部影片同时置于

---

① 文中作者选用的是 motion pictures 的用法。

② 埃德温·波特（Edwin S. Porter, 1870—1941），爱迪生电影公司下的一名摄影师和制作者，他以富有想象力的影片创作为美国叙事性电影开辟了道路，其中最著名的是《火车大劫案》。此片进一步发展了他在《一名美国消防员的生活》中对于电影叙事风格和结构观念的尝试，从而确立了他在美国电影以及世界电影史上的重要地位。

两种不同的语境，它既是一系列的"图像"（views），又是一幕"场景"（scene），由此落入了静止的相片和活动的戏剧这两种界限分明的文艺类别之间的某个悬空地带。

这部在同一个剧院、同一场演出中播放的同样的影片，却以截然不同的名目呈现给观众，一方直截了当地说明了它的内容，另一方则以我们更熟悉的现代"电影"宣传模式，用片名和惊险的亮点来吸引观众——由此可见，这种新媒介正在迅速演进。彼时的观众尚不是后来（并持续至今的）痴迷动作场面的观看者，在那之前，他们首先要理解电影是什么，以及如何观看电影。观众必须理解这些"闪动的湿版相片"是一种杂糅的视觉、叙事、社会及经济经验——并且电影技术为以上每一个领域都带去了巨大的不可逆转的变化。

内莉·雷维尔这样的评论家为何对电影敌意甚重？每当娱乐模式和信息科技有了全新的变革——收音机、电视机、互联网，总有人会发出类似的抱怨。在类似传染病的过程中（"速度狂热损害歌舞杂耍界"），那些最初的一本和两本影片展现出来的快速和高强度的张力据说会加快生活本身的节奏，从而导致年轻人对这一日益普遍的媒介产生更高的期待，想要从中获取更多的感官刺激。

几乎在所有早期的电影评论里，人们总是一再提到这种媒介展现出来的"速度"。诗人维切尔·林赛（Vachel Lindsay）发表于1915 年的《电影艺术》（*The Art of the Moving Picture*）通常被视为第一部成书的电影评论著作，他在其中谴责了"萌芽并弥漫于每个美国人心中的速度狂热"。他的措辞与两年后的雷维尔如出一辙。林赛把那些展开速度快得让人摸不着头脑的影片归为"动作片"，认为"故事情节在可信的范围内以尽可能快的速度推进"。他哀叹这些影片里的"人物都是脸谱化的、快速移动的棋子"。[3]

电影带来的快节奏体验并不总是负面的，但当时的人们普遍担忧这一处于上升期的艺术形式可能会给社会带来不利的影响。露西·弗兰斯·皮尔斯（Lucy France Pierce）于 1908 年在《今日世界》（*World Today*）上撰文称：

> 五分钱影院比任何其他形式的娱乐都更具多样性。它以更生动、更惊人的画面为观众提供经验教训，摆脱了艺术的限制，通过主角的行为复制了我们的生活。有一点是显而易见的，这种辐射甚广且极具影响力的公共场所会勾起大众心中不可挽回的罪恶，也可能唤醒无边无际的善意。[4]

1911 年，芝加哥警察委员会的一份匿名报告更清晰地点名公共影院导致的堕落："年轻女孩们在影院中得到了太多自由，观影期间，在完全熄灯或光线不足的影院里，离她们最近的男孩和男人会狡猾地把她们揽入怀中，行不轨之事。"[5] 几年后，封闭的汽车车厢又引发了人们同样的不满；对于那些不信任电影这种新媒介带来的变化的人，电影院的内部空间就是一个潜在的放荡之地。

直到 20 世纪 20 年代，大众对作为消费品的电影一直心存疑虑，无论从美学还是社会角度都是如此。以此为界限，电影开始吸引更多的中产阶级观众，也获得了相应的声誉。电影的流行也催生了周边产业的发展，包括电影评论、电影杂志和旨在吸引更高阶层观众的影院，其环境的舒适性和时髦度都是旧日的五分钱影院无法比拟的。同一时期的电影业也经历了大量上升期的变化：剧情长片的涌现，电影制作与发行逐渐形成稳固的经济产业链，明星制的兴盛，以及基本电影语言的成型。以上种种似乎都预示着，基顿是在一个欣欣向荣的时刻进入电影行业的。

1917 年到 1929 年，基顿人生中的这一阶段是最令人兴奋也最具挑战的写作主题。这些年里，他同时活跃在台前和幕后，充分挥洒他的天分，任何他能够想到的疯狂创意，只要他的身体条件允许，他就拥有拍摄的自由。也是在这一时期，他所生活的国家经历了最为颠覆性的转型期。在描写他的童年时，我可以隐入一个文化历史学家的视角。毕竟那些用头转动篮球和把男孩扔穿纸板布景的表演都已湮灭在时光之中。我们只能通过同时代人的报道和后来人的回忆去重构当时的境况。

然而，从《屠夫小子》(*The Butcher Boy*，1917) 这部基顿给阿巴克尔作配的两本影片开始，他的作品就是它们自己的见证。经过电影从业者和学者数十年孜孜不倦地重新发掘、修复和保存后，这些影片又如当时那般随处可观了。这也就意味着，这本书不仅要从历史的角度，也要从电影批评的角度去写作；我不仅要把他的人生置入更大的时代背景之中，也要透过他的人生和他所处的时代去理解他的作品。

现今我们可以清楚把基顿的所有默片归为"闹剧"(slapstick comedy) ①。然而，身处一个电影类型片定义日益清晰甚至产生"僵

---

① 又称"棍棒喜剧"或"滑稽闹剧"，是一种带有追逐、冲突、夸张的嬉闹行为的喜剧类别，往往包含夸张的肢体动作、即兴表演和特技。

化"趋势的时代，回看他的创作，我们会惊讶地发现，他曾经涉猎
并帮助开创了多少种现有的电影模式。乍看之下，他的影片确实
充斥着笑料、特技、追逐和意外，每一部的内容和招式都愈发大
胆。然而，除了专注于笑料密集的喜剧动作片，他也拍摄了两本短
片《一周》这样永恒的经典浪漫喜剧。他拍过《三个时代》（*Three
Ages*）这样按主题分类的滑稽模仿作品，夸张地效仿了 D.W. 格里
菲斯（D. W. Griffith）华丽矫饰的《党同伐异》（*Intolerance*），还
有《冰封的北方》（*The Frozen North*），他在这部片子里惟妙惟肖
地模仿了矫揉造作的西部片明星威廉・S. 哈特（William S. Hart），
导致本来与他交好的哈特在之后好多年里都对他心怀嫉恨（"要是
表演很蹩脚，你是没法做什么滑稽模仿的，只有好的表演才能让你
有所发挥。"基顿坚称，而最终哈特也想通了）。他拍了史诗内战片
《将军号》（*The General*），以拳击为主题的《战将巴特勒》（*Battling
Buttler*），以及航海冒险片《航海家》（*The Navigator*）。他还制作了
采用大量特效的炫技作品《剧院》（*The Play House*）、《福尔摩斯二
世》，年代浪漫爱情片《待客之道》（*Our Hospitality*）和暖心的讲
述父子和解的《船长二世》。

　　基顿如此这般对类型片的试验并非是为了丰富自己的履历，更
不可能是要拓展他的艺术视野。直到暮年，他始终坚称自己所做的
一切都是为了博人一笑。在这十来年里，他作为一个杰出的匠人，
一个独具天赋的演员，在一个新兴媒介最具可塑性的时代，用他创
作的一切拓宽了电影艺术的疆域，这似乎是再自然不过的事情。他
的好奇和雄心逐渐契合了电影发展的方向，而电影艺术的演进也为
他的天赋提供了挥洒的天地。

在电影发展史上，1917 年往后的十年是一段美好而独特的时光，电影不再是个人摸索试验的产物，同期声与大规模工业化的时代又尚未到来。事实上，除了没有"声音"，我们如今对"电影"的看法与基顿首度踏入阿巴克尔喜剧制片公司的年代几无二致。那时的"电影"已经有了约定俗成的名号，人们或多或少都能理解的独特的语言规则，稳定的资金和发行渠道，以及日益提升、虽说仍有起伏的社会地位。不过，电影艺术仍是一片亟待探索的领域，无论在技术还是艺术层面，都还有待世人的发掘。

9
在查尔兹饭店吃煎饼

查尔兹饭店内部，约 1920 年。

　　人们常说巴斯特和罗斯科从相遇的第一天就开始一起拍电影——基顿讲述的每一个版本都是如此，即便细节稍有出入。也是在这同一天里，假设你听信这个故事最紧凑的版本，基顿经人介绍认识了第一任妻子，决定放弃舞台生涯投身电影行业，并且学会了拆装摄影机。

　　那是 1917 年 3 月底的一天，巴斯特和迈拉把喝得烂醉的乔丢在加州，基顿三人组就此散伙。乔用了几周时间才清醒过来，搭乘火车尾随妻子和儿子到了"叮当林"，那是他们给马斯基根的度假屋起的昵称。房子没有供暖，也没有室内排水管道，乔就在这座简陋的小屋里独自一人度过了余下的寒冷冬季。起码按照巴斯特的说法是这样。"银行账户里有足够的存款，"巴斯特在自传里用矛盾的口吻提起这段往事，既对父亲的身体健康表示关切，又对他匮乏的生存环境冷冷地不屑一顾，"爸爸在马斯基根饿不死，孤独对他也不算什么。以我对他的了解，他也决不会悔恨至死。"[1]

　　这时迈拉去投奔了底特律的亲戚，哈利和露易丝则还在马斯基根附近的寄宿学校。自从迈拉在 1893 年和乔·基顿私奔以来，这还是家里头一回失去了收入来源。基顿家成了一幢摇摇欲坠的危房——酗酒的父亲，被家暴的母亲，两个学费高昂的弟妹，还没有合适的住处——而巴斯特要背负起所有人的生计。现在轮到他利用自己独特的喜剧技巧和杂耍天分，找到新的职业方向来供养家人，再没有人对他加以限制了；并且要是他运气足够好，或许也能从他和乔重复了十七年之久的父子闹剧中跳脱出来，成为全新的自己。

　　倒不是说巴斯特的人生列车在纽约碰了壁。他在抵达这座城市的当天，就跟颇有影响力的剧院经理人马克斯·哈特（Max Hart）签订了一份合同，在一年一度的时事讽刺歌舞剧"昨日重现秀"（the Passing Show，1917）中"单飞"（单人演出）。演出地点是舒伯特剧院公司 ① 旗下的冬园剧院。对基顿而言，加入这场秀是合乎情理的职业选择，相较于他过去长期扮演的歌舞杂耍巡回演出界传奇童星的角色有了地位上的提升，也能得到更高的报酬。"昨日重现秀"往往成为娱乐业新星展现自我的舞台。下一年的演出中，主打的是一对姐弟舞蹈组合，弗雷德和阿黛尔·阿斯泰尔（Fred and Adele Astaire）。人们普遍认为阿黛尔的舞技更高超，舞台表现力也更强，但实际上负责编舞的是她堪称完美主义者的弟弟。和它的竞争对手齐格飞歌舞秀（Ziegfeld Follies）相比，"昨日重现秀"的节目呈现出更明显的色情挑逗意味，以滑稽模仿的形式为观众重现上

---

① 由舒伯特三兄弟创立于 20 世纪初的剧院制作公司，旗下的百老汇剧院包括舒伯特剧院、冬园剧院和公主剧院。至 1914 年，他们控制了美国 75% 的剧院，成为历史上规模最大的剧院制作公司之一。

一个演出季的流行节目，对擅长模仿的巴斯特来说，这无疑是天赐的完美舞台。

即便如此，到了3月，巴斯特还是开始隐隐感到不安。一方面，报纸上都是美国必须加入欧洲战场的新闻——巴斯特本质上是个对政治十分漠然的人，在这个重要的历史时刻，美国可能参战的前景让他意识到自己或许很快要被征召入伍，他的担忧在1918年成了现实。眼下更紧迫的问题是，几天后"昨日重现秀"就要开始彩排，然而，如何在没有作为施暴者和受虐者的父亲参与的情况下组织起一个十五分钟的单人节目，基顿对此一筹莫展。没有了舞台上的对手，他要如何制造冲突，或是开场、中段和结尾？没有了把他扔出去的人，他要如何坠落呢？

思虑重重的巴斯特去了查尔兹饭店，点了一叠煎饼。这个细节是他自己讲给传记作者鲁迪·布莱什听的，没有其他佐证；这个被过度神话的故事有好多个相互矛盾的版本，但这段记忆的细节和偶然性听着都像是真的。我们往往会记得那些在生活转折点吃过的东西，在一切将要改变以前，我们吃下的最后一餐——再怎么说，到查尔兹饭店吃早餐这种平常的事也没有虚构的必要，很难说人们能从中得到什么了不起的印象。[2]

查尔兹饭店是美国首家连锁饭店，故而在全世界范围内也是如此。1889年，塞缪尔和威廉·查尔兹（Samuel and William Childs）兄弟俩在曼哈顿下城创立了第一家分店，直到20世纪60年代初，他们的最后一家店面才被一个快餐特许经营连锁巨头收购了，如今这家企业旗下的温蒂汉堡、塔可钟和其他连锁快餐店依然遍布曼哈顿下城。20年代的查尔兹饭店和基顿一样经历了飞速上升期，那时整个国家都沉迷在金钱和速度带来的震颤之中，人们的欲望似乎永无止境。在最鼎盛时期，查尔兹饭店在美国和加拿大开出了125家分店。

科尼岛的查尔兹饭店建于1923年，是一个体量很大的餐饮中心，专为到海滩游玩的家庭和大队游客提供简单、便宜的食物。这是一幢以航海主题浅浮雕装饰外立面的大楼，如同一个饰面砂浆雕成的幻梦，它在大众心目中留下的印象如此成功，要是放在今天，我们会说这是整个查尔兹餐饮帝国的一次品牌重塑①。此后的查尔兹连锁餐厅以其独特的建筑风格而闻名，查尔兹兄弟雇用了一支顶尖设计团队，专职打造航海主题的西班牙殖民复兴风格建筑，也辅以其他灵光一现的特色装饰。

直到20世纪20年中期，就像电影业一样，查尔兹连锁饭店在力所能及的每个地点都建起了装饰风格繁复大胆的品牌宫殿。如今，跟随网上的步行观光导览，还能在纽约城里找到散落的查尔兹建筑。例如你会看到市中心一家"星期五餐厅"②的遮阳篷上方一扇弧度优雅的装饰风格玻璃窗，或是路过皇后区的一家披萨连锁店，其门脸被紧密缠绕的海马图案环绕着，显出与内里售卖食物不甚协调的过分高雅，它们如同一缕令人振奋的海风，提醒纽约人，不管平日里你们会不会想起自己的祖先，别忘了你们是岛民。[3]

然而，让我们回到20世纪10年代，查尔兹连锁饭店独特的外

---

① 所谓品牌重塑，是指曾经打造的品牌出现了衰落，或者不能适应当前的市场环境，需要进行调整和创新，使之重新获得生机和活力。
② 创立于1965年的美国连锁休闲餐厅，以其红白雨篷为标志，为消费者在高级餐厅和家庭小饭馆之间提供更多的选择空间。

观与奇思妙想或航海冒险都不沾边，而是摩登、洁净和效率的代名词。那个年代的查尔兹饭店以其铺满白色瓷砖的简洁餐室和穿着白衣的女服务生而闻名，当时从事这个行业的大多是男性，于是这也成了查尔兹的一个"现代"创举。不同口味的"薄煎饼"——黑麦、燕麦和荞麦——是查尔兹的特色菜，通常由女厨师在沿街橱窗前用煎饼锅现场烹制，以此来吸引顾客。真正引起路人兴趣的不只是滋滋作响的薄饼，更是站在窗户后面翻动煎饼的年轻女性纯真外表下隐隐散发的情欲魅力，正如《时代》杂志明白写下的报道："站在橱窗里的完美无瑕的年轻女性，翻动着最纯正的煎饼，这一景象吸引了路人的关注，同时也向他们发出邀请。"[4]

在他 1936 年的短片《歌剧大满贯》（ Grand Slam Oper ）里（这是基顿在低潮期和"贫困行"① 哥伦比亚电影公司一起制作的最好的低成本"骗子"影片之一 ），基顿设置了这样一个场景：在一家不具名的饭店里，一个漂亮姑娘站在窗边翻动煎饼。基顿恍惚地盯着她看，贪婪的视线惹恼了姑娘，她把一张煎饼径直翻到两人之间的平板玻璃窗上，挡住了他的脸。

到查尔兹当服务生要求经过充分训练，举止要端庄娴静，言谈间不能出现"餐厅行话"。相较于同时代从事其他服务行业的女性，这份工作能够为她们获得更高的报酬，不过女孩们也要花钱购买并浆洗自己的白衬衣，要是不小心打碎了店里的陶瓷餐具，或是放走了没付账的顾客，她们也要自掏腰包赔偿损失。这些年轻女性大多

---

① "贫困行"(Poverty Row) 指的是 20 世纪 20 年代末到 50 年代中期的小规模电影公司，通常以 b 级片著称。后来的大型电影制作公司，包括华纳、迪士尼、派拉蒙等都曾是"贫困行"。

是外国人，为工薪阶层和中产阶级奉上有益健康的便宜餐食。[5]

查尔兹连锁饭店在世纪之交的兴盛部分彰显了那个时代人们更广阔的需求，要重塑一切，要隐姓埋名，要随心所欲地流动，还要追求创新。餐厅的白色瓷砖装修提供了一种随意亲近的中性氛围，如同一面空白的平面银幕，在它的映衬下，一切城市际遇都有可能在此展开。20 世纪的流行文化中常有查尔兹饭店的剪影。1935 年，E.B. 怀特（E. B. White）在《纽约客》发表了一首诗作，描绘了他目睹的一段查尔兹顾客与女服务生之间的暗流涌动。身穿白衣的女招待先是彬彬有礼地为客人提供了常规服务，之后又带着"克制的微笑"回过头来看了他一眼，"如一场夏雨般倏忽而过"。[6]

在理查德·罗杰斯（Richard Rodgers）与劳伦兹·哈特（Lorenz Hart）合作的经典流行歌曲《曼哈顿》（*Manhattan*，1925）中有这样一段歌词，把查尔兹饭店描绘成一个会让人破产的时髦甚或浪漫之地："我们要去杨克斯 / 真爱会在那里齐聚 / 到荒野里 / 一起饿肚皮，亲爱的，到查尔兹去。"近四分之一个世纪过后，贝蒂·卡姆登和阿道夫·格林（Betty Comden and Adolph Green）又在音乐剧《奇妙小镇》（*Wonderful Town*，1953）中的一首歌里提到它的名字。演唱这首歌曲的是来自阿拉巴马的女主人公，一个想要出人头地的女演员，来到纽约的她"无所不能 / 契诃夫和莎士比亚和王尔德 / 而今他们看着她在查尔兹翻煎饼"。等到 1968 年，电影《单身公寓》（*The Odd Couple*）的开场镜头里，当心烦意乱的杰克·莱蒙穿过曼哈顿夜晚的街道时，镜头的一个角落清晰地拍到了亮起霓虹招牌的查尔兹饭店。

1917 年的那一天，巴斯特点了哪道煎饼，这个细节已经遗落在了历史的碎片里，但正如他后来告诉布莱什的，不管他点了什么，他都不在意，毕竟他的心思都被别的东西占据了。他付了十美分的账单——如果他点了咖啡，那就是十五美分——起身往街上走去，恰好撞见了娄·安格尔（Lou Anger），后者过去也是一名歌舞杂耍喜剧演员，当时在罗斯科·阿巴克尔电影公司当经理人。娄问巴斯特有没有看过拍电影的现场？他没有。好吧，那不如一道去阿巴克尔的片场看看？他正在筹拍自己的第一部独立制作影片《屠夫小子》，这会儿还在准备第一天的拍摄呢。

　　众所周知，巴斯特是一个寡言少语的人，他会一遍又一遍地讲述自己的三四则轶事，这成了他接受采访的套路，而接下来的这场相遇就是其中之一。假设你听信这个故事最紧凑的版本，在这一天余下的时间里，他被介绍认识了他最好的朋友，他将来的妻子，还有将要改变他一生的艺术形式，而他也将参与塑造它的历史。然而，当我想到那个三月底的早晨，想到那个停留在两个时代之间悬而未决的时刻——对巴斯特这个人和美国这个国家都是如此——我脑海中浮现出的是查尔兹饭店的模样：没有吃完的煎饼，刊登战争头条的报纸，穿着浆洗过的白色连衣裙的女服务生轻盈的身形。我不禁想象，她们中那个负责为他服务的人有没有注意到这个苦着脸的英俊男子，在为他清理没有动过的盘子时，有没有违背规矩露出一丝微笑。

巴斯特，罗斯科·阿巴克尔和阿尔·圣约翰，约 1917 年。

罗斯科·阿巴克尔的考米克电影公司 ① 旧址位于曼哈顿东四十八街上一幢低矮的红砖矩形建筑里，后来这幢房子在 2012 年被拆除了，为了给新加坡驻联合国使团腾个地方。这里原本是一处仓库，在 20 世纪 10 年代末，容纳过三个小型电影制作公司，想必纽约市地标保护委员会也不会强烈要求保存这样一栋平平无奇的建筑。但在 1917 年，刚刚崭露头角的制作人约瑟夫·申克 ② 必定对这个地方相当满意。彼时申克还不是后来的电影大亨，旗下只有这三家小型公司，能够为他计划开启的家族事业找到一个负担得起的办公场所，想必对他已是最合适的选择。

———————

① 考米克电影公司（Comique Film Corporation）最初被约瑟夫·申克用来打造罗斯科·阿巴克尔"胖子"（Fatty）形象的系列影片，后来也制作了相当一部分基顿的影片。
② 约瑟夫·申克（Joseph Schenck），俄罗斯裔美国电影人，早年经营游乐园，之后转型经营连锁电影院。1933 年，他与达里尔·扎努克合作创建了 20 世纪影业公司，后于 1935 年和福克斯电影公司合并成为 20 世纪福克斯公司，由他担任董事长。他是 20 世纪美国电影界最有权势和影响力的人物之一。下文中提到的乔（Joe）是约瑟夫（Joseph）的昵称。

当时这里并非一个明亮安全的地点，一侧距离废弃的东河海滨不远，另一侧则笼罩在第二大道高架轨道的阴影之中。但乔·申克是个精明的生意人，能够一眼看出对自己有利的房产交易。他出生于一个俄罗斯裔犹太家庭，在纽约下东区的一间出租房里长大，家里有七个兄弟姐妹。申克家在始于 19 世纪 80 年代的大移民潮中抵达纽约。约瑟夫和弟弟尼克（尼古拉斯）一开始在药店工作，之后在曼哈顿一条无轨电车线位于市中心的终点站经营一个特许摊位 ①，最终成为两家成功的游乐园的合作经营者。

1907 年，歌舞杂耍连锁剧院经营人马库斯·勒夫（Marcus Loew）买下了兄弟俩手中规模较小的一家游乐园，合伙经营起一家名叫"联合公司"的企业（这个名字取得相当到位）。勒夫的目标是买下尽可能多的歌舞杂耍剧院和电影放映点，把餐厅和剧院的连锁经营理念拓展到电影放映产业。十年后，尼克在全国范围内掌管着超过一百家勒夫旗下的剧院，而乔的兴趣开始转移到这个蓬勃发展的新兴产业的制作领域——既是出于个人兴趣，也有经济方面的考量。[1]

东四十八街这栋楼的一层和二层被几家小公司租走了，它们都归属于著名的塔尔梅奇姐妹名下，并以姐妹俩的名字——诺玛和康斯坦斯命名 ②。几个月前，诺玛和乔结了婚，当时他三十九岁，她二十二

---

① 指在剧院、游乐场所、球场等娱乐地点获得机构许可售卖热狗、爆米花等零食的摊位。

② 诺玛·塔尔梅奇（Norma Talmadge, 1894—1957）和康斯坦斯·塔尔梅奇（Constance Talmadge, 1898—1973）都是早期广受欢迎的默片女明星，后在有声片时代退出影坛。妹妹娜塔莉·塔尔梅奇（Natalie Talmadge）在考米克电影公司工作，后来成为基顿的第一任妻子，并为他的影片《在西部》（Out West, 1918）写了剧本。三姐妹的母亲玛格丽特·塔尔梅奇也是一名演员，同时帮助女儿们建立她们的电影生涯。

岁，他为姐妹俩都建立了专职负责她们职业生涯的电影制作公司。

塔尔梅奇姐妹成长的家庭环境比申克兄弟的更为拮据。她们的母亲，玛格丽特·"佩格"·塔尔梅奇（Margaret "Peg" Talmadge），在女儿们尚年幼时就被酗酒失业的丈夫抛弃了——据知情人士称，他是在圣诞节早晨出走的，而佩格的版本则添加了几分感伤的悲情色彩。作为单身母亲，佩格带着三个女儿在布鲁克林长大，靠帮人洗衣服和卖化妆品勉强度日，起码到她的姑娘们展露出青春期的姿色为止都是如此（基于佩格自己的外貌，用委婉的说法就是"平淡"，这倒是挺让人惊讶的）。佩格有着本不该属于她的艺术方面的雄心壮志——她在异想天开的回忆录《塔尔梅奇姐妹》（*The Talmadge Sisters*，1924）里宣称自己一直想要成为一名伟大的画家。如此这般的志向，加上她杰出的经济头脑，让她成为好莱坞最早的也是最令人敬畏的"舞台母亲"之一[①]，她挥之不去的身影主导并参与了女儿们星途上的每一个闪耀时刻。

诺玛是三姐妹中最年长的，一位端庄高挑的褐发女郎，以"歌咏幻灯片"中少女模特的身份出道，常常出现在综艺表演里伴随现场歌咏节目投影的相片中。她在三角电影公司（Triangle Film studio）当合同演员时吸引了乔的注意，当时诺玛大约二十岁。她把一头金发剪成荷兰女孩常见的波波头式样，正和康斯坦斯以"荷兰人"的形象在电影界寻求出路，申克一家最初也是这样认识她们的，但随着乔接管了她们的职业规划，两姐妹的资源和名声都有了

[①] 指过分关注并积极推动自己孩子在演艺事业上成功的母亲，有时可能过于干涉孩子的生活和职业选择。

质的飞跃。在 1920 年《影戏》(*Photoplay*) 杂志举行的一次投票中，诺玛以遥遥领先于妹妹的票数被提名为"美国最受欢迎女演员"。

　　尽管诺玛形似罗马半身雕塑般的古典特质与她出演的制作精良的古装剧早已不再流行，但她在自己那个年代取得了巨大的成功和无尽的赞美，在塔尔梅奇家的演员中，她被认为是更漂亮也更"严肃"的一个。1923 年，地位颇高的名流专栏作家阿黛拉·罗杰斯·圣约翰斯 (Adela Rogers St. Johns) 称她为"银幕上最顶尖的剧情片女演员之一"。[2] 后来很长一段时间里，申克在好莱坞扮演着斯文加利式 ① 的角色，他帮助建立了玛丽莲·梦露的早期职业形象，并与她维持着时断时续的恋爱关系。对他年轻的妻子，申克有着敏锐的市场判断力，尤其是她对女性观众的吸引力。当穿着紧身织锦服装的诺玛紧抓着一把路易十四风格椅子的后背，望着远去的爱人的身影，她的魅力是无与伦比的。

　　小妹妹康斯坦斯以跟姐姐诺玛完全相反的女性形象在当时的好莱坞闯荡。她是一个身形瘦高的喜剧女演员，面部表情大胆张扬，展现出爵士年代懒洋洋又活力四射的"飞来波女郎"② 气质，尽管当时这个用语还远未进入美国的日常词汇。康斯坦斯·塔尔梅奇的经典银幕套路是一出不失体面的荒唐闹剧中因身份错置引发的误会，夹杂些许浪漫纠葛，剧本和字幕通常都由她们的好友安妮

---

① 斯文加利 (Svengali) 是英国小说家乔治·杜穆里埃 (George du Maurier, 1834—1896) 于 1894 年出版的《软帽子》(*Trilby*) 中的音乐家，他使用催眠术控制女主人公特丽尔比，使其唯命是从，成为他的牟利工具。斯文加利也成为英语中将他人引向成功的具有邪恶力量的人的代名词。
② 英文为 "flapper"，意为拍打着翅膀学习飞翔的幼鸟，在 20 世纪 20 年代被用来形容那些离经叛道又生机蓬勃的年轻女性形象。

塔·卢斯（Anita Loos）撰写。

但康斯坦斯给人留下印象最深的是在 D.W. 格里菲斯的《党同伐异》中的表演。在这部冗长的、由不同时代故事线组成的史诗片中，她以一个不甚协调的现代假小子形象扮演了古巴比伦一段中的"山中女孩"。这个令人耳目一新的少女形象截然不同于这部三小时影片中的任何一个女性角色，她的身上没有被神化的迹象，既非恒久的轻推摇篮的女性形象，也不是投射了异国情节与色欲想象的诱人妖妇，她呈现给观众一个没有章法的乡村少女的模样，喜欢把生青葱当零食啃。当她被一名巴比伦贵族调戏时，"山中女孩"翻了个白眼，轻巧地摆脱了他的纠缠，仿佛他们不是坐在九十多米高的两河流域城门复制品下方，而是在一辆福特 T 型车 ① 的后座。或许正是因为她展现出来的恒久的摩登气质，康斯坦斯的电影生涯是塔尔梅奇姐妹中最长久的。不幸的是，她参演过的八十余部影片如今都没有保存下来。

这栋楼的第三层被乔用作他的新投资——考米克电影公司的摄影棚（公司名要用法国口音读成"考-米-奇" ②）。乔许诺给阿巴克尔独立制作的空间，把他从马克·森内特 ③ 的启斯东（Keystone）电影公司挖角到自己旗下，让他用自己的团队拍摄两本喜剧片。最后是公司的办公室，同样由家族成员坐镇。娜塔莉（Natalie）是塔

---

① 福特汽车公司于 1908 年至 1927 年间生产的一款汽车，被认为是第一辆大众化的汽车。

② Comique 在英语中是丑角、滑稽角色的意思，在法语中也有喜剧的意思。

③ 马克·森内特（Mack Sennett, 1880—1960），爱尔兰裔加拿大人。启斯东电影制片公司的创始人，被视为"美国喜剧之父"，开创了流水线作业的"启斯东喜剧"形式，发掘并培养了卓别林。

尔梅奇三姐妹中的老二，在公司帮忙记账、平衡开支，并且为她的姐妹们回复粉丝来信。家里人都叫她"奈特"或"内特"，后来巴斯特也这么叫她。和姐妹们相比，她是一个娇小、羞怯的女性，按照那时候的标准，不如她那两个艳光四射的姐妹来得有吸引力。她也是塔尔梅奇家学历最高的人，上过速记和簿记课程。

娜塔莉偶尔也会在她姐妹们的影片里出演一些小角色，起码在她 1921 年和巴斯顿结婚之前是那样。她被分配到的角色往往是一些打扮土气的老姑娘，急需改头换面好抓到个丈夫。在《爱情专家》（*The Love Expert*，1921）里，康斯坦斯的角色趁她睡着时偷拿了她的眼镜，还给她剪了个波波头。按照如今的标准，小巧玲珑、五官精致的奈特可能会被看作三姐妹中最漂亮的一位。然而，在银幕上姐妹们更为明艳的美貌对比下，她深邃的双眼和严肃的表情似乎很难引起观众的兴趣。后来她也在丈夫的影片里露过几次面，最惹眼的是她在《待客之道》中的表现，在南北战争前的美国，她扮演了基顿在片中的爱情对象。不过，在他合作过的诸多女主角中，她算是最不具表现力的那一类。任何想要透过她散落的银幕形象窥探娜塔莉·塔尔梅奇的人都注定要失望而归。她是谁，她在巴斯特身上看到了什么，或者他在她身上看到了什么，他们十一年的婚姻里都发生了什么——没有人能够看透她的秘密生活。她从不向往成为一名女演员，只想在家族事业中扮演好姐妹和妻子的角色，她的银幕形象也同样晦暗不明。

塔尔梅奇家和申克家是截然不同的两种类型，值得日后细细探究。但就目前而言，我们只需知道，巴斯特第一天到访考米克时，这两大电影界颇具影响力的家族都在场就够了。他也是一个出身演艺世家的人，尽管基顿家的势力和规模都要小得多，他们唯一可供出售的商品只有他和父母在舞台上每天两次再现的现场表演。打从他到考米克的第一天起，他就被纳入一个截然不同的商业体系：他不再是状况百出的现场演出中唯一的明星，而成了大批量制造、复制并在全球发行的娱乐产品的团队中的一员。

东四十八街的这栋楼是某种意义上的多功能娱乐工厂。诺玛和康斯坦斯提供悲剧、轻喜剧和名流杂志的素材，乔负责写支票，娜塔莉则代替姐妹们在肖像照上签名，再寄给她们的粉丝。阿巴克尔的公司担负着每年制作六到八部两本喜剧的任务（"一本"电影的长度大约为十分钟；"两本"是二十分钟短片的专业术语）。对申克这样心怀大计、眼光长远的人来说，签下阿巴克尔相当于得到了三个人，他自导自演，还自己做剪辑，无疑是娱乐业不动产中一笔迅速升值的好买卖。当时超级巨星查理·卓别林刚和共同电影公司（Mutual Film Corporation）签了一年合同，以 67 万美金的签约费（相当于今天的 1700 万美金）创造了新纪录。除他以外，身形滚圆、天使脸庞的"胖子"（"Fatty"）是当时最著名的喜剧电影演员。

在喜剧女演员中，罗斯科的前银幕搭档梅布尔·诺曼德 ① 是当时最冒尖的，她也执导过一些影片。彼时她同样在启斯东电影公司的前制作人和前男友马克·森内特支持下新成立了自己的制作公司。20 世纪 10 年代末，这些前景看好的明星创作者大多自立门户，这是当时电影公司普遍的策略，缘因制作人们逐渐意识到观众不是

---

① 梅布尔·诺曼德（Mabel Normand, 1892—1930），美国女演员，默片时代最具才华的喜剧女演员之一，曾是启斯东电影公司的当家女明星。她出演了数百部作品，并与卓别林合作了多部影片。

被故事情节或制作水准吸引到电影院去的，他们更想去看某些特定的、深受他们喜爱的演员熟悉的面容。乔肯定想到了阿巴克尔广受欢迎的闹剧将成为他万无一失的引流法宝，把观众钓到影院，再让他们看诺玛和康斯坦斯主演的长篇巨制。

1917 年 3 月的那一天，巴斯特把没动过的早餐留在查尔兹饭店，和娄·安格尔穿过百老汇的几条街道，走进四十八街上的那栋建筑，迎面而来的是热闹忙碌的电影界的一幅缩影——转动的摄影机，摇晃的服装架，也许还有一两名现场乐师在演奏，帮助姑娘们酝酿浪漫场景的氛围。但也可能是在第二天，基顿 1917 年的日程本上有一条记录提到了电影公司的地址，也就是说他在遇见安格尔以后，至少又过了一段时间才去了考米克。

不管具体的时间点是哪天吧，总之安格尔和基顿的碰面不太像是单纯的偶遇，而更像是一次精心策划的挖角行动。毕竟就在几个月前，娄代表乔·申克向当时还在启斯东电影公司旗下的阿巴克尔抛出了橄榄枝。娄设法绕过守在启斯东片场的保镖们，把圆滚滚的喜剧演员从加州带来了纽约。森内特的吝啬人尽皆知，而申克给出了难以拒绝的报价：每周一千美元，连续三年，并且给予阿巴克尔绝对的制作自主权，倘若他的影片票房成功，还可能给他涨薪到每年一百万美元。他还被告知将来甚至有可能主演自己导演的长片，当时还很少有让喜剧演员自导自演的机会。即便那个人是卓别林也一样——他在第一部喜剧长片《破灭的美梦》(*Tillie's Punctured Romance*, 1914) 中和诺曼德一起演出了反派角色，但也尚未主演过自己执导的影片。[3]

安格尔和新近失业的巴斯特的相遇或许是出于职业方面的考

量，也可能不乏个人动机。在巴斯特迄今为止的人生中，并且在之后相当长的一段时间里，他的职业和个人生活都处于翻天覆地的变化之中。他和娄是长时间的合作伙伴，基顿家曾与安格尔和他妻子索菲娅·伯纳德（Sophye Bernard）同在一个歌舞杂耍团里巡回演出。娄是一个以"荷兰"口音为特色的小有名气的喜剧演员，擅长讲粗俗滑稽的种族笑话，调侃那些容易用错字的德国移民；索菲娅则是知名的流行女歌手和活页乐谱封面女郎，"可怜的蝴蝶姑娘"，是她最受欢迎的一首歌的歌名。娄和巴斯特共事了十六年，尽管他没有成为申克兄弟那样的娱乐业大人物，他也证实了自己确实是一个经验丰富、善于发掘新人的行家里手。[4]

娄想必透过歌舞杂耍界的流言圈子听说了上一个演出季时基顿家在潘塔基斯巡回剧院中止的演出，他肯定也问候了乔、迈拉、哈利和露易丝的情况。从巴斯特后来接受采访的习惯来看，他不会展露太多的个人情绪，总是用礼貌却有所保留的回答尽快结束提问，对话很快又会转到工作上来。可以想见，娄在听说巴斯特跟舒伯特公司签了"昨日重现秀"的演出合同后，自然认为可以试着向他透露自己现在是阿巴克尔在一家初创电影公司的经理人。无论他有没有明说，双方可能都心照不宣地意识到这是一份工作邀请。

无论他们会面的真实情况如何，巴斯特后来总说他们是偶遇的——再加上他把之后发生的一切都浓缩到了同一天里——这在某种程度上揭示了他和罗斯科之间合作的一个重要的心理真相：从他们遇见并合作拍摄的第一天起，一切就好像有命运仁慈的推手在背后助力。他们的合作关系以不可思议的速度发展为亲密的友谊，只要摄影机开始运转，旁观者就能迅速感受到两人完美的契合度。没过几周，阿巴克尔似乎就把拍摄的方方面面都交托给了年轻的密友。四十多年后，巴斯特用他典型的言简意赅的风格回顾了这段飞速推进的学徒期："阿巴克尔都是自导自演的，我大概只在他的三部片子里担任过助理导演。换句话说，就是在他演戏的时候坐在摄影机旁边。他也教了我剪辑，因为他的片子都是他自己剪的。"[5]

娄把巴斯特带到考米克并介绍他给大家认识的那天，阿巴克尔正在筹备他到申克公司后拍摄的第一部独立短片《屠夫小子》。这部结构略显凌乱的两本影片讲述了一个单相思的杂货店店员（阿克巴尔）先是陷入了一系列食品惹出的麻烦，接着，在跟前半部情节关系不大的第二段中，他戴上长长的金色假发，穿着蕾丝灯笼裤，还打了一把褶饰边遮阳伞，男扮女装成玛丽·璧克馥①般的模样混进了一所女子寄宿学校。打扮成女孩模样的罗斯科或许意在嘲弄当时流行的由成年女性扮演大胆莽撞的青春期少女的风潮［不久前二十五岁的璧克馥刚刚在《可怜的富女孩》（*The Poor Little Rich Girl*）中出演了一个十一岁的角色］，同时也展现了他令人难忘的标志性假笑和灵活的跳跃腾挪。

巴斯特在考米克的那些年里也出演过男扮女装的角色，根据剧情需要装扮成异国风情的宫女或害羞的新娘。变装情节能够让这些短片稍稍偏离道德的正统地带，但仍属于无可指摘的合家欢影片范畴。如同过去在歌舞杂耍界广受欢迎的基顿，阿巴克尔也尤其受到

---

① 玛丽·璧克馥（Mary Pickford, 1892—1979），加拿大女演员，曾获得奥斯卡最佳女主角和奥斯卡终身成就奖，被称为"美国甜心""小玛丽""金色的女孩"等等。她与道格拉斯·范朋克、格里菲斯和卓别林共同创建了联美电影公司，也是美国影艺学院的创始人之一。

儿童观众的喜爱，他也把自己定位成一个为青少年提供娱乐的从艺者。1915 年，他对电影专栏作家凯蒂·凯利（Kitty Kelly）说："我为孩子们服务。"

　　罗斯科邀请巴斯特立刻换装参加当天的拍摄，起先巴斯特拒绝了，他说自己只是来看看。但没过多久，也许是罗斯科反复的劝说起了作用，又或者是巴斯特看到喜剧素材就想要探究一番并做点改善的天性占了上风，总之他还是站到了杂货店的布景里，套了一身松松垮垮的农夫连体工装，一双鞋头长得离谱的"拍击鞋"①，还有后来成为他标志性装饰的灰色平顶帽，如今的观众只要看到这顶帽子就一定会想起他。在他的银幕首秀里，这顶帽子不只是服装的一部分，还是一件关键道具。罗斯科饰演的店员漫不经心地把它当作一罐糖浆的容器，由此设计了一幕把帽子黏在脑袋上的笑料。

　　那天在混乱的片场被记录下来的灵光一现，以及那天晚上巴斯特独自一人时迸发的更多灵感——他获准把摄影机带回寄宿的剧院公寓，拆开研究了一番，又在第二天拍摄前把它重新装好——就这样被载入了电影史册。在之后的一百多年里，这个故事被讲述了一遍又一遍，以至于其中的细节都变得模糊不清，但故事总有一个合情合理的结局。在看过了电影拍摄现场的第二天，巴斯特回到经纪人的办公室，问是否还来得及取消他的"昨日重现秀"合同。在经历了多年颠沛动荡的生活后，在摄影机陪伴下度过了一整天的他，第一次找到了自己的心之所向。

---

① 为了避免鞋子陷入泥沼里，在鞋底装上一块轻便的平面板，走路时会发出"啪啪"的声音。

罗斯科

罗斯科·阿巴克尔在片场执导，日期未知。

　　爱他的人不会叫他"胖子"（当然啦，他的粉丝除外）。对他的朋友们，还有他在四十六载人生中经历过的三段婚姻的伴侣来说，他就是罗斯科。但阿巴克尔是一个所到之处总有人忍不住给他起外号的家伙，那些昵称和别名见证了他在演员和剧组伙伴中赢得的尊重与喜爱。小他八岁的巴斯特有时会叫他"头儿"。其他外号的确会影射罗斯科的块头，也许会用一些更独特的措辞，不像"胖子"那么伤人。他在启斯东的长期银幕伙伴，偶尔也执导他的梅布尔·诺曼德叫他"大奥托"，那是制作人巴德·塞利格（Bud Selig）豢养的兽群中一头大象的名字，塞利格也是引领阿巴克尔踏入电影行业的人。而他的另一位启斯东警察[1]同行弗雷德·梅斯（Fred Mace）则叫他"螃蟹"——这个名号的出处已不可查，但它确实

---

[1] 启斯东喜剧中的经典形象。他们头戴警盔，身穿大号制服，拿着警棍，时常陷入追逐闹剧，被耍得团团转，突然摔倒在地，后来成为美国文化中无能愚蠢的代名词。

契合阿巴克尔的外貌：看似不协调的灵活肢体支撑着宽大、凸出的中段（据说，阿巴克尔的腹部可都是结实的肌肉）行走于世间。查理·穆雷（Charlie Murray），另一位阿巴克尔启斯东时期的合作伙伴，也曾是与他同期的歌舞杂耍演员，总是叫他"我的胖小孩"，除了对他身量的描述，这个昵称也捕捉到了阿巴克尔永不褪色的孩子气之中偶尔流露的令人不安的特质。

在马克·森内特诙谐跳脱却不甚可靠的回忆录《喜剧之王》（*King of Comedy*）中，这名性格古怪的制作人回忆起他们第一次见面时的情景。他说阿巴克尔像弗雷德·阿斯泰尔一样轻盈地跃上启斯东的台阶，对他说："（我的）名字是阿巴克尔，罗斯科·阿巴克尔。叫我胖子！"[1]光是这个细节就足以证明森内特和阿巴克尔从来都不是朋友。"胖子"是罗斯科的银幕形象，一个孩子气的、天真的欢乐制造者，偶尔显露出好色的天性，还有明显的异装癖倾向[阿巴克尔的女性角色形象有着很高的知名度，启斯东甚至让阿巴克尔自导自演了一部以"她"为主角的一本影片，《胖子小姐的海边爱人》（*Miss Fatty's Seaside Lovers*，1915）]。"胖子"也是片名中保证影片卖座的亮点，纵观电影史，这是最早一批展现出票房号召力的电影角色——虽然两年后诺曼德就打破了他的纪录。

早在1913年，阿巴克尔就开始出演一些一本喜剧中的配角，像是《胖子当民警》（*Fatty Joins the Force*）和《胖子休假日》（*Fatty's Day Off*）。到了1914年，他开始执导自己主演的两本欢乐喜剧片，比如《胖子的魔法裤子》（*Fatty's Magic Pants*）、《胖子照相乌龙记》（*Fatty's Tintype Tangle*）和《善变的胖子的坠落》（*Fickle Fatty's Fall*）。1915年至1916年，他和小巧活泼的诺曼德组成的银幕搭档意外走红，以"胖子和梅布尔"（"Fatty and Mabel"）的组合出演了一系列短片；这些影片大多由阿巴克尔担任导演，运用的特技和技巧也越来越复杂。

然而，即使他欢快的银幕形象逐渐取代了他生活中真实的一面，罗斯科也绝不会那样向别人介绍自己。倘若你在观看他的影片时稍加留意，就会发现没有一个演员叫过他"胖子"。在《胖子和梅布尔的简单生活》（*Fatty and Mabel's Simple Life*）一片中，当梅布尔呼唤她消失的爱人时，她的唇形显然是在叫"罗斯科"。他避免围绕自己的体型来设计笑料（卡在门里，砸坏家具），也从来没有主动接受过"胖子"这个艺名：它就是一个被保留下来的学生时期的外号，后来成了卖座的保障。罗斯科的第一任妻子明塔·德菲（Minta Durfee）回忆说，如果有新认识的人这么叫他，罗斯科会平静地回复："我有名字，你知道的吧。"[2]

一个世纪过后，当我们想到"胖子"这个绰号所隐含的校园歧视，以及一个以此获得职业知名度的演员，我们很难不为此难过，或者起码我们应该如此。澳大利亚女演员蕾蓓尔·威尔森（Rebel Wilson）在《完美音调》（*Pitch Perfect*）系列影片中饰演自称"胖艾米"的阿卡贝拉女王，这个角色仍在以对演员缺乏尊重的方式博取观众的笑声，就像当初罗斯科逐渐被迫背负了"胖子"这个花名一样；但起码"胖艾米"的外号是她自己选的，蕾蓓尔的名字也不会在字幕和片名中被一个嘲弄的绰号所取代。罗斯科·阿巴克尔的形象逐渐与"胖子"这个角色融为一体，无人在意他的感受，而在他从举世瞩目的事业巅峰莫名跌落声名狼藉的低谷的人生中，这不过是诸多不幸的一个侧面。

如今大多数听说过罗斯科的人对他的第一印象可能都是"胖子阿巴克尔",但他们想到的并非一个深受喜爱的欢乐制造者,而是一起骇人听闻的爵士年代丑闻的参与者:1921 年,他在旧金山的酒店套房里开派对,而年轻女演员弗吉尼娅·拉普(Virginia Rappe)在那之后不幸身亡。今天他的名字往往被流行媒体用来报道当代的名流丑闻,或者在提到 #MeToo 运动时被用作不甚准确的类比——大多数文章提到他时都会先写下"胖子"这个称谓,然后才是罗斯科,前提是有人记得提一笔他的真名,而他在法律上被判无罪的关键细节则通常无人提及。相较于被误认为一个强奸犯和杀人犯,这样的绰号似乎只是无足轻重的冒犯,但要是你确实在意罗斯科这个人——只要看过他留存下来的影片,或是了解过他短暂的不幸人生,你很难不在意他——听到别人用一个明知他讨厌的名字去叫他,你的心头又会感到一丝额外的刺痛。

即便是他出生时的名字,罗斯科·康克林·阿巴克尔,也隐含着潜藏的恶意;从一开始家人就对他表示出了拒绝。他的父亲威廉·古德里奇·阿巴克尔不是个讨人喜欢的家伙,在堪萨斯州的史密斯中心市靠当农民勉强为生。打从罗斯科在 1887 年 3 月来到人世的第一天起,他父亲就不喜欢五个孩子中最小的这个。新生儿体重接近十四磅;在家里人看来,正是由于生产造成的并发症,他母亲玛丽才会在生下他十二年后过世,尽管她真正的死因并不清楚。威廉是一个瘦弱的人,他妻子也是个小个子,因此他拒不相信这个大块头婴儿是他的儿子。他怀着恼恨给孩子取名为罗斯科·康克林,这是一位纽约参议员的名字,以支持民权运动的激进作派著称,而威廉对其相当鄙夷。

和巴斯特的父亲一样，威廉也有酗酒和酒后施暴的问题。在罗斯科还是个蹒跚学步的幼儿时，威廉带着全家人搬到了南加州，之后很快就离家出走了。罗斯科的兄姐都已长大，能够离家独立过活，只留下他和母亲相依为命。威廉对儿子一直不闻不问，1899年妻子去世后不久，他跟一个带着六个孩子的女人结了婚。她也叫玛丽。十二岁的阿巴克尔刚刚经受了丧母之痛，搭火车到圣荷西投奔疏远已久的父亲，却发现威廉已经搬走了，甚至没留下地址。最终，罗斯科的父亲还是不情愿地收留了他，但他几乎从未停止过对儿子生理和心理上的虐待，而他对罗斯科的体重毫不遮掩的厌恶也愈演愈烈。

1921 年，阿巴克尔的丑闻闹得甚嚣尘上，小报记者到处挖掘跟他沾亲带故的人打听爆料，当时第二个玛丽讲了一则自我吹捧的轶事，而我们得以从中窥见他父亲对待他的态度。她说自己救过罗斯科的命，当时"他父亲要掐死他，还抓着他的头往树上撞"。只是人们对她的好感维持不了多久，因为之后在同一次采访里她又承认，虽然他父亲经常揍他，但她"过分懒惰的"继子"往往也是罪有应得"。

罗斯科在巴斯特出生那年首度顶替巡回戏班里另一位儿童演员的位置登台。后来，少年罗斯科逐渐奠定了自己的舞台地位，不是作为喜剧演员，而是在绘画和着色相片组成的"歌曲幻灯片"图像投影的衬托下，凭借动人的男高音演唱感伤的流行歌曲。演出时偶尔也会投影歌词，以便让观众一起合唱。这样的歌唱表演往往和电影交替出现在杂要秀的节目单上。

1903 年，剧院老板和未来的影院经理西德尼·格劳曼（Sid

Grauman）发掘了罗斯科，让他加入了自己在旧金山的尤尼克剧院。1906 年，旧金山大地震摧毁了包括尤尼克在内的大部分城市建筑，罗斯科继而转到潘塔基斯歌舞杂耍团演出，也就是十多年后，乔和马丁·贝克大闹一场导致基顿三人组被下放演出了一个季度的西部底层连锁剧院。根据一则无法证实的传言，恩里科·卡鲁索 ① 曾把年轻的罗斯科叫到一边，斥责他居然在歌舞秀上浪费自己的才华，而他本应该用这副好嗓子去唱歌剧的（卡鲁索可是代表了19 与 20 世纪之交欧洲高雅文化的歌剧明星，威尔·罗杰斯 ② 曾经吹嘘自己在蜜月期间不惜错过他的演唱会也要去看基顿三人秀，后者让他觉得更有活力）。

当三十岁的罗斯科在考米克遇见二十二岁的巴斯特时，前者已经在多种多样的表演形式中积累起了足以受益终生的表演经验。他跟随驻演团队到过阿拉斯加的偏远贸易点，以老牌喜剧二人组的形式参加过上西区的巡回演出（由于演出时笑料间隔过长，他们的节目被称作"死亡之路"），还到过东亚巡演，他在那里表演歌唱和喜歌剧，还领衔主演了吉尔伯特与萨利文（Gilbert and Sullivan）的《日本天皇》(*The Mikado*)，他的第一任妻子兼舞台伙伴明塔·德菲也参演了这部歌剧。

1909 年，罗斯科的电影生涯始于南加州第一家永久性的电影制片厂，塞利格透镜公司（The Selig Polyscope Company，尽管塞利格在 1918 年就关停了电影制作分部，但它仍以动物园的形式

---

① 恩里科·卡鲁索（Enrico Caruso，1873—1921），出生于意大利那不勒斯，男高音歌唱家、演员。
② 威尔·罗杰斯（William Rogers，1879—1935），美国幽默作家，编剧。

存在，并为好莱坞提供训练有素的动物演员。塞利格动物园的成员中，除了与罗斯科同名昵称的"大奥托"，还有在米高梅历史悠久的公司标志上咆哮了两次的狮子利奥 ① ）。遗憾的是，阿巴克尔在塞利格的一年多时间里拍摄的影片都没有留存下来。1910 年到1915 年间，他和明塔都在努力提升他们在启斯东的地位；和他们一起的还有罗斯科的侄子阿尔·圣约翰（Al St. John），一个擅长杂技表演和自行车特技的瘦高个，后来也成了考米克电影公司的核心成员。

乔·申克把罗斯科从森内特那里拐走的时候，给出了相当丰厚的条件，包括一辆劳斯莱斯银魅汽车——启斯东内部流传着一句话，"跟着森内特起步，上别的地方发财去"——阿尔跟着他离开了，明塔没有。这个决定背后的原因始终不明：究竟是像明塔后来接受采访时所说，罗斯科原先答应为她在考米克争取一个位置却从未兑现，背叛了她的信任，最终促使他们分开的？还是他们先前就已貌合神离，明塔才会选择留在洛杉矶，到她的密友、当时最著名也最具影响力的喜剧女明星梅布尔·诺曼德新成立的独立制片公司去做联合主演？无论真相如何，1917 年初的明塔和罗斯科分道扬镳了，但他们还保持着名义上的夫妻关系，一直到 1925 年罗斯科再婚为止。

在他加入考米克之前的动荡岁月里，阿巴克尔短暂地染上过吗啡瘾，后来虽然戒除了，还是对他的身体造成了损害。他动了一次手术切除腿上感染的疖痈，之后就药物成瘾，不得不到一家康复疗

---

① 米高梅前后使用过七只狮子，利奥的形象自 1957 年出现，一直使用至今。

养院待了一阵——在考米克制作的恐怖短片《晚安，护士！》（*Good Night, Nurse!*）里，他把在那里的痛苦经历重塑成了"无望疗养院"，巴斯特在影片里扮演的医生穿着一件可疑的沾有血迹的工作服。尽管当时他们的婚姻正在解体，明塔还是在康复过程中陪在罗斯科身边，一如她在 1921 年到 1922 年陪伴他经历了三次被指控过失杀人的公开庭审一样。明塔在舞台、电影和电视表演中度过了七十余载的光阴，直到她 1975 年离世，她总是用偏爱的口吻谈起他的存在。

罗斯科成年前的那段年月见证了歌舞杂耍行业最后的辉煌，也见证了基顿三人组最巅峰的职业状态，故而他肯定相当熟悉他们的表演。若真是如此，他必定也欣赏年轻的巴斯特出众的喜剧创意天赋。他们都偏好这个行业中能够展示个人精湛技艺的那部分，在合体时迸发出更为惊人的喜剧效果。阿巴克尔和基顿一样喜欢交替使用大开大合的喜剧技巧——跌跤，打斗，追逐——以及更能体现表演者水准的细微身体动作。他们都能以令人目眩的轻松劲头变戏法，走平衡，做抛接。两人都心怀宏愿。阿巴克尔的绝技之一是脱帽丢向身后，不用回头就能让帽子不偏不倚地落到远处的帽架上，后来基顿在《福尔摩斯二世》中也模仿了这个动作。

罗斯科扮演的大多是厨子、技工、苏打水手① 或其他在布满道具的环境中工作的服务人员，他们总是在翻煎饼，杀猪，搅拌饮料，用新奇搞笑的方法换轮胎。阿巴克尔的另一个拿手绝活是用一

---

① 苏打水手（soda jerk）是一个美国术语，指的是在药店经营苏打水柜，负责提供苏打饮料和冰淇淋甜品的人（通常是年轻人）。

整套行云流水的连续动作转动一支香烟，插进嘴里并点燃。很多早期的舞台和银幕喜剧都效仿过这个技巧，其中最著名的模仿者当属罗斯科的堂兄马克林·阿巴克尔（Macklyn Arbuckle），但没有人能做得像他那样灵动优雅。

阿巴克尔和基顿对面部表情的运用也有着各自独特的标志性。罗斯科宽阔的五官总在不停地动作，他还喜欢用表情打破第四堵墙，与观众达成隐秘的互动，有时是跟观众偷偷地结盟取笑另一个角色：你敢相信这家伙吗？而巴斯特的招牌特色是他的冷静自持，即便他在考米克初期的日子里偶尔会扮演一些大笑、微笑或哭泣的角色，观众也总感觉他的内在自我远在镜头以外不可及的某处。不过他们对待喜剧的态度是相似的，他们同样慎重地处理和对待那些最微妙的细节，这让两人注定成为志同道合的伙伴。

如同 20 世纪 10 年代的大多数美国人一样，基顿也经常去看电影，自然也熟悉这个有着一张天使般圆脸蛋的可爱"胖子"。隐隐想要摆脱日渐失衡的父子关系的少年基顿也许注意到了那个启斯东警察团里块头最大、身手却格外敏捷的成员；在那群闹哄哄又笨手笨脚的家伙当中，曾短暂地出现过查理·卓别林、哈罗德·劳埃德①、阿尔·圣约翰、查理·蔡斯（Charley Chase）和几乎每一位除基顿自己以外的未来的默片喜剧影星。

就算他错过了阿巴克尔少数几次的警察扮相，巴斯特肯定也注意到"胖子"渐渐成了启斯东的招牌明星，也是第一个以角色名主

---

① 哈罗德·劳埃德（Harold Lloyd, 1893—1971），美国喜剧演员，与基顿、卓别林并称为默片时代三位喜剧大师。

导片名的电影明星，他那张容光焕发的圆脸和偏小的德比帽，跟小流浪汉①的胡子、松松垮垮的裤子和手杖一样，成了人尽皆识的标志性打扮。（根据一则很可能是启斯东宣传部门乐呵呵地凭空编造出来的传闻，卓别林的裤子本来是要给阿巴克尔的一个角色搭配服装的，结果被前者抢先征用了。）

1914 年，卓别林高调离开了启斯东，开始为短命的埃萨内电影公司（Essanay Studio）自制短片，此后阿巴克尔在启斯东片场上不断累积着自己的履历和创造力。之后两年里，他领衔主演了几十部一本和两本喜剧片，通常都是自导自演的。其中最经典的是 1915 至 1916 年间大热的"胖子和梅布尔"系列，这些两本影片几乎都是由阿巴克尔执导的，在他小丑般的庞大身躯旁，是他具有爱德华时代般美貌的搭档诺曼德。通常他们扮演一对情侣，有时还处在追求阶段，有时已经结婚了。

在缺乏秩序也不多愁善感的启斯东电影宇宙里，家庭生活的底色总是带着一抹假笑。结婚意味着被老婆管束，听她长篇大论地唠叨，被不公正地剥夺了与其他女性同伴相处的机会（男性的性欲冲动是启斯东世界里的首要准则），最糟糕的是要被迫跟丈母娘同住，在为数众多的启斯东短片里，"胖子"都面临着这同样的命运（现实生活中的罗斯科早年丧母，渴求家庭生活的温暖，跟明塔的母亲关系很好，在他们结婚的头几年里一直跟她同住）。"胖子和梅布尔"系列喜剧用一种更温情也更具希望的浪漫爱情画像取代了以往玩世不恭甚或男性主义至上的性别关系。

---

① 卓别林塑造的经典银幕形象。

阿巴克尔和诺曼德在银幕下的关系也很不错，并且他们塑造的银幕情侣带给观众一种奇特的、他们真的在一起的感觉：两人都擅长运动，貌似轻浮，肢体动作夸张大胆，行事冲动莽撞。他们会流露出孩子气的一面，但不会给人幼稚的感觉，这么说吧，就是玛丽·璧克馥那种三十多岁还在扮演青春期少女的作派。他们的银幕关系在道德方面无可指摘，但也绝非全然没有性暗示，只是他们之间的欲望通过玩闹般的嬉游得到了升华。在《胖子和梅布尔的洗衣日》里，罗斯科看到梅布尔的灯笼裤挂在他的晾衣绳上，就用"哦，你这个淘气的姑娘"般的态度轻打了几下。在《胖子和梅布尔的简单生活》里，就像他们的很多短片一样，这部影片也设置在农场上，她给一头奶牛挤奶时，把一股奶液喷到了他的眼睛里。

这些角色对彼此表现出来的夹杂了恼怒的持久爱意把家庭喜剧推向了一个崭新的、近似于我们称之为"浪漫喜剧"的方向。他们后期合作的两部由阿巴克尔执导的作品，《那块小金带》(*That Little Band of Gold*，1915) 和《他做了，他没有》(*He Did and He Didn't*，1916)，甚至在不嘲笑任何一方或婚姻制度本身的前提下，探讨了婚姻关系中双方的微妙处境和失望。他们提前把20世纪30年代海斯法典颁布前美国情色喜剧刚刚开始展现的世俗和开放氛围呈现给了观众。

阿巴克尔和诺曼德最后一次合作的、或许也是他们最棒的影片《胖子和梅布尔漂流记》(*Fatty and Mabel Adrift*，1916) 运用了大量创新性的导演技巧，用优美的布景和诗意的温情氛围构造出一种不同于启斯东传统的风格。当阿巴克尔俯下身去亲吻梅布尔，和她道晚安时（尽管两人在之前给奶牛挤奶的那场戏中表现得相当亲昵，但他们还是分床睡的），阿巴克尔的镜头没有落在他自己身上，而是转向他投在墙上的剪影。后来，在落日余晖笼罩了他的一幕里，阿巴克尔把一根木棍丢给他值得信赖的斯塔福德郡猄犬——扮演者是罗斯科和明塔养的宠物狗卢克，也是最早的一批电影明星犬，出演过十几部影片，一开始跟罗斯科搭档，后来也跟巴斯特合作过。在高潮的动作场面里，这对爱侣的山顶小屋被罗斯科心怀恨意的情敌阿尔·圣约翰给淹了，房子漂到了海上，而他们还在里面。这一幕房子转变为船只的景象与基顿后来的经典影片《一周》和《船长二世》颇有异曲同工之妙，都指向了一种超现实的、宏大的夸耀场面。即便是今天的观众也依然会为《胖子和梅布尔漂流记》中这杰出的二十分钟影像所震撼，看过这部影片的人都会意识到，阿巴克尔已经做好了在摄影机两头都大展身手的准备。

巴斯特在 1917 年春天遇到的是一个满怀创意、雄心勃勃、收入颇丰的罗斯科，一个几乎声名大噪到了前所未有地步的年轻人。他也是一个处于康复阶段的瘾君子，一个儿童虐待的幸存者，刚与结婚八年的妻子分开不久。他是一个手握权力的脆弱之人，既慷慨大方又喜怒无常，兴致昂扬又郁郁寡欢，努力工作也醉心玩乐。在蓬勃发展的新兴电影产业，他的身前似乎是一片光明坦途。而他只剩下四年的好运了。

12
扫帚

巴斯特·基顿，1921 年。

基顿的银幕首秀是《屠夫小子》里的一个即兴镜头，并且是单人出镜。他扮演一个穿连体工装的顾客，出现在一家乡村杂货店里。他在一个装扫帚的桶前面站住，选了两把出来，做了几个让人费解的动作——拔其中一把扫帚的禾秆，让另一把掉到地上，再用脚把它踢起来并干净利落地接住——之后又把它们精准无误地丢回桶里。那时的基顿对扫帚把戏早已驾轻就熟；过去几年里，扫帚一直是他和乔演出中的关键道具。除了他们伴着《铁砧之歌》相互捶打的常规节目，父子两人还设计了一个简单却很能取悦观众的小套路：事先在舞台上打孔，把一根扫帚柄插进去，然后他们再费尽心机地把它拔出来。

基顿在《屠夫小子》里摆弄的这几把扫帚在影片里只出现了一回，倒是他与阿巴克尔合作的下一部短片《红房子》(*The Rough House*)里的确出现了一幕短暂的用扫帚打斗的场景。不过，从某种角度来看，巴斯特在自己的首个电影镜头里拿起又放下了基顿三人组时期常用的道具，这倒成了一种恰切的隐喻。他在考米克的头几年就是这样过的：从他过去的表演套路里拣选一番，弃置那些不合用的，再对其余那些能够让他独力演出的技巧做出调整和修改。也是在那些年里，电影业同样开始了自身的重塑。

在与阿巴克尔合作的那几年里，除了炫目的杂耍技巧和令人心颤的英俊面容，真正使人念念不忘的是基顿塑造的直指人心的银幕形象。在度过了被当成冷面人形炮弹的童年以后，他似乎很乐意有机会探索更多更广的表达方式。在考米克的头几个月里，他的幕后角色一路从学徒升到助理再到助理导演，而镜头前的他一直在阿尔·圣约翰的二把手配角身边扮演三把手的角色，包括送货员、服务生、酒馆老板、农场工人。然而，比起之前令他痛恨的际遇，即从顶级歌舞杂耍剧场领衔家庭演出的明星被降级成巡回戏班里一周挣 40 美元的小演员，他对自己主动选择的这份新工作还是全情投入的。他为这些配角设计了不少灵光一现的搞笑瞬间，一有机会就插入一段夺人眼球的特技，或是夸张地跌倒。他的角色往往不是影片的叙事重点，所以他通常出现在插入镜头①里，根据他的周遭环境或"胖子"陷入的困境作出反应。这一时期的基顿得以远离观众视线的中心，他只是单纯地出现在银幕上；后来他在自己主演的影片里再也没有这般余裕，他的身体总是处在运动之中，往往被置于一个危急时刻，并且总是银幕动作的核心。

在基顿出现过的十四部现存的考米克短片里［只有一部 1918

---

① 又称切出镜头（cutaway shots），指从主要剧情动作切出到添加视觉信息的镜头，之后再切回原镜头，为整个动作添加新的含义。

年的《乡村英雄》(*A Country Hero*)一直没有找到拷贝]，1917 年
在月神公园拍摄的《康尼岛》(*Coney Island*)可能是他的角色情绪
最为丰富的影片。故事设置在一个繁忙的假日，第一个镜头是他
为了观看狂欢大游行爬到一根柱子上，他哈哈大笑起来，想要鼓
掌——这让他松开了抓着柱子的手，掉到他那天的约会对象[爱丽
丝·曼（Alice Mann）]身上。女孩把他丢在一个叫"魔法海浪"
的过山车入口前，于是巴斯特冲着摄影机夸张地哭了起来。后来他
又笑了。他在"试试你的力气"摊位前不小心把大锤子挥到了倒霉
的罗斯科身上，这一幕把他逗得前仰后合。影片的第二部分中，他
神气活现地穿上了一身崭新的救生员制服，毫无缘由地做了一个完
美的平地后空翻，像是单纯为了展示一下。之后他甚至做了一两
个挥拳的动作，挺起胸膛展现他男子汉的决心，之后从镜头前走
开了。

1920 年，基顿接手了阿巴克尔的制作团队，开始以他自己的
名义拍摄电影，直到那时他才摆脱了这般对叙事毫无推进的过火表
演。但考米克时期这些结构松散、东拼西凑的短片也为他提供了展
示这些无意义却精彩的表演的空间。它们是搞笑与杂技动作的组
合，而非构思完整的故事。如是，它们在两个时期，即电影史学家
汤姆·甘宁（Tom Gunning）提出的"吸引力电影"（这个术语被用
来指代电影诞生的第一个十年里统治银幕的所有插科打诨的喜剧
片、特技电影、重现历史的古装片和非虚构的"真实影片"）和诸
多学者认定始于 1917 年（也就是基顿初入行业时）以叙事为驱动、
风格统一的"经典好莱坞类型片"之间建起了一座桥梁。

喜剧电影史研究者往往不会过多关注基顿的考米克时期。在他

们眼里，这段岁月仅仅是基顿的学徒期，或是阿巴克尔悲剧性的天鹅挽歌，后者的职业生涯随着他在 1921 年被卷入弗吉尼娅·拉普丑闻而猝然中止。另一方面，考米克制作的这些短片中不加修饰、偶尔令人震惊的种族主义和性别主义倾向也让今天的观众很难再去重温。

即便在当时也有一些评论对这类作品无视特定影片类型随心创作的风格颇有微词，但他们的不满之处和我们感到的困扰鲜有重合。我们反对的不是巴斯特在《晚安，护士！》里穿着沾染血迹的手术防护服，而是看到西部搞笑片《在西部》（*Out West*）里的罗斯科、巴斯特和阿尔冲着酒吧里一名黑人老主顾的脚下开枪，强迫他为三人跳舞，还有他在《新婚之夜》（*His Wedding Night*）的柜台前把氯仿灌进一只香水喷瓶里，好从一位女性顾客那里偷到一个香吻。

考米克时期的这些影片同时包含了此类道德观念落后伤人的"笑话"和在当时堪称先锋的电影创意设想。有时，就在同一幕场景里，它们的叙事风格在冷酷的玩世不恭和几乎称得上贴心的温暖关怀之间肆意转换。看着这些画面，你能直接地感受到他们所处时代的社会矛盾和紧张氛围，而那是不久之后的"经典好莱坞类型片"粉饰太平的柔华表象无法做到的。

20 世纪的第二个十年是一段极具颠覆性的转型期，电影工业步入了自己的青春期。在不到十年的时间里，电影从五分钱影院门面处播放的十几分钟的新奇之物，变成了豪华影院里上映的九十分钟片长的专业制作。关于这种新媒介的一切都有待商榷：电影要拍多长？谁来负责他们的创作和发行？公众对出现在影片中的明星需要了解多少？国家是否应该介入对影片内容的管控？

而在影院以外的地方，情况同样动荡复杂。尽管依据"吉姆·克劳法"实施种族隔离的时代仍未过去，但美国黑人的各种艺术形式已经开始对流行文化产生影响，包括 1917 年由一支白人乐队以"爵士乐"为名录制的流行新音乐。始于 19 世纪 90 年代的"新女性"一词，在初创时还多少是个理论上的概念，如今已成为越来越具象的存在，从未有过这样多的女性走出家门开始工作，并且要求投票权。汽车、电话、无线电等复杂的新技术被大量投入生产并以消费品的形式进入市场，继而改变了人们社交、沟通和处世的方式。在我们看来，21 世纪初的生活节奏被飞速推动，尤甚以往，但看看 20 世纪第二个十年里美国人经历的这些生活中的变化，我们这个时代倒显得分外闲适了。

考米克的这些短片就是在这种飞速流变与骚动的氛围中创作出来的。它们好像一些诡异的记录文件，爆发出狂热的能量，有悖常理却令人欢欣；它们既是一个正在逝去的时代的遗迹（歌舞杂耍演出、"吸引力电影"、启斯东短片中粗俗的滑稽打斗），也预示着不久后大批量生产的技术奇观的时代的到来。就像一枚硬币的两面，它们同时呈现出复杂和粗糙的特质：背后才华横溢且勇于创新的年轻制作团队造就了影片富有创意的那一面，而它的另一面则是由于团队中似乎没人能确定一部二十分钟的喜剧电影到底应该拍成什么样。

1917 年的《哦，医生！》（*Oh Doctor!*）是一部让人不怎么愉快的考米克短片，罗斯科在片中扮演一个富有的、厌倦了家庭生活的医生，巴斯特是他的小儿子。它是一部不甚典型的考米克作品，这体现在好几个方面。不同于他通常扮演的欢快的、流里流气的工人阶级小人物，这回罗斯科成了一个卑鄙的资产阶级，一个事业有成、婚姻不幸的男人，与他在启斯东时自导自演的《他做了，他没有》有几分相似。《哦，医生！》讲述了对生活不满的 I. O. 丹医生瞒着妻儿偷溜出去跟一个密谋抢劫他的女骗子厮混，这一情节好像又回到了启斯东早期那些毫无道德观念的喜剧片。罗斯科的角色不但赌博、喝酒、流连花丛，还总是兴致勃勃地频繁殴打他可怜的儿子。这个医生被呈现为一个讨人喜欢的花花公子，而影片自始至终认同的都是他的人物形象。

让二十二岁的巴斯特穿着短裤，戴上船夫帽，扮演一个年幼的孩子，这给《哦，医生！》整体蒙上了一层超现实的、些微病态的氛围。父子间的打闹戏码让人梦回基顿家的老套路，而事实上，巴斯特青少年时期的舞台形象——一个表情不外露的小淘气，无论是物理学法则还是父亲的拳头都没法对他产生影响——跟《哦，医生！》中那个哭哭啼啼的被宠坏的孩子本不该产生任何联系，后者每跌倒一回都要嚎啕发作一番。看到成年人扮演的孩童形象，观众天然就会感到一种奇异的不安，而看到基顿这个刚刚脱离了众人瞩目的漫长童年的人陡然回到过去的角色之中，这种感觉更明显了。更糟糕的是，影片中他扮演的这个孩子没有了曾经让巴斯特的舞台形象与众不同的特质——他忍耐的能力，过去正是这种特质让表演中的暴力变得不仅可以忍受，而且别有趣味。

詹姆斯·L.奈保尔（James L. Neibaur）对考米克时期的这些两人合作的影片做了不可或缺的详尽分析，他写到《哦，医生！》里的巴斯特"似乎挺享受这般肆意随性地进行一些矫揉造作的表演"。[1]可我总以为这段表演是一个尤为特殊的例外，是基顿在尽力将他的幽默投射到一个角色身上。对于基顿而言，他的动作和表情是为他博得笑声的关键，因而他一旦采纳了启斯东演员那种夸张至极的风格，他就失去了自己搞笑的内核。就像他后来在米高梅那些可怕的早期有声片中扮演的笨手笨脚的"埃尔默"系列角色，基顿在《哦，医生！》中的处境与身为表演者的他也是不兼容的。他与观众达成了隐秘的协议——他会令我们大开眼界，让我们惊疑和大笑，也让我们每一秒都充满惊奇，但他从不会允许我们深入他那张冷面背后的内心世界，而这一切的前提是他无法被看透的自我保留。真实生活中的基顿据说是一个时常容易大笑出声的人，设计了很多需要技术支持的创意精巧的恶作剧。然而，在考米克短片中哈哈大笑的他给人这样一种感觉，好像影片中插入了一个偷拍的镜头，好像他在摄影机启动的那一刻脱离了片中的人物形象，只为表达自己的喜悦。在他过分夸张地哀号自怜时，呈现出来的银幕效果越发怪异，像是要唤起一种他从未真正体验过的情感状态。

《哦，医生！》这部糟糕的家庭喜剧没能发挥出罗斯科或巴斯特的优势。《名利场》的评论者礼貌地表示怀疑，这部影片会不会是"一次试验"，虽说他认为观众还是挺喜欢它的。不过，在考米克时代最棒的那些短片里——《门童》(The Bell Boy)、《月光》(Moonshine)和《晚安，护士！》——阿巴克尔和基顿成了一个真正大放光彩的喜剧组合，他们迥异的体型和性格所遵循的独特的舞台和银幕传统，远远早于劳莱与哈代[1]的组合。他们在每部影片里

——————

[1] 美国喜剧组合，也是世界喜剧电影史上最出名的二人组合，由瘦小的英国演员史丹·劳莱与高大的美国演员奥利佛·哈代组成，自 1927 年起拍摄了 50 多部喜剧影片，1932 年获奥斯卡最佳真人短片奖。

擦出了不同的火花，但往往都包含了对层级制度的嘲笑，影射了两人现实生活中的老板—雇员关系。巴斯特总是扮演地位低于罗斯科的角色，只要"头儿"一出现，他就会立马表现出敬畏之情，干脆利落地并拢脚跟并行军礼，哪怕他们只是被安排到一家旅馆（大堂招牌上写着"一流价钱换三流服务"）去拖地板和清理树干，而不是以民主的名义去拯救世界。

考米克的这些影片中包含了一些技术创新的时刻，基顿后来创造的那些镜头中的奇迹已在此初现端倪。《月光》中的那个长镜头给人留下的印象最深，一辆孤零零的小汽车里挤满了人，看着起码有五十个，这是一组税务专员，正在追赶一伙走私贩子。巴斯特扮演的是忠诚的二把手，冷静地指挥队员们下车排成几列，这一常见的马戏团套路持续了很久，即便是最专业地塞满了小丑的小丑车①也没法做到这种程度。这一幕的笑点不仅在于那种傻乎乎的视觉效果——巴斯特那副理所当然的样子削弱了在他面前上演的这一幕的反常性——而在于拍电影的人大胆地运用技术将一个老套的笑话尽可能地无限延长。

这个大胆的特技镜头是一个彰显了"吸引力电影"的时刻，它阻断了叙事的节奏，仅是为了单纯地震撼观众。基顿乐于对人描述这个镜头是怎么拍出来的：首先他让摄影师（兼职的航空冒险家乔治·彼得斯）遮住一半镜头，拍摄一长段临时演员不停穿过车子的镜头。然后他们把胶片再绕回去，遮住另一半镜头，拍下一辆

---

① 马戏团表演中常见的套路，小丑们挤在一辆小汽车上，再从车里下来，从而制造出喜剧效果。

空车。[2]

多重曝光和遮挡镜头都不是什么新鲜的技法。巴斯特可能在三岁时就看过乔治·梅里爱的把戏电影（trick film）《一个顶四》（*The Four Troublesome Heads*）。当时人们更倾向于把梅里爱看作魔术师和魔术剧院经营人，而不是一个用电影来制造奇幻效果的人。在这部 1898 年的特效巨作中，梅里爱一连三次把头从身体上移开，之后才坐下来，和刚刚分开的躯干一起弹奏班卓琴并唱了一支小曲。后来，D.W. 格里菲斯的摄影师 G.W. "比利"·比兹尔（G.W. "Billy" Bitzer）大举革新，让遮挡不再是一个简单的特效，转而成了一种叙事的手法，例如：场景的圈入和圈出①，或是为了表明角色的想法，在他们的脑袋旁边叠加一幅漂浮的画面。但在喜剧电影中很少能看到《月光》这种程度的精妙视效，就它的完成度和基顿带来的技术方面的创新而言，当时也少有能与其匹敌之作。考虑到阿巴克尔对摄影技巧兴趣寥寥，并且当时他已经在合作中给了基顿充分的发挥余地，我们可以推测《月光》中的这一幕小丑车笑点就是基顿的创意。

在他自导自演的 1921 年短片《剧院》里，基顿又把遮挡与回转的技巧提升到了新的高度，通过不断叠影他自己的形象，他独力扮演了一场歌舞杂耍秀中的乐队、演员和观众，包括一名指挥和铜管乐队，一支黑脸滑稽剧团和一只训练有素的猴子。不过，到了那个年代，按照正在成为行业标准的经典好莱坞类型片的要求，视觉

---

① 圈入（iris in）和圈出（iris out），转场效果，以一个圆将画面从中间逐渐放大到替换原画面，或从外圈逐渐缩小直到消失。

特效必须融入故事情节中去，于是在影片的第二部分，观众看到，原来这个满是巴斯特的不可思议的剧院只是真实的、唯一的巴斯特的梦境，他是一名舞台工作人员，在后台的布景上睡着了。

考米克时期的短片中有很多类似的时刻，大致勾勒出基顿后来再行充分打磨的桥段的雏形。《月光》开头是一幕在开动的火车顶上打斗的场景，这个创意后来被基顿用到了他的经典杰作——火车追逐片《将军号》里。而在迷人的《后台》(Backstage)一片中，尽管整个剧院的布景是围绕罗斯科设置的，把他放在敞开的窗口的中间——后来巴斯特在1920年的首部单人作品《一周》里再次用到这个手法，并在《船长二世》里前院倒塌的那一幕中把它拓展成一个大场面。可是巴斯特和罗斯科合作影片中最棒的桥段都是那些在基顿单人演出的作品中不可能出现的场景，那些友情迸发的瞬间，还有他们之间随心互动的火花，与基顿成熟期作品中要求的单一的视觉重心无法兼容，更何况他后来的角色总是给人一副遗世独立的感觉。

在很多类似这样的场景里，人物和事件的作用方式都可能被称作"喜剧污染"①。巴斯特在观察到另一名演员的动作表现后，进入一种恍惚的模仿状态，继而似乎是无意识地短暂转变成另一名演员的分身。他在《厨子》(The Cook，1918)里扮演的侍者就被雇来的舞者"埃及"式的肢体动作给迷住了。随着舞者把她的身体扭曲成各种幅度很大的角度，巴斯特先是照着她的动作做，之后越来

---

① "喜剧污染"(comic contamination)是埃兰布鲁克(Wye J. Allanbrook)提出的一个术语，指突然出现的喜剧效果消除了严肃的氛围，应该警惕这样的情况，因为它破坏了体例规范和艺术上的延续性。

越熟练，最终沉迷其中，直到他回厨房去拿下一道菜的时候，他还在狂乱地做着祭司体的舞蹈动作。他的行为又对罗斯科产生了类似的催眠效果，后者用厨房里的器具收集出一套埃及艳后式的装扮，还随手拿起一串扎节香肠当作小毒蛇，差点上演了把自己勒死的一幕。

1917 年，由蒂达·巴拉（Theda Bara）主演的《埃及艳后》（*Cleopatra*）轰动一时，她在其中近似全裸的形象让观众大为震撼，也让她成了第一个被冠以"荡妇"之名的电影明星。影片上映后，随即掀起了流行文化中的一股"埃及热"，而这种对埃及文化的热情时不时就会重演。如同巴拉其他曾经风靡一时的作品，《埃及艳后》如今也只有一些几秒钟的片段留存于世。在所有消失的默片（这些遗失作品的总数达到了当时拍摄影片的 75%）中，《埃及艳后》属于人们最想寻回的那一批，仅仅是它留下的些许片断就足以让人感受到 20 世纪 10 年代中期人们不断变化的性观念，以及巴拉持续不久却极为致命的吸引力。不过，考虑到巴斯特童星时代的另一项特长就是模仿当时的名流，他和罗斯科这段总体而言不怎么样的滑稽模仿很可能就是从巴拉业已无法复原的表演中得来的灵感；如此《厨子》便成了一条活生生的线索，引领我们前往消失的《埃及艳后》。

巴斯特和阿尔·圣约翰在《月光》中的一幕更明显地佐证了这种无意识的模仿行为。巴斯特想要在一场类似鬼脸比赛的竞争中胜过阿尔，面对阿尔愈发夸张的表情，巴斯特突然变成了一只人猿。他像猩猩一样弓身驼背地跑到附近的一棵树前，荡过一根树枝给自己挠痒痒，然后用一种森林之王般轻松自如的姿态爬到树顶。这一幕中的运动镜头用降格拍摄略微加速了，但即便是在正常速度下观看，基顿在这一自我转变的过程中展现出来的运动天赋和技巧也是极为惊人的。圣约翰也是一个能力很强的杂技演员，他的移动方式和瘦长的外形就像是年轻版的金·凯利（Jim Carrey），他也化作一只人猿，追着巴斯特上了树，但在他身旁那个小个子干脆利落、没有一丝多余动作的对比下，你的视线很难一直落在他身上。

在考米克的影片中，我最喜欢的这种相互作用的即兴创作是巴斯特和罗斯科在《晚安，护士！》中的一段表演。在考米克公司出品的诸多影片中，这部难以定义的怪异的片子也是成就最高的作品之一。巴斯特，也就是前文提到的那个穿着染血手术服的医生，他和罗斯科站在一条走廊里，后者被送到这家疗养院来戒酒，现在他想要逃离。罗斯科换上了全副护士的行头：浆洗得硬邦邦的围裙，打卷的假发，他还在脸上点了一颗美人痣。这副装扮产生了一股怪异的吸引力，每当罗斯科化身为"胖子小姐"时总会这样扰人心神，巴斯特的角色很快就被这位身形丰满的姑娘给吸引住了，两人开始了一段漫长的打情骂俏。实际上，就跟《月光》里那辆装满小丑的汽车一样，他们之间忸怩作态的眉目传情和相互挑逗的姿态延续了太长时间，导致这一切本身成了笑话。罗斯科把一根手指搁在门框上羞涩地扭动，之后瞥了一眼巴斯特，暗示地轻咬着同一根手指。巴斯特像是压抑住了一阵破坏角色人设的笑声，细致地重复了罗斯科的动作，只是他做得太过火了，其中可能包含的任何色欲暗示都只会变得荒唐可笑。他用一边的手臂包住自己的头，把所有五根手指塞进嘴里，之后来了一场狂乱的手指和门框舞，一边还向罗斯科投去疯狂爱慕的眼神。没过多久，两人就懒洋洋地倚靠在走廊的两头，充满爱意地抚摸着木质的护墙板。

《晚安，护士！》里的这一幕走廊场景持续了整整两分钟，基顿用几次激动人心的跌倒为它做了分割，这也许是罗斯科和巴斯特的银幕合作中最典型的例子，他们在表演现场激发彼此的创意，没有其他演员在场，也没有多余的道具，除了几面墙。在一个预设的老套的喜剧场景里——让一个打扮成女人的男人跟另一个把他当作女人的男人调情，这是当时流行的略带色情暗示的搞笑套路——他们把这一幕无限延长，用一种狡黠的暗讽和故作天真的误导，使它成为对异性恋调情模式的滑稽模仿。罗斯科对女性版本的第二自我的认同是如此完整，加上巴斯特为赢得这位标致的护士的欢心付出了如此之多的努力，从而规避了 20 世纪 10 年代及往后的易装场景中时常冒头的厌女情结和恐同气氛。就像基顿为了适配自己所处的场景而变身为一名埃及舞者，或是一只擅长爬树的人猿，这一幕中的两人也无需过多刻意表现就代入了他们想要呈现给观众的形象；观众一度会忘记这部影片讲的是一个想要逃跑的病人和他能力存疑的医生，转而沉浸在这一出自成一格的喜剧短剧之中。看过《晚安，护士！》这一幕的人都能轻易地感受到罗斯科和巴斯特在现实生活中的情谊，他们是多么喜欢一起合作，并且尊重彼此的喜剧想法。他们试图逗笑彼此，也几乎要成功了，并用这种方式把我们逗得哈哈大笑。

要不是罗斯科的事业和生活在弗吉尼娅·拉普死后一蹶不振，或许他和基顿还会继续合作。又或者他们会各自成为独立的喜剧演员，但仍以电影人的身份相互影响，观看彼此的影片，从中习得新的创意和技巧。但事情就是按照既定的轨迹发生了，而他们在考米克时期合作的十四部影片就成了他们共创的一切。

罗斯科·阿巴克尔与弗吉尼娅·拉普在 1921 年的那起案件中（分别而非一起）经历了什么，长久以来，这段往事都被埋在流言和秘闻之下，直到 21 世纪 10 年代末 #MeToo 运动盛行，人们仍把它援引为好莱坞早年性侵与暴力事件的一个案例，却无人提及此中的细节和具体的情境。事实上，阿巴克尔为强奸和误杀拉普的罪名经历了三次庭审。那名模特、演员和曾被票选为"上镜最美着装女孩"的时尚名流的死缘于一系列的不幸事件，其中既没有强奸也没有谋杀的戏份。但有一点是相当明确的，即拉普之死的具体情境迄今仍然没有定论。

劳动节 ① 那天，阿巴克尔在旧金山圣弗朗西斯酒店的套房里举办了一场派对——基顿也收到了邀请，但他谢绝了——拉普在那里喝了一整天酒，变得焦躁不安，呕吐，并最终昏了过去。酒店医生被叫来做了检查，说她只是喝多了，于是罗斯科为她开了一间单独的房间，让她在那里睡觉休息并醒酒。四天后，在这名喜剧演员已经开着自己全新定制的银箭车 ② 返回洛杉矶的状况下，拉普因膀胱破裂导致腹膜炎在一家疗养院去世。

一个陪她去了派对的朋友——名叫班比娅·茂德·戴蒙特（Bambina Maude Delmont）的女人——告诉记者，拉普最后的遗言是"是他干的。我知道是他干的"。戴蒙特从未出庭作证，但另外

---

① 美国的劳动节（Labor Day）规定在每年 9 月的第一个星期一。
② 位于美国纽约布法罗的一家汽车公司生产的汽车（该公司成立于 1901 年，1908 年更名为 Pierce-Arrow，1938 年倒闭），它是当时全世界量产汽车中排量最大的。很多明星巨富和皇室要员都以拥有一辆 Pierce-Arrow 汽车为荣，在当时成为了一种地位的象征。

两名当天也在场的女性佐证了这一说辞。后来两人都在证人席上承认自己遭控方施压做了伪证。

次年举行的三次庭审（前两次陪审团都未能达成一致意见）改变了电影史，也在实际上终结了阿巴克尔的事业。在威廉·伦道夫·赫斯特的小报帝国的煽风点火下，这起事件发酵成了一次大规模的丑闻，人们普遍认为好莱坞是个道德败坏之地，致使美国邮政局长威尔·海斯（Will Hays）被召到此处，意在消除这种看法的影响。由他帮助落实的制作法典将在未来四十余年里成为电影业自我审查的主要机制。

第三次庭审结束时，阿巴克尔已经洗脱了所有罪名，法官签发了一项不常见的针对被告的道歉声明。它是这样写的："无罪开释并不足以弥补罗斯科·阿巴克尔的损失。我们感到他蒙受了很大的不公正……没有任何举证能够把他和犯罪行为联系到一起。"然而，罗斯科的职业生涯和他的精神状态都已经被摧毁了。海斯禁止他在丑闻过后重登大银幕，但裁定他可以匿名作为幕后工作人员参与制作。直到 1934 年去世，他都用威廉·古德里奇（William Goodrich）的假名在电影业继续工作，而那正是幼年时对他拳脚相加的父亲的首名和中间名。巴斯特说他曾建议罗斯科把这个名字稍加变化，改成"威尔·B. 古德"（Will B. Goode），这似乎隐约透露了这对朋友在银幕外的性格中黑色幽默的那一面。

巴斯特和罗斯特后来确实又尝试合作过一次。1924 年，阿巴克尔终于结束了三次庭审，并得到了为时过晚的无罪开释，当时的好莱坞面对丑闻突然变得风声鹤唳，阿巴克尔的名声毁了，还被列进了黑名单，这时基顿邀请他过去的"头儿"做他极具技术挑战的长片《福尔摩斯二世》的副导演。但仅仅到现场工作了几天后，罗斯科就变得很难共事。四十多年后，巴斯特还会用现在时态谈论这段经历，可以想见当时他一定非常痛心："现在他变得非常暴躁，不耐烦，动不动就会发脾气。他冲人大吼大叫，面红耳赤，发作一通……经历了三次庭审，被人指控谋杀，差点被定罪，他还没有从那些事情当中恢复过来。换句话说，他被搞得精神崩溃了。"[3] 这次失败的共事终结了他们的合作关系，但他们还是朋友。之后九年里，巴斯特一直会把自己的工资分出一部分来，帮助生活困窘的罗斯科渡过难关。

在 20 世纪 10 年代的最后几年里，尤其在申克把考米克公司从纽约搬到新近归属加州的海滨城市长滩之后，罗斯科和巴斯特在工作和生活中都变得密不可分。离开了纽约市拥挤的空间和多变的天气，如今他们有了丰沛的灵感和更适宜的工作环境，能够大展拳脚去创造更疯狂的特技和更复杂的追逐战。《月光》是在圣贝纳迪诺山脉的丘陵上拍摄的，当时他们呼吸过的清新的山间空气，四十年后基顿在口述自传时还把它比作美酒。（那段常被引用的话总会让我吃惊，其中蕴含的诗意完全不像基顿的风格。也许这是他的合著者查尔斯·塞穆尔斯从他对那段岁月笼统的描述里提炼出来的，但它大体准确地捕捉到了当时那种田园诗般的氛围。）

1918 年，在美国参与"一战"的最后阶段，巴斯特作为劳军演艺团的一员被派往法国前线。直到那之前，他考虑的都是如何追求漂亮姑娘［其中最让他着迷的当属考米克当红女星爱丽丝·莱克（Alice Lake）］、支持他父母的生活（他们跟着他到了西部，和他住在一起，基顿三人组又重聚了），以及让尽可能多的观众获得尽可能多的欢笑。尽管他把全副心神都交给了最后那一部分，本质上那对他并非难事。在已经度过的大部分人生中，他一直以此为业，直到他在二十二岁时踏入了电影行业。

掌镜的梅布尔

梅布尔·诺曼德在拍摄《莫莉·O》(*Molly O*)，1921 年。

在基顿初入电影行业的那些年里，有一个变化正在不知不觉
地发生，但要到大约一百年后，人们才会注意到，或者说，人们才
开始认为有必要注意到它的影响。说得更确切些，在电影产业诞生
头二十年里占主导地位的一项趋势正在快速衰落：那就是女性在电
影行业中的地位。直到 1916 年左右，她们都在行业中产生与今天
不可同日而语的重要影响，而此后她们渐渐失去了曾经享有的话语
权，被驱逐到行业的边缘地带，在那里度过了余下的 20 世纪。这
一现象一直延续至今。在巴斯特成长为歌舞杂耍界顶流童星的那些
年里，曾有大量掌握创意实权的女性在电影界短暂活跃过，她们的
人数在如今看来着实令人震惊。这倒不是说当时的电影业实现了完
全的性别平衡。作为一个具有显著盈利能力的尖端技术领域，这里
仍然是男性主导的天下。但在 1916 年由女性执导的美国影片的比
例达到了此后再也没有过的最高峰，这是一项有力的明证，电影行
业中的性别歧视与福特的 T 型车一样古老，区别在于老旧的轿车早

已被时代淘汰，而女性要面临的歧视和打压却仍在业界大行其道。

电影史的另一种讲法也许可以从爱丽丝·盖伊①说起。这名法国电影人职业生涯的起点是在巴黎的高蒙电影公司（Gaumont Studio）当秘书。当时是 1896 年，她还只有二十五岁。两年后，她拍摄了自己的第一部影片，脑洞大开的《甘蓝仙子》（*The Cabbage Fairy*）。这是最早一批有情节的影片，长度接近一分钟，也是当时拍摄的最长的影片之一。1910 年，盖伊搬到长岛，与她的丈夫也是合作者赫伯特·布兰奇（Herbert Blaché）共同创办了索莱克电影公司（Solax）。赫伯特在 1920 年执导了巴斯特主演的《呆子》。那时盖伊已经拍了几百部影片，包括一部戏剧化讲述耶稣人生的四本长片，那也是世界电影史上最早的多本剧情片之一。

几年后，美国导演、编剧洛伊斯·韦伯（Lois Weber）成了早期好莱坞最成功的女性电影人。她主导并推动了"提升"运动（"uplift" movement），也是最早获得影片署名权的导演之一（无论男女）。韦伯拍摄的影片大多是关注社会议题的情节剧，把受人尊敬的中产阶级置于某些禁忌的话题之中，例如节育、离婚，还有"白人奴隶制"，这是对强迫性卖淫的一种故作高雅的委婉说辞，其本质仍是种族主义的态度。从她的影片名称里就能看出她的创作风格，类似《太过聪明的妻子们》（*Too Wise Wives*）、《我的孩子们在哪儿？》（*Where Are My Children?*）和《晃动摇篮的手》（*The Hand That Rocks the Cradle*）。

---

① 爱丽丝·盖伊-布兰奇（Alice Guy-Blaché, 1873—1968），法国导演、演员、编剧、制片人。她是电影史上第一名女性导演，一生执导了近三百部影片。

随即席卷而来的是"系列片皇后"的热潮。1915 年前后，每家电影制作公司似乎都有自己活力四射、勇敢无畏的女明星：百代的白珍珠①，塞利格透镜公司的凯瑟琳·威廉姆斯（Kathlyn Williams），卡勒姆的海伦·霍尔姆斯（Helen Holmes）。这些典型的"新女性"往往都用自己的真名出演角色，骑在马背上追逐窃匪，或是自摩托车上纵身一跃，从侧面扑向开动的火车。霍尔姆斯的父亲是一名铁路职员，她在连续上映多年的系列影片《海伦历险记》（*The Hazards of Helen*）中饰演一位不屈不挠的铁路电报操作员；她还是这些影片的制作人、编剧、特技替身女演员和驯兽师。1916 年，她在接受一次采访时说：

> 如果一个女演员想要在故事片里演出真正惊险的效果，她必须自己把这些场面写进场景里去。说来也怪：几乎所有的电影编剧和作者都是男人；通常男人自己不想做的事，他们也不会把它交给一个姑娘。所以如果我想要真正让人震撼的动作场面，我就要求自己来写。[1]

霍尔姆斯的很多影片都是她丈夫 J.P. 麦高恩（J.P. McGowan）执导的，即便以今天的标准来看，这些影片仍然是"令人震撼的"，不只是因为在大多数留存下来的片段里，女主角总是对铁路电报和痛殴坏人情有独钟，而且影片里完全没有关于浪漫爱情的次要线

---

① 又译作珀尔·怀特（Pearl White），美国女演员。她六岁起就登台演出，在《汤姆叔叔的小屋》里扮演小伊娃，后出演了多部系列情节片，是最成功的美国早期电影女演员之一。

索。霍尔姆斯在杂技技巧方面的成就也许比不上基顿，但她大胆利用肉身做出尝试的勇气绝对能够与他比肩：看看她在《疯狂引擎》（*The Wild Engine*）里骑着一辆以最高速行驶的摩托车，从高高的桥上纵身跃下，还有《速运惊逃》（*The Escape on the Fast Freight*）中，她悬荡在高架桥上，伺机落到开动的火车顶上的样子。

　　玛丽·璧克馥无疑是 20 世纪 10 年代全好莱坞最有权势的女性。她童年时家境贫寒，少女时期跟随巡回剧团到全国各地演出，1916 年时已是所有娱乐行业中演出收入最高的表演者。她身高刚过一米五，长着一张天使般的圆脸庞，孩童般的身型，一头浓密的金色大卷发，当时的观众对她的爱意如此浓烈，哪怕是生活在这个遍地名流时代的我们都无法理解。《影戏》常驻专栏"印象"的评论家朱利安·约翰逊（Julian Johnson）每月都会以一位男女演员为主题，撰写一篇优美的颂词，他把璧克馥比作"降落在铺满雏菊的草坪上的清晨；被嵌入女性身体的春天的灵魂；世间的第一个孩子"。[2] 但璧克馥的吸引力还在于她在银幕内外散发出来的无可抵挡的生命力。还是让深爱她的约翰逊来说吧，包裹着她"耀目的温柔"的是"一种钢铁般的原始的残忍"。[3] 作为对约翰逊辞藻华丽的赞美的回应，他在《影戏》的同事，八卦专栏作家德莱特·伊万斯（他的名字起得可太好了）① 给出了一个更简单的定论："可你不会去探究玛丽·璧克馥。你就是爱她。"[4]

　　璧克馥的很多影片都隐隐利用了她这种标志性的特质，同时展现出孩童般的甜美与坚韧的顽强意志；在她备受推崇的作品《斯黛

———————

① 德莱特原文为 delight，意为快乐，乐趣。

拉·麦瑞斯》（*Stella Maris*）中，通过分屏技术，她一人分饰两角，扮演了一个被宠坏的美人和一个平庸、绝望的穷孤女。璧克馥在影坛的上升速度如此之快，加上广为流传的杰出的谈判技巧，她改变了电影行业中劳动关系的平衡，帮助开创了电影明星能够自主与公司协商的时代。1916 年，在查理·卓别林与共同电影公司签下一份破纪录的 67 万美元一年的合同后，璧克馥走进阿道夫·朱克 ① 在派拉蒙的办公室，要求获得同样的薪水，外加她主演影片的一半利润，并且她还要求影片全部的创作话语权。她在派拉蒙的年收入超过 100 万美元，大约相当于今天的 1800 万美元 ②。[5]

璧克馥跟第一任丈夫，演员欧文·摩尔（Owen Moore）分手后，又与硬汉动作演员道格拉斯·范朋克 ③（他也是她离婚的原因）结了婚，而她不仅逃过了通常紧随离婚而来的公众指责，其第一位"美国甜心"的银幕形象也长久以来都无人能够动摇。这对夫妇在比弗利山庄的豪宅被称作"璧克馥之家"（Pickfair），从来访的外国皇室成员到爱因斯坦夫妇，都把这里当成美国一处必须到访的胜地，而它也总是向范朋克最好的朋友查理·卓别林敞开。1919 年，他们三人将和 D.W. 格里菲斯一起创办联美电影公司（United Artists），他们的初衷是打破大型电影公司对市场的垄断，发行由创作者独立投资的公司制作的影片。

---

① 阿道夫·朱克（Adolph Zukor，1873—1976），好莱坞著名电影工业家、制片人、派拉蒙公司创始人。
② 按作者在本书中的换算标准，此处的 100 万美元大约等于今天的 2600 万美元而非 1800 万美元。
③ 道格拉斯·范朋克（Douglas Fairbanks，1883—1939），美国男演员，代表作有《佐罗的面具》《罗宾汉》。

联美为独立发行和制作电影的模式提供了一个早期范本，即便当时制片厂制度 ① 已经逐渐定型并稳固下来。联美发行了默片时代最著名的一些影片，包括璧克馥的《麻雀》(*Sparrows*)、范朋克的《罗宾汉》(*Robin Hood*)、鲁道夫·瓦伦蒂诺 ② 的《酋长的儿子》(*The Son of the Sheik*)，以及 1924 年乔·申克成为公司董事会主席后，出品的巴斯特·基顿最后三部独立制作的长片。凭借自己的超级流量和出色的谈判技巧，以及她与行业内最具权势的男人们紧密的联系，璧克馥在 20 世纪 10 年代的同行们纷纷淡出影坛后，仍然保有不容小觑的行业影响力。

上述任何一位女性，还有更多其他的名字——包括苏联传奇女演员艾拉·娜兹莫娃（Alla Nazimova），她先是在剧院大放光彩，后来又成了先锋派女同性恋制作人，还有精力旺盛的喜剧制片人，擅长编导演一体的费伊·廷彻（Fay Tincher），1918 年的一篇新闻报道显然认为她大有可为，说她“在指导男人们的动作场面时，就像一个毫不留情的独裁者”！——她们都值得单独为其书写一个更完整的章节。[6] 然而，当我想起那些在基顿初涉影坛时逐渐淡出行业的女性电影人，我最先想起的总是梅布尔·诺曼德，一张雕塑般古典的鹅蛋脸，深色的大眼睛，紧张不安的微笑，还有一个天生的喜剧女演员灵活生动的面容和表情。倘若她的人生轨迹和电影业的发展有所不同，她本可以像基顿、卓别林或劳埃德一样活得更久，

---

① 20 世纪 20 年代末到 40 年代末，好莱坞大型电影公司以对院线的控制、流水线的生产模式、明星制度和类型电影为主导的运作模式。

② 鲁道夫·瓦伦蒂诺（Rudolph Valentino，1895—1926），美国著名男演员，曾主演过《启示录四骑士》《茶花女》《酋长》《碧血黄沙》等名片，是默片时代最受女性观众欢迎的银幕情人。

她的作品也本该获得更持久的知名度。

诺曼德享有的成功和创作自由度，恐怕是当时在默片喜剧界工作的女性最为理想的状态。如今再看她的影片——大部分都已遗失，但还有几十部留存于世，并且能够在很多地方看到——你会不由自主地想象她本有可能抵达的未来。然而，在她三十七年的人生中——其中一半时间都奉献给了电影事业——她已经取得了相当大的成就。她是第一位冠名自己主演影片的明星（无论男女），也是第一位自导自演的女演员，还是第一批用自己名字命名制作公司的电影演员。根据一则出自森内特的传闻，诺曼德还是第一个被人往脸上丢馅饼的喜剧电影人，虽说在启斯东的喜剧套路里，飞来飞去的糕点不是那么热门的戏码，再说如今有太多默片的拷贝都找不到了，也很难证实这一说法的准确性。在她那个时代，诺曼德偶尔会被人称作"女版卓别林"；她更广为人知的昵称是"我们的梅布尔"，由此可见她在粉丝心中唤起相当亲近的感觉。在 1915 年的一次投票中，她被选为最顶尖的喜剧女明星，卓别林则是同类别下最顶尖的男明星，而玛丽·璧克馥是最受欢迎的"女主角"。

在电影演员冠名影片的时代以前，少女梅布尔凭借出演的一系列一本影片中的女性角色"维塔格拉夫的贝蒂"（"Vitagraph Betty"）而为人所知。这个热门系列是维塔格拉夫电影公司在 1911 年左右开启的，包括《轻率的贝蒂》（*The Indiscretions of Betty*）、《贝蒂当女佣》（*Betty Becomes a Maid*）和《贝蒂如何获胜》（*How Betty Won*）。贝蒂老爱追着男孩跑，也喜欢开玩笑，她赢得了观众的笑声，但有些评论家觉得她有点土气。她在《爱惹麻烦的秘书们》（*The Troublesome Secretaries*，1911）里女扮男装的噱头惹来一位评论员的微词，他认为尽管"讨人喜欢的梅布尔·诺曼德扮演的贝蒂非常搞笑"，但他希望她不要"那么随意地拥抱和亲吻别人，而可以表现得更文雅矜持些"。[7]

在离开了维塔格拉夫之后，梅布尔在比沃格拉夫电影公司与 D.W. 格里菲斯共事了一段时间，当时马克·森内特负责公司的喜剧条线。诺曼德出演了他的一些一本影片，《潜水女孩》(*The Diving Girl*)、《致命巧克力》(*The Fatal Chocolate*)、《善变的西班牙人》(*The Fickle Spaniard*)、《冲破云霄》(*Dash Through the Clouds*)、《热情似火》(*Hot Stuff*)、《哦，那双眼睛！》(*Oh, Those Eyes!*)。这些影片大多充满了刺激的动作场面，画面上还有些轻微的擦边；此外，她还出演了五部由格里菲斯执导的剧情片。通常她扮演的都是些性感的黑发女郎角色，作为更受导演喜爱的优雅金发女主角的对立面。在《补网者修缮爱巢》(*The Mender of Nets*) 里，梅布尔扮演的是悲剧性的诱惑者，勾引了永远圣洁的玛丽·璧克馥的爱人。但格里菲斯可不是一个以幽默感著称的电影人，他不怎么喜欢活泼跳脱、无惧权威的诺曼德。据说她曾在片场背着导演嘲笑他，还唆使其他女演员进行一些大胆的尝试，比方说下班后去喝酒。丽莲·吉许① 不那么循规蹈矩的妹妹多萝西就被她说动了。[8]

到了 1912 年，森内特和诺曼德在生活和工作中都成了亲密的伴侣，两人一同离开比沃格拉夫，在人烟稀少的洛杉矶近郊埃登代尔创办了启斯东：一家只制作喜剧片的独立电影公司。之后五年

---

① 丽莲·吉许 (Lillian Gish，1893—1993)，美国女演员，被称为"银幕第一女士"，曾出演多部格里菲斯的影片。

里，他们和一帮不同的演员拍摄了上百部闹腾的两本喜剧。从启斯东走出去的不仅有卓别林、阿巴克尔、哈罗德·劳埃德、哈里·兰登（Harry Langdon）这样未来的滑稽喜剧巨星，也有那些凭借脸谱化角色赢得观众长久喜爱的喜剧演员，像弗雷德·梅斯总是愤怒地挑起眉毛，福特·斯特林（Ford Sterling）修得方方正正的胡子和他语无伦次发脾气的样子，还有笨手笨脚的老好人艾尔·圣约翰，在他和叔叔罗斯科共事的考米克时代以后，他又跟别人共同出演一个持续了很长时间的西部喜剧系列片，扮演的是一个名叫"迷糊的 Q. 琼斯"（Fuzzy Q. Jones）的角色，一个留着胡子的牛仔跟班。其他在启斯东开启职业生涯的默片影星还有未来的性感女神葛洛丽亚·斯旺森（Gloria Swanson）和行事怪诞却广受欢迎的喜剧女星露易丝·法增达（Louise Fazenda），她扮演的绑辫子、穿格子服的土气女孩总是被油滑的城市无赖所玩弄。

　　所有这些天才演员都把启斯东当成自己通向未来的路口。而跟森内特、斯特林和梅斯一起创办了这家公司的梅布尔，作为公司初创时唯一的女性成员，成了启斯东的招牌面孔。她在公司早期的成功中扮演了关键角色，她的身形也一度成了公司的招牌形象。在《水中宁芙》（*The Water Nymph*，1912）里，她裹在一袭凯勒曼式紧身连体泳衣里的健美曲线引起了轰动，这种泳衣因名噪一时的歌舞杂耍游泳皇后安妮特·凯勒曼①而得名。梅布尔能像一头海豹一

① 安妮特·凯勒曼（Annette Kellerman，1886—1975），澳大利亚女演员。她曾是一名游泳运动员。当时美国妇女的泳衣非常保守笨重，凯勒曼露出胳膊和腿的连体泳衣引发了轩然大波。她以"澳大利亚美人鱼"的表演进入歌舞杂耍界，后来又出演了很多电影。她也是第一个在好莱坞电影中裸体出现的女演员。

样游泳和潜水，还在很多与水有关的滑稽特效场面中亲身上阵。她早期的很多水中创举让她成了森内特"泳装美女队"①的第一人，那些姑娘总是穿着对当时观众过于刺激的海滩装，用一场无关情节的球类游戏打断影片的情节进程。

森内特有时也会在自己的影片中出镜，通常总是一个笨拙的傻瓜形象。他是一个出身魁北克乡村的爱尔兰天主教移民，一个不走寻常路的人，生活轨迹丰富多彩。据传他在自己的办公室里安装了一只巨大的镶银大理石浴缸，而他就躺在里面办公。[9] 他是一个擅长制造公关神话的大师，也热心发掘新人，尽管他开出的价位总是留不住他最出色的演员。但启斯东最主要的艺术资产和最大的市场卖点还是梅布尔俏皮而耀眼的银幕形象。1915 年，那个热烈颂扬了商业奇才玛丽·璧克馥清新自然的孩童形象的《影戏》评论家朱利安·约翰逊，说梅布尔就像"一阵大笑中突如其来的吻；小丑帽子里的樱桃软糖；跟你的闺蜜分享一块奶油泡芙；一只散发着香水味的手给你的一巴掌；启斯东葡萄柚上的糖霜"。[10] 但无论在镜头前后，梅布尔的形象都远不只于单纯的"甜心"。

相较于我们这个注重导演"作者"身份的时代，20 世纪 10 年代片场上的"导演"更像是一份工作的称谓，人们对它的定义也不似今天这样明确。如我们之前提到的，基顿和阿巴克尔会轮流交换导演的职责，取决于谁在镜头前表演。棍棒喜剧的"导演"工作

---

① 马克·森内特在 1917 年组建的一支女性团队。她们除了定期在森内特的喜剧短片里亮相，还成了公司的宣传亮点，在当时引起很大轰动。1927 年后，由于紧身泳衣已经变得相当普遍，她们的吸引力逐渐减弱，自 1928 年逐渐淡出了森内特的影片。

有点类似如今的编剧，因为大多数早期的两本喜剧片根本就不使用拍摄脚本。有时森内特也会为马上要拍的影片写一些粗略的故事大纲，但那时大多数喜剧片的拍法就是把摄影机扛到一片户外空地上，就地构想一些滑稽的动作和追逐场面，随后围绕这些笑点构建情节，一直拍到太阳下山为止。卓别林在回忆启斯东的学徒期时写道："我们只需要一条公园长椅，一桶石灰水，还有梅布尔·诺曼德。"[11]

即便是几年后巴斯特·基顿有了自己的制片公司，他也不用写好的脚本拍摄，但他会与制作组和负责写笑料的团队细致地设计好布景、动作场面的调度和大致的故事情节线。但启斯东的那些两本喜剧片都是匆忙赶拍出来的，往往会纳入一些现实生活中的事件，例如追车或世界博览会，森内特则会想方设法地控制成本。启斯东的演员和制作团队可不反对偷摸到其他摄制组的现场拍上一两幕。诺曼德记得擅长拍摄大场面西部片的著名导演托马斯·因斯（Thomas Ince）举着扩音器冲森内特大吼大叫："叫那些倒霉的小丑从我的片场滚开！"[12]演员必须设法做出高效的即兴表演，让自己的动作从周遭喧杂的环境中脱颖而出；有两个人做到了，一开始是阿巴克尔，后来是卓别林。

到了1915年左右，有剧情的叙事片成了一种"体面的"艺术形式，得到越来越多中产阶级观众的喜爱；这类影片的导演也逐渐被视为一类"作者"。这一转变与剧情长片的涌现密不可分，尤其是D.W.格里菲斯、洛伊斯·韦伯和塞西尔·B.戴米尔（Cecil B. DeMille）这些著名的剧情片导演，他们的名字就是活招牌。而对于早期的两本喜剧片，那些明星演员往往才是事实上的导演，他们的表演节奏决定了影片的节奏，他们有着最独到的直觉，能够最有效地掌控摄影机去捕捉自己的喜剧选择。

梅布尔不是从歌舞杂耍界或戏剧舞台进入电影行业的。和她的朋友诺玛·塔尔梅奇一样，她在那之前也做过模特，拍过广告。少女时代的她为查尔斯·达纳·吉布森（Charles Dana Gibson）和詹姆斯·蒙哥马利·弗拉格（James Montgomery Flagg）这样卓有影响力的时尚插画师当模特。她展示的是一个吉布森女郎般的形象：骑自行车、勇于打破禁忌、要求投票权的光彩夺目的女性。梅布尔的照片、彩绘和线描图像出现在可口可乐、衣服图样、行李和女性内衣品牌广告上。当她以"维塔格拉夫的贝蒂"出名时，对于如何运用自己的美貌去呈现多样的角色形象，她早已驾轻就熟。但梅布尔还有更高的艺术抱负。她出生于纽约斯塔顿岛的一个法国—爱尔兰工人家庭，她一直想成为一名插画师，便靠当模特赚来的钱去上艺术课程。后来，当她赚到了足够的钱，能够随意地从巴黎订购连衣裙，给自己的车定制一张装在仪表盘上的可折叠化妆桌，她找来一名法语家庭教师随同出行，而她的私人图书馆里藏满了尼采和弗洛伊德这样时髦的思想家的著作。[13]

1913 年末，电影业内的报纸宣布："梅布尔·诺曼德，启斯东的女主角，今后将会执导她出演的每一部影片。一段时间以来，布兰奇夫人都是唯一的女性导演，如今她有了梅布尔这个既能演又会导的对手。"[14] 这番话颇有几分森内特的宣传风格。如我们所知，爱丽丝·盖伊-布兰奇绝非当时唯一在摄影机后掌镜的女性；实际上，洛伊斯·韦伯早期最具创意的一本影片之一《悬念》（Suspense）就是在那一年上映的，"白珍珠"和海伦·霍尔姆斯也开始组建公司，让她们得以自行执导自己主演的系列动作影片。

尽管如此，这名素以无畏的潜水特技和动人的深色眼眸（被专栏作家称作"闪闪发光的天体"）而著称的二十一岁影星将要执导她自己的影片，这在当时还是一项少见的创新之举。[15] 考虑到当时电影业内相对宽松的分工，我们很难确定诺曼德在自己出镜过的上百部影片中拥有多少主导权。在大约十六部影片的字幕里，她是唯一的导演，另外十几部给了她联合导演的署名。不过，我们知道，直到 1915 年左右，森内特都在公司的日常运作中给了她足够的话语权，可以想见，她不仅在自己的片场出谋划策，很可能那些没有她出演的影片里也留下了她的痕迹。

阿巴克尔曾对一个到他的片场采访的记者说："在一部片子里，梅布尔一个人就能给出一打新鲜主意。"[16] 后来诺曼德开车送这名记者去摆渡时，主动对他说起她导演了好多启斯东的影片（包括卓别林初现银幕时的几部作品），又说她得赶紧回公司去，跟阿巴克尔一起处理当天的诸多事务。尽管这足以说明诺曼德在公司创意领域的影响力，但文章结尾还是呈现给读者一个被她的魅力迷住的作者，恋恋不舍地与这名"漂亮的小个子影星"道别，还试图说服她跟他一起坐摆渡船回去。

想要了解 1915 年后，女性在行业内的影响力日渐式微的过程和原因，诺曼德与卓别林早年在启斯东的一次合作为我们提供了一段真实的行业侧写。这部两本影片是 1914 年的《梅布尔赛车记》（*Mabel at the Wheel*），用来讨论这个话题倒是恰如其分①。诺曼德

---

① 原文 at the wheel，既有开车的意思，又可引申为负责某件事的意思。

在里面扮演的角色是一名赛车手的女友，在男友被卓别林带领的一伙恶人绑架后，她开着男友的赛车，代替他赢下了一场比赛。

影片开机时，诺曼德被指定为唯一的导演。彼时卓别林刚入这行不久，他跟启斯东后来持续一年的合作这时才过了两个月，尚未开发出后来让他名声大噪的"流浪汉"形象，不过之前他已经在两部影片中展现了类似的扮装形象，同样由诺曼德执导的《梅布尔的困境》(Mabels Strange Predicament)和另一部《威尼斯儿童汽车赛》(Kid Auto Races at Venice)。在《梅布尔赛车记》里，他扮演一个气势汹汹的坏家伙，完全照搬了启斯东创始合伙人福特·斯特林的经典角色形象。当时斯特林刚刚退出公司不久，某种程度上，卓别林就是被招来代替他的。

森内特看过这个二十四岁的舞台喜剧演员的表演后，把他从弗雷德·卡诺①的巡回嬉闹剧团招揽到自己旗下。出演《梅布尔赛车记》时，卓别林已经与启斯东的几名男性导演合作过，并且至少跟两个人发生过冲突。其中一个是亨利·"百代"·莱尔曼②。在早年的好莱坞传言里，他是一个老练的家伙，也是阿巴克尔被指控杀害的弗吉尼娅·拉普擅长投机的男友③。在一张保存下来的照片里，莱尔曼双手搭在胯间，看向卓别林的目光里流露出毫不掩饰的

---

① 弗雷德里克·约翰·威斯科特（Frederick John Westcott, 1866—1941），以其艺名弗雷德·卡诺（Fred Karno）而闻名，是英国音乐厅的英国剧院经理。作为闹剧喜剧演员，他普及了奶油馅饼的恶作剧。在19世纪90年代，为了规避舞台审查，卡诺发展了一种没有对话的小品喜剧形式。
② 亨利·莱尔曼（Henry Lehrman, 1881—1946），美国演员、编剧、导演和制片人。"百代"是他的外号，传闻是因为他在面试时说自己是被法国百代公司的老板从欧洲派来找工作的。1915年，他成立了自己的电影公司L-KO，在拍摄影片时经常将演员置于危险境地。后来，他因无法适应有声片导演逐渐淡出影坛。
③ 阿巴克尔被指控后，莱尔曼利用他的审判为自己的个人事业做宣传。

反感，而后者一副流浪汉的扮相，正透过摄影机查看现场的情况。另外一个是资深导演乔治·尼科尔斯（George Nichols），后来他在20世纪20年代的一系列剧情长片里扮演梅布尔的父亲。尼科尔斯一直不喜欢跟卓别林共事，用卓别林自己的话来说："他去找森内特，说没法跟我这个狗狼养的合作。"[17]

初到启斯东的卓别林只用几周时间就树立起自己在片场不计时效、精益求精且固执己见的形象。而这些特质在卓别林开始自导自演后变得更加明显。对于从小就习惯一天两场杂要演出的基顿来说，这样的拖拉是有违职业道德的，有时他在采访中提起卓别林的这个习惯，总要不加掩饰地嘲讽几句。1958年，当被问及他对卓别林最初的印象时，他答道："我爱上了他，就像其他人一样。"[18]但"在《［大］独裁者》之后，"基顿接着说，"他成了一个好电影人，也变懒了。要等他想好一个题材开始拍摄，大概要等上三年左右吧。"[19]1958年时，基顿已经有三十年没能按自己的喜好去拍电影了；想到有人可以随心所欲地拍摄自己喜欢的电影，却白白浪费了机会，他的心里肯定不是滋味。

不管怎么说，卓别林在《梅布尔赛车记》的片场上遭遇了一个他无法逾越的障碍：要被一个女人导演，还是一个年轻、漂亮、通常在拍摄现场表现强势的女人，这对他是种羞辱。卓别林扮演的角色要在一个场景中往赛道上喷水，试图放慢梅布尔的车速，这时卓别林建议他可以用水管来要个花样：假设他不小心踩住了水管，为了找到不出水的问题，他就要去检查管口，然后被水喷了一脸呢？

哪怕是对电影史一知半解的历史学家都能看出来，卓别林的提议就是这个行当内最古老的笑话，1895年卢米埃尔兄弟在第一部用摄影机记录下来的闹剧《水浇园丁》里用的就是这一招，已经拍过几十部喜剧片的梅布尔当然也知道这一点。梅布尔拒绝了卓别林的建议，对他喊道："我们没时间！我们没时间了！让你做什么就照做！"后来卓别林在自传里提到这件往事，用了一段冗长的叙述，并且在无意间证实了自己不怎么正当的做派——这名电影公司的新人坐到路缘上，拒绝继续工作，导致那天剩余的拍摄任务都泡了汤。

五十年后，卓别林在讲起这段往事时仍难掩不满，要听从经验更丰富的合作演员的命令"让我很恼火，因为，虽然梅布尔很迷人，但我并不信任她作为导演的能力"。被一个男性权威人物催促是一回事；就在前一页中，卓别林提到尼科尔斯用同样的话拒绝了他的建议："我们没时间，没时间了！"但听到这些话从一个二十一岁的对手女演员嘴里说出来是怎样的感受——尤其是她扮演的这个精力充沛、天真无邪的少女最后还彻底击败了他这个不值得同情的角色？"我受够了。"卓别林直截了当地说。他冲她说了一大堆："我很抱歉，梅布尔小姐，我不会照你说的做。我不觉得你有能力来告诉我该怎么做。"那天的拍摄被迫草草结束后，站在梅布尔这边的剧组成员都很生气："后来梅布尔告诉我，有一两个临时演员想揍我一顿，但她叫他们不要那么做。"卓别林的回忆证实了她一向对他很公正，尽管他逮着机会就要发脾气。当天晚上回到公司后，森内特在卓别林卸妆时闯了进来，为梅布尔严厉地训斥了他一通："让你做什么就照做，要不就滚出去。"

当天晚上，卓别林和一名启斯东同事一起坐电车回家，他们都认定他要被解雇了，这让他焦躁不安。可是第二天卓别林到了公司，森内特心平气和地鼓励他"谦虚点，帮帮忙"，尽可能跟梅布尔和平相处（让他更难过的是，这段对话是在梅布尔的化妆间里进行的，当时房间空着，因为"她在放映室里看工作样片"——卓别林写道，而那是导演的活儿）。尽管卓别林自称"对诺曼德小姐抱有崇高的敬意和欣赏之情"，他非但没有为前一天的行为道歉，还毫不迟疑地向他的新老板（还是梅布尔当时的未婚夫！）表达了他对她能力的不信任。他向森内特打包票自己的判断肯定没错，而这仅仅是因为他觉得梅布尔过于年轻了。（诺曼德比卓别林小三岁，比起刚刚入行的他，她已经有五年的从业经验。）[20]

卓别林的版本暗示，森内特就是在那一天、那一刻把电影的制作权交给了他，他还当场谈妥了由他自己来执导他的下一部影片。实际的情况可能是森内特本人接过了《梅布尔赛车记》的导演一职，他和梅布尔在字幕里共同署名为导演。而在她跟卓别林之后合作的几部影片里，她仍然是导演或者联合导演。尽管卓别林讲述的方式（就像他自传里的大部分内容一样）可能偏向于自我吹捧，但他讲述的大体上是实情。梅布尔开始拍摄《梅布尔赛车记》的时候，她现实生活中的方向盘已近脱手，而卓别林的事业则刚刚起步。

梅布尔此前拍摄了一系列成功的影片——有些是她独立执导的，有些是与森内特、卓别林、阿巴克尔或尼科尔斯合作的；大约一年后，她接到了自己的最后一部导演作品，片名同样昭示了她命运的《梅布尔的得与失》（ *Mabel Lost and Won* ）。1916 年，她告诉《电影画报》（ *Picture Play* ）的一名记者——就是那个曾盼望她会翘班陪他一起坐轮渡的记者——她曾是启斯东的一名导演，但现在她想专心拍戏。[21]

无论卓别林与森内特在梅布尔化妆间里的谈话是否真如前者所言的那样，他对《梅布尔赛车记》拍摄期间这段插曲的回忆——在他的自传里占了整整三页的篇幅！——让我们看到了电影业从一个新兴产业转型为大型商业模式的过程中，逐渐关闭女性从业者通往权力层的过程与缘由。森内特对这件事的回忆则更精辟地证实了当时的情况，他完全抹去了这次冲突的痕迹。在谈到《梅布尔赛车记》时，他干脆地说："我导演了那部影片，梅布尔·诺曼德是主演。"[22]

森内特之所以对卓别林表现出特别的耐心，事实证明是出于经济方面的考量。卓别林和梅布尔在片场发生冲突的第二天早上，马克收到一封来自公司纽约办公室投资人的电报，敦促他继续推出卓别林的新作，因为这位新成员的票房节节攀升。另外几家公司也在卓别林身上嗅到了商机，那年年底他就跟别人签了一份回报更丰厚的独立合同，而那只是他的第一次起跳。[23]

1928 年，梅布尔息影两年后，《自由杂志》对她做了一次深度采访，并在她 1930 年去世后以连载的形式刊登了这篇报道。诺曼德讲述了她与卓别林的合作，她的措辞就像是基顿回忆与阿巴克尔的往事时的说法："我们相互交替。我执导卓别林的镜头，他执导我的镜头。"[24] 然而，如果说阿巴克尔和基顿的关系是学生迅速提升自己，很快就与导师平分秋色，那么在诺曼德和卓别林的合作中，学生一上来就篡夺了老师的位置并把她降职了，而校长（森内特）心照不宣地表示同意。你可以说卓别林与生俱来的天赋在那一刻已蓄势待发，他无需接受更多基本训练。但你同样可以这样看待这件事：1914年，诺曼德的职业生涯同样处在极为关键的时刻，在片场损毁这名年轻女导演的威信，又在私下跟她的制片人／男朋友密谋削减她的权力，这是一个公司新人能做出的最不利于她的事情。在两个男人的合作关系里，互惠互利好像是理所当然的，而在不同性别的职业关系之中，这种平等互助的态度却无法得到保障。

似乎是为了向读者和他自己证明，他并非毫无缘由地打击了诺曼德的职业生涯，卓别林带着些许歉意但仍是纡尊降贵地总结道："我同样被她迷得神魂颠倒，在我心底总有一处柔软的角落留给她，但这是我的工作。"[25] 距离他写下这段话已经过了五十多年，距离梅布尔在片场受到的不被尊重也已过了一百多年，我们仍然能够看出这些话里的双重标准：那么她的工作呢？梅布尔跟随 D.W. 格里菲斯学习过，与森内特和阿巴克尔都有过长时间的合作，假设她能够不受干扰地执导和出演她想要制作的影片，能够与她心仪的演员和团队合作，能够选择她想拍摄的题材和内容，享有与她同时代每一个同等地位的男性喜剧演员轻易就能得到的创作自由，电影史将会怎样被改写？

那些从未发生的传奇并非都要归咎于电影行业中日益朝向父权制发展的权力交替。另外一个原因是诺曼德的身体始终不太好，按照媒体的说法，她一直被某些隐疾所困扰，而事实上她始终在抵抗慢性肺结核的侵袭，并最终在三十七岁时因此过世；她有酗酒的毛病，还对鸦片止咳糖浆上瘾，她说那是"我的生活方式"。[26] 她可能还混用了其他药物。多年来，通俗小报持续不断地刊登有关梅布尔脆弱的身体状况的"内幕消息"，而今我们很难确认那些含沙射影的报道是否基于真实的情况。但确实在她后期的角色中——此前她在农场疗养了一段时间——她看起来不像她了，她的脸庞消瘦，面容憔悴，动作变得僵硬而谨慎。

　　在 1914 年到 1916 年之间，可能还发生了一些别的事情，动摇了诺曼德在启斯东的影响力。她的名字从导演名单上消失了，仅仅作为女主角而存在。根据一则流传甚广，甚至可能是编造出来的传闻——尽管讲述者是梅布尔的搭档兼密友，也是第一任阿巴克尔太太的明塔·德菲，而且她的讲述里包含了很多可信的细节——1915 年年中的一个下午，就在梅布尔和森内特计划已久的婚礼举行前几周，她撞见马克跟新入职的泳装美女（也是梅布尔的朋友）梅·布什（Mae Busch）在一起。现场一片混乱，据说布什朝梅布尔丢了一个花瓶，令她的头部遭受重击。[27]

　　森内特在口述回忆录中提及此事时，大量削减了对自己不利的细节，声称他和一位不愿透露姓名的女演员只是借用工作晚餐的机会讨论她的新角色，而梅布尔却误会了，生气地离开，并在事后假装受伤，甚至第二天到片场时还给胳膊打了吊带。八卦专栏作家阿黛拉·罗杰斯·圣约翰斯一向热衷于胡编乱造，但她也同样沉迷于写作对象的不幸遭遇，她在回忆录里写到，她和梅布尔还有其他人在一家海滨餐厅吃晚饭，当时这位女演员因马克出轨而伤心欲绝，想要在圣莫妮卡码头跳海自尽。[28]

　　不管谁说的才是真相，那一年诺曼德的头部确实受过伤，严重到她必须住院几周，而媒体却一言不发，像是要为此后十年里持续不断地抹黑梅布尔·诺曼德做准备。"梅布尔·诺曼德生命垂危。"《洛杉矶先驱报》大张旗鼓地报道了这一事件，将其归咎于一次原因不明的片场事故。[29]（就在几周前，《演员周刊》还刊登过一篇题为"章鱼抓住了梅布尔·诺曼德"的报道，倒是让这个戏剧性的标题显得有几分可信。）[30] 电影公司发布了一则头条新闻：在和罗斯科拍摄一场婚礼戏时，诺曼德的头部被一只扔出的靴子击中了。[31] 一年后，诺曼德在一次采访中提到这起神秘事故，她看似轻描淡写地解释说她之所以住院是因为在片场出了点意外，"罗斯科一不小心坐到了［我的］头上"。[32] 她的说辞让这起事件背后的真相愈发扑朔迷离。

这些不断累加的自相矛盾的说法，加上诺曼德遮遮掩掩的态度，让人觉得无论真相是什么，她和公司都不想让外界知道。不管怎么说，这一时期标志着诺曼德和森内特恋爱关系的结束，而他们都承认，这段关系从一开始就很艰难。在 1918 年之前，森内特还是她在启斯东的制片人，到了 20 年代初，他又重归跟她一起拍电影，但这段无疾而终的恋情或许妨碍了诺曼德在电影界的上升通道，就像洛伊斯·韦伯和爱丽丝·盖伊这样的早期女性创作者，她们的职业机会一开始也是跟当制作人的丈夫和商业伙伴紧密联系在一起的。

在那以后，诺曼德又在 20 世纪 20 年代卷入了一系列电影业的丑闻。尽管她与 1921 年那场导致阿巴克尔垮台的酒店派对毫无干系，但她与这位深受观众喜爱的喜剧演员的长期银幕合作，让公众认定她也跟好莱坞电影圈的其他人一样，在戏外过着肆意妄为的生活。不到一年后，她又被卷入了导演威廉·戴斯蒙德·泰勒（William Desmond Taylor）（至今未破）的谋杀案。在他被害当晚，她曾去过他家，就在邻居听到杀害他的枪声前几分钟才离开。1924 年，追逐热点的媒体还在对泰勒案追根究底，她又上了小报的头条。她的司机开枪射伤了石油大亨继承人考特兰·戴恩斯（Courtland Dines），当时受害人刚从一场持续了一天的派对上离开，梅布尔、戴恩斯和卓别林的女主角艾德娜·珀薇安丝（Edna Purviance）都出席了那场派对。虽然第二起枪击的受害人活了下来，诺曼德在两起事件中也都被证实没有任何嫌疑，但媒体一连好几个月都在报道泰勒和戴恩斯的丑闻，她的名誉被永久地损害了。

　　和基顿一样，诺曼德也常常是她自己最大的敌人，她才华横溢，充满干劲，但她的自毁倾向和不切实际的性格也同样突出。她和基顿不一样的地方在于她没能像阿巴克尔和卓别林那样得到演员自主体系的保护，直到1915年左右，演员才逐渐开始获得了独立决定拍摄项目和工资的权利，而璧克馥又是其中少有的女性例子。诺曼德自主冠名的公司成立于1916年，仅仅拍了一部《米奇》（Mickey）。由于资金问题和制作延误，这部剧情片足足过了两年才上映。不过，当影片最终于1918年上映后，立即成了当年的大热票房冠军。梅布尔在影片中塑造的白手起家的假小子女主角形象得到了广大女性观众的认同，掀起了一股类似于1915年至1916年"卓别林热"的风潮，米奇帽、米奇连衣裙和米奇玩偶纷纷热卖脱销。当时还没有特许经营或周边产品的推广活动，电影公司没能从中获得任何利润；即便《米奇》的放映场场爆满，还催生了一首同名的流行单曲，梅布尔·诺曼德制片公司仍然没能逃过关门的命运。[33]

　　森内特一直没能很好地掌握剧情长片的结构，《米奇》也更像是连在一起播放的一系列两本影片，某些部分比其他部分更出彩、更新颖。但影片中的诺曼德——桀骜不驯、冒失莽撞、机智活泼、难以掌控——就像一根耀眼的银线，衔接起了那些冷漠的动作场景和不温不火的爱情桥段。影片情节围绕着其他角色试图限制和约束她的自由的行动展开，而这似乎是对她真实人生的一种无意识的隐喻。在几场高潮戏中，无畏的米奇假扮成一个男骑手，操控着赛马跑出了近乎完美的成绩——直到夸张的一幕出现了，她在终点前不远的地方摔落马背，包括她父亲和最热心的（并且最终获胜的）追求者在内的一大群围观者都跑过来救她。

　　看到这一幕时，我突然意识到，那些飞奔过去帮助无助的米奇的人就是观众的代表。诺曼德就是早期默片时代的玛丽莲·梦露，整整一代观众都渴望穿过银幕去拯救这个讨人喜欢又命运多舛的女性。1929 年末，在她去世前的几个月里，她几乎都住在结核病疗养院，那时有几个电台节目每晚停播前都要祝愿她身体健康。[34]

　　停止导演工作后，诺曼德的职业生涯还远未结束。但 1915 年后，她把自己打造成了电影明星的形象，她不再是镜头的引领者，而成了它凝视的对象。在《米奇》之后，她跟一名刚刚崭露头角的制作人，塞缪尔·戈德芬奇（Samuel Goldfish，不久他就改名为更体面的塞缪尔·戈德温，即后来的米特罗-戈德温-梅耶① 中的一员）签约。她为公司拍摄明星照，期间还拍了一系列没什么人记得的喜剧片。根据一些无法证实的传闻，她可能还怀了戈德温的孩子，结果要不是流产了，就是在孕晚期没能保住孩子。不管真相如何，起码有好几个渠道记载了她的新制片人持续追求她的事实。[35]

　　她拍摄的最后一部剧情长片是 1923 年的《多余的女孩》（*The*

---

① 即米高梅（Metro-Goldwyn-Mayer）。

Extra Girl），导演还是森内特。当时他的职业生涯已近尾声，仍在尝试转型成为感伤爱情喜剧片的导演。它的剧情就像是对诺曼德短暂职业生涯和人生旅途的讽刺，尤甚于诺曼德自己制作的任何一部影片。这部影片基本上翻拍了1913年启斯东出品的一本影片《梅布尔的戏剧生涯》（*Mabel's Dramatic Career*）——马克尤其喜欢翻新旧素材——她扮演了一个渴望到好莱坞踏上电影之路的普通女孩。在《梅布尔的戏剧生涯》里，虚构的梅布尔是一名卑微的女仆，最终成功地变为一个现实生活中的明星，而（森内特饰演的）被她抛弃的乡下男孩追求者则懊悔不已。十年后，《多余的女孩》的结尾并不那么励志：诺曼德的角色没能走到台前，只能待在幕后当一名服装助理，挣扎了一段时间后，她最终放弃了自己的梦想，嫁给青梅竹马的恋人。影片最后一幕跳转到她成了一个心满意足的年轻母亲，跟丈夫和孩子一起在家用投影仪上观看自己过去试镜的片段。影片结束时，她把还在学步的孩子抱在怀里，字幕写道："亲爱的，任何事业上的成就都不及听到他叫我'妈妈'更让我高兴。"

梅布尔一直工作到20世纪20年代，在职业生涯的最后阶段，她在哈尔·罗奇制片公司（Hal Roach studios）制作两本影片。哈尔·罗奇也是劳莱与哈代和"小淘气"系列 [①] 的出品方。在现存的这一时期的影片中，至少有一部相当不错，就是《男人应该走回家吗？》（*Should Men Walk Home?*）。那个阶段的她习惯化小丑般浓

[①] 1922年到1944年间推出的一系列喜剧短片，起初名为"我们的帮派"（Our Gang）。以一群儿童为主角，鼓励他们以自然的状态出演，而不模仿成人的表演风格。该系列1938年后版权转移到米高梅旗下。

重的白色妆容，却仍难掩她每况愈下的身体状况。然而，随着大众审美的变化，诺曼德活力四射的吉布森女郎形象被更时髦慵懒的"飞来波女郎"所取代，于是人们对她独特招牌魅力的欣赏也不复往昔。1927 年，她的最后一部影片《结婚一小时》(*One Hour Married*) 上映了。这部短片现已失传。次年，由于她对酒精的依赖和肺结核的影响，她的身体越来越糟糕，冲动之下嫁给了她之前在《米奇》中的搭档卢·科迪（Lew Cody）。他是巴斯特·基顿的好友，也是一个全职酒鬼。

1930 年初，在诺曼德的葬礼上，抬棺人的行列由科迪、森内特、格里菲斯、卓别林和阿巴克尔组成，他们好像无意间组成了一支刚刚逝去的默片时代的送葬队伍（基顿也出席了葬礼，是当天几千名哀悼者中的一员。《洛杉矶观察者报》评论说："自瓦伦蒂诺的葬礼以后，还从未有过如此盛大的场面。"[36]）。他们所有人都比她活得更久——哪怕是三十四岁时演艺生涯因丑闻中断而声名扫地的阿巴克尔，也是在四十六岁时死于心力衰竭——也得到了比她更多的自我革新的机会。

1928 年，在接受《自由杂志》的那次长篇采访时，诺曼德表现得格外坦率，可能是因为她知道自己的时间不多了。她谈起自己在比沃格拉夫公司与马克·森内特初遇时的样子，她的说法远不如森内特在漫长余生中提起她时那么浪漫。在他们分手近四十年后，他在自传里的第二句话中写到："曾几何时，我被一个在早餐时吃冰淇淋的女演员迷住了"；此后他一次又一次遗憾地表示自己没能和难以捉摸的诺曼德组建一个家庭，并在某一刻自言"也许我想要的是一个妻子，而不是一名女演员"。

　　而就诺曼德的视角来看，她在去世前两年对电影记者、未来的华纳兄弟动画师西德尼·萨瑟兰（Sidney Sutherland）坦言，她和马克的关系，与其说是浪漫爱情的缺憾，倒更像是职业生涯的遗憾。她回忆起自己到格里菲斯片场的第一天，她被安排穿上了女仆的衣服，"托着一位贵妇的裙裾：我的小腿裹在丝袜里，这让我感到难堪，排练的时候我注意到一个身材魁梧的红脸膛爱尔兰人靠在墙上，他看着我，咧开嘴笑了"。当她拍完这一幕回头看时，马克已经不见了。"但我记住了他的脸，多年后我为那个爱尔兰人创造了相当可观的财富。"[37]

一流的演员，一流的演出

《七次机会》(*Seven Chances*）里的罗莎琳德·伯恩和
巴斯特·基顿（1925 年）。

1920 年，巴斯特·基顿开启了他独立制片人的生涯。这一年也是美国历史上至为重要的一刻，此后在有形与无形的各个方面，一切都将不再同前。20 世纪的第三个十年必定见证了一个史诗般的新年夜。新年钟声敲响后的两周，整个美国都陷入了干涸。1 月 16 日午夜的钟声标志着前一年投票通过的第十八修正案正式开始实行。短期来看，禁酒令的实施不过是稍微增加了人们获得质量骤降的酒水的难度，酒的定价也更高了（除非你有钱从国外进口好酒，巴斯特很快就那样做了）。但这项法令最糟的后果是它鼓励了，甚至在某种程度上催生了有组织的犯罪网络的兴起，让私酒贩子完全掌握了这一珍贵且永远流行的商品。

八个多月后，田纳西州拖拖拉拉地通过了第十九修正案；在进行了至少七十年的选举权斗争后，女性终于获得了参加投票的权利。这两项修正案的相继通过绝非偶然：自世纪之交以来，各州陆续通过了不完全的选举权法案，女性在公共生活中获得了越来越多的权力，继而推动了禁酒运动的发展。待到第十九修正案通过时，许多州已经正式通过了某种形式的允许女性公民（当时肯定有很多美国人，包括一些女性，认为这样的措辞是种滑稽的自相矛盾）参与地方选举的法令，甚至有时允许她们参加全国选举。

在这两条修正案中，第十九修正案在未来十年里发挥了更大的影响力。《名利场》（*Vanity Fair*）的长期主编，大众社会历史学家弗雷德里克·刘易斯·艾伦（Frederick Lewis Allen）在 1931 年出版了畅销书《就在昨日》（*Only Yesterday*），回顾了过去十年里的社会变迁。他在此书开头讲述了一对普通中产阶级夫妇的小故事：1919 年的早晨，史密斯先生和太太在为即将开始的一天做准备。艾伦用寥寥几笔巧妙地勾勒出社会风尚的变化。首先他描述了一番女士的穿着："她穿着套装来吃早餐，裙子——在脚踝处裹得紧紧的——距离地面只有十五厘米……史密斯太太可能会用粉饼，但彩妆就有点过头了。"艾伦用了相当长的篇幅来描述史密斯太太的着装，甚至推测了一番她可能穿着的内衣式样："一件'直筒内衣'和带有'厚厚褶边'的衬裙，很显然'她不想过分掩饰自己的身材'。"[1]

在这个十年里发生了诸多令人兴奋不已的变化，最为明显的转变也许是文化中流行的理想女性形象的变迁——从维多利亚时代受人尊敬的"家庭天使"到追求轰轰烈烈、肆意张扬的"飞来波女郎"。在 F. 斯科特·菲茨杰拉德（F. Scott Fitzgerald）——1920 年出版！——的处女作《人间天堂》（*This Side of Paradise*）中，他精准地捕捉到了正在发生的变化并将其提炼到了自己的小说里："'美人儿'成了'荡妇'，而'荡妇'又成了'小吸血鬼'。"[2]基顿在

1920 年夏天拍摄的《稻草人》(*The Scarecrow*) 中插入了一条不同寻常的字幕，影射了第十九修正案在当时引发的社会热议："我不在乎她是怎么投票的，我只想跟她结婚！"

在基顿拍摄于那十年间的影片中，透过他饰演的角色的恋爱对象，也能够看出类似的从美人儿到吸血鬼的转变。在他第一部独立制作的影片《一周》里，他爱上的是西碧尔·希利 (Sybil Seely) 饰演的端庄娴静的年轻新娘，而到了他那一时期的最后一部作品《困扰婚姻》(*Spite Marriage*, 1920)，与他演对手戏的多萝西·塞巴斯蒂安 (Dorothy Sebastian)，也是基顿现实生活中长期的情人，为观众呈现的是一个老于世故、嗜酒如命的单身女演员。尽管他与娜塔莉·塔尔梅奇的婚姻在那些年里时有起伏，但基顿个人对女性社会地位的看法在那段时间里可能没有发生太多变化，甚至可能在他一生中都是那样。他从小看着在巡回杂耍演出中过了一辈子的母亲长大，她给自己卷烟，打牌到凌晨，直接从瓶子里喝威士忌，这样的基顿不可能像格里菲斯那般沉迷于纯洁无瑕的女性形象。他在自己的第一部长片《三个时代》中嘲弄地模仿了格里菲斯，还曾提出要把馅饼拍到导演心爱的女主角丽莲·吉许脸上，说她特别适合这样的桥段，她一本正经的女性气质尤其容易被弄脏的脸给摧毁。

基顿也不关心推动女性权益或任何与之相关的事业。但即便 20 世纪 20 年代的大多数电影都不甚关注片中女性角色的社会自由或受禁锢的生活状态，它们难免也会反映出当时的社会状况。如果说巴斯特的爱情伴侣们在 20 年代后变得更加成熟和自主，这种现象在很大程度上并非他有意的设计；这只是因为他周遭的世界发生了变化，女性在电影和公共生活中都有了更大程度的行动自由。

在《七次机会》里，巴斯特的角色必须在七点前找到人结婚，才能继承一个去世的亲戚留给他的遗产。他去了一个乡村俱乐部，此前几个熟人已经拒绝了他的求婚，这时他被一个在衣帽间工作的女孩（罗莎琳德·伯恩）冷酷地拒绝了。她面无表情瞪着基顿的样子像极了他本人。她的打扮是典型的飞来波女郎造型：紧贴脸颊的黑色波波头，领口饰有褶边的低腰线黑色连衣裙，一串珠链晃荡到胯部。伯恩硬朗时髦的外表和她毫不畏缩的摩登眼神让人想到露易丝·布鲁克斯①，虽说《七次机会》上映时，布鲁克斯还是齐格飞歌舞团的一名舞者，尚未出演她的首个电影角色。巴斯特拿回帽子并谨慎地递出小费后，两人对视了片刻。但在他有机会提出那个问题之前——通过她刚才对他窘境的观察，那句话不会是简单的"有空一起出去吗？"，而会是"你愿意嫁给我吗？"——她就简短而明确地摇了摇头：不可能的，巴斯特。

在这部被基顿自视为相对逊色的作品之一的影片里，这只是一个微不足道的瞬间，但它却是一个宝贵的缩影，展现了女性在取得投票权五年后的两性关系中的变化。这名衣帽间女孩坚定的"不可以"也许不是被当作新女性的典范写进电影里的，但她有一份工作，拥有自主的爱情选择权，面对上位者，她可以泰然自若地拒绝，甚至不露一丝笑容。基顿的早期作品往往包含类似他在《待客之道》开头演出的为求爱正式登门拜访的桥段：总有一个不近人情的父亲或一连串的兄长要去讨好，请求他们的同意，而被他追求的

---

① 露易丝·布鲁克斯（Louise Brooks, 1906—1985），美国"爵士时代"最具代表性的女演员之一，其标志性的波波头造型被当时的年轻女性争相效仿。代表作有《潘多拉的盒子》《堕落女孩日记》等。

姑娘又往往会拒绝他，直到他在某些行业或军队事业里"有所成就"。《七次机会》里的这一幕用不到七秒的时间展示了一个更为现代的传统：不再有骑士般的例行公事，而是一次失败的搭讪。

在这个新十年刚刚起步的一年里，除了禁酒令和终于取得投票权的妇女参政论者们，还有别的变化正在发生。1月，贝比·鲁斯（Babe Ruth）从波士顿红袜队被交易到了纽约扬基队，后者为他支付了有史以来最高的一笔转会费，开启了一直延续至今的体育巨星崇拜。那年春天，在印第安纳波利斯举行了第一场"黑人国家联盟"（Negro National League）的棒球赛，这主要归功于一个名叫鲁伯·福斯特（Rube Foster）的前黑人投手，退役后他先是当了球队经理，后来又成为球队执行官；他为这场比赛做了大量组织工作。1947年，杰基·罗宾森（Jackie Robinson）成了第一个进入职业棒球联盟的黑人运动员，在此以前，"黑人国家联盟"一直作为种族隔离制度的回应和表现而存在。一个完全由黑人运动员组成的职业联赛的创立为有色人种运动员提供了一个表现的场所，却也为他们设下了一道永不可及的成功的天花板。[3]

直到1920年，无线电技术都主要用于电报和军事通讯；那年春天，这项技术首次面向家庭消费者敞开。匹兹堡西屋公司的电气工程师和发明家弗兰克·康拉德（Frank Conrad）当时已是全国第一位晚间音乐广播员，每周两晚用自家起居室里的留声机播放唱片，通过自制的无线电接收器供当地的无线电爱好者们欣赏。康拉德的老板留意到这个临时搭建的业余广播节目赢得了数量众多的热心听众，继而萌生了制作更多广播节目来推销收音机的想法。到了那年11月，"会说话的盒子"已经广为流行，于是1920年的总统选举第一次通过广播向全国民众宣布了沃伦·G.哈丁（Warren G. Harding）上台执政。[4]之后几年里，迅速普及的家用收音机将会向全国播送这次大选中获胜一方令人沮丧的结果，哈丁政府在一系列腐败和贪污丑闻中倒台，其中让人们印象最深的蒂波特山油田丑闻 ① 还远不是最耸人听闻的。

美国公民自由联盟（American Civil Liberties Union）在 1920 年召开了第一次会议，同年还成立了国际联盟（League of Nations），伍德罗·威尔逊（Woodrow Wilson）总统致力建立的第一个反战世界政府，尽管其注定难逃失败的命运。"一战"结束仅仅两年后，威尔逊还是妥协了，在最后一刻让整个国家陷入了爱国主义狂潮导致的政治暴力，这其中展现出来的政治暴力模式，在当时的人们看来还很陌生，如今却是我们习以为常的存在。9 月 16 日的华尔街上，停在 J.P. 摩根银行总部外的一辆马车爆炸成了一个巨大的火球，那个温暖无云的夏末发生的一幕，与八十一年后那个 9 月早晨发生在曼哈顿的一切并无二致。驾驶马车的司机在爆炸前就已销声匿迹，车上装的炸药一直堆到了马车顶部。

最终三十八人和一匹马在这起爆炸中身亡，另有数百名路人和银行职员受伤：这是美国本土发生的第一起大规模恐怖袭击事件。在公众心目中，他们或许过于迅速地把这起悲剧事件和前一年发生的一系列邮件爆炸案及暗杀未遂事件联系在一起。当时的调查局

---

① 又称"茶壶顶丑闻"（Teapot Dome Scandal）。内政部部长福尔于 1922 年分别把怀俄明州茶壶顶和加州爱尔克山的海军石油保留地秘密出租给石油大亨，两笔交易都没有采取竞争性投标方式。经调查发现，福尔共收取了 40 多万美元作为促成两笔交易的"劳务费"。福尔因此成为美国第一个被关进监狱的在职部长级高官。

随即实施的打压政策引发了第一次红色恐慌，这一时期公众对国内恐怖主义抱持的极端恐惧的态度，最终导致了 J. 埃德加·胡佛（J. Edgar Hoover）领导下的现代联邦调查局的成立。[5]

基顿在其 1922 年两本影片《警察》中融入了与华尔街爆炸案及其余波有关的情节：巴斯特驾驶着一辆破旧的马车穿过警察游行队伍，一名无政府主义者把一枚炸弹从屋顶上往下扔。对情况一无所知的巴斯特注意到旁边座位上的爆炸装置，便用燃烧的引信点燃了自己的香烟。接着他把炸弹丢到一边，炸伤了一个中队的警察。他错误地承认了自己是恐怖分子，引发了一段超现实的大追逐，从而结束了影片。

基顿在借鉴现实生活中的事件时，往往不会有意传递社会讽刺或政治评论的意图。他既无意谴责无政府主义暴力，也无意抗议警察的过分行为，而只是从头条新闻中挖掘一些喜剧的可能性。《警察》也许没有针对两年前的华尔街爆炸案提出明确评论——毕竟无论是在电影里或生活中，基顿几乎都没有对任何事情发表过确切的意见——但它确实是在一个因那起事件备受惊吓的世界里拍摄的。1922 年的"无政府主义者"多以衣衫褴褛、留有意大利式胡须的形象示人，从广义的视角来看，从屋顶上往下丢炸弹的一幕隐喻了公共秩序的混乱；观众同样能够直接感受到巴斯特的主角置身其间的是一个道德秩序不甚稳固的世界。《警察》的世界是一个充满了随机不公和无意义暴力的地方，英勇、勤劳甚至真爱都不会在这里得到回报。这可能是同类型影片中最搞笑的一部，它以主人公身陷囹圄的镜头开场，又以暗示主人公自杀的镜头结束，在巴斯特主动向警察自首后，紧接着出现了一个平顶帽挂在墓碑上的镜头。

在基顿从 1920 年到三年后拍出第一部长片期间制作的那些高超的两本喜剧片中,《警察》是最具"现代"风格的。"现代"一词后来被用于专指第一次世界大战后美国及欧洲文化中的这一时刻。基顿的现代主义与同样出生于 19 世纪 90 年代的 F. 斯科特·菲茨杰拉德和哈特·克莱恩 ① 一样雄心勃勃,又难掩忧郁悲伤的底色。他俩都在 1920 年发表了令人惊叹的文学处女作。就像这些(他肯定几乎从未读过的)作家一样,基顿在形式上勇于创新,倾向于刺破社会的伪装,并以一种 20 年代独有的方式投身于艺术创作,传递出一种既讽刺又浪漫的作品氛围。

基顿不是你在想到"迷惘的一代"时会马上想起的名字。这个最初由格特鲁德·斯坦因(Gertrude Stein)提出的短语,很快就经由欧内斯特·海明威的作品被广为接纳。他本人肯定会抵制任何类似的分类法,因为他对自怜和自省同样过敏。与其他出生于 19 世纪 90 年代的美国艺术家一样,他对世界独到的看法同样成型于这段独特的历史时期,并反映在他 1920 年至 1928 年间拍摄的一系列才华横溢的默片里。这份艺术家名单上的名字包括菲茨杰拉德、海明威、斯坦因、多萝茜·帕克(Dorothy Parker)、威廉·福克纳、罗伯特·本奇利(Robert Benchley)、卡明斯(E. E. Cummings)、艾灵顿公爵(Duke Ellington)、科尔·波特(Cole Porter)、贝西·史密斯(Bessie Smith)和玛莎·格雷厄姆,等等,而在美国之外,基顿的同时代人还有安托南·阿尔托(Antonin Artaud)、胡

———————

① 哈特·克莱恩(Harold Hart Crane, 1899—1932),美国诗人。其诗作形式上遵循传统,但在文句遣词上常采古语,晦涩难懂。他被公认是当时最有影响力的诗人之一。

安·米罗、贝托尔特·布莱希特、塔玛拉·德·蓝碧嘉（Tamara
de Lempicka）、路易斯·布努埃尔和瓦尔特·本雅明。

　　这份名单值得一列，不只是为了说明世纪之交催生了如群星般
璀璨的艺术家，他们勇于打破旧有的范例和习俗，更因为把基顿和
这些艺术家视作同一代人，能够更好地解释为什么他对自己所处时
代的整体艺术理念和艺术运动不可能有我们今天这般清晰的认识，
但他创作的那些影片时常与这些理念和运动产生共鸣。那种无处不
在的焦虑感和错位感，那种想要从头开始重塑世界的渴望，类似超
现实主义派和布鲁姆斯伯里派 ① 的团体借由图像和文字寻求表达的
方式，而这个从人形拖把成长起来的电影人用身体的喜剧运动和记
录下这一切的摄影机完成了自己的表达。

　　基顿是一个相当聪明的人，但他没有受过正规教育，他的阅读
内容仅限于日报，偶尔也会浏览一番行业新闻。然而，一个世纪之
后，人们立即就能辨认出他与其他艺术家——一个常见的例子是弗
兰茨·卡夫卡——之间的相似之处。卡夫卡笔下基顿式的寓言讲述
了现代生活在国家机器无所不在的视线下悲惨荒诞的遭遇；基顿镜
头里的马车夫闯入警察队列时，距离卡夫卡的作品进入英语世界还
有好几年的时间。

　　在《福尔摩斯二世》（1924）中有一段令人拍案叫绝的蒙太奇，
基顿饰演的男主角是一名电影放映员，他在工作时睡着了，爬进了
正在放映的电影画面中。他进入的这部影片不停地切换场景，于是

---

① 1904 年至第二次世界大战期间，以英国伦敦布鲁姆斯伯里地区为活动中心的文
人团体，以弗吉尼亚·伍尔夫为代表人物，活跃在艺术界、评论界和学术界等多个
领域。

他突然困在了一块被汹涌海浪包围的岩石上。他跳进水里，结果发现自己一头栽进了一个雪堆，继而雪堆又变成了一条长凳，摆在一个优雅的花园里。这一系列让人眼花缭乱的转场镜头展现了电影剪辑的力量，从中似乎可以预见到苏联导演吉加·维尔托夫（Dziga Vertov）尚未拍出的先锋纪录片，运用蒙太奇手法探索了电影技术能够在何种程度上改变人类的认知体验。

越是深入 20 世纪 20 年代充满创造活力又动荡不安的时代精神，你就越会真切地意识到，主导了那个时代所有艺术和流行文化的是这样一个洞见：世界是一个无法预测的危险之地，而身处其中的我们都是孤身一人。世界大战导致的大量伤亡和 1918 年更为致命的全球流感疫情足以解释这种普遍的悲观情绪，此外，美国曾经的乡村地区被迅速城市化导致了传统宗教活动的锐减，随之而来的是更多持续已久的社会习俗被不断推翻。

20 世纪的第三个十年在虚无主义的低级狂热中拉开了序幕。假设除了物质存在带来的纯粹的感官刺激以外，再没有其他确定的纬度，那么刚刚成年的年轻男女别无选择，只能在物质狂欢中纵情享乐。安·道格拉斯（Ann Douglas）在《可怕的诚实》（*Terrible Honesty*）这部可读性极强的著作中回顾了这一时期纽约市的文化史。这部作品简明扼要地捕捉到了那个时代年轻人遵循的生活信条，而他们实际上或多或少地主动选择了这样的生活。

美国历史上第一次出现了这样自我标榜为"不敬"的文化，虽说它可能不会自称无视宗教信仰；它对有关诚实的问题保持警惕，却对一切道德说教持敌对态度。它的整体趋势可能与帕克苦涩的妙语和贝西·史密斯回荡着悲伤与愤怒的布鲁斯一般阴郁，也可能像尤比·布莱克（Eubie Blake）的钢琴爵士曲和菲茨杰拉德最欢乐的嬉闹剧一样没心没肺，但所有现代都市人的主要精神特质是精准、恰切与合宜。而这就是现代白人称之为"可怕的诚实"（这个短语出自雷蒙德·钱德勒）的价值观。[6]

正如道格拉斯在书中探讨的，当时的黑人文化对于这种普遍的蔑视权威的情绪自有其独特的表达方式。虽然现代社会中的黑人也有意识地想要重塑自己的世界，但总体而言，他们比同时代的白人更乐观，也不如这些肤色更浅的同时代人那样视道德堕落为风尚。兰斯顿·休斯（Langston Hughes）、佐拉·尼尔·赫斯顿（Zora Neale Hurston）、约瑟芬·贝克（Josephine Baker），还有路易斯·阿姆斯特朗（Louis Armstrong），无论他们曾经受过怎样的磨难，这些生于世纪之交的艺术家都在自己的创作中传递出一种充满希望的人文主义色彩，期待着一个更自由、更公平的未来。20世纪10年代中期开始的大迁徙（Great Migration）① 见证了黑人群体从南方农村往北方城市的迁移，到了1920年，北方和中西部城市里聚集了大量有才华的年轻黑人。在20世纪20年代的非裔美国创作者看来，广泛流行的异化并非他们关心的对象——那是他们无暇负担的精神奢侈品，他们认为拥抱自己久被贬损的文化传统才是重塑世界的关键所在，同时他们还要全身心地去接纳一种新的城市

---

① 数百万居住在南部地区的非裔美国人在1910年至1930年间移居到美国其他地区，对非裔美国人的文化和历史都产生了深远的影响。

世界主义，以及美国大熔炉文化对全球归属感的承诺。

对于 1919 年春天刚刚服完十个月兵役的巴斯特来说，后一个十年将会发生什么样的变化，这并不是他要关心的事。[7] 他到一家退伍军人医院去治疗因耳部感染而导致的听力受损，但没能完全治愈。此时的他只想再次回到此前离开的生活之中。在填写征兵表时，他在"家"一栏填的是马斯基根。"叮当林"可能是他们家最固定的地址，但加州才是巴斯特的归属之地，考米克公司也在那里等待他的归来，他的余生都将在那里度过。在军方把他送到马斯基根后，他和父母一起待了几天，之后独自乘坐火车回到了洛杉矶。

巴斯特一生都依赖于其他人来帮他打理日常事物——他的制片人、经纪人和妻子。对他来说，乔·申克既是一个慷慨的父亲般的人物，也是一个理想形象的自我投射。在他和诺玛举办的宴会上，申克喜欢亲自烤牛排招待客人，在那个好莱坞大亨都有家庭厨师和管家的年代，这种亲力亲为的待客方式并不多见。几年后，当基顿的排场也大到足以举办类似的宴会时，他也会像姐夫一样亲手为客人烧烤。[8]

即便后来他的电影事业和他与娜塔莉·塔尔梅奇的婚姻都好景不再，基顿在谈起他的第一位伯乐时仍然满是敬意，并且拒绝听到任何不利于他的说辞。有一回，巴斯特晚年结识的一位年轻演员，詹姆斯·卡伦（James Karen），说起申克对待朋友的剥削行为让他非常愤怒，基顿安静地起身离开了房间。在申克昔日的门徒眼里，就像后者生命中另一个挥之不去的乔，他一直都是过去那个慷慨的大家长。

基顿对阿巴克尔也有着家人般深厚的忠诚情谊，后者与其说像他的父亲，更像是他从未有过的哥哥。基顿从战场归来后，至少有两家电影公司向他发出邀请，为他提供一周 1000 美元的报酬，但他拒绝了，宁愿继续履行他与考米克之间每周 250 美元的合同。这既是他对过往情谊的忠诚，也有他对自己职业生涯的考量。当时已经有传言说，阿巴克尔很快会跟派拉蒙签合同，让他执导并主演自己的喜剧长片；派拉蒙是申克的独立制片公司的分销商。巴斯特肯定意识到了，如果他继续待在考米克，他有很大的机会继承阿巴克尔在公司的地位，如他所料，这一切也在 1920 年初发生了。

尽管《一个国家的诞生》(*Birth of a Nation*) 在 1915 年的美国大获成功，但喜剧长片在当时仍然属于新鲜事物。森内特执导了历史上第一部喜剧长片《破灭的美梦》，卓别林担任了该片的男主角，当时他还没有出任过导演；虽说这部影片在 1914 年上映时大获成功（梅布尔·诺曼德罕见地扮演了一个反派角色），但一直要到五年后，喜剧长片才真正流行起来。当时并没有迫切的理由去增加喜剧电影的片长。剧院经理需要的是那些可以在剧情长片之前播放的两本喜剧片，而像派拉蒙的阿道夫·朱克之流精明的经销商开始捆绑销售他们的产品，即所谓的"打包预订"(block booking) [1]，这让影院经营者们深恶痛绝。朱克持续不断地追求电影产业链的纵向整合，他的做法后来引发了长达数十年的反垄断斗争，直到美国最高法院在 1948 年对诉派拉蒙影业公司的庭审中判定后者的行为违反

---

[1] 放映商为了要购买某家制片公司的影片，就必须连带买下这家公司该年计划完成的其他影片，即使许多影片都未试映过。直到 1948 年 5 月，美国最高法院开始推行《派拉蒙法案》，要求大制片厂必须将电影发行和影院放映业务分离，所有电影都必须单独出售。

了反垄断法。

朱克在进入电影业前做的是皮草生意，他的电影品位一般，但对行业的未来有着无可比拟的洞察力。1920年，他的电影生意蒸蒸日上，他的梦想是建立一个单一的超级公司，掌控自己旗下影片的制作、发行和院线放映，并从这条产业链的每一个结点中获益。1903年，朱克跟另外一个皮草商人合伙在联合广场附近开设了一家名叫"自动杂耍"（Automatic Vaudeville）的游乐场所，当时电影还是一项廉价的新奇娱乐。在他漫长的余生中（朱克活了一百〇三岁，于1976年去世），他一直是他钟爱的这个行业的掌门人，起码名义上如此。"自动杂耍"这个品牌名中蕴含的悖论描述了朱克最擅长的事情：把那些习惯了旧的艺术形式的观众吸引过来，把他们塑造成那种愿意排队接受下一个新的艺术形式的观众。

朱克作为制片人最早的大手笔之一是把著名的法国剧情片《伊丽莎白女王》（Queen Elizabeth，1912）引进到美国。该片由法国传奇女演员莎拉·伯恩哈特主演。朱克为影片在百老汇莱西姆剧院举办了盛大的首映礼，之后又到全国进行仅限预约座位的"路演"。无论是以现下还是当时的标准来看，《伊丽莎白女王》都不是一部出色的作品，但它是当时美国上映过的最长的影片，大约四十分钟。这部絮絮叨叨的宫廷阴谋戏改编自戏剧《伊丽莎白王后的爱恋》（Les Amours de la Reine Elisabeth），被导演拙劣地搬上了默片的银幕。影片的镜头很长，摄影机大多摆放在类似前廊的位置上，让观众感觉离开那些场景很远。最糟糕的是，伯恩哈特在舞台上的传奇风采没能在这部影片中得到展现；现在看来，她的表演似乎印证了人们长期以来对默片表演不正确的刻板印象，即大部分都是夸张地装腔作势。当然伯恩哈特也可能是累了，并且身体状况不佳：拍摄《伊丽莎白女王》时，她已经六十八岁了，有时走路还要靠拐杖支撑，虽然这并不妨碍她继续出演浪漫爱情片中的角色。上了年纪且身体虚弱的伯恩哈特并不适合演出作为影片重心的疯狂之爱，虽说她在现实生活中也与比她小四十岁的男主角、荷兰男演员、万人迷洛乌·特勒根（Lou Tellegen）产生了一段情感纠葛。总体而言，《伊丽莎白女王》呆板僵硬的风格与它的前东家很是相称，这家名叫"演员"①的电影公司在影片完成之前破产了，这才让朱克有了介入并完成该片的机会。

　　但撇开这部影片的质量不提，将《伊丽莎白女王》进口到美国是朱克的一项明智之举。这趟全国巡演让他挣了一大笔钱，之后他很快就开始向申克之类的年轻独立制片人购买电影版权。更重要的是，伯恩哈特在美国本土的巡演让其他电影制片厂的高管意识到，剧情长片是能够盈利的，这对电影业的未来产生了至为重要的影响。《伊丽莎白女王》僵硬的表演风格甚或可以被视为朱克宏伟蓝图中不可或缺的一部分。凭借影片的大牌主演，以及它与欧洲舞台剧的渊源，这部影片树立了一个他理想中的范例，对于那些仍旧对电影这一媒介嗤之以鼻的中产阶级观众来说，这部影片展现了把他们吸引过来的必备条件。后来朱克成立了自己的第一家电影制作公司，他为那些坚持主张"舞台优于银幕"的受过教育的中产阶级和上流社会观众提出了一个直白诱人的口号："一流的演员，一流的演出。"这句话恰到好处地总结了他想要通过《伊丽莎白女王》实

---

① 原文为 L'Histrionic，意为"演员，表演"，也可译作"做作的、装腔作势的"。

现的目标。

没过多久，名角电影公司与前百老汇制作人杰西·拉斯基（Jesse Lasky）的公司合并了。之后不久，名角-拉斯基就被派拉蒙发行公司兼并组成了大型娱乐公司，也就是今天的派拉蒙，迄今历史最悠久的好莱坞电影公司。随着人们逐渐意识到无声电影的创作是一门全新的艺术，并不等同于简单地把舞台剧搬演到银幕上，行业逐渐淡化了"一流的演出"这部分内容。但朱克对这句标语的前半部分有着准确的判断。流行明星的时代即将到来，"一流的演员"将会成为重要的商业筹码。公司要想持续运转下去，必须能够吸引、维护、提升和发掘自己的明星。[9]

1919 年，朱克想要吸引的"一流演员"是罗斯科·阿巴克尔，跟卓别林一样，他的名字和面孔都有响当当的号召力，而且作为喜剧导演，他的口碑比卓别林更好，因为他能够更好地节省预算和时间。当时申克每周支付他 1500 美元，朱克又额外支付给他 3000 美元的周薪；后来基顿的传记作者汤姆·达迪斯（Tom Dardis）谈到这起交易时说，申克其实是把他旗下最大牌的明星租借给了派拉蒙，阿巴克尔能够得到更好的资源去制作时长更久、技术更复杂的电影，而那是考米克这样专注两本影片的家庭作坊式小公司做不到的。阿巴克尔被许诺 25% 的影片利润分成，他的年收入将近一百万美元，成为当时全球收入最高的电影明星之一。[10]

而对于前基顿三人组中的明星，1920 年这种家庭作坊式的拍摄电影的过程恰恰适合他的步调。申克不但把整个考米克公司都交给了他——这会儿就要改名为巴斯特·基顿制片公司——还为他提供了一个全新购入的、之前由卓别林使用过的摄影棚和外景地，基顿相当愉快地接受了。申克对这份工作的描述相当简单：公司每年要出产八部两本喜剧片，全部交由马库斯·勒夫新成立的米特罗公司发行。基顿可以亲自挑选他的团队，从摄影师、美术指导、段子写手到木工，保证他们全年待命，这样一旦他有了需要探索的大胆的新创意，或者想要搭建一个复杂的场景，剧组人员随时都能通力实现导演的设想。那时的基顿不会想到，这种由创作者驱动的小成本独立制片模式将难以为继，尽管申克可能已经意识到了这一点。

"危险的"家庭制造

西碧尔·希利和基顿,《一周》(1920 年)。

　　基顿于1919年春天从军队退役，1920年，他发行了自己第一部独立制作的影片《一周》；在之后那一年的年中，他肯定看到了福特汽车公司制作的商业短片《家庭制造》(*Home Made*)。虽然他从未提起过《一周》与那部乏味的一本宣传片之间的联系——甚至他可能都不记得自己看过那部短片——但前者似乎在故事结构和一些关键画面上借鉴了《家庭制造》的内容，这是默片历史学家凯文·布朗洛（Kevin Brownlow）首先提出的。

　　在这两部影片中，都有一对年轻夫妇要建造一幢邮购的套件房屋 ①——在更无趣的版本里，他们只是在一旁监督整个过程，同时有一只手在撕下日历，跟踪着房子的建造进度。《家庭制造》的最后一个镜头是新郎新娘被抛洒的米粒 ② 和宾客的旧鞋簇拥着走下教

---

① 客户通过邮件订单购买整套房屋的材料配件，收到后自己组装搭建成一幢房子。
② 西方婚礼上有向新人抛洒米粒的习俗，象征着多产的祝福，也有驱赶邪恶的寓意。

堂狭窄的台阶；《一周》则以类似的镜头开场，场景的构图和取景几乎一模一样。福特短片中出现了一颗刻在树上、带有这对爱侣首字母缩写的心，而在基顿的版本里，房子的木壁板上画有一对连在一起的心。这些相似之处让我们几乎可以肯定，那部如今我们称之为品牌广告内容的四分钟短片是基顿从他所处的世界中搜罗到的创作素材之一。《一周》这部二十分钟的家庭灾难片是他完成度最高的影片之一，也是这位天生的悲观主义者拍过的最具希望也最浪漫的作品。

作为 20 世纪 10 年代末的电影观众，基顿肯定有大量机会能够看到《家庭制造》和很多其他的福特公司宣传短片。自 1913 年起，除了经营全球最大规模的汽车制造厂，亨利·福特还开始投资电影产业，福特公司电影部一度成为当时全球规模最大的电影制作方。到了 1919 年，福特每年花费 60 万美元（大约相当于今天的 1000 万美元）用于制作和发行一本及两本的纪实影片，同其他新闻片和《一周》这样的喜剧短片一起作为剧情长片的暖场放映。福特制作的那些短片往往以公司内部或其他大规模制造业的技术革新为主题，在美国和海外都拥有广泛受众。基顿看到《家庭制造》这部片子的时候，福特短片的受欢迎程度应该已经达到了顶峰，并将很快开始走下坡路。

起先这些短片都是免费提供给影院业主的，它们唯一的宣传作用是每次出现字幕时都在下方加上一行显著的字体："由福特汽车公司发行"。不过，到了 1920 年，福特开始寄望于抵消制作成本，要求影院每周支付一美元的费用。为表抗议，许多影院经理拒绝放映他家的拷贝。几个月后，福特新近收购的密歇根《迪尔本独立报》(*Dearborn Independent*)开始连载充满恶意的反犹作品《锡安长老议定书》(*The Protocols of the Elders of Zion*),观看率再度显著下跌。

事实证明,福特正在成为一名反犹太主义者。20 世纪 20 年代的大部分时间里,他都在传播类似激进的仇恨文学作品。全国范围内的福特经销商会免费发放一系列的反犹主义宣传册,其内容是根据福特在《独立报》上的每周专栏改编的。很快福特就成了年轻的阿道夫·希特勒的偶像,他把福特的照片摆在书桌上,并在《我的奋斗》一书中对他大加赞赏。

当时美国的电影业和歌舞杂耍业主中犹太人占比很高,要向这样一个人支付费用,为的还是给他打广告,他们自然不会乐意。没过几个月,甚至就在《独立报》的连载结束之前,全国范围内愿意放映福特公司短片的影院数量就从五千二百家跌至大约一千三百家。到了 1921 年末,福特公司不再投入影院放映的业务,但它的制作部门仍在继续拍摄非虚构短片,并在学校、教堂和其他机构放映。[1]

福特有时会在字幕里冠上监制的名号,但他很少亲自参与他的电影部门大量出产的影片,不过偶尔他也允许摄影团队拍下他的风采:他陪伴儿子在豪宅草坪上玩耍的样子——这个小家伙就是未来的汽车行业巨头埃德塞尔·福特(Edsel Ford),或是跟托马斯·爱迪生和泰迪·罗斯福 ① 等人一起露营。倘若要说福特公司的这些工

---

① 即小西奥多·罗斯福(Theodore Roosevelt Jr., 1858—1919),昵称泰迪(Teddy),第 26 任美国总统。

业短片呈现了什么样的理念，那就是经济上行和科技发展带来的无比坚定的乐观信念。就像《家庭制造》一样，很多福特短片都将纪录片与情景再现相结合，为观众展示某种节省人力的新型设备的便利，或是正在运作的工厂中井然有序的乌托邦。《家庭制造》真正的主角是那幢房子，我们追随着它一路从抛光原木建造起来的过程，只是间歇关注一番它的准居住者们乏味的浪漫故事。《家庭制造》歌颂的不是志同道合的婚姻，而是可以邮购的房屋。

恰恰是这些最时新的小玩意所代表的新技术和利用机械搭建的能力吸引了基顿。和其他许多典型的 20 世纪新发明一样，套件房屋进入历史的轨迹也与他的一生同步。（跟我一起说）1895 年，西尔斯与罗巴克（Sears，Roebuck）成了第一家利用铁路运输预制房屋材料的公司，1908 年起开始销售整套可拆卸的住宅，包括按单切割的木材、地板到钉子、油漆、包边和窗框——但套装内含的砖块或其他石料需要到当地供应商处领取，可能是这些材料分量太重，没法运输。这些套件都通过棚车（铁路车厢）运送，因此在铁路系统发达的地区尤其受欢迎（不难想象，在火车上度过大半童年的基顿肯定不止一次见过这些大批量的货物抵达它们的目的地）。通常来说，就像福特公司纪录片中展示的那样，这些套件房屋需要当地雇用的团队花费几周或几个月的时间搭建，而不像《一周》里那对焦头烂额的业主，仅仅花上七天就能拼出一幢房子来。根据片中那幢房子的大小和设计来看，搭建用到的材料可能要占用满满两个棚车的空间，远不止于巴斯特和他的新娘（西碧尔·希利）收到的单个大板条箱——来自一位素未谋面的"麦克叔叔"送给他们的新婚礼物。

邮购房屋作为潜在笑料素材进入基顿的视野时，这项业务正要进入它的鼎盛时期。1919 年，也就是《家庭制造》上映的那一年，西尔斯现代家居在俄亥俄州的阿克伦开了第一家销售门店。不久公司就在九个不同的城市开设了分店，潜在买家可以到店比较不同的地板设计方案，查看最新的设计模型；福特公司短片把这类交易过程略为夸张地呈现给观众。1911 年起，西尔斯公司还为此类房屋和所需地块提供贷款服务，将其业务拓展到借贷领域，而像房利美 ① 这样政府资助的借贷机构还要过上几十年才会成立。[2]

尽管西尔斯在邮购房屋市场占据了主导地位，但其他公司也在20 世纪初的几十年里蓬勃发展，包括阿拉丁（就是那个一夜间为主人造出一座宫殿的精灵）和斯特林家居（该公司在《家庭制造》里强势露出了自己的品牌名字）。然而，随着经济大萧条的到来，套件房屋行业的融资业务逐渐消失，销量也急剧下降。西尔斯现代家居的商品目录一直印刷到 20 世纪 40 年代，但"自己动手建造房屋"的市场高峰期没能持续下去，而是和默片的黄金年代一样在不久的将来戛然而止。

套件房屋引发的热潮只是持续了整个 20 年代的全国房地产繁荣的一部分——有些经济学家称之为"泡沫"。长达十年之久的住房开工数量 ② 的增长得益于强劲的战后经济、飙升的股票市场，以

---

① 房利美（Federal National Mortgage Association，简称 Fannie Mae），即联邦国民抵押贷款协会，成立于 1938 年，是最大的"美国政府赞助企业"，其目的是增加抵押贷款资金的流动性，降低购房成本。2008 年 9 月次贷危机发生后，房利美由美国联邦住房金融局接管，从纽交所退市。
② 指在一定时期内开始建造的住房数量，通常用作衡量房地产市场活跃程度的指标。

及人口不断从乡村流向城市的变化，包括但不限于让南方黑人进入北方工业城市的第一次大迁徙。铁路线的延伸，加上汽车和电话等缩短地理距离的设备日益普及，这些都改变了美国人的生活地点和方式。随着农村居民迁入城市，城市外围的家庭农场被出售并分割成用于开发的地块。与此同时，城市中心的人口变得越来越密集，一幢幢摩天大楼被建造起来，并相应地导致了房地产业的投机激增。

套件房屋具有灵活的可移动性、建造便捷，以及根据消费者个人喜好定制的特点，对于在世纪之交出生的一代人而言，它代表的是一种全新的"家"的概念。1920 年的一对年轻夫妇可能不愿再像他们的父辈那样继承家族农场，而渴望挑选并督造他们现成的理想家园；而他们之所以能够拥有这样的理想家园，要得益于工业制造和全国铁路系统的发展，恰恰也是这些东西促使他们首先离开了农场。

最受欢迎的套件房屋类型是普通的中产阶级住宅，通常建成带有深长柱石门廊的坚固平房形式——它们的设计并不新潮，但它们是工厂生产的邮购消费品，这本身就是一种现代的象征。西尔斯商品目录中有一款连续出现二十七年的畅销产品维诺纳（Winona），一种带有五个房间的一层楼住房，公司为它选择的广告语表明它既不廉价，也非奢侈品，而是一款朴实却契合时代潮流的日常商品："维诺纳平房是一款流行的美式乡村小屋"，其宽大的屋檐和平整延伸的门廊"无论从哪个角度看，都给人一种赏心悦目的感觉"。

《一周》里要建造的房子是一栋两层的木板房，沿着前墙有一道窄窄的门廊，不管从哪个角度来看都不太叫人满意，但它在施工三天后的亮相着实让人捧腹大笑。《一周》里的这幢房子是一家虚构的"活动房屋公司"的产品，它的搭建过程远没有福特式的从工厂到工地、再到温馨的家这般高效，从一开始它就注定要被爱情和命运的异想天开而搞垮。巴斯特的情敌，汉迪·汉克（由一位身材魁梧、表情阴郁的演员扮演，字幕里没有他的名字，也没有人确认过他的身份），想要给这对新婚夫妇捣捣乱，调换了两个装着预切原木的箱子上的数字。最后搭建出来的这座卡里加里博士 ① 小屋般的房子呈现出一种古希腊式的对称结构。

一面外墙以四十五度角向侧面倾斜；楼上的一扇门背后是空的，导致巴斯特从两层楼高的地方后背着地摔了下来，那天余下的拍摄时间他都不得不涂上马用搽剂 ② 卧床休养。屋顶对于房子来说太小了，位置也不对，像一顶不合适的帽子。这幢房子像是被诅咒了，永远都有地方没安好，四处漏水，在让人目不暇接的倒数第二个高潮片段中，它像一台嘉年华游乐设施一样在自己的轴框上打转，把正要顶着飓风举办乔迁派对的住户从房子里丢了出去。

《家庭制造》里的房子具有福特出品商业广告一向承诺的所有特质：坚固、对称、可以负担、便于建造，甚至具备固定在某处作为不动产升值的基本能力；而巴斯特和西碧尔的无可救药的荒谬住所则像一股破坏、离散和损失的向心力。在影片里，甚至房子所在的那片地基也不甚牢固，无法确认它是否为私有财产。影片接近尾声时，一个戴草帽的男人（他是农庄的所有者？还是一个开发商？）

---

① 德国 1920 年表现主义电影《卡里加里博士的小屋》(*Das Cabinet des Dr. Caligari*) 中的主人公，既是心理学博士又是杀人狂。
② 原用于马关节外伤的治疗搽剂，也可用于减轻人类外伤疼痛和肿胀。

前来告知巴斯特和西碧尔，标示他们这个地块的牌子颠倒了方向：他们一直都是在苹果街99号造的房子，而好心的麦克叔叔为他们买下的是66号。

这个故事的隐喻如此明显，无需另加字幕说明：共同建造一个家的尝试和婚姻一样，既是一项令人啼笑皆非的挑战，也是对人类奋斗荒谬性的日复一日的提醒。巴斯特和西碧尔天真而不切实际地挥舞着锤子想要建造起来的东西，却像是在不断挫败他们试图搭建、修葺并住进去的努力。在影片精彩的最后一幕中，这幢房子似乎终于实现了它一直在努力的目标，即让自己回归到原始木材的状态。假设你还没看过《一周》，抽出二十分钟看看吧，因为之后的景象打破了观众对最后一个笑点的预期，正如基顿晚年时所言，这是他驯化观众的方式："我总是希望观众能猜出我的想法，之后我又会故意违背他们的预期。"[3]

当他们试图用木桶制成的粗糙轮子把这幢摇摇欲坠的房子运到指定地点——为了达到这个目的，他们要把房子固定在汽车上，从而构成了一幕绝妙的喜剧桥段——巴斯特和西碧尔的车在铁轨上抛锚了，挡住了一辆迎面开来的火车。他们疯狂地尝试了几秒钟，最终放弃了及时把房子推到安全地带，选择跳下铁轨自救，捂住双眼不去看即将到来的破坏场面。火车轰鸣着驶过——结果它开上了另一条平行的轨道，他们的房子幸免于难。他们同时松了一口气，结果下一秒第二辆火车就从另一个方向驶来，将他们的房子（和固定在房子上的汽车）撞得粉碎。这对夫妇带着刚刚卸下重担的茫然，手牵着手沿着铁轨走远了；很快巴斯特又回转过来，把一块"出售"的牌子和组装说明插到这堆木头废墟上。

《一周》是一个还单身的年轻人对于两人共同建立一段生活的乐观梦想，也是对婚姻作为一种无休止地、循环往复去忍受的灾难的睿智见解。比起基顿自己的前两次婚姻，这部影片展现出来的婚姻观显然要更成熟。每对新婚夫妇都应该收到一部高清版本的《一周》做乔迁礼物——也许比不上麦克叔叔的预制房屋那么奢侈，但更易携带，也不太会让人失望。这部短片是给生活的一件情人节礼物，一份成人礼，也是一张蓝图。

尽管《一周》呈现给观众一种浪漫的乐观主义色彩，但它与次年拍摄的《警察》一样，都属于基顿那些伟大的早期作品，其底色是他对宿命论的笃信。这些电影的主人公都被投向了荒谬的、无法理解的，甚至是残酷的世界。为什么《一周》里的主人公夫妇就不能停下他们夸张的热情，休息一下再去建造并住进他们的套件新家呢？为什么《警察》中无意间违法的主人公要被全城的警察追捕，之后又被那个女孩拒绝，而他一开始正是因为她才惹上这么多麻烦的？《一周》和《警察》之间有两年的间隔，它们可被视为一体两面的作品，讲述了绝境中的人可能面临的两种截然不同的情况。其中一方提出爱是能够抵御世间万物流转法则的潜在堡垒，尽管这座堡垒也许脆弱不堪；另一方则更悲观地认为，以巴斯特为代表的我们所有人的本质都是不可逆转的孤独。唯独巴斯特面对混乱时无畏而坚韧的精神——在《一周》里，西碧尔与他携手并进——才赋予了这些影片以道德的寓意。

《一周》是基顿作为独立导演发行的第一部作品，但不是第一部由刚刚成立的巴斯特·基顿制片公司制作的影片，那是本书开头提到的两本影片《暗号》，巴斯特饰演的流浪汉被推下火车，丢到一个小镇上，他必须在那里自食其力。比起《一周》中那个宠爱妻子的房主，《暗号》的主角更像是他后来会在大多数影片里扮演的角色——一个足智多谋的独行侠，追求着一个对他不屑一顾或要提出交换条件的女孩。不过，我们不难理解，为何基顿不顾乔·申克的反对，选择将《暗号》搁置一年，而以《一周》开启他的单飞生涯。虽然《暗号》非常好笑，但无论是就基顿本人还是喜剧电影这个门类而言，它都不能带来太多新鲜感。它所采用的依靠道具实现的、典型的超现实主义笑料让人想起基顿与阿巴克尔合作的早期作品，随性地游走于叙事情节和非叙事性即兴表演之间：画在墙上的一只挂钩，结果是用来挂帽子的。一张不断展开的报纸，直到巴斯特整个人都被一页床单大小的报纸盖住了。《暗号》走的仍然是早期"吸引力电影"的路子，依赖的是杂耍技巧和特效摄影手法。在短短二十分钟里，基顿串起了一场以狗为主角的戏码、两场神射手的对决和一场精巧的追逐战，利用一个装有活板门的房子构建出一个如同四格漫画般的横截面空间。

不过，《一周》的情节和动作戏配合得相当好。每一个笑点都服务于影片的主要冲突：一边是巴斯特和西碧尔，另一边是他们总也建不起来的房子。这所房子的本质也许不够坚固，影片的结构却很清晰，就跟乔·基顿在巴斯特的整个童年从一场演出拖到另一场演出的那张旧桌子一样牢固。作为一部处女作，它达到了一名导演应有的水准（虽说把它看作基顿的处女作多少有点作弊嫌疑，毕竟他已经跟阿巴克尔联合执导了三年，而且他创作二十分钟情节喜剧的经验还要更久），并就基顿未来近十年的独立电影人身份向观众给出了一个隐含的承诺：无论环境有多恶劣，我们都相信巴斯特会持续做出惊人的努力，尽他所能地造出最好的房子、船、汽车或火车——最重要的是，拍出最好的电影。

《一周》中那幢让人恼火的无法居住的房子只是基顿之后将要展示的一长串令人沮丧的住所中的第一个。在他的短片《电气化屋子》（*The Electric House*）和《鬼屋》（*The Haunted House*）里，费尽心力装修好的房子——一个装有节时省力的现代小工具，另一个装的是人造鬼魂和骨架——像是要反噬它们的居住者。在他1923年的剧情长片《待客之道》里，基顿饰演的主角去他的女友（由娜塔莉·塔尔梅奇饰演，当时她和基顿已经结婚了，并且怀着他们的第二个儿子）家拜访，这个南方家庭的家成了针对他的陷阱，原来这对情侣各自的家族互为世仇。这位年轻女士的父亲是敌对部族的大家长〔由基顿经常合作的大块头乔·罗伯茨（Joe Roberts）饰演〕，他提醒渴望复仇的儿子们，南方礼仪禁止在自家屋檐下杀害客人，于是巴斯特的挑战就是尽可能长时间地待在屋子里，直到他想出逃跑的办法。

在《将军号》里，巴斯特扮演的主角也躲到了敌后的一所房子里，这次是为了拯救他被联邦士兵俘虏的女友〔玛丽昂·马克（Marion Mack）饰〕。在他最后一部独立制作的长片《船长二世》里，最后的高潮场面是一股飓风摧毁了一系列原本坚固的避难所：一座监狱、一家医院，还有一幢两层楼的房子，整面外墙朝着基顿倒了下来，把他卡在一个狭窄的窗洞里。如今这个场面也许是基顿职业生涯中流传最广的镜头，当时基顿只用过三次类似的场景，之后他还会持续不断地挖掘这个桥段的潜力，并且不断扩大它的规模。在他与阿巴克尔最后的合作期间，《后台》里的罗斯科被一块掉下来的布景（一扇镂空的窗框）卡住了；而到了《一周》里，一面墙上的铰链出人意料地来了个一百八十度大转弯，把原本站在地上的西碧尔和待在半空的巴斯特掉了个个儿。

对基顿而言，每一个潜在的家都是一个充满危险与变数的空间；没有一面外墙会长久地伫立不倒。看似能够提供庇护和人身安全的建筑，其实不过是一堆堆将要化作碎片的木头。这些被建造出来的世界的转瞬即逝揭示了巴斯特的角色本质上无家可归的真相，而他最显著的特征是在混乱中穿行却奇迹般不受干扰的能力。这就是基顿三人组表演的核心笑点在基顿电影宇宙中的投射：这个不会受伤的男孩，不再是被他的父亲，而是被天气、物理、历史和命运丢向了生活的布景。他为自己的电影设置的世界，无论多么喧闹有趣、充满想象力，也总是呈现出骇人的不稳定。

《一周》里的套件房屋代表了基顿作品中一个反复出现的主题——这是它第一次在基顿的作品中露面，也是它最温和的表达：任何人造的物品都不应被看作永久的或值得信赖的东西。不仅是建筑物，还有汽车、火车、轮船、一体化的铁路桥梁，这些人造之物都像舞台上的布景一样脆弱易腐。在好几部以后台为背景的影片中，看似"真实"的内部空间突然被舞台工作人员拆开，观众才发现原来这个房间一直都是搭出来的布景。

基顿也许不记得自己看过这部平平无奇的《家庭制造》，但他借由其中某些片段构思出来的影片巧妙戏讽了福特短片所展现的工业时代坚定的乐观精神。尽管麦克叔叔慷慨大方地为新婚夫妇送上祝福（他在便条结尾处说："祝你们幸福。"——要是我们都有这样的叔叔就好了！），他的新婚礼物却成了一场灾难。这栋永远装不好的房子拒绝为这对小夫妻提供一个可以居住的场所，导致他们陷入了一个糟糕的困局，两面三刀的竞争对手和不可信的组装说明，带给他们的是无穷无尽的失望、损失和没完没了的厄运。然而，影片结尾时，他们依然坚定地走向前方的地平线，这似乎预示了他们或许能在这个没有定性的世界里收获希望乃至幸福。

后来基顿又拍了更多以浪漫爱情为主题的电影，并一次又一次地运用类似的情节发展，让一开始陷入被动的男主角做出英勇尝试，只为赢得心上人的芳心，或是确保她的安全。但《一周》是他少有的让女主角作为喜剧搭档与他共同出演的作品。这是基顿职业生涯中罕见的双人戏，倘若没有他同样精力充沛、无所畏惧的搭档，《一周》不会如此出彩。刚刚成立不久的巴斯特·基顿制片公司幸运地选到了西碧尔·希利——她之所以能得到这份工作，主要原因可能不是她的经验或特殊的表演技能，而是因为她有空、要价不高且外表出众。

希利是马克·森内特"泳装美女队"的一员，当时她二十岁（基顿二十五岁），一头深色鬈发的波波头造型，表情生动俏皮；基顿影片中的女主角大多以冷美人形象示人，与她们相比，希利显得更活泼，也更有活力。她出生于新世纪的第二天，原名西碧尔·特拉维拉，在家里七个孩子中排行第六。她的父亲早年曾是一名酒馆老板，后来成为受人尊敬的轮胎商，于1905年猝然离世，此后西碧尔的三个哥哥靠潜水拾取过路游客从船上扔下的硬币来养家，他们都是海滨家乡圣卡塔利娜岛上小有名气的游泳冠军。

十几岁时特拉维拉兄弟就作为杂耍演员在美国和欧洲巡回演出。他们和训练有素的海豹温克斯一起，在一个大玻璃缸里表演水下特技。他们在西部进行了一些小型巡回演出，不太可能遇到基顿三人组这样的大牌明星，但特拉维拉家的收入足以养活他们的母亲和年幼的弟妹。1912 年，萨克拉门托的一份传单对他们的演出做了诙谐的总结，其结尾是温克斯与三兄弟坐下来共进一顿水下美餐："特拉维拉兄弟的演出最大限度地利用了这只好像长了人脑的海豹。在我们对它进行解剖检验之前，很难确认他们的说法是否准确，但无论如何，这起码是一只自认为会思考的动物。"

考虑到温克斯在特拉维拉家族的艰难时节扮演了多么重要的角色，默片博主利亚·斯坦斯（Lea Stans）的推测也许不无道理——这只水生哺乳动物可能就是西碧尔艺名的灵感来源，有时在片头字幕中呈现为"西丽"（Sealy）。在她满二十岁前的几年里，她与启斯东合作最初几个角色时，用的通常是西贝·特拉维拉这个名字；在几幕海滩群戏中，她和其他女演员一同嬉戏，穿着半透明的"希腊式"长袍跳舞，或是作为"泳装美女队"的一员，在毛皮地毯上摆出略带挑逗的姿势，为森内特即将上映的影片拍摄宣传照。从她的一系列表演中，可以看出她有舞蹈或杂技的背景，例如她在基顿的《稻草人》中跳的那段即兴舞蹈，以及她在《一周》中从一辆正在行驶的汽车爬到另一辆上，或是在一张玩笑般的片场照片中，她在巴斯特的肩膀上优雅地保持着平衡，不过尚无法确认她是否接受过任何正规训练。[4]

在《一周》中扮演新娘的西碧尔在现实生活中也新婚不久。几个月前，她与朱尔斯·福特曼（Jules Furthman）一同走过了礼堂，新郎是一名从新闻记者成功转型的好莱坞编剧。福特曼的名字出现在大量好莱坞制片厂时代的经典影片中。他曾独立编剧或参与编写了两百多部影片：《上海快车》（*Shanghai Express*）、《金发维纳斯》（*Blonde Venus*）、《摩洛哥》（*Morocco*）、《天使之翼》（*Only Angels Have Wings*）、《肉与灵》（*Body and Soul*）、《马耳他之鹰》（*The Maltese Falcon*）、《逃亡》（*To Have and Have Not*）、《夜长梦多》（*The Big Sleep*）、《叛舰喋血记》（*Mutiny on the Bounty*）、《赤胆屠龙》（*Rio Bravo*）等等；他合作过的导演包括约瑟夫·冯·斯登堡、约翰·福特、霍华德·霍克斯、雅克·图尔尼尔和多萝西·阿兹娜。①

西碧尔还跟基顿一起拍了四部两本影片——《稻草人》、《13号囚犯》（*Convict 13*）、《船》（*The Boat*）、《冰封的北方》，之后她就息影了，专心照顾她和福特曼唯一的孩子，小朱尔斯。[5]尽管她作为基顿半正式女主角的时间不到两年，但在所有和基顿演对手戏的女演员中，她给人留下了最深的印象，也是影迷们长期以来的最爱。但由于她一生中很少公开露面，因此除了最基本的生平细节外，我们很难对西碧尔有更深入的了解：她的生平主要散见于其他名气更响的人的报道，包括她的兄弟、丈夫和短期合作过的电影明星。有一张未注明日期的西碧尔和老朱尔斯的照片，她仰卧在草地上，穿着马裤和靴子的丈夫站在一侧，靠在一支道具来复枪上，俯

---

① 约瑟夫·冯·斯登堡（Josef von Sternberg，1894—1969），奥地利裔美国导演，代表作有《蓝天使》《美国悲剧》《罪与罚》等。约翰·福特（John Ford，1894—1973），美国电影导演，曾多次获得奥斯卡奖。霍华德·霍克斯（Howard Hawks，1896—1977），美国导演，擅长各种类型片，其《疤脸大盗》被认为是黑帮犯罪题材影片的开山之作。雅克·图尔尼尔（Jacques Tourneur，1904—1977），法国导演，恐怖电影大师。多萝西·阿兹娜（Dorothy Arzner，1897—1979），美国有声电影史上第一位女导演，在她的导演生涯中，也是好莱坞唯一的女导演，多拍摄以婚姻和爱情为题材的影片。

视着她，一只脚轻轻地支撑在她肚子上：一个猎人和他的猎物。他们选择的姿势现在看来有些滑稽，简直就是"父权"这两个字的图像呈现。但这张快照也呈现出某种甜蜜的氛围，在巴斯特和娜塔莉婚后拍摄的那些生硬的宣传照中，他们都不曾展现过类似的协同表演的精神。

西碧尔和朱尔斯相守了一辈子，直到他 1966 年去世；那一年巴斯特也过世了，而她还活了二十二年。他们共享的日子并非全无挣扎与悲伤：小朱尔斯出生时患有发育障碍症，由于当时人们对类似病症的偏见，很难确认他到底患了什么病。可能正是儿子所需的额外照料让西碧尔无法重返演艺圈——又或许跟当时的很多女性一样，她也认为婚姻和母职等同于事业的自然终结。无论如何，福特曼夫妇似乎都很关心儿子和彼此，很早就抵达了家庭稳定和婚姻幸福的状态，而基顿还需要二十多年才能步入人生的这一阶段。福特曼一家三口合葬在格伦代尔森林草坪公墓的一个名为"永恒和平花园"的地方；他们的墓碑上简单地镌刻着"挚爱的妻子和母亲""挚爱的丈夫和父亲"，以及"挚爱的儿子"。

到了 20 世纪 30 年代中期，彼时的巴斯特正处于人生的最低谷，深陷酗酒与失业的低迷期，同一时刻的西碧尔和朱尔斯则住在卡尔弗城一片仍未开发的土地上，抚养自己的儿子，收集现代艺术品和珍稀书籍，他们还有一个共同的爱好，培育获奖品种的兰花，为此他们建造了七座温室。

如今福特曼家的大宅里还有人居住，网上可以找到宅院内部和外部的照片。房子的开放式设计和中央铁楼梯现代感十足的不对称曲线都在暗示一种文化、休闲和娱乐氛围的生活——这与《一周》

中灾难频发的套件房屋大相径庭。现实生活中的西碧尔和不久后的巴斯特一样，在短短几年时间里就住进了西尔斯现代房屋公司目录能够提供的最高端的产品。房产市场和电影行业同时迸发出勃勃生机，二者相互授粉的成果就是"好莱坞地产"这一罕见的兰花。这些地方将成为新晋富豪和前所未见的名流展示他们财富、品位与个人美貌的场所，让他们的粉丝梦想着有朝一日能到此造访，甚或自己也能在这里居住，也为日益强大的名流媒体提供了一个平台，把那些房子里的住客和满怀好奇的围观者带往一处。

米粒、鞋子与地产

诺玛·塔尔梅奇，娜塔莉·塔尔梅奇，基顿和康斯坦斯·塔尔梅奇，
在娜塔莉和巴斯特的婚礼上，1921 年。

拍完《一周》后，仅仅过了两年，基顿又拍了一部讽刺短片《我妻子的亲戚》(*My Wife's Relations*)，其中对婚姻制度的描绘显得格外灰暗。当时他结婚还不满一年。通过一系列官僚主义的混乱局面和语言上的误解，巴斯特扮演的角色发现自己和一个完全陌生的女人结了婚，她的体型是他的两倍，和一大家子人挤在一间狭窄的公寓里；这个大家庭就像她本人一样庞大、骇人，且有明显的暴力倾向。爱尔兰搞笑女星凯特·普莱斯(Kate Price)饰演了片中凶悍的新娘，后来她在系列喜剧《科恩夫妇和凯利夫妇》(*The Cohens and Kellys*)中出演了一个类似形象的角色，取得了职业上的成功。

基于普莱斯的表演赋予角色的魅力，以及影片相对温和的幽默感，《我妻子的亲戚》勉强避开了当代观众的反感：影片善意地取笑了巴斯特蛮横的新婚妻子和岳父母，而非对他们残酷地嘲弄。然而，影片对家庭生活的看法显然不太甜蜜，尤其导演还是一个结婚不满一年的二十六岁年轻人。当影片中的巴斯特和他的新娘并排躺在双人床上时，他们各自装睡，就为了偷偷地痛击对方，最后以她往他脑袋上砸碎了一个大陶罐而告终。

争吵不断的夫妻和粗俗无礼的岳父母是当时常见的喜剧套路。在《我妻子的亲戚》里，巴斯特家里挤满了身材魁梧却头脑简单的男性"亲戚"，看起来与塔尔梅奇家的母系小社会关系不大。但基顿确实经常以自己的生活为灵感：在他为数众多的影片里，都有一个像他父亲那般的形象，或者类似父亲的权威人物。或许《我妻子的亲戚》所传递的不满情绪证明了巴斯特在现实生活中也开始对塔尔梅奇大家族带来的束缚感到烦闷，有时她们的过分亲近令人窒息。

巴斯特和娜塔莉是在 1921 年 5 月 31 日结的婚，他们在乔·申克和诺玛·塔尔梅奇的度假屋举办了一个只邀请家人参加的小型仪式。房子位于皇后区的贝赛德，当时那里还很偏僻，在《纽约时报》上刊登的婚礼公告称之为"一场宁静的乡村婚礼"。娜塔莉的伴娘是小说家兼编剧安妮塔·卢斯，她为康斯坦斯主演的一系列轻喜剧写了剧本，由此和三姐妹成了朋友［后来有人说，卢斯在自己1925 年的畅销书《绅士爱美人》（*Gentlemen Prefer Blondes*）中引用了不少新娘母亲佩格·塔尔梅奇无意间说过的俏皮话，把它们安在了小说中直率务实的拜金女多罗茜的头上］。基顿的伴郎是演员沃德·克莱恩（Ward Crane），几年后他在《福尔摩斯二世》中出演了新郎的高个子对头。

基顿和娜塔莉结婚时，老基顿夫妇已经卖掉了"叮当林"的房子，全家都跟着巴斯特住到了洛杉矶。他们没有参加婚礼，也许是因为坐火车横穿美国过于费劲，但要说有谁习惯于长途火车旅行，那可是非基顿一家莫属。又或许是他们和儿子一样感觉到了，他们很可能会被更富有、在文化方面更有追求的塔尔梅奇一家用不甚明显的纡尊降贵的态度来对待。巴斯特在电影行业取得了成功，也逐渐有了名望，但他不是乔·申克；在佩格眼里，要论当丈夫的地位，一个稳固的电影大亨远胜于一个正在崛起的喜剧小丑。

当天在婚礼上拍摄的照片，就像娜塔莉和巴斯特在日后长达十一年的婚姻生活中拍摄的很多宣传照一样，展现出一种百变之人的气质：这个面无表情的新郎像是从别的相册里剪下来贴到这些照片上的。在一张被塔尔梅奇姐妹围绕的照片里，他简直像在翻白眼。娜塔莉的脸上同样没有表情，虽说她比丈夫稍显自然，倒是站在他们两侧的影星姐妹都笑得一脸灿烂。

后来，在基顿 1923 年拍摄的剧情长片《待客之道》的宣传剧照中，身为女主角的娜塔莉隐隐展现出一种不喜欢照相的气质。1922 年，《影戏》杂志为她和巴斯特拍摄了一组情景照片，采纳了传统连环漫画中常见的妻管严和刁蛮妻子的老套形象：娜塔莉漫不经心地挥舞着手中的擀面杖道具，巴斯特坐在她身边，优雅地交叠起双腿，脚踝上铐着脚链和铁球①，用他一成不变、难以看透的茫然眼神盯着镜头。自他六岁起，只要他知道自己在镜头前，就会戴上这副游离在外的面具——那是他有意为之的选择，也是笑话必不可少的一部分；而在这张宣传照上，不同于那些婚礼照片，这是最

---

① 原文为 ball and chain，在英语中意为婚姻关系中丈夫因妻子而承受的责任和束缚。

适合这一场景的表演方式。

1924 年，佩格出版了回忆录《塔尔梅奇姐妹》。在这部虚构甚多的作品里，她讲述了女儿们如何从默默无闻的布鲁克林小透明成长为好莱坞影星的经历。她对婚礼那天场景的回忆，让人不禁想起《一周》中轻松畅快的第一个镜头："娜塔莉的婚礼是在户外举行的，阳光洒在到场所有人的脸上，鲜花也被照得娇艳欲滴；她在一连串的祝福簇拥下离开了，米粒、旧鞋、亲吻、拥抱、忠告和祝贺。"佩格坦率地承认，她对二女儿的婚事百感交集，并坚称这不是因为她觉得新郎并非良人，而是因为自己失去了被她称作"家里的女孩"的女儿，想到她要离家出嫁，这让母亲伤心不已。[1]

佩格和娜塔莉一直同住在东海岸，另外两姐妹则继续在申克位于四十八街的公司工作，娜塔莉在公司担任秘书的工作，并在需要的时候扮演一些小角色。娜塔莉和巴斯特一同坐上了开往国家另一端的火车，前去安顿家务——这也是他们的蜜月之旅，因为他还要回自己的摄影棚继续完成拍摄计划。起先，塔尔梅奇家的其他人没有跟他们一道走，但那年晚些时候，娜塔莉发现自己怀孕了，塔尔梅奇一家收拾好她们容量巨大的衣柜，连带着把丈夫、制片公司和所有的一切都打包搬到了好莱坞。

巴斯特和娜塔莉的家庭生活有着与《一周》中那对坚韧的新婚夫妇截然不同的开端。他们无疑有着更好的物质基础，毕竟一个是处于上升期的电影明星，另一个有两位业已成名的电影明星的姊妹，但比起影片中的巴斯特和西碧尔——除了神秘又好心肠的麦克叔叔，他们似乎没有其他的家庭牵绊，而真实的生活显然有着更多负累。一直以来，巴斯特都与父母和兄妹们过着短暂交汇又亲密无

间的生活；跟娜塔莉结婚后，他意识到自己很难完成从居无定所的
演艺生涯到建立一个稳定家庭的转变。此后三十五年里，这个在火
车卧铺和剧院宿舍之间长大的男孩都在寻找一个比《一周》里那座
被诅咒的套件房屋更坚固的居所。

婚后最初几个月，他和娜塔莉挤在巴斯特前一年为基顿一家人
租的平房里。但随着塔尔梅奇家的西迁，巴斯特和娜塔莉到威斯特
摩兰广场买了一栋更大的房子。那里曾是一处高档住宅区，但 20
世纪 20 年代初的威斯特摩兰已渐趋破败。他们需要一个足够大的
地方来容纳诺玛、康斯坦斯和佩格，她们更多时候不是待在自己更
豪华的住所，而是来跟娜塔莉同住，等到 1922 年约瑟夫·基顿三
世（Joseph Keaton III）出生后更是如此。不久娜塔莉就给孩子取
了个小名"吉米"。1932 年，娜塔莉和巴斯特离婚后，她正式把大
儿子更名为詹姆斯·塔尔梅奇，以此抹去了那个男人的一切痕迹，
那时他在她心中留下的唯有反感。

威斯特摩兰广场的地址也许不再是时髦的象征，但它也不是
《一周》里的那种套件房屋。整个三楼被设计成一个正式的舞厅，
康斯坦斯喜欢在那里骑自行车转圈。在基顿的短片《电气化屋子》
里，我们得以一窥这幢房子优雅的都铎式外观，它"扮演"了基顿
的角色受雇要去改装的豪华私人住宅，最终他在房子里装了一大堆
毫无意义又格外巧妙的现代化便利设施。巴斯特在银幕上的第二
自我可能是一名卑微的短工，想方设法要为他富有雇主的房子通上
电，但在现实生活中，他才是那个渴望提升生活环境质量的人。

巴斯特和娜塔莉在婚后最初四年里住过四栋不同的房子，他们
沿着通常被称作"电影殖民地"的居住区一路往西迁，这片区域位

于本尼迪克特大峡谷和大海之间，过去是一片菜豆田，沿着比佛利山庄不断扩大。就像 20 世纪 20 年代的许多房地产投资者一样，基顿很快就以更高的价格置换了几次房产，这不像是他的风格，尤其考虑到几年后他在与米高梅的交易中表现出来的糟糕的商业头脑。他先是用乔·申克的贷款买了一栋房子，四个月后转手卖掉，赚了一大笔钱。靠着那次卖房的收入，他又买了一栋房子，没住多久又卖掉了。在这期间，他把迈拉和弟妹们安置在了威尔谢区维多利亚大道上一处简朴但舒适的四居室里（自 1941 年起，他和第三任妻子埃莉诺境况不佳，他们又搬回到这所房子里，和基顿一家同住了十五余年）。当时乔基本都住在洲际酒店，那里是过往的剧院人士的聚集地，乔可以在那里尽情地胡吹海侃，还有巴斯特为他支付每月账单。在这片上升期的喧嚣中，娜塔莉于 1924 年生下了第二个儿子，罗伯特。

　　孩子出生后不久，巴斯特就被毫不客气地放逐到了另一个单独的卧室。后来他说，这是整个塔尔梅奇家族给出的共同决议；既然娜塔莉已经决定了只要两个孩子，她感到没有必要再与丈夫同房，而她的母亲和姐妹都支持她退出婚姻生活中的那个部分，尽管塔尔梅奇姐妹中的另外两位在婚姻内外都过着相当活跃的性生活。

　　要想了解这起轶事的内情，巴斯特是我们唯一的信息来源，他在采访中委婉而坦率地讲述了他与意志坚定的佩格·塔尔梅奇就这个话题交换意见时充满商业色彩的对话。如他所言，他向她明确表示，尽管他不会把钱花在情妇身上，也不会用公开的风流韵事让娜塔莉下不来台，但他无意永远放弃生活中的那一部分。导致这对夫妇分道扬镳的原因肯定远比他的说法复杂得多，但仅从他与岳母谈论自己未来的夫妻生活这一点来看，正如《我妻子的亲戚》一片所示，基顿在这一阶段的婚姻更像是不同家庭之间的交易，而非两个个体的结合。[2]

虽说在经济上不乏回报，但基顿与塔尔梅奇婚后头几年里快速变化的居住环境实质上是为了满足"一个老杂耍演员对稳定家庭的渴望"。[3][这是他在自传里的说法。只是他谈论的不是自己，而是他儿时的朋友莱克斯·尼尔（Lex Neal）。莱克斯是他在马斯基根演员聚居地时期的朋友，20年代被巴斯特带到西部，成了一名段子写手。至于巴斯特自己的渴望，那可不是能拿出来讨论的话题。]二儿子出生后不久，巴斯特秘密地为娜塔莉建造并装修了一栋新房子，想要给她一个惊喜。这是一套宽敞的带游泳池的三居室，位于一片叫比佛利山庄公寓的区域，这里并不豪华，但颇为舒适，他们的邻居也不是大牌影星，而是一名医生、一个书店老板和一对拥有一片橘园的老夫妇。

基顿在他的自传里，以及后来跟他的第一位传记作者的谈话中，都详细地描述了当时他是如何开车带娜塔莉去看房子的，他骄傲地宣布这是他们的房产，还带她参观了一番，结果她却当场拒绝了住在这里的提议，这令他十分懊恼。在娜塔莉看来，这幢房子的规模满足不了她想过的电影明星妻子的生活。在参观的过程中，她指出这里甚至没有给仆人或家庭女教师住的地方——巴斯特一直以来都没有意识到，他年轻的家庭很快就会需要这些人力配备。

这个故事是巴斯特讲给我们听的，通常被用来佐证娜塔莉想要更多的物质享受和更高的社会地位。然而，从我们对婚姻的现代理解的角度去看，就连《一周》中的夫妇都展现出了一种陪伴式家务的观点，独力为一个四口之家打造一套精装修住宅而不征求伴侣的意见，这着实不是一个常见的选择。这栋被拒收的房子起码可以被看作他们四年婚姻生活的缩影：他们仍在梦想构筑一个带有田园诗般色彩的爱巢，但两人都没有与对方分享自己梦想的模样。

针对娜塔莉的反对，巴斯特的回应是迅速把房子卖给了米高梅高管埃迪·曼尼克斯（Eddie Mannix）和他的妻子贝尔尼斯（Bernice），这对夫妇在那里住了十年。基顿开始建造一幢后来被称作"意大利别墅"的宫殿式住宅。这栋豪宅有 20 个房间，占地9290 平方米，建在比佛利山庄酒店正后方一块 1.2 公顷的斜坡地块上，是好莱坞默片时代最豪华的房产之一。诚然，它不像步行范围内的其他几处明星宅邸那般宽敞或精致：鲁道夫·瓦伦蒂诺的 2.4公顷马场，猎鹰之巢；哈罗德·劳埃德很快将要建成的翠苑，一幢占地 6 公顷、建筑面积 4180 平方米的豪宅，配有私家九洞高尔夫球场和儿童乐园；或是道格拉斯·范朋克和玛丽·璧克馥的"璧克馥之家"，这里过去是一座狩猎小屋，范朋克为新婚妻子把它扩建成了有 25 个房间的新家，房子自带的巨大草坪曾是固特异飞艇①的着陆点。然而，基顿家的房子却在这一片豪宅中脱颖而出，其优势不在于它的占地面积或豪华程度，而是基于它的设计品位和高超的建造水准。相较之下，查理·卓别林在附近的房子则被称作"断裂之屋"；根据传言，他的豪宅是公司的木匠们匆忙建造的，外表美观却难以持久。

---

① 美国固特异轮胎与橡胶公司在第一次世界大战期间推出的军用轻型飞行器，后主要用于大型体育赛事中的商业推广。

如同基顿所有的作品，"意大利别墅"的每一个细节都经过了精心设计。房子采用的是"地中海复兴"设计风格，混合了意大利、西班牙和摩尔人的时尚元素，由巴斯特和建筑师老吉恩·维格（Gene Verge, Sr）共同设计，与巴斯特长期合作的技术指导弗雷德·加布里（Fred Gabourie）也给了不少建议，帮忙设计了房子周围的景观。这处房产最大的特色是巨大的阶梯状后花园，四层大理石台阶通往一个 10 米长的游泳池。两层造型优雅的拱形凉廊俯瞰着整个庭院，给人一种文艺复兴时期宫殿的感觉。

这栋房子还包含了不少奇思妙想：娜塔莉那一侧房间里的主浴室装上了定制尺寸的水槽和马桶，与她娇小的身材适配。在院子里，基顿的两个儿子有一个做成微缩模型房屋样的游戏室。一间铺了黑白瓷砖的小日光浴室"探戈厅"让人想起鲁道夫·瓦伦蒂诺令人心醉神迷的探戈表演，这位比佛利山庄的邻居就在房子建成的那段时间去世了。在比利·怀尔德的《日落大道》(*Sunset Boulevard*, 1950) 中，葛洛莉亚·斯旺森扮演的诺玛·戴斯蒙德自豪地展示了她自己的瓷地砖舞池，宣称"瓦伦蒂诺说过，瓷砖地板是最适合跳探戈的！"[4] 在这部讲述默片时代的黑色喜剧里，巴斯特客串了一个令人难忘的小角色。

1926 年基顿一家搬进"意大利别墅"时，巴斯特正处于事业的巅峰，一年能拍两部长片，周薪达到了当时惊人的 3000 美元［然而，他在自己的制片公司里没有任何股份，这也成了他未来经济状况的一个不祥之兆。股东是乔·申克、他的弟弟尼克（当时负责运营米高梅业务，巴斯特在考米克时期的经纪人）、杂耍界老友娄·安格尔，以及作曲家厄尔文·柏林（Irving Berlin）］。只要巴

斯特和娜塔莉在城里，他们每周日都会举办大型户外聚会。基顿
招待客人就像对待影迷一样务求尽善尽美，为他们烤制英式羊排和
牛排，宾客们则在泳池里尽情嬉戏，或是在机械控制的鳟鱼溪里垂
钓。女演员露易丝·布鲁克斯在那一时期与基顿家有过来往，后
来，她在1977年写给传记作者汤姆·达迪斯的一封信里敏锐地捕
捉到了当时别墅里如梦似幻的氛围："那时巴斯特的整个人生就是
一部电影……他的房子是布景，泳池是布景，烧烤区也是布景。"

在米高梅1931年的有声片《客厅、卧室和浴室》(*Parlor,
Bedroom and Bath*) 里，布鲁克斯口中关于布景的隐喻被真实地呈
现在观众面前。这部影片有一部分是在"意大利别墅"取景的。影
片刚开场时有一幕，巴斯特扮演的卑微的挂海报工人爱上了一个不
可企及的女继承人，他想要从她的（现实生活中是他的）豪宅中逃
离。他跳出卧室二楼的窗户，从意大利风格的拱形墙壁上快速滑
下，然后引着一群追逐者跑过那些两旁种着柏树的大理石台阶，在
游泳池里蹿进蹿出，在维护得无可挑剔的庭院里到处跑动。这些场
景中的基顿是在"家里"，可他从未显得如此格格不入，也从未如
此渴望逃离。

《客厅、卧室和浴室》不算是基顿在米高梅拍过的最糟糕的有
声片，但就像这一时期的大部分作品一样，它也有够糟糕的。这是
一部拙劣的性爱闹剧，情节乏味，对白冗长生硬得叫人难以忍受，
只留给基顿匆匆几幕发挥喜剧特长的机会。该片导演爱德华·塞奇
威克（Edward Sedgwick）从基顿签约米高梅伊始就一直与他合作，
有时他们的成果令人惊艳，例如他们共同导演的两部默片，《摄影
师》(*The Cameraman*) 和《困扰婚姻》。然而，到了1931年，基顿

已经彻底放开了创作的舵柄，就连能干的塞奇威克（后来他又执导过哈罗德·劳埃德以及劳莱与哈代的作品）也为拍摄项目的限制所束缚，此片是对现已失传的一部 1920 年电影（基于 1917 年某个舞台剧改编）陈腐的翻拍。

《客厅、卧室和浴室》的大多数喜剧场面和导演风格都不像是基顿的手笔，但影片中途有一幕对《一周》片尾桥段的乏味重现：两列火车从相反的方向驶来，这回它们错过了第一个目标，之后摧毁的不是房子，而是一辆时髦的双色敞篷车。只是在这个版本里，费尽力气把汽车挪出铁轨的不是新婚夫妇或情侣，巴斯特扮演的雷吉和琼·佩尔斯（Joan Peers）扮演的尼塔只是为了让各自的心上人吃醋而被安排假装约会的熟人。当他们从一片狼藉中走开时，呈现给观众的并非一对年轻夫妇从头再来的苦乐参半的宿命感，而是两个从交通事故中幸存下来的陌生人无知无觉的解脱。

在拍摄《客厅、卧室和浴室》期间，巴斯特大多时候都不在别墅过夜，而是在他称为"基顿犬舍"（Keaton's Kennel）的制片公司平房里度过，身边常有女伴。他曾对佩格承诺会谨慎处理自己的婚外情，事实证明他无法遵守自己的诺言。1931 年还发生了一起不太体面的插曲，有个米高梅小演员突然出现在"犬舍"门口，要求封口费，否则她就要曝光他们的关系。基顿要求她出去时，她挥舞着一把剪刀，场面一度有些失控，米高梅不得不匆忙编造出一则不太可信的头条报道。对于这件事，以及其他更多的婚外情事件，娜塔莉都忍受了下来，但到了 1932 年夏天，她终于受够了。她找来一名私家侦探，和她妹妹康斯坦斯一起，逮到巴斯特和一个女孩在他为妻子买的游艇"娜塔莉号"上睡觉，尽管后来他声称两人当天晚上都喝得烂醉，他们之间什么都没有发生。

娜塔莉提出离婚，把两个儿子都送到了军事寄宿学校。她把"意大利别墅"挂牌出售，大萧条对高端住宅市场造成了严重影响，房子等了一年多才卖出去。最后姐弟组合"范琼恩与马克"①中的姐姐范琼恩·沃尔夫·西蒙（Fanchon Wolff Simon）买下了房子，之后的房主和租客还包括了一大串明星的名字，包括加里·格兰特、玛琳·黛德丽、让·迦本和詹姆斯·梅森。几十年后，基顿敲开梅森家的大门，想要寻找自己留在别墅小屋里的旧拷贝，直到那时这幢房子才重又与他产生了交集。作为这幢好莱坞梦幻宫殿的设计者和居住者，巴斯特在这里总共住了不到七年的时间——虽说他本人并不属意于这样的角色，但被推上舞台的他仍全情投入演好了自己的戏份——那段时间里，他几乎没有享受过一刻的快乐。

1956 年，在历经了几次事业上的起伏、两任妻子和好多个住址之后，基顿以五万美金（约等于今天的 50 万美金）的价格把自己人生故事的版权卖给了派拉蒙公司。这部由唐纳德·奥康纳（Donald O'Connor）主演的传记片对其主角人生的描绘错漏百出，本身也不是一部出色的电影，但它换来的收入足够让巴斯特和埃莉诺到圣费尔南多谷的伍德兰山买下一栋占地六千平方米的舒适的牧场式别墅，他们一直在那里住到基顿去世。埃莉诺后来说，他们都痛苦地意识到，《巴斯特·基顿的故事》（The Buster Keaton Story）是部烂片，但他们还是很感激这部影片让他们得到了巴斯特长久以

---

① 20 世纪 20 年代创立于美国的演出公司，以华丽的场景和天真讨喜的女舞蹈演员而风靡一时。创始人范琼恩与马克早年自己也是歌舞表演者，后转向幕后经营，专为影院提供影片放映前的热场表演。

来梦寐以求的宁静的乡间住所。就像过去那些"电气化屋子"般的影片一样，他也把这里好好装修了一番。为表祝贺，西碧尔·特拉维拉·福特曼给基顿夫妇送来一盒她和丈夫培育的兰花，当时他们的温室已颇具规模。我情愿把这件礼物看作一份迟到的乔迁贺礼，《一周》中那幢命运多舛的套件房屋留下的那堆被诅咒的木材，等待了三十六年才得以重建。

诺玛·塔尔梅奇为《影戏》杂志拍摄的封面照（1922 年）。

20 世纪 20 年代伊始，尽管歌舞杂耍业的大量青年人才已经开始流向电影业，人们写到电影时的主流态度仍是把它当作剧场表演的附属品。那些年里，基顿以独立电影人的身份活跃起来，而我们熟知的电影评论也从其他一系列与这个行业有关的写作矩阵中初现雏形，其中一些模式类似于早期的文化评论，另一些则与催生它们的技术一样是全新的。

报道影院新闻的媒体花了一些时间才意识到电影的流行度。在电影问世后约十五年里，大多数文章谈起电影时的语气都介于一本正经的危言耸听与冷嘲热讽之间。直到大约 1910 年，大众媒体针对电影的讨论往往还是注重于它对公共道德的影响，而非它作为一种艺术形式的潜力。而对于剧场业的从业人员——无论是评论家还是表演者——都把电影的出现当作一种美学和经济方面的威胁。

前几章中提到过的作家、前歌舞杂耍演员内莉·雷维尔在 1917 年批判了"速度狂热"，自电影问世起，这个现象就一直在困扰着舞台演出业。就在她发表那篇文章前不久，当时"卓别林热"在全球范围内正值顶峰，在出版界地位颇高的《哈珀周刊》（*Harpers Weekly*）的一名评论者却能毫无负担地夸耀道："对于［卓别林的］搞笑，我不敢妄加评论，我从没见过他，也没看过任何电影，这本身就是一个很大的区别。"[1]

然而，仅仅两个月后，同一本杂志就刊登了一篇富有影响力的整版文章，作者是著名戏剧女演员米妮·马德恩·菲斯克（Minnie Maddern Fiske），她以维多利亚风格的"菲斯克夫人"自居。她和丈夫哈里森·格雷·菲斯克共同经营自己的剧团，后者是她的制作人兼经纪人。她以在舞台上极度自持的风格而闻名——她在说重要台词的时候，喜欢背对观众站在台上——她是最早把亨利克·易卜生的原初女性主义现代戏剧引介给美国观众的人，并且她的剧团公开反对那些控制全国剧院的强势集团。在注重表演的菲斯克看来，她也许没有意识到无声电影的出现，以及它无限的复制力和跨国的普及性，是让卓别林在全球声名鹊起的一大助力。相反，这位女演员明确地将喜剧演员空前的知名度与前电影时代的戏剧美德联系在了一起："评论家知道他的秘密。这是一个古老的、为人熟知的秘密，那就是在对完美技巧精确无误的掌控之下，无穷无尽的想象力。"[2]

就在刊登菲斯克夫人文章的那期《哈珀周刊》上，编辑部还在对页转载了《电影杂志》（*Motion Picture Magazine*）的一篇文章，其作者是戏剧评论家查尔斯·格劳（Charles Grau）。这篇语调轻快的专栏文章一开头就反驳了女演员的说法，声称卓别林正受到越来越多的"有文化、有艺术修养的人"的欣赏："戏剧界，在现代也包括了电影业，仍将卓别林的奇迹视作一个巨大的骗局。"[3]但格劳文章的重点并不是要为卓别林的艺术正名，而是要着重讨论他的薪酬数字。

几个月前，这位喜剧演员谈成了电影问世以来最丰厚的合同。卓别林的双务合同①是起码六家电影公司为"小流浪汉"竞标的结果。在卓别林哥哥和经纪人西德尼的帮助下，他谈妥了一年67万美金的合约，几个月来，媒体都在报道这份天文数字的合约并为之震惊。不少评论员都采用了格劳文章中的调侃语气，把查理的巨额收入当成一个超级笑话："想到这个世界上最搞笑的人，不久前还在杂耍舞台上领着100美元的周薪，现在却要拿到每周13500美元，这简直太滑稽了，百老汇都不会认真把它当一回事。"

这两篇对页刊登的评论卓别林的文章展现出一种紧张的对立关系——前者侧重于电影这种新媒体的潜在艺术价值，后者则侧重于电影资金对娱乐业的革命性影响。这种对立的态度也主导了20世纪最初二十五年里电影评论的基调。值得注意的是，5月刊登了那场卓别林主题辩论的《哈珀周刊》是那本古老杂志歇业前的第二期。一周后，它就宣布停刊了。这本始于1857年的刊物最初是由一群支持工会的记者创办的，最初他们以"文明的杂志"（"a Journal of Civilization"）这一崇高的标题为它命名。二十年前，爱迪生在纽约科斯特与比亚尔音乐厅首次举办了放映活动，次日《纽约时报》将这个由跳舞女郎和滔滔海浪组成的节目描述为"真实得不可思议，美妙得令人振奋"；二十年后，这种新艺术形式到底是

---

① 对双方当事人都有约束的合同，双方都应履行一定义务，否则就应给予另一方赔偿。

否属于"文明"的范畴，舆论尚未得出结论。

　　早在 1907 年，一份比《哈珀周刊》年轻得多的刊物，当时只发行了两年的剧场行业报纸《综艺》就曾刊登过一则公告，宣布"自本期起，本刊将对在纽约和芝加哥杂耍剧场放映的新电影系列进行评论"。当天的《综艺》杂志上就刊登了两篇评论，有些人认为它们是美国最早的电影评论。两篇文章都只有一个段落，描述了百代公司的《一个令人兴奋的蜜月》（*An Exciting Honeymoon*）和爱迪生公司的《牛仔生活》（*Life of a Cowboy*），两篇文章都由创刊编辑西姆·希尔维曼（Sime Silverman）署名。它们的基调都是描述性质的，仅有少量评价性质的话语。《牛仔生活》由资深导演埃德温·S.波特执导，是一部十三分钟的"冗长而有趣的影片"。希尔维曼总结了整部影片忙乱的情节，包括一场劫持马车戏、一段套索表演和一个"悲剧性的结局"，一个年轻的美国原住民女孩射杀了一个"坏人"，后者正在悄悄接近白人女主角的爱人。最后他用比较手法结束了自己的评论，从他的行文中可以看出电影行业仍然深受戏剧界的影响："该系列的处理手法充满了戏剧化的表现，它给观众的印象堪比一场生动的戏剧。"[4]

　　人们对待 20 世纪初期电影的看法仍然介于两种不同的定义之间：一边是令人瞠目的新奇事物，另一边是一览无遗的叙事媒介，观众可以把它们当作舞台戏剧一样欣赏。一个多世纪以后，观看以各种叙事手法剪辑而成的动态图像（并且他们自己也会在手掌大小的设备上剪辑影片）已经成为人类日常生活的一部分，反倒是动作夸张、视角固定的戏剧艺术成了天生的屏幕观看者们需要习得的观看方式。不过，在电影诞生后的几十年里，它一直在努力为自己争取一个不止于技术奇观或公共道德威胁的地位。

　　随着电影稳步占领了曾经独属于剧场表演的空间——1915 年，基顿最喜欢的纽约歌舞杂耍剧场，汉默斯坦的维多利亚剧院，被改造成了专供放映的影院，这让他颇为沮丧——曾被用于报道舞台演出的出版物上开始出现各种形式的电影报道，包括评论、道德警示文章、行业报纸八卦和名人专访。而在电影行业的规模和影响力日益扩大之后，媒体报道也分成了几个主要类别。有大众媒体上针对电影的评论和专题报道、专为电影业发行的行业报纸，还有以照片和八卦为主的影迷杂志。作者和公关人员之间的分工越来越细，娱乐记者很快就被要求与媒体代表和明星建立联系。但在电影业的初期，往往一个人需要同时兼任两个角色。

　　创刊于 1911 年的《电影故事杂志》(*The Motion Picture Story Magazine*) 通常被视作第一份针对影迷而非电影行业的期刊。在创刊后的最初几年里，即便杂志在 1914 年还把名字缩减成了《电影杂志》，它的内容几乎都是脱胎于当时上映的影片场景的短篇小说。一本典型的早期杂志可能包含十几个甚至更多故事，也就是我们现在称之为"同人小说"的衍生作品，配有相关电影的剧照，外加六七首以电影为主题创作的诗歌。杂志后半部分的内容多是读者竞赛和投票("谁是你最喜欢的电影明星？")，可以自己填写答案的问答专栏，以及讨论观影产生的社会效应的文章。在 1911 年 8 月刊的目录里，有一篇题为《电影的宗教可能性》的反思文章，与"现金奖竞赛"友好地并列其上。[5]

　　次年杂志上发表了一首诗歌，这是未来的粉丝杂志常客格拉迪斯·霍尔 (Gladys Hall) 首次在媒体上亮相。此后六十年里，她致力于大众视角的名流专栏写作，她以好莱坞为背景的专栏文章被广为转载。在这首题为《无羁》（Fetterless）的诗歌中，霍尔以丰沛的、近乎灵性的语言赞颂了这门年轻的艺术，像是要为它辩护，使它得以摆脱自其诞生之初就一直挥之不去的琐屑与罪恶的指责：

茫茫沙漠，赤带风情；辽远白雪，壮丽无边，
游移的生活，在豪华的宫廷，或在潦倒的谷底，
战争的号角——和平的宁静——在影戏里都有可能属于你。

困于数千年前裙中的爱意，骑士与贵妇的自负之心，
还有那些无所畏惧、不畏失败的勇士们的事迹；
生活，多彩绚烂，在电影幕布上随心变幻。

在更宏大的事物中寻求安宁的你啊——在更宽广的道路上疲于奔命，
因日常琐碎的试炼心碎苦恼的你啊，
将听到一切人类生命的深意，借由上帝的恩赐——影戏。[6]

　　不过，《电影故事杂志》最受欢迎的专题是它的"答疑人"专栏，也是日后为许多影迷杂志效仿的内容。这个版块有好几页内容，由匿名作者回答全国各地影迷提出的问题。就连"影迷"（picture fan）这个词也是《电影故事杂志》创造出来的；自19世纪以来，棒球爱好者一直都被称为"粉丝"（fan），后来这个词成了对体育和戏剧爱好者的普遍称谓。1911年，这个词第一次被这本

杂志用来指代电影爱好者。

随着 20 世纪第二个十年的到来，很多电影演员的名气越来越大，足以建立起他们自己的流动粉丝群，起先制片人并不赞同这一现象，他们更希望保密明星的身份，也限制他们的收入水平。直到 1915 年左右，片头字幕才开始普遍运用，在那以前，如果你喜欢某位男演员或女演员，唯一能够确认他或她身份的办法就是给你最喜欢的刊物写信，并且不断购买这本杂志，直到"答疑人"回复你的问题。对于杂志出版商和电影公司来说，这都是一种适宜的安排，他们很快就意识到，从长远利益来看，让旗下明星保持神秘感，远不如让他们建立起忠实的粉丝群体更有利可图。

《电影故事杂志》最早的"答疑人"其实是一名女性[1]，伊丽莎白·M. 海涅曼（Elizabeth M. Heinemann）。她从未在专栏上署名。人们要求她回答的大多是关于某部影片中演员真实身份的问题，或是追踪演员们从一家公司转到另一家公司的动向。杂志明确禁止讨论明星私生活的八卦。一个早期专栏以严厉的标题限定了基本规则："有关演员的婚姻状况和其他纯属个人隐私的信息都将不予回答。针对演员婚姻状况的提问将被完全忽略。"

"答疑人"提醒他的（她的）读者，并非所有制片厂都已解除不能透露演员身份的禁令："任何关于比沃格拉夫公司演员的身份问题将不予回答。"一封署名"D.B. 小姐"的来信因违反了这条规定而遭到斥责："这位有一头浅色秀发的比沃格拉夫演员没有名字。每个比沃格拉夫演员都没有。你问了那样的问题，又对我们说你是

---

① "答疑人"原文为 Answer Man，字面意思是"答疑的男人"。

一位长期读者！"

通过浏览这些一个世纪前的专栏，我们从中看到的是现代名流文化的雏形。"答疑者"发布的这些简短的、去语境化的信息，就像留言板和 Twitter 上的帖子一样。"棕色眼睛"曾经想要知道"奥莉弗·戈登是《风暴之乡的苔丝》中的妹妹"，以及布鲁克林的G.K. 夫人在得知"对儿童电影女演员的要求不只是漂亮"后颇为失望，这些对一个多世纪以后的我们并无太多意义，但在"答疑人"专栏中流转的幻想与欲望的载体仍然具有吸引我们的力量。

在大众娱乐和大众媒体形成稳固的关系之前，出版商、电影制片厂和广告商通力合作，既为观众提供娱乐，也掏空他们的钱包。电影杂志是满足观众对新媒介好奇心的地方，也是他们推动信息透明的界限的手段，让他们能够更多得知有关那些触动人心的银幕形象的真实讯息。通过给"答疑人"写信，尤其是询问那些被明令禁止的话题，这不仅帮助定义了未来的电影报道，也间接塑造了电影业的未来。

与《电影故事》同年推出的，还有稍晚些创刊的《影戏》，这本图文并茂的杂志一直是好莱坞影迷心中无可取代的存在。该杂志一直以周刊形式出版，直到 20 世纪 80 年代休刊，那时它已经与其他出版物合并为《影戏与视镜》(*Photoplay and TV Mirror*)。它的封面人物有可能是电视剧《豪门恩怨》(*Dallas*) 的女主角，也可能是当时的电影明星。杂志设计精美，内含大量整页剧照，以此将粉丝喜闻乐见的八卦和电影公司偏爱的高雅氛围区分开来。杂志洞明世事且人脉甚广的编辑詹姆斯·R. 奎克 (James R. Quirk) 毫无顾忌地与读者分享明星们的婚姻状况。在 1915 年的某期封面上，标

题欢快地承诺，本期的一篇文章将澄清"谁嫁给了谁"。也是在同
一期杂志里，一个类似于《电影故事》的问答专栏（虽说不那么事
无巨细）告诉一位好奇的读者，玛丽·璧克馥确实是演员欧文·摩
尔的妻子，但作者也有所保留，拒不透露这对夫妇的宗教信仰：
"他们信仰什么，这又有什么关系呢？"

　　五年后，璧克馥与摩尔离婚，嫁给极具男性魅力的动作明星道
格拉斯·范朋克——他则离开了自己的妻子和年幼的儿子，也就是
未来的演员小道格拉斯·范朋克——《影戏》对这起轶事的报道在
舆论导向中发挥了重要作用，使两位明星免于丑闻的伤害。"璧克
馥-范朋克的恋爱"洗脱了任何卑鄙的偷情色彩，被描述为"有史
以来最伟大的爱情故事之一"："现在是时候赋予他们的爱情故事一
点长久欠缺的惆怅忧郁色彩了。"《影戏》的着色手段成功了，道格
和玛丽成了整个20世纪20年代无可争议的顶流明星夫妇。

　　和《电影故事》一样，《影戏》的特色也是短篇小说，但不同
于前者以当时上映的电影情节为主题内容，它刊载的故事有时还发
生在好莱坞充满梦幻色彩的想象与日常生活的交汇处。常见的一种
情节是电影演员与普通凡人之间的浪漫纠葛，有些是为了替代满足
自己的愿望，更多情况下则是要抹去那些电影从业人员身上显而易
见的特殊性制造的浪漫色彩。在1923年10月刊的《影戏》中，刊
登了一个名为"垫起的衬衣"的短篇故事，其中提到了基顿。这个
故事展现了明星如何填满影迷的想象，并不只是作为浪漫的理想化
身（滑稽喜剧明星很少扮演这类角色），而是作为社会行为的典范。

　　故事讲述了一个名叫诺玛·劳伦斯的普通女孩，爱上了一个名
叫威廉·B.盖茨的演员，他是"银幕上最具男性魅力的人物"。当他

第一次约她去散步，他带来了一条"大警犬"，也是这个故事里的关键角色。他对女孩解释道："巴斯特·基顿说，拥有一条警犬的电影演员才能自称抵达了成功的彼岸，所以我终于还是养了一条。"后来他的狗在街上袭击了一个陌生人的狗，差点把它咬死，这个道貌岸然的银幕英雄露出了畏缩的懦弱本质——他都不敢上前去劝架。[7]

　　当时基顿确实养了一只类似的狗，名叫"船长"的德国牧羊犬。这只狗是康斯坦斯·塔尔梅奇送给他的新婚礼物，经常和主人一起出现在宣传照里。我还没有找到基顿宣称拥有警犬是成为明星前提的出处。但他作为喜剧演员出现在这个面向狂热女性粉丝（《影戏》之类杂志的目标读者）的虚构作品里，即便只是匆匆一瞥，也让我们了解到当时影迷杂志的运作模式，一方面它们帮助打造了当红明星的人设，同时也鼓励观众对他们的认同。正如读者被邀请去设想站在主人公的位置，虚构的威廉·盖茨也渴望模仿巴斯特·基顿养宠物的男子气概，从而成为真正的明星。如同"答疑人"的投稿专栏，20世纪前二十年里的这类电影杂志小说不经意地反映了早期电影同人文化的某些侧面。电影已不再仅仅是一种令人感到刺激的新奇之物。它们正在侵入人们的心灵和头脑，改变了大众对于生活方式和爱慕对象的看法。

　　对于发展中的电影行业，《影戏》的重要意义远不止于一处安置影迷疑问和幻想的所在。它也是第一批刊登真正的批评文章和电影公司许可的宣传文章的杂志。"影子舞台"是一个始于1915年左右的常设专栏，对当时上映的影片做概略性的评论，并且毫不犹豫地抨击那些被评论家视为"烂片"的电影。塞西尔·B.戴米尔的《金床》（*The Golden Bed*，1923）就被狠狠批评了一通："一场奢华愚蠢的奇观。一颗铂金镶嵌的珍珠洋葱。"蒂达·巴拉被大肆炒作、现已遗失的《埃及艳后》是"厚颜无耻之作"。还有一部 1924 年的喜剧《滔滔不绝的摩根》(*Mile-a-Minute Morgan*)"可能会更糟，但看样子也不太可能了"。

即便是玛丽·璧克馥这样被一再推荐的明星，如果其最新作品让人失望，也无法免于批评。就在《影戏》将璧克馥与范朋克的婚姻赞颂为"电影界最伟大的爱情故事，并渐隐于现实生活"的几个月后，前剧评人伯恩斯·曼特尔(Burns Mantle)就为"影子舞台"撰文评论璧克馥的新作，称这部名为《肥皂泡》(*Suds*)的影片中"悲情的部分……有些过分虚高了"，这跟它的片名倒是不谋而合。

但《影戏》的早期特稿仍然缺少如今电影评论的一些关键要素：剧情分析和连贯的作者视角。"影子舞台"只能容纳十分简短的作品，在列出演员名单和基本的情节线索以后，往往只留出一行的空间用于评论。这些文章对影片的评价都只基于其他影片，不会提及政治环境或更广泛的文化图景。并且这些专栏的作者也集中为几个特定的人选：杂志主编詹姆斯·奎克有时负责撰写这些文章，其他时候则由他的合作编辑朱利安·约翰逊、前剧评人伯恩斯·曼特尔、八卦专家阿黛拉·罗杰斯·圣约翰斯执笔，偶尔他们还会联合匿名撰稿，或与其他写手匿名合作。要到大约 1920 年，人们才逐渐开始接受一个具有独特风格和观点的评论家的存在，这类作者往往与某本大众刊物独家合作——尤为重要的是，他们的评论对象不止于电影。如果说巴斯特·基顿是与电影同时诞生的，那么衍生来看，我们熟悉的电影评论的出现或多或少也是与他单飞以后的职业生涯同时起步的。

伤痕累累的幽默感

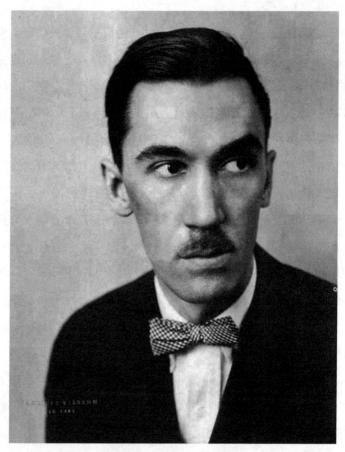

罗伯特·舍伍德，1925 年。

罗伯特·舍伍德（Robert Sherwood）是基顿最早也最热情的评论支持者之一，当时他是《生活》（*Life*）杂志的撰稿人。那时它还是一本幽默讽刺类杂志，直到《时代》杂志出版人亨利·卢斯（Henry Luce）在 1936 年买下这本杂志后，它才演变为后来我们熟悉的以纪实摄影见长的周刊。在 20 世纪 20 年代至 40 年代的美国，舍伍德作为知识分子、文化名流和政界人士活跃在这些不同的领域。他是一名"一战"老兵，身高两米，从阿尔冈昆圆桌午餐会①上的风趣人物和时髦的电影评论家，一路成为普利策获奖剧作家、总统发言稿撰写人和顾问，以及奥斯卡奖最佳编剧。1925 年前后，他还曾短暂尝试过为基顿的一部喜剧片撰写剧本，但没有成功——这件事我们稍后再谈。

舍伍德在 1920 年加入了《生活》杂志，当时他只有二十四

---

① 由几位作家、评论家共同创立的在纽约市阿尔冈昆酒店举行的作家和演员的定期会议。

岁（比巴斯特小一岁）。他是纽约一个高知富裕家庭的儿子，从小娇生惯养，曾被哈佛大学开除，因为他不去上课，反而把所有时间都用来排演精心制作的讽刺剧。但他也经历了一段对他余生都产生影响的毁灭性的岁月。当时他在法国前线的加拿大黑色守望团 ① 服役——美国军方以身高为由拒绝征召他入伍——先是因吸入催泪瓦斯住院，不久后，身体和精神都未完全康复的他又被派往无人区执行任务，还在那里落入德军陷阱。他在战后讲述这个故事时，偶尔会美化当时的情况，为整件事增添几分英雄气概，而真相却十分糟糕：那个陷阱是一个装备了锋利木桩和带刺铁丝网的坑洞，舍伍德的腿受了伤，疼痛难忍，再加上化学物质对心脏造成的损伤，他在1917 年提前退伍。

与他在英国休养数月期间看到的那些瘫痪和被严重烧伤的士兵相比，舍伍德的伤势相对较轻。虽说把他送回家的那些伤最终痊愈了，他的身体和精神却承受着持续不断的创伤——他余生都饱受剧烈的面部神经痛的折磨，并随着年龄增长不断加剧。

舍伍德在前线目睹的残酷和无谓的死亡一直影响着他的作品。无论是作为评论家、剧作家、传记作家还是政治演讲写作家，他关注的最重要的主题一直都是战争的道德悖论：其难以言说的代价、异常的荒诞不经，以及偶尔必不可少的悲剧性。用他的传记作者哈莉特·海曼·阿隆索（Harriet Hyman Alonso）的话来说，舍伍德以一个"满怀希望的爱国者"的身份走上了战场，归来后却成了一名坚定的和平主义者。然而，在两次世界大战之间的岁月里，这种

---

① 加拿大陆军的一支储备步兵团。

坚定的承诺也发生了一定的变化。20 世纪 30 年代末，当他开始为富兰克林·罗斯福总统撰写演讲稿时，舍伍德坚信参与反法西斯斗争在道德层面的紧迫性，就像他在 20 年代为和平事业所做的辩护一样。[1]

舍伍德在出版界的第一份工作是在《名利场》（*Vanity Fair*）担任助理编辑。在那里他遇到了年纪稍长（但仍然非常年轻）的多萝西·帕克和罗伯特·本奇利，他们对害羞但聪慧的舍伍德很有好感，开始邀请他参加他们几乎每天都在阿尔冈昆酒店举办的狂饮午餐会，这家市中心酒店的名字很快就与他们才思敏捷的招牌辩论会联系在了一起。1920 年，三个人都在与管理层发生争执后丢掉了工作：他们抱怨工资太低，之后管理层就分发了一份备忘录，禁止员工讨论他们的工资。舍伍德、帕克和本奇利随即制作了标牌挂到脖子上，详细标明了自己的薪酬。

帕克成了自由职业者，最终搬到好莱坞，开始写剧本；本奇利则以其独特的荒诞幽默风格当上了《生活》剧评人、《纽约客》评论作者、单口秀演员，进入有声片时代后，他又成了一名电影演员。舍伍德的职业道路是他那些爱说俏皮话的午餐同伴都无法预料的。他从杂志记者、百老汇剧作家一路成为了战时情报官员。之后他为《生活》工作了八年，最后三年里他当上了主编，也成了杂志的电影评论作者，一位同事授予他一个称号："美国影评的教务长"。

尽管舍伍德的每周专栏名为"默剧"（The Silent Drama），但他也经常评论喜剧电影；他在杂志工作的最初几年里，一直致力于宣传基顿的作品，尽管当时巴斯特还在拍摄两本短片，而这种形式的影片往往不会引起评论界的密切关注。评论家在 1920 年的一篇综述性文章里首次提及喜剧演员的作品，他把《一周》列入那些"成功地刺激了我们因战争伤痕累累的幽默感的轻浮短片"。[2]

1921 年末，舍伍德发表了一篇当年十佳影片片单，在他看来，这是批评界不成文的传统，并用嘲讽的语气调侃道："'十'这个数字像是由不成文的法律规定的年度官方片单数量，你从没听过'五佳'或'二十佳'的说法。"[3] 在他挑中的十部影片里——包括卓别林的处女作《寻子遇仙记》(The Kid)，鲁道夫·瓦伦蒂诺主演的第一次世界大战史诗片《启示录四骑士》(The Four Horsemen of the Apocalypse)，以及安妮塔·卢斯编剧、康斯坦斯·塔尔梅奇主演的《一个女人的地位》(A Woman's Place)——《一周》是唯一一部短片。它也是榜单上唯一一部在 1920 年上映的影片，这种时间上的差异证明了那个时代冗长的排片档期，但也反映出舍伍德对基顿喜剧的偏爱，让他愿意为之稍作通融。

当基顿最终在 1923 年以《三个时代》进军长片领域后，舍伍德更是不吝溢美之词。这是一部对格里菲斯跨越时空的史诗级作品《党同伐异》的戏仿之作，如今普遍认为这是基顿相对较弱的长片之一。舍伍德对格里菲斯感伤浮夸的大场面并不感冒，以基顿的戏仿为借口，挖苦了一番这位大师："在《三个时代》这部影片里，巴斯特·基顿辗转于克罗马侬人 ① 时代、罗马时代和当下，它的情节和《党同伐异》一样七零八落，不过要有趣上大概五十倍。"他

---

① 克罗马侬人（Cro-Magnon）是智人（Homo sapiens，其中包括所有现代人类）中的一支，生存于旧石器时代晚期（2 万年到 3 万年前）。原来是指发现于法国西南部克罗马侬石窟里的一系列化石，现在则是指第一批在欧洲定居的早期智人。

对《三个时代》的评论以一个有关世界政治的典故结尾，也预示了他成为剧作家和总统演讲撰稿人的未来；同时，他将影院外的经历和影院内的体验联系到一起，把电影评论推向了一个新的方向：

> 巴斯特·基顿是我们这个时代为数不多真正有趣的人之一……他帮助这个时代饱受摧残的人类保持了良好的幽默感，平日里占据我们头脑的只有高额税收、美国参议员、煤炭业罢工、香蕉短缺、错误的数字和墨索里尼先生。[4]

基顿在 1921 年的短片《剧院》里运用了最先进的摄影技巧，营造出一个以歌舞杂要剧场为背景的幻境，一人分饰了影片中的所有角色，包括现场观众，这让舍伍德激动不已，展开了大胆联想。"倘若我们想要严厉惩罚我们尚未出生的后代，"他在评论开头写道，"我们就要告诉他，或者她——或者他们，他（她，他们）不能去看巴斯特·基顿了。然后我们就要跑出去踹自己一脚，居然成了如此无情的父母。"[5]

影片中有一个场景是巴斯特不小心把一只训练有素的猿猴从笼子里放了出来，于是他顶替了这只动物的位置。舍伍德特别喜欢这一幕，展现出他对基顿细致入微的模仿的敏锐感知。舍伍德评论说，尽管巴斯特化身的灵长类动物"比他来自婆罗洲丛林的兄弟更加成熟"，但这位喜剧演员"仍然保留了灵长类动物的一些特征，用令人感动的可爱真诚的表演，营造出一种轻松的异想天开的氛围，并以注重细节的方式在搞笑。他通过一个又一个细节塑造了一座完美的人物纪念碑，见证了他对底层人民的深刻理解与广泛同情"。[6]

舍伍德经常把劳埃德和基顿视为旗鼓相当的对手，他们都有机会成为卓别林之后的第二人，但他本人更钟情于基顿鼓舞人心的悲观主义。有一次，他用完全相同的措辞赞扬了劳埃德和基顿的最新作品，仅仅改变了其中的专有名词和片名，似乎是为了强调，在他看来，这两位明星同样值得尊敬。

然而，比起这些影星之间的对比，舍伍德更推崇的是默片喜剧本身。基顿在 1922 年拍摄的短片《白面酋长》(*The Paleface*)，其中使用了白人演员扮演"红脸"美洲原住民，导致如今的观众很难接受这部影片，舍伍德为它撰写的报道与其说是一篇影评，倒更像是对喜剧这种类型片能够实现的可能性的探索：

奇怪的是，无声电影竟然在喜剧领域达到了最高水平。在这个领域，也只有在这个领域，它才是卓越的。文学和戏剧中还没有出现过像卓别林、劳埃德或基顿的喜剧那样有趣的作品。借由这三个年轻人的努力，电影前所未有地接近了艺术。

舍伍德以图书形式出版了《1922—1923 年最佳影片》(*The Best Moving Pictures of 1922-1923*)，赋予年度十佳某种特殊的光荣。他的本义是用它开创一种年度传统，尽管这一卷成了历史绝唱。这本书正文里提到的所有电影都是长片，由于基顿的第一部长片《三个时代》直到 1923 年底才上映，因此没有被列入官方综述的部分。但舍伍德对两本喜剧短片不受逻辑束缚的荒诞特质情有独钟，在专门论述此类影片的结尾部分，他最先提到了基顿：

在众多喜剧演员中，巴斯特·基顿是无可争议的佼佼者。他接过了先后由查理·卓别林和哈罗德·劳埃德领衔的位置——如今他们都已是长片坚定的奉行者。基顿令人难以置信的肃穆面容绝非他最有效的喜剧特征，今年他拍摄了好几部个人风格鲜明的影片。他与导演艾迪·克莱恩（Eddie Cline）合作拍摄了《白面酋长》《冰封的北方》《警察》和《我妻子的亲戚》——都是赞颂无意义的光辉典范。

舍伍德是第一个注意到这位前歌舞杂耍巡回演员的评论家，直到那时基顿都还以阿巴克尔跟班的身份为人熟知，而今他为喜剧电影带来了某种独特的东西。"巴斯特·基顿是电影的独特财富。"他在 1922 年的一期专栏中评论了三部基顿的短片，《冰封的北方》《电气化屋子》和《我妻子的亲戚》。"他能够吸引那些从未想过要去电影院观看别人表演的人。更重要的是，他还能让疲惫的世人认识到一个极为重要的事实，即人生终究是一件愚蠢而无足轻重的事情。"

这位评论家对基顿的钦佩如此之巨，因而当他认为有其他演员插手了在他心目中属于这位冷面喜剧演员的素材时，他就会展现出一种保护欲。尽管舍伍德中意道格拉斯·范朋克的动作片——他曾说《三个火枪手》"满足了每个人对电影的想象"——但范朋克在 1921 年大胆尝试的滑稽闹剧《坚果》（The Nut）却并未博得他的欢心。他评论说"这部电影无疑是有趣的——以一种傻瓜般的方式"，但他认定这部影片"离《佐罗的印记》（The Mark of Zorro）差得太远"，并得出结论"范朋克无权拍摄这类题材的影片，这是对巴斯特·基顿的领域的事实入侵"。当他注意到基顿类似的偷猎行为时，

舍伍德也会毫不犹豫地指出。他用一句话评论了基顿同样在 1921
年推出的短片《鬼屋》：“巴斯特·基顿借鉴了其他喜剧演员的一些
手法，并不如他自己的创意那样精彩。”

　　倘若舍伍德不能对他最钟爱的导演的作品作出负面评价，他
就不会成为日后的评论家。令人惊讶的是，在基顿那些未能赢得他
青睐的长片中，也包含了那些日后被视作这位电影人最出色的作
品。基顿 1926 年出品的《航海家》是基顿独立电影生涯中最大的
商业成功，也是他经常提到的自己最喜欢的影片，但舍伍德对它的
反应颇为冷淡。“总有一天，”他写道，“巴斯特·基顿会获得持续
努力的能力——到那时，我们这些被召来参加所有重要电影活动的
人，将会看到历史上最有趣的喜剧演员。”《航海家》将巴斯特饰演
的无能的百万富翁罗洛·特雷德韦与他同样一事无成的恋人［凯瑟
琳·麦奎尔（Kathryn McGuire）饰］丢到一艘被遗弃的船上，舍
伍德认为这个情节为“一些灵光闪现的喜剧素材”留出了空间，但
遗憾的是，这些好素材不得不与“一些简直愚蠢的东西”并存。

　　舍伍德对《航海家》的意见主要在于影片的结构。他说，这名
喜剧演员“以惊人的智慧提出了他的观点，却无法找到它们之间最
短的距离”。不断改变想法的剧作家和同样不断改变想法的电影人
在影片故事结构该如何发展的问题上产生了分歧。到底什么样的精
巧叙事才是值得称道的？是后来让舍伍德赢下普利策最佳编剧奖的
那类注重语言机巧、主题明确的喜剧，还是基顿用二十多年时间磨
炼出来的将场景、角色和动作巧妙结合起来的技法？

　　尽管舍伍德对《航海家》飘忽不定的情节线持保留态度，但他
还是向观众推荐了整部影片，保证他们“有机会虔诚地感谢这部影

片为他们带来的欢笑"。"尽管如此,"最后他总结道,"我还是忍不住希望巴斯特·基顿能拥有哈罗德·劳埃德的构造技巧。"他在这篇评论结尾处承认"巴斯特·基顿拥有比哈罗德·劳埃德双倍有趣的能力",但他还是认为"劳埃德才是有头脑的人;哪怕是在电影行业,头脑也是极为重要的东西"。

对于 21 世纪的观众来说,他们也许很难理解,为何像《航海家》这样精巧的影片需要借助哈罗德·劳埃德或其他人的头脑才能完成?看看那在足球场大小的远洋邮轮上精确到秒的多层甲板追逐战、开创性的水下摄影场景和许多独具匠心的道具花招。不过劳埃德确实倾向于在他的电影作品中加入更多情节和角色,相较之下,基顿的影片呈现出注重动作场面的极简主义风格。

《航海家》上映后不久,基顿说服了舍伍德为他的下一部影片创作剧本。基顿可能一直自称并不关心评论家的言论——"这个评论家喜欢你,另一个不喜欢,那就那样吧。"晚年他在接受一次采访时这样说,但他又在回忆录中表示,他对舍伍德的作品非常熟悉,能够感到他们之间的密切联系。他对自己的代笔人查尔斯·塞穆尔斯说,舍伍德"观察入微又令人捧腹的评论"表明这位评论家有"真正的喜剧头脑"。

1925 年春,《综艺》杂志用一则短讯宣布:"巴斯特·基顿的下一部长篇将基于罗伯特·舍伍德的原创故事改编,灵感源自喜剧演员最近的东方之旅。"据《洛杉矶时报》报道,这部名为《摩天大楼》(*The Skyscraper*)的影片将"按照新的喜剧路线制作"。

我们永远无法得知这部影片本会按照哪种路线制作,因为舍伍德没有完成这个剧本。他提出的想法听起来像是刚刚被他在专栏中斥为不合格的基顿作品《航海家》的陆上反转版本。在《摩天大楼》里，巴斯特要扮演的是一名电梯操作员，在一栋还未建成的六十层高楼里工作，由于工人罢工切断了所有电源，他和大楼建筑师的女儿一起被困在这栋尚未完工的大楼屋顶上。就像《航海家》里那对随波逐流的情侣一样，这两个年轻人也要被迫在一个不适合生存的环境中安家落户，同时寻求逃生的机会。

那一年，舍伍德用两周的暑假时间，与基顿和莱克斯·尼尔一同打磨剧本，后者是基顿歌舞杂耍时期的老伙计，也是他新近雇用的段子写手；可他们没能想出一个巧妙的解决办法，既能维持悬念，又能避免天外救星的结局。（正如舍伍德可能在他们的编剧会议上指出的，《航海家》的结尾就是这样一个不太可能的结局：巴斯特和他的姑娘危在旦夕之际，一辆潜水艇恰好浮出水面，把他们从海水中救起。）

根据基顿的描述，他们遇到的问题在于舍伍德的理性风格与喜剧演员的直觉不相匹配，而往常都是这种直觉在指导制片公司的编剧团队："我们一再地从纽约邀请知名天才写手。可在所有那些小说家、杂志作家和百老汇编剧当中，没有一个人曾写出我们想要的素材。"直到那时，基顿的主要创作伙伴包括喜剧老手约瑟夫·米切尔（Joseph Mitchell）、克莱德·布鲁克曼（Clyde Bruckman）和让·阿韦（Jean Havez），正如基顿赞许地指出的，他们都"根本不是文字工作者"。

这个说法并不完全准确——布鲁克曼最初在报纸担任体育记者，后来还为劳莱与哈代创作了有声喜剧——但他想要表达的观点很清楚。默片喜剧"作家"的成功之道在于绕过语言，尽可能完全依赖身体和物件在空间里的运动去构筑故事的能力。20 世纪 20 年代，基顿经常告诉记者，他的公司制作的影片"剧本"可以被轻松地印在明信片上，就算那张明信片丢了也没什么大不了的。到了 70 年代，巴斯特去世后，露易丝·基顿向传记作家汤姆·达迪斯描述了她哥哥会怎么花上几小时在房子里静静地走来走去，全神贯注于他称之为"写作"的头脑创作。

舍伍德比任何编剧都更能理解和描述基顿标志性的动态风格，但无论多么精辟准确的分析，都与实际创作相去甚远。那年夏天，影评人回到纽约时仍然没有解决《摩天大楼》结局的难题，但他和基顿都没有因为合作失败而指责对方。后来巴斯特回忆起 1940 年的一幕，当时舍伍德已是罗斯福总统的演讲稿撰写人，他们在伦敦多切斯特酒店的大堂里擦肩而过。舍伍德用嘴角嘟囔着："别担心了，巴斯特，我会把你从楼上弄下来的！"

1927 年，基顿的内战题材喜剧《将军号》上映，对于这部如今被视作基顿最高成就且经常入选影史最佳片单的作品，舍伍德的反应不仅是负面的（这与《将军号》在当时收获的诸多评论一致），而且表示出强烈的反感。这部黑色喜剧明示或暗示了数次战场上的死亡，作为一个十年前在化学战中幸存下来并近距离目睹了几位亲密战友和不计其数的德国人死亡的人，舍伍德对此感到恐惧。

尽管舍伍德承认"巴斯特·基顿以令人难以置信的聪明才智让这些本有可能显得乏味的追逐战生动起来"，而且他宁愿观看《将军号》或哈罗德·劳埃德同期上映的令人失望的《小兄弟》（The Kid Brother），也不想面对"命运和我的工作性质迫使我观看的 98% 的电影"，但他还是严厉地谴责了这部影片对战争的描绘。他说，基顿"在做何时何地停下的决策方面表现出了糟糕透顶的判断力……他在影片结尾处采纳的许多笑料品味如此低下，以往那些认可他的观众都会不忍直视"。[7]

舍伍德必定尤其反感影片中的两个桥段：最后一幕中，巴斯特饰演的角色多次尝试挥舞他的剑，最后剑刃从剑柄上脱落，顺手干掉了附近的一名联邦狙击手；还有影片的高潮镜头中，火车头冲过燃烧的大桥，坠入下方的河中，车上的人很可能因此而丧命。"应该有人告诉巴斯特，看到人们在战场上死去，这让人很难笑得出来。"《生活》的评论家这样写道，语气诚恳而好战，与他一贯的都市讽刺风格大相径庭。

舍伍德并不是唯一一位在《将军号》上映时斥责这位前杂耍演员的人。《阿克伦灯塔日报》(Akron Beacon-Journal)的评论家霍华德·沃尔夫（Howard Wolf）以惊人的相似措辞表示同意："得有人跟巴斯特·基顿谈谈。"只不过沃尔夫的反对意见无关于《将军号》对血腥场面的滑稽表现。"打从影评人告诉卓别林他是一名艺术家开始，"这位俄亥俄州的评论家抱怨道，"其他小丑和戏子也都被野心蒙蔽了双眼。"他疑惑地提问，基顿为何不能回到早年间"喧闹的马戏、扔馅饼和滑稽的跌跤场面"中去呢？[8]

事实上，在基顿的原创作品中，从未出现过扔馅饼的桥段，但沃尔夫的观点很明确：想要在《将军号》这样场面宏大的年代片中尝试结合喜剧、动作和历史剧情，这是一次不合宜的、超出他能力范围的行为。基顿应该放弃成本高昂的火车追逐战，回到他的"填充棍棒、喷灯和装满马蹄铁的拳击手套"这类把戏中去。

舍伍德对《将军号》的批评远不止于要求回归棍棒喜剧的伊

甸园，他也对基顿的"野心"和这个故事表现出来的"自命不凡
的规模"表示了怀疑。"他似乎在尝试进入'史诗'类作品的行
列。"《生活》的评论家不悦地指出这一点。对于难以忍受轰炸场面
的舍伍德而言，他往往只在戏谑的语境中使用"史诗"这个词。在
1923 年的一个题为"历史事件"的专栏中，他简述了电影的历史，
并把 1895 年称为"影评人首度创造了'银幕史诗'这个短语的一
年"，而 1920 年则是"影评人感到'银幕史诗'很难再重现的一
年"，在他看来，这段岁月中的每一个银幕里程碑（从短片到长片
的变化，格里菲斯《一个国家的诞生》的上映，还有后来的《党同
伐异》）都被异口同声地冠以"银幕史诗"四个字，导致这个词的
运用成了一种颇具讽刺意味的合唱。

　　舍伍德在结束这篇《将军号》的评论时，似乎是要更进一步
地批评它，还不忘提及最近上映的另一部内战喜剧片，他指出基顿
的火车追逐史诗片"远不如雷蒙德·格里菲斯（Raymond Griffith）
的……《举起手来！》(Hands Up!)"这部如今已被人遗忘的 1926
年大热影片由风流倜傥、头戴丝绸礼帽的格里菲斯主演，他扮演
了一名南方间谍，既被联邦军官追捕，又被一对漂亮的姐妹追逐。
《举起手来！》包含了两次未遂的处决和至少一次滑稽的银幕死亡事
件，这些与战争相关的暴力情节似乎并没有妨碍舍伍德认为这部影
片"非常有趣"。这或许是因为《举起手来！》是发生在历史战争范
畴以外的一起虚构的不法行为，而《将军号》则取材于现实中的真
实流血事件。事实上，真实的历史远比基顿的银幕重构血腥得多。
（与影片中的情节相反）十名合谋劫持火车以拖延联邦军队进程的
士兵都被处以绞刑。

　　舍伍德对《将军号》的强烈反感不只是一个长期喜爱基顿作品的评论家偶尔为之的特例。他对这部影片的反感同时有着道德和美学方面的考量。《将军号》之所以会让舍伍德"这个富有同情心的观众"不得不"移开自己的视线"，是因为影片用滑稽手法展现的暴力场面，其实质是要为一部非政治性的作品服务。基顿饰演的约翰尼·格雷是一名南方的铁路工程师，他试图应征入伍却失败了，而他一开始想要入伍，也并非出于爱国的责任感，只是为了讨好他心爱的女孩。这个由玛丽昂·马克饰演的姑娘有一个优雅动听的名字，安娜贝尔·李。

　　约翰尼动身去追捕那几个劫持了他心爱火车的联邦间谍，不是为了保卫邦联的财产，而是要夺回自己的东西。在他心中唯一比安娜贝尔重要的就是片名中的"将军号"，在影片开头部分，我们就看到他满怀爱意地拂去火车引擎上的一点灰尘。在全片让人印象最深的其中一个场景里，约翰尼攀爬着跑过一路飞驰的火车顶部，越过无数骑在马背上冲向战场的士兵。他一心只想给烧柴的发动机提供足够的燃料，对周遭正在发生的历史性事件视而不见。无论是作为一名退伍军人，还是他正要转型的政坛作家，舍伍德不能接受的恰恰是巴斯特将自己置身历史之外的做法。

　　《将军号》于 1927 年 2 月上映，就在舍伍德的第一部百老汇大热剧作《罗马之路》(*The Road to Rome*) 开演前几周。在这部以布匿战争①为背景的喜剧中，一名罗马贵妇引诱了迦太基的将军汉尼

---

① 布匿战争（Punic Wars）是地中海世界两大豪强的罗马共和国和迦太基共和国之间进行的三次大战的总称，得名自当时罗马对迦太基的称呼 Punicus（布匿库斯）。

拔，然后用一个晚上说服他战争是没有意义的，最终阻止了他进攻这座城市。这是一部结合了轻松的性爱闹剧和严肃的反战宣传的作品，可能对如今的观众略显过时，但在 20 世纪 20 年代晚期，考虑到当时经历了"一战"的一代人正逐渐成熟起来，开始反思战争的意义，它被广泛喜爱和谈论也就不足为怪了。

甚至在舍伍德转型成为剧作家以前，战争的表现形式就已成为他长期关注的批评对象。如果一部战争题材的影片得了他的青眼，他就会把它夸上天。雷克斯·英格拉姆（Rex Ingram）的《启示录四骑士》讲述了一个以"一战"为背景的传奇故事，也开启了鲁道夫·瓦伦蒂诺的职业生涯，舍伍德盛赞它是"对那些仍然拒绝认真对待电影之人的一个生动回答。它的出现将无声电影提升到了前所未有的艺术高度"。最重要的是，对舍伍德来说，这部影片坚定的反战立场让它成为一部"相较于其他受战争题材启发的影片，它值得一代又一代人观看，甚至是那些尚未出生的后人，他们能够从中窥得战争全部的血腥混乱、恐怖和徒劳"。与之相对地，只要舍伍德察觉到任何军国主义或多愁善感的迹象，或者如他没能在《将军号》里看到的对待战争的道德严肃态度，他就会表现出尖锐的蔑视。1927 年的战争爱情片《丁香时节》（Lilac Time）是一部"相当愚蠢的史诗"（又是这个词），由加里·库珀和"天真造作、过于紧张的柯丽恩·摩尔"出演。至于 D.W. 格里菲斯和塞西尔·B. 戴米尔场面豪华的历史传奇片，也不过是"浮夸的装模作样"。

1922 年，卓别林以第一次世界大战为主题的短片《从军记》（Shoulder Arms）重映时，舍伍德称之为"电影史上最伟大的喜剧"。这部广受喜爱的 1918 年热门影片没有明确表现出支持或反对战争的态度，只是描绘了一个笨手笨脚的新兵适应战壕生涯的过程；影片的高潮部分尤为可笑，查理饰演的懵懂士兵伪装成一棵树，企图以这样的形象穿越无人区。

《从军记》还包含了对银幕外死亡的战斗场面的隐喻；当查理在战壕里操纵机枪时，他还在身边的黑板上记录着遇难者人数。然而，对这部影片，舍伍德没有像对《将军号》那样提出道德上的反对意见。对他来说，电影中"无比悲惨的"一幕不是战死沙场，而是"在前线分发信件时，每个人都收到了信，除了查理"。

他对卓别林短片的夸张赞美不可避免地引出了两位最常被拿来与卓别林作比较的喜剧演员，这种比较从当时一直延续至今："哈罗德·劳埃德和巴斯特·基顿都非常出色；但卓别林的杰出永远不容置疑。他是真正的电影天才。"在这篇评论的最后，舍伍德又回到了那个古老的论题，即卓别林到底是不是一个严肃的艺术家，他认为这个问题应该永远不再被提起："任何有意否认这是艺术的人都该被关进精神病院。"

20世纪20年代末的舍伍德始终受困于自己和战争的关系，他不只是一名电影评论家和崭露头角的剧作家，也是一名退伍军人和美国公民。在接下来的二十五年里，他把自己的挣扎以戏剧化的方式呈现给了世界。他在之后十年里创作的戏剧作品，例如《地久天长》（*Idiot's Delight*）、《林肯在伊利诺伊》（*Abe Lincoln in Illinois*）和《没有黑夜》（*There Shall Be No Night*）——三部作品都获得了普利策奖——讲述的都是那些最初孤立遗世的角色逐渐痛苦地意识到自己必须融入这个世界的故事。

舍伍德在日记中坦率地记录下自己的情绪，这些文字表明当

他在权衡内心对战争的厌恶和他对全球法西斯主义崛起带来的绝望
时，也走过了与笔下角色同样的道路。在创作《地久天长》时，他
曾考虑过要修改剧中一个军火商的角色，让他更值得同情，但在读
到现实生活中一个军需用品富商的冷酷发言后，他又改变了主意。
"我认为这种人是人类造物中的大恶棍，"他在 1936 年写道，"这帮
狗娘养的就该被写成这样。"

以反孤立主义为主题的剧作《没有黑夜》在全国巡回演出中取
得了成功，之后哈利·霍普金斯（Harry Hopkins）找到了舍伍德，
当时哈利是富兰克林·罗斯福总统的亲密顾问（舍伍德后来写了一
本书，回忆他与这两个人共事的岁月，这部九百多页的巨著为他赢
得了第四个也是最后一个普利策奖，这回是最佳传记奖）。霍普金
斯已经留意了舍伍德一段时间，将他视为潜在的总统战争动员演讲
稿撰写人。

之后几年里，舍伍德与罗斯福和霍普金斯的关系日益紧密起
来，他经常在白宫留宿，三人合力编写总统在公开讲话、发表广播
公告和非正式会谈时的措辞。1941 年美国参战后，舍伍德的角色
发生了变化。他认为，美国需要一个战争宣传部门来对抗纳粹虚假
的宣传机器。他强烈主张建立一个能够对轴心国发动多种媒体"和
平攻势"的政府部门，从而促成了对外信息处的成立。直到战争结
束，舍伍德都在那里工作，和其他初创者一起帮助建立了由政府资
助的全球广播电台网络，也就是我们所知的"美国之音"（Voice of
America）。

战后，舍伍德再次转换角色，将一位"二战"通讯员的长篇小
说改编成了电影《黄金时代》（The Best Years of Our Lives），这部

由威廉·惠勒（William Wyler）执导的影片交叉讲述了三名从战场归来的士兵的故事。这部如今已成影史经典的影片一炮而红，成为1946年最卖座的电影，并获得了七座奥斯卡奖，其中就包括舍伍德的最佳编剧奖。

事实证明，《黄金时代》是鲍勃①·舍伍德写过最著名的作品，假设他坚称的都是事实，即罗斯福战时演讲中那些经久不衰的话语——"这一天将被记入人类恶行的史册"，等等——都是出自总统本人之笔。惠勒的这部影片出现在"美国最伟大电影"排行榜上，而且几乎总在最佳战争片的榜单上占有一席之地。在这部宁静的、对情感描绘细致入微的影片中，那些舍伍德以影评人身份总会立即发现的缺点踪迹全无——廉价的伤感、空洞的爱国主义，或是他在评论《将军号》时反对的欠缺道德严肃性的轻浮画风——用隐蔽的粗野幽默的方式讲述了核子时代的经济前景和技术奇迹。

舍伍德在1955年死于心脏病，年仅五十九岁。在生命的最后十年里，他一直心怀不安地观望着冷战不断加剧的敌对状态。如他的传记作者所言，"'二战'过后，鲍勃为政治困惑不已。"他公开谴责好莱坞黑名单的存在，写信给艾森豪威尔总统抗议参议员约瑟夫·麦卡锡迫害他同时代的戏剧和电影界人士；荒谬的是，此前《黄金年代》被列入了同情共产主义者的作品清单。但舍伍德也为导演伊利亚·卡赞写了一部反对共产主义的电影，1953年的《绳上人》（*Man on a Tightrope*），后者在向（众议院非美活动调查）委员会提交名单时，疏远了众多遭到怀疑的业内同行。

---

① 鲍勃（Bob），是罗伯特（Robert）的昵称。

　　舍伍德浪漫的人道主义理想与军备竞赛时代冷酷的政治现实格格不入，他在晚年的写作中偶尔会变得不像过去的自己，把那些原本诙谐逗趣的地方变得程式化，或显出几分颐指气使的派头。但他从未停止捍卫言论自由，也从未停止建立世界政府体系的倡议，在他看来，唯有那样才能避免更多的全球性灾难，一如他经历过的两次战争。20 世纪 40 年代末，他与埃莉诺·罗斯福（Eleanor Roosevelt）合作起草了联合国第一份《人权宣言》的序言。

　　纵观舍伍德的职业生涯，他获得了那么多的荣誉奖项、越来越多的政治和文化影响力，人们因而会把他在 20 世纪 20 年代为《生活》杂志撰写评论的短暂时光视为昙花一现的无聊娱乐，而这也是大多数时代文化评论给人的普遍观感。只是在他写给基顿的几乎都不超过几百字的评论文章里，包含了一些对这位广受分析的喜剧演员迄今仍最为敏锐的观察。

　　在某种程度上，舍伍德在那段时间写的电影评论与那一时期的基顿喜剧有着本质上的共通点：俏皮、灵巧、欢快，对新技术充满好奇，对矫揉造作和多愁善感过敏。就像基顿喜欢充分利用一样道具，他似乎也有意探索电影批评这一新手法的潜能。在担任《生活》每周评论作者的八年时间里，舍伍德对电影这种新媒体的中立的热情为帮助打破新旧媒体之间的壁垒做出了相当大的贡献。1928 年他离开杂志社的时候，金·维多（King Vidor）的《人群》(The Crowd)、卡尔·西奥多·德莱叶（Carl Theodor Dreyer）的《圣女贞德蒙难记》(The Passion of Joan of Arc) 和基顿的《船长二世》轮番上映，那时人们已经普遍接受了电影可以成为艺术作品的观点。

舍伍德为《生活》撰写的最后一篇基顿影评是 1928 年秋天上映的《摄影师》。就像那年早些时候他为《船长二世》写的评论一样，这篇文章也通篇都是舍伍德对基顿的纵情赞誉。他描述了巴斯特独自一人在扬基体育场里上演的一场比赛，分饰投手、击球手和外野手，称赞这一幕"美丽而真实，又无比感人"，"典型的状态最好的巴斯特·基顿"。[9] 值得注意的是，这篇文章还与舍伍德的另一篇评论共享了专栏版面，后者针对的是一种如今看来属于完全不同类别的作品：艾尔·乔森（Al Jolson）的歌舞片《唱歌的傻瓜》（*The Singing Fool*），在表达了些许温和的保留意见后，评论家认为它是"迄今为止有声电影的最高成就"。

此时距离《爵士歌手》（*The Jazz Singer*）① 上映已经过了一年，距离股票市场崩盘也还有一年的时间，这一年的好莱坞进入了动荡的转型期。影院经理都在疯狂地重新布线，安装音响设备；某些人长期以来的职业生涯也随着另一些人职业生涯的开启被倾覆。《摄影师》是基顿在米高梅期间拍摄的第一部也是最好的一部影片，也是他最后一批参与创作的影片；在舍伍德看来，这部影片提供了电影运用音效技术的最佳范例。"有声片在迅速发展，"他在结尾处写道，"但要制作出达到默片标准的喜剧电影，还需要很长时间。"[10] 只是留给默片和独立制片人基顿的时间都在飞快流逝。一年内，他将出演自己的最后一部默片《困扰婚姻》，此后他就被纳入了米高梅的工厂系统，在那里，他不再是自己表演素材的创作者，而不过是又一个被塞进任何老板看中的剧本里的演员。

---

① 第一部有声片，虽然只有很少的几段对白，但对当时的观众极为震撼。

　　舍伍德后来确实也写到过基顿。那是刊登在行业报纸《电影日报》(Film Daily)上的一篇短文,题为"银幕笑星失去了他的本色"。他用这篇只有116个字的评论哀悼了基顿1930年出演的歌舞片《逍遥自在》(Free and Easy),它标志着巴斯特在米高梅至暗时刻的开端。比起好莱坞的业态发展,当时舍伍德更关注百老汇舞台作品和欧洲令人不安的局势走向。与大多数粉丝一样,他似乎并不知晓心爱的喜剧演员已经签字放弃了自己的自由。他对基顿的解读一如既往地犀利。"巴斯特·基顿,"他写道,"尝试扮演一个标准的歌舞喜剧小丑,他不再是巴斯特·基顿,也不再有趣了。"

　　在进一步论述他的想法时,他重述了《生活》专栏时期他最喜欢的主题,即"正是在喜剧领域,电影才攀上了其艺术与个性的巅峰"。鉴于这个特质,他问道:"为什么……那个强大的喜剧三人组中的一员觉得有必要穿上歌舞喜剧的服装,还唱起愚蠢的歌曲来逗乐呢?"[11]他所说的三人组正是他心中的喜剧圣殿——卓别林、劳埃德与基顿。

　　巴斯特当时的生活似乎已是一团糟——他与娜塔莉的婚姻分崩离析,他的酗酒习惯愈发严重,过去他传奇般的工作热情和职业道德在人生中首度开始松懈——想必他肯定没有留意这份行业日报上的小插曲。我希望如此,要是他在人生的低谷,还要读到那个曾经试图把他从摩天大楼顶上救下来的人对他毁灭性的评论,这实在叫人难过。不过,假设巴斯特真的读到了这份报纸,我想他也不会往心里去。基顿也许不是一个"文字工作者",也与塑造了舍伍德一生的政治斗争关系不大;然而,作为一名专业人士,他一定意识到了,电影评论家和电影人一样,要想做好自己的工作,就必须说出真相。

一部为你，一部为我

《将军号》中价值 4.2 万美元的火车残骸。

　　1927 年初上映的《将军号》被视为一枚昂贵的炸弹。人们也去看了这部影片，可比起几年前基顿另一部以交通工具为主题的激情之作《航海家》，这回的观影人数要少得多。并非所有评论家都像舍伍德在《生活》专栏里写的那样，站在道德层面反对这部影片。不过大多数评论家都与《纽约时报》的莫道特·霍尔（Mordaunt Hall）的观点一致，这位熟知大众品位的评论家认为，《将军号》"远不如基顿先生此前的作品那样好"。[1] 如今，霍尔抱怨的"他镜头里的火车如同一堆铸铁和果冻的混合物"读来更像是赞美而非贬低；正是因为《将军号》里的火车看起来比平日那些高速行驶的大铁块更加灵活且适于特技效果，才使得影片中的动作场面如此赏心悦目。

　　影片的情节相当工整，简直达到了数学性的对称：在这场火车追逐战中，双方首先朝着一个方向前进，行至中段后反转，追逐的一方转而成了被追逐的一方。前半部分的笑点和特技在后半部分以变体的形式再度出现。现代观众为这种结构的优雅简洁所震撼，当时的观众却认为它单调乏味。"它的主要戏剧场面就建立在一个普通的环节上，也就是追逐，可你不能把一场追逐战拍上一个小时才让观众看到结果，"《综艺》抱怨道，"影片里有一些让人捧腹的笑点，但它们都是追逐戏的一部分，于是都被盖过了风头。"[2] 习惯了基顿快节奏滑稽场面的观众可能也对这部影片感到困惑，分不清这到底是一部动作惊悚片还是喜剧。就像基顿三人组过去的舞台表演一样，《将军号》也想在观众中同时引发屏息和大笑的效果。

《布鲁克林每日鹰报》(*Brooklyn Daily Eagle*) 发表了一篇罕见的赞美文章，惊叹道："几乎没有一英尺胶片被浪费，不过这位坚韧的喜剧演员没能掏出什么令人惊叹的新花样，让观众再度大饱眼福。"[3] 而大多数评论的语气都较为冷淡，类似《洛杉矶每日时报》略带嘲讽的标题："《将军号》有一些有趣的片段，火车头是真正的好演员。"[4] 娱乐行业报纸《纽约每日镜报》曾发表过乔·基顿提供的基顿一家人在铁路上遭遇的不幸事件的美化版本，如今评论员以一种家长式的口吻劝诫乔长大成人的儿子："振作起来，巴斯特。就是那样。"[5]

影评人们还嘲讽这部电影的预算过于夸张，甚至在拍摄期间，小道消息就传遍了西海岸。"没人否认他用大笔开支完成了一个出色的娱乐节目，"《洛杉矶时报》一篇题为"众说纷纭"的枯燥短文写道，"这部影片的各方面都很出色，只除了它没能带来太多欢乐。"即便是正面评价《将军号》的评论也都提到了它的预算：《布鲁克林每日鹰报》的作者承认"巴斯特·基顿也许在经济上犯了一点错误"，但他坚持认为"以我这个微不足道的评论者的角度来看，它值得所有这些花费，再多也配得上。"

《将军号》一直被称为"20 年代的《天堂之门》"①。[6] 这样的对比略显夸张：基顿的预算超支情况远不及迈克尔·西米诺（Michael Cimino）昂贵冗长的西部片，他的电影票房不佳也没有导致公司关门。但要是我们从更广阔的电影史的视角去看，这个类比还是站得住脚的。和《天堂之门》一样，与其说《将军号》是失败的诱因，倒不如说它是某种电影制作方式终结的征兆。过去十年里，从考米克到他的独立制片公司，让巴斯特能够自由制作他想要拍摄影片的独立制片模式正在自身重压之下岌岌可危。

基顿并非默片时代唯一"铺张浪费"的导演：奥地利移民导演埃里克·冯·施特罗海姆（Erich von Stroheim）1924 年的杰作《贪婪》（Greed），其（现已失传的）原版剪辑接近八个小时，是一个远比《将军号》更明显的例子。然而，走向公司化制片厂制度是一个系统性的转变，没有哪个电影人能够扭转这样的趋势。对于大型制片厂，制作并销售大量的快消娱乐产品——也就是我们今天称之为"内容"的产品——远比投资基顿这样的小规模独立制片公司更有利可图。

对乔·申克来说，《将军号》只是他那个聪明却不切实际的妹夫代价高昂的愚蠢之举，也预示了他们之间的合作关系需要做出改变。影片的票房成绩一般，甚至无法回本。影片高潮的撞车镜头就花了 4.2 万美元，按照今天的算法，或许超过 65 万美元；为这场

---

① 《天堂之门》（Heaven's Gate），迈克尔·西米诺执导的西部片，上映于 1980 年。该片耗资 4000 万美元，票房收入只有 350 万美元左右，亏损惨重。

戏还搭建了一座整整 76 米长的栈桥，就为了在最后把它毁掉。[7] 尽管电影业早期的记录并不完整，因而我们很难确定具体细节，但这段 15 秒的火车冲过燃烧栈桥并坠入河中的场面可能是默片电影史上最昂贵的单个镜头。

《将军号》见证了基顿导演生涯的巅峰，在那以后，他不再有机会用自己喜爱的方式去主导片场。他再也没有足够的资金和自由度去随心所欲地拍电影了。克莱德·布鲁克曼是基顿长期合作的喜剧编剧，也是《将军号》的共同导演，他在近三十年后回忆起基顿团队轻松专注的工作氛围时仍赞不绝口：

> 巴斯特是一个你与之共事的人——而不是为他工作。当然啦，这都是陈词滥调，欢乐的大家庭之类的说法。但你应该试试看……哈罗德·劳埃德对我很好。比尔·[W.C.] 菲尔兹也是。但跟巴斯特在一起才有归属感。[8]

当然，基顿对工作表现的要求很高；素来厌恶冲突的巴斯特偶尔几次发火都是因为演员或工作人员有所懈怠。但在通常情况下，他的片场都是一个融洽的工作场合，在下午的片场休息时间，还可以打牌或玩一两局激发灵感的棒球比赛。

对于这位出身家庭巡回演出的明星，这是一种自然形成的管理风格。在巴斯特看来，运营巴斯特·基顿制片公司的那几年里，他是在经营一家公司，但不是传统商业意义上的公司——那部分由申克负责——而是戏剧意义上的公司。多年来，编剧布鲁克曼、艾迪·克莱恩和让·阿韦，摄影师埃尔金·莱斯利（Elgin Lessley）

和戴夫·詹宁斯（Dev Jennings），以及永远勤恳工作的美术指导弗雷德·加布里都一直忠实地与基顿合作（虽说不只为他工作），与他一起从头开始构思并执行那些复杂的拍摄项目。他们的工作是去构想那些天马行空的新场景、新笑料和动作场面；乔·申克的工作则是付钱。

《一周》的旋转房屋是之后一系列愈发精致的布景、道具和特技的早期原型。《待客之道》时定制的富有年代感的火车，《航海家》的水下摄影镜头，还有那座壮观燃烧的栈桥：基顿独立制片时期的主要场景都是他的团队集体创造的成果。如果说那些倒塌的房屋前院和滚落的纸糊巨石似乎直接映射了巴斯特角色的潜意识，那是因为现实生活中巴斯特有一支技艺高超的工匠团队，能够设想并制作出他想要的效果，他们相信他的直觉，也理解他的幽默感。事实上，提出一部影片关键创意或意象的，往往都是深受他信任的核心团队成员。布鲁克曼曾送给基顿一本内战回忆录，正是这本书成了《将军号》的灵感来源。莱斯利总是乐于接受技术方面的挑战，建议把《福尔摩斯二世》的关键人物设定为一名放映员，并通过做梦的方式进入了银幕上的世界。加布里发现了一艘要被拆开拍卖的巨大货船，便马上打电话给老板，要求基顿租下这艘他还没见过的船，并围绕它建造了《航海家》的场景。

巴斯特早年的表演生涯在他生活中留下的另一个印记是他经常会让一个或更多家庭成员在影片中出镜。娜塔莉和一岁的小约瑟夫（在字幕里他是"小巴斯特·基顿"）出演了《待客之道》；老乔·基顿扮演了一系列小角色，包括《将军号》中一名愤怒的联邦军官；露易丝偶尔会在现场临时顶替一些角色，或担任巴斯特影片中女主角的替身。

《将军号》是 1926 年夏天在俄勒冈州科蒂奇格罗夫拍摄的，那片区域风景优美，铁路状况良好，足以充当南北战争时期的南方铁路。演员和剧组成员的家人也应邀前往拍摄地，他们的到来把这个太平洋西北地区伐木小镇变成了人头攒动的好莱坞流放地。当地居民非但没有把他们当成外来者，反而热情地接待了整个剧组。人们从邻近城镇驱车赶来，巴斯特会到附近的尤金城跟狮子俱乐部一起打慈善棒球赛，而科蒂奇格罗夫的居民则为好莱坞访客们举办舞会和野餐会。在基顿和其他同事安排下，其中一名剧组工作人员与一位当地姑娘在酒店大堂举行了一场即兴而至的婚礼。

剧组雇用当地人做临时演员，用内战时期的建筑外饰面把狭窄的主街装扮起来，又从俄勒冈国民警卫队调来大约五百名士兵，扮演片中的邦联军队和联邦军队成员。后来巴斯特在 20 世纪 60 年代初的一次采访中回忆道："有一周的时间，我把这些人安置在'联合太平洋铁路'公司安排给我们的观光车里……先让他们穿上蓝色制服，让他们从左往右行进，再让他们出去换上灰色制服，从右往左前进。"[9]

《科蒂奇格罗夫哨兵报》几乎每天都会刊登有关《将军号》拍摄进程的报道，有时甚至一天报道几次。经过大量勘察、搭建和准备工作后，终于到了拍摄桥梁垮塌场面的那一天，有数千名围观者观看了这一幕的拍摄。"发动机完成了漂亮的燃油泄漏，"《哨兵报》报道称，"负责搭建场景的人松了一口气，巴斯特本人高兴得像个孩子。"[10]其中一辆货车引擎溅射的火花导致了一场森林火灾，剧组人员不得不停止拍摄去帮助灭火，即便如此，小镇对他们的友好态度也丝毫未减。大火扑灭后，空气中的烟雾过于浓重，拍摄不得已中止了六周。

第二次到俄勒冈州拍摄期间，为了提高效率，巴斯特让剧组成员把家人都留在家里。但《将军号》依然是他的宝贝，预算的一大部分都用来还原历史细节，其真实性达到了当时罕见的程度。这种细致入微的工作态度为影片赢得了长久的声誉。观众经常把《将军号》剧照和马修·布雷迪①拍摄的内战照片做比较，但他们不知道巴斯特和团队正是从仔细研究这些照片开始筹备这部影片的。

直到20世纪20年代中期，乔·申克的独立制片小王国都是好莱坞最成功的范例之一，展示了公司制片系统以外的大规模电影制作的可能性。然而，大约从1925年开始，申克公司发行的大多数影片都没能实现可观的盈利。独立制片人作为投资商的早期好莱坞模式正在让位于工厂式的制片厂模式。当时这些变化没有立即对基顿的生活产生影响，直到两年后，有声电影的出现改变了一切。但在《将军号》票房失利的情况下，基顿感到了来自申克方面的压力，要拍摄一部卖座影片。他们在选择他的下一个项目时达成了默契，"一部为你，一部为我"：不要再搞那些跑去偏远地区绞尽脑汁即兴想出疯狂特技还要因为森林火灾改期拍摄的戏码了。不管巴斯特接下来要拍的是什么，总之要让观众喜欢，预算要合理，而且最重要的是，要盈利。

最后他拍出了《大学》（College）。这是1927年秋天最万全的

---

① 马修·布雷迪（Mathew Brady，1823—1896），美国摄影师，第一个全面报道美国内战进程的摄影记者。

选择。当时以高等教育为背景的喜剧片，用一个很可能出现在其中的俚语来形容，就是"浆果"①。就在两年前，哈罗德·劳埃德的《新生》(*The Freshman*)大获成功。它成了劳埃德职业生涯中最成功的作品，并成为20世纪20年代最卖座的喜剧片之一。

《新生》并非"大学电影"的首创之作，在它出现以前，这种类型的影片已经成了让人厌烦的套路。影片一开场，劳埃德扮演的主角哈罗德·兰姆在镜子前摆着姿势自我欣赏，镜子旁边贴着他的偶像、电影《大学偶像》(*College Hero*)中的明星莱斯特·劳莱尔（当时这还是一部虚构的电影，两年之后，随着大学题材电影热潮持续升温，哥伦比亚电影公司发行了一部同名影片）。哈罗德最大的愿望就是被（同样虚构的）泰特大学录取，与海报上穿着校名服、容光焕发的劳莱尔一样大受欢迎。

几年后，随着劳埃德和基顿的大学题材影片相继上映，敏锐的流行文化趋势观察者罗伯特·舍伍德干巴巴地指出，以崇尚运动的男女混合校园为背景的电影是不可避免的现象。他在1928年的一篇专栏中列举了一些该类型影片的套路，它们几乎都以某种形式在《新生》和《大学》里出现了。"瘦弱的眼镜仔"证明了自己其实是"默片中最当之无愧的男子汉"，总有一个"脾气暴躁、假装讨厌橄榄球的老教授"[《大学》的这个角色由身材矮小、苦着一张脸的斯尼茨·爱德华兹(Snitz Edwards)扮演，他出演过基顿的好几部影片]，还有"主队在比赛最后一分钟戏剧性的胜利"。

整个20世纪20年代，与大学有关的一切都正流行，从校际橄

---

① 原文为 the berries，意思是最好的、最优秀的人或物。

榄球赛（直到 50 年代，它都是一项流行运动，而非专业球类比赛）到与校园生活相关的古怪时尚风格。《大学》的角色身上也出现了一些当时的流行服饰：印有学校颜色图案的毛毡小帽、四角裤、学院风毛衣。基顿在《大学》里的角色是一个经济条件一般的学生，但在爵士时代插画家小约翰·霍尔德（John Held Jr.）为基顿绘制的宣传海报上，他穿上了一件影片中从未出现过的时髦服饰：一件长及脚踝的浣熊皮大衣。一年后，在《船长二世》里，基顿的角色从一开始就打扮得像个自命不凡的大学浪子，戴着贝雷帽，留着一字胡，还会弹尤克里里。

除了电影与时尚，20 世纪 20 年代的流行文学里也总有大学生活的影子。F. 斯科特·菲茨杰拉德出版于 1920 年的处女作《人间天堂》取得了巨大成功，小说大部分基于他的真实经历，讲述了一名出身中西部中产阶级家庭的男孩来到普林斯顿大学，校园文化起先令他迷醉，最终却破灭了。1924 年，大学英语教师珀西·马克斯（Percy Marks）出版了畅销小说《塑料时代》（*The Plastic Age*），直白地讲述了大学校园里诱人的性爱诡计。次年的电影版开启了活泼的飞来波女郎克拉拉·鲍（Clara Bow）的职业生涯。围绕弗兰克·梅里韦尔（Frank Merriwell）这个人物出版了一系列畅销小说和漫画，他是一个外表特别利落优雅的大学生，在每项运动中都表现出色。在《新生》的开头，仔细打量他的银幕偶像后，劳埃德饰演的角色有志成为校园大人物，潜心翻阅起一堆书籍，其中就包括一本弗兰克·梅里韦尔小说。

在电影、书籍和时尚大片组成的多媒体循环反馈中，经过美化的校园生活成了大学自我宣传的营销机会。伊利诺伊大学的传奇四分卫雷德·格兰杰（Red Grange）在 1926 年热映影片《上场一分钟》(*One Minute to Play*)里扮演了一名大学明星球员。《电影》杂志在报道《塑料时代》(1925)时，对片中反派吉尔伯特·罗兰（Gilbert Roland）的描述与时尚文案别无二致："英式运动夹克、四角裤、象牙烟嘴，最重要的是，姑娘们钟爱的那股潇洒劲儿。"

女大学生同样掀起了各类时尚热潮，其中一些与飞来波女郎的特征有所重合：钟型帽、水手领女士上衣、长毛衣搭配大胆的及膝网球裙。流行的大学生形象，无论男女，都是一个活跃于社交圈、热衷运动的人，并且在大多数情况下（虽然劳埃德和基顿的影片角色都不是那样）比墨守成规的同龄人更具性冒险精神。与大多数爵士时代描写校园生活的艺术作品一样，在《大学》和《新生》里，几乎没有任何表现上课或学习这一枯燥概念的桥段。

高等教育成为盛行的大众娱乐主题，这一现象背后有着诸多物质层面的因素。第一次世界大战后的经济繁荣和水涨船高的股票市场创造了足够的剩余财富，让那些之前从未想过要上大学的家庭也开始觉得这是一个可以负担的成人礼。纵观 20 世纪 20 年代的美国，大学入学率增长了八十四个百分点，大学生人数有史以来第一次达到了一百万。过去的单一性别院校越来越多地实行男女同校政策，年轻女性攻读大学学位也不再是一件新鲜事，虽说她们毕业后的职业选择仍然局限于那些被打上"女性专属"标签的行业，例如教师、护士或秘书。随着工业和通信技术日趋复杂，对专业白领的需求比以往任何时候都要更大。就连农业也成了一个需要学位的技术领域，如果你想要的不只是维持一个家庭农场。[11]

从人口统计学的角度来看，大学热到来的时机也颇为合理。成长于 20 年代的这批人是最先受到"进步时代"改革影响的一代人，法律规定儿童必须在学校待到一定年龄。巴斯特就是在这些社会变革中成长起来的，并真切地感知到这些变化的影响；毕竟，推动大学教育普及本就是要求保障儿童权利运动的一部分，也正是这个运动催生了长期让基顿家头疼不已的组织——格里协会。只是作为一个巡回表演家庭的主要收入来源，巴斯特本人并未从这些改革中获益。如我们在前文中看到的，基顿一家把保护儿童的"格里人"看作一帮官僚主义的害虫。

如果后来基顿经常说的"这辈子只上过一天学"的故事是夸大其词，它也距离真相不远。每天两场歌舞杂耍演出的安排，再加上乔和迈拉对国家权力和中产阶级规范的漠不关心，这都意味着他们的长子几乎没有受过正规教育（与之相对，他的弟弟妹妹则用他赚来的钱去上了寄宿学校，不过他们也没有上大学）。后来，巴斯特偶尔会告诉记者，如果有机会接受高等教育，他希望能学习土木工程。但他在设想另一种人生走向时，并没有表现出遗憾或缺失的意味。相反，他为自己自学成才的能力隐隐感到自豪。他肯定意识到了，他用自己的方式成了一名工程学大师，他使用的材料不仅包括钢铁、木材和电路，还包括胶片、灯光、时间的流逝，以及人类的身体，尤其是他自己的身体的运动。

在基顿所有最伟大的电影里，他的角色都经历了这样一个自学的过程，从最初在混乱中的被动状态，到至少部分地（从不是确定地）感到自己是这个世界的主人。很难想象巴斯特坐在教室里的样子，尤其是他在《大学》里扮演的那个怯懦、守规矩的书呆子，这样的他看起来总是不太对劲。他的学习、认知和处世之道本质上都是反体制的。这种不匹配在一定程度上解释了为什么《大学》是基顿最不出彩的电影之一，甚至可以说是他最糟糕的长片。以现在的眼光来看，与基顿制作的任何一部默片相比，《大学》都更像是他出于商业原因选择的一个载体，而不是萌生自他和团队想象的创意之作。

　　拍摄《大学》时，巴斯特三十一岁，与拍摄《新生》时的哈罗德·劳埃德同龄。尽管两人的身体状况都很好，看上去也都很年轻，但他们显然也都不是近二十岁的青年了。更关键的是，基顿似乎对这些题材并不感兴趣；劳埃德则恰恰相反。为了到好莱坞追求职业发展，他在只差几个学分就能毕业的情况下从高中辍学。自那以后，他在马克·森内特和哈尔·罗奇的喜剧工厂当了很长时间学徒。整个 20 世纪 10 年代都被他用来塑造了一系列不成功的角色，比如威利·沃克、孤独的卢克，都是些在孜孜不倦模仿查理·卓别林技巧的人物，就像哈罗德·兰姆模仿他的银幕偶像俏皮的口头禅和"很高兴见到你"的舞步一样。劳埃德扮演的满怀抱负、一心向上的"眼镜角色"完美融入了影片的大学背景，他在 1917 年就声称这是他终于确定的银幕形象，而《新生》也是他最搞笑、最具创意的长片之一。

　　相较之下，《大学》给人的感觉更像是基顿与申克之间"一部为你，一部为我"的交易的一部分。巴斯特惯用的团队已经解散了：他长期合作的喜剧编剧让·阿韦刚刚去世，其他长期合作者——埃尔金·莱斯利、克莱德·布鲁克曼——都被其他制片厂借调走了。基顿很少表达出对前同事的不满，但在 1965 年的一次采访中，他对自己在拍摄《大学》时的合作者颇有微词："詹姆斯·霍恩（James Horne）对我毫无用处……我不知道我们为什么要用他，因为《大学》实际上就是我拍的。"[12]对片中饰演一个冷漠配角的作家兼演员哈博（Harbaugh），他还提出了更具体的批评："他不是一个好的喜剧演员，他不是一个好的台词作者，他不是一个好的情节塑造者……可我必须把某些人的名字写上去，他还要跟我们一起领薪水。"[13]

《大学》也标志着巴斯特长期的宣传经纪人哈利·布兰德（Harry Brand）成了影片字幕里的"监制"。在基顿不知情的情况下，申克在片头字幕里加上了这个职位，由此引发了这对连襟之间罕见的冲突。巴斯特的意见不在于要跟其他人分享荣誉；尽管他实际上就是所有自己独立制作影片的导演（和剪辑），但他经常用一位联合导演的名字与自己并列或代替他自己的位置。可是，想到申克把布兰德安插进来充当公司间谍以监视生产成本，巴斯特一定相当生气，尤其是在他有过《将军号》的自由创作经历之后。

《大学》里不乏引发观众爆笑的场面，但它的情节都是可预见的，通过一系列类似幽默短剧的小插曲往前推进，而不像基顿更个人化的影片那样用戏剧性手法整合整部影片的叙事弧线。男主角的动机完全经不起推敲，甚至比很多其他基顿影片中的女主角强加给爱慕对象的条件还要脆弱。巴斯特饰演的主角罗纳德是个沉闷的书呆子，在体育方面完全没有天赋，这个人物的核心设定完全有悖于影片高潮场景中他展现的令人目眩的运动能力。

在这个长达十二分钟的片段里，罗纳德来到一个近乎空置的体育场，尝试了一系列田径运动项目，结果都悲惨地失败了：跳远、跨栏、铁饼、标枪、撑竿跳高。这个场景的笑点在很大程度上来自罗纳德的无能和巴斯特自然而然的精通之间的落差。要跨过十个间距很近的关卡而不撞倒其中任何一个当然是很困难的；而要以时钟般精确的速率一个接一个地推倒这些障碍物，直到志得意满地清空最后一个障碍物，这样的动作也许更难。

　　田径场的这一幕之所以让人印象深刻，不只在于基顿的精彩表演，还有好几位奥林匹克运动员向观众展示了相关项目应该如何完成［其中一位是 1924 年的金牌得主李·巴恩斯（Lee Barnes），他在之后的一个撑竿跳镜头里为巴斯特做替身，这是基顿默片生涯中唯一一次使用替身］。可是罗纳德在运动中表现的无能并不特别搞笑——起码不像那些伟大的基顿影片中的动作场面，主人公总会陷入一些高风险的、进退两难的困局，在努力破局的过程中，让观众同时捧腹与震撼。相反，田径场上的这一幕只是一个孤立的桥段，除了向观众进一步证明罗纳德是个不擅运动的、被运动员同学嘲笑的倒霉蛋外，根本无法推动情节发展，讽刺的是，对于一部如此倚重比赛场面的影片，《大学》缺少的是自由感、游戏性和冒险精神——起码在令人震惊的黑暗结局前都是如此。

　　故事的结局很简单：罗纳德作为不屈不挠却毫无头绪的舵手意外带领校队取得了胜利，他奔跑着穿过校园，去营救他的心上人玛丽［安妮·康尼瓦尔（Anne Cornwall）饰］，之前她被欺负人的杰夫［哈罗德·古德温（Harold Goodwin）饰］囚禁在了寝室里。或许是为了避免任何不适合家庭观看的性侵犯暗示，字幕不厌其烦地说明杰夫的动机是让玛丽因为房间里有个男孩而被学校开除，这样他们两个就能自由地……结婚了。在飞奔往心上人宿舍的途中，罗纳德的爱情奇迹般地赋予了他曾经缺乏的运动能力，在李·巴恩斯精心伪装的特技帮助下，他跨过树篱，跳过荷花池，最后从晾衣绳上搜起一根木条，像撑竿跳一样穿过了玛丽二楼的窗户。一进房间，他就把所有趁手的东西都扔向了冒犯玛丽的杰夫：留声机唱片成了铁饼，落地灯成了标枪。恶棍经不住这阵猛烈攻击逃走了，这对爱侣匆匆前往校园里的小教堂举行了婚礼。

这正是大多数浪漫喜剧默片的结局，巴斯特的许多作品也是如此。但《大学》结尾处还有一段十秒长的蒙太奇，展现了这对爱侣未来共同生活的场景：起先，他在看报纸，而她在缝纫，背景中他们的孩子在玩耍。随后镜头切换到老年的罗纳德和玛丽，他们成了一对坐在火炉边的老夫妻。当她在编织时，他把烟斗从嘴里拿出来，略显严厉地对她说话——这里没有字幕，但巴斯特演出了一个暴躁老人易怒的样子。最后一幕叠画揭示了阴森的点睛之笔：两个相邻的空白墓碑。

《大学》结尾的三个蒙太奇镜头展示了一个戏仿的结尾，基顿此前至少使用过两次类似的手法，而这回无疑是最严酷的版本。《警察》的结尾是一块孤零零的墓碑戴着平顶帽的动画形象，暗示巴斯特的角色被女友拒绝后，甘愿将自己献给他整部影片都在试图躲避的愤怒的警察暴徒。而 1922 年短片《铁匠》（ *The Blacksmith* ）的结局并非主人公的死亡，而是用一个视觉双关语巧妙地避免了落入俗套的大团圆结局。巴斯特和他的女孩从追逐他们的人手中逃脱，跳上一列路过的火车后部，字幕告诉我们："许多蜜月快车都是这样远去的。"载着这对恋人的火车最后像是坠桥了，好似四年后让经费燃烧的《将军号》中镜头的预演。但基顿在这里运用了他经典的误导手法，这场看似悲剧的脱轨事件，实质上只是儿童房里的迷你火车翻车事件。已为人父的巴斯特穿着浴袍，叼着烟斗，把玩具重新放到轨道上；他的妻子也在儿童房里，在他身边做着缝补的工作。他打了个哈欠，拉下伴有"结束"字幕的窗帘，盖住了这温馨的一幕。这个哈欠表达的是做父亲的满足还是无聊？无论哪种含义，《铁匠》颠覆了浪漫喜剧的套路，用不同于常见的婚礼场景的一幕暗示了现实家庭生活潜在的单调乏味。

《大学》结尾的三个蒙太奇镜头把这些失意和死亡的画面糅合在一起，组成了一个不甚协调的悲观结局。这对甜蜜的年轻夫妇能够看到的最好前景就是一起度过不太幸福的漫长余生，之后是永远的无名相伴。此番对浪漫传统的大肆嘲讽或许是基顿对自己不得不为取悦乔·申克和基顿制片公司股东而拍摄一部俗套影片的抗议。无论他是否意识到电影与现实之间的呼应，结局的这一幕总不免让人想到1927年左右他与娜塔莉的婚姻状况。

结婚六年后，基顿夫妇终于带着两个小儿子住进了无比奢华的意大利别墅。他们过上了明信片般的好莱坞异性恋幸福生活——他们房子的彩色照片还真的出现在旅游明信片上——但从各方面来看，他们在性和情感上都疏远了。巴斯特自1924年起被流放去的独立卧室成了一整栋独立的侧翼。20年代中期的基顿一家几乎没有什么共同的家庭生活：他整天流连于公司或片场，回家吃顿简短的晚餐，之后出门跟朋友们打牌喝酒直到深夜。除了周日在泳池边举办烧烤活动，巴斯特基本上不在这幢他为妻子精心打造的建筑里露面。至于娜塔莉，她或许厌倦了被人当作名声大噪的塔尔梅奇姐妹中默默不闻的二妹，逐渐为自己树立了好莱坞殖民地最大方购物者之一的名声。据称她每周要花九百美元左右的置装费——换算到今天可能要超过一万四千美元（"谁是好莱坞最会打扮的人？"人们戏称，"巴斯特·基顿，因为是他打扮的娜塔莉。"）。他们的儿子后来回忆起自己的童年时代，日复一日关爱他们的主要是护士、家庭教师和两个宠爱他们、没有孩子的电影明星阿姨。

基于多方因素，《大学》是一部不那么"基顿"的影片，我们之后会讨论其中最令人沮丧的原因。只是这个"生活是个婊子，然后你就死了"的结局看似随意地彰显了一点存在主义的色彩，为影片整体平淡的风格增添了一抹令人战栗的幻灭的刺激，用一个令人毛骨悚然的死亡警示，结束了这个整体上遵循那个时代校园喜剧标准套路的故事。基顿以比惯用表现手法更为阴郁的方式，表达了他把婚姻当作一列飞速行驶的列车第一站的看法，但它充分佐证了罗伯特·舍伍德在其全部作品里看到的斯多葛派哲学的影子："最重要的一点是，人生终究是一件愚蠢而不合理的事情。"

伯特·威廉姆斯（Bert Williams），1921 年。

虽说《大学》的反浪漫结局给人以难忘的萧索印象，但这部近百年前的影片最让今人难以接受的场景，是巴斯特在一家工作人员都是"有色人种"的餐厅里，扮成黑脸充当服务生的三分钟。这并非基顿在独立制作的影片里第一次使用种族相关的搞笑手法。在他1921年采用多重曝光手法的实验性短片《剧院》里也有一支由基顿分饰九角的"黑脸歌舞团"；前一年出品的《邻居》(*Neighbors*)一片中，巴斯特的脸被一桶泼翻的黑色颜料涂黑了一半，从而导致一帮白人警察误以为他是他们正在追捕的黑人，威胁要逮捕他，这时他转过头来，露出没有被涂黑的另一半脸。而1925年的《七次机会》则是基顿作品中种族笑料最多的一部。影片中巴斯特的角色为了继承家族遗产，必须争分夺秒寻找一名新娘，以此为前提不断展开类似的情节，他不停地接近一个女人，最终发现她的种族（黑人，也有一次是犹太人）使她无法成为他的潜在配偶。

纵观基顿的创作，我们还会找到不少类似的片段，但大多数都很简短。电影史学家丹尼尔·莫依斯（Daniel Moews）曾对基顿的默片做过详尽分析，指出在他 20 世纪 20 年代所有独立制作的影片中，共有十八处涉及肤色或种族的笑料。巴斯特·基顿在很多方面都领先于他所属的时代，遗憾的是，在有关吉姆·克劳时代文化种族主义氛围的问题上，他在很大程度上也是这个时代的产物。[1]

尽管《大学》中"有色人种服务员"的一幕如今看来令人不快，但相较于其他基顿影片中出现的仅仅服务于种族笑话及类似笑料的有色人种角色，或是装扮成有色人种的白人角色，这个桥段倒还值得我们翻看。《大学》餐厅中的这一幕小型闹剧讲的是一个白人试图在种族隔离的公共场所冒充黑人，最终却失败了。这是基顿影片中基于种族差异篇幅最长、表达最丰富的搞笑场面，创作者本人肯定也没有意识到，它充分展示了 20 世纪初舞台和银幕上对种族制度的表现。

这一幕的前情提要如下：起先，书呆子罗纳德是一位慈爱的单身母亲的独子［饰演母亲的佛洛伦斯·特纳（Florence Turner）戏份不多，但她的表现十分出彩，她也是早于梅布尔·诺曼德二十年前的第一位"维塔格拉夫女孩"］。他们的家境一般，当母亲为他的大学费用发愁时，罗纳德向她保证自己可以靠打零工渡过难关，"就像其他男孩一样"。这段对话引发了两个互不相关的小插曲，展示了倒霉蛋罗纳德在新工作第一天状况频出的场面。

一开始，他试图扮演一个熟练的苏打水手，结果失败了。当时，餐厅里的苏打喷泉和花样百出的服务生曾在年轻群体中风靡一时。在这简短的一幕里，罗纳德接单时接二连三地出错。他尝试了单手敲碎鸡蛋，还想用冰淇淋勺挥出优雅的弧线，结果却是客人和他自己都被喷射的苏打水淋得湿透。之后，他做了第二次求职尝试，来到一家寻求"有色人种"帮手的餐厅当服务员，而基顿令人不快的种族笑料也发生在这一幕。

这一幕的动作场面围绕着一扇旋转门展开。这扇门把都是黑人员工的厨房和全是白人顾客的餐厅隔开了。忙碌的服务员紧挨着彼此通过标有"进"和"出"的门时总免不了相互碰撞，这一幕的编排相当精细，满是岌岌可危的茶盘和快要泼翻的汤碗。巴斯特扮演的罗纳德涂黑了手和脸，它们的颜色深得令人侧目，简直就像黑色的鞋油。他匆忙跑过这几道门时的姿态远比他在苏打水机器前拧手柄的样子要自信。有一次他险些撞上别人，这一幕甚至让他有机会展示过去的一个精彩绝招，"茶杯翻滚"，也就是拿着满满一杯液体做空翻，里面的东西却一滴不洒。这招他从未在其他影片里用上过。不过，整场戏的笑点都基于他的角色在旋转门两侧不停变化的社会地位。

在厨房里，罗纳德的身边围绕都是黑人工作人员，起先他们似乎没有意识到他的伪装。一名中年女厨师朝他抛媚眼，另一名年轻的男性洗碗工则警惕地注意着他们的互动。[2] 这一幕意在唤起观众对种族通婚的潜在焦虑，其中暗示的一名年轻白人——还是个大学生呢——被一个年长的黑人女厨工挑逗的前景惹人发笑，却也令人感到威胁。就像基顿影片中大多数基于种族差异的笑点——《航海家》片尾处巴斯特和女友遇到的"野蛮的"黑人食人族是一个突出的例外——这个笑话的意义不在于用负面的眼光来看待个别有色人种，而是要表明巴斯特这个角色在他们的包围中显得格格不入。

在基顿的影片里，黑人的身体往往是他的角色无法跨越的社会障碍的标志；这类角色通常是努力奋斗的中产阶级的一员，虽说他也很擅长扮演那些娇生惯养的傻乎乎的富家子。起先他可能得不到女主人公的青睐、父亲的尊重或应征入伍的权利，但巴斯特的角色始终受益于一条自由和社会流动性的底线，而那些有色人种的角色，包括现实生活中的这类人，却无法享有同样的权益。

然而，在《大学》的餐厅一幕中，巴斯特–罗纳德的种族伪装却抑制了这种自由。他从厨房来到餐厅的用餐空间，在那里又遇到了一系列新的问题，面对那些包括他的暗恋对象和她盛气凌人的追求者在内的白人顾客，他必须说服他们，他是一名有价值的雇员：对一个受雇于琐碎工作的黑人来说，如果他干得好，就意味着客人们不应注意到他的存在。

在这些展现了吉姆·克劳时代白人想象的不合逻辑的反常场面里，其中有一幕让观众感到，比起白人占主导地位的用餐空间，假扮成黑人的基顿在与真正的黑人群体共处时更容易让人信服。罗纳德的情敌立即怀疑这位紧张地来为他服务的服务员有些不对劲。罗纳德意识到自己的伪装不够到位，于是他又想了一招，以一种奇特的驼背、摆臂的步态走回厨房——对于熟悉黑人歌舞团和《汤姆叔叔的小屋》话剧的几代观众来说，其背后的隐喻不言自明。在基顿的影片中存在数十个类似的瞬间，他儿时浸淫其中的表演传统借由他的肢体动作得以重现，只不过大多数类似情况下，他带给我们的都是欣喜的重新发现，而非痛苦与羞愧。

在基顿的成长过程中，他肯定在舞台上见过无数黑人歌舞团演员。自这种表演形式19世纪30年代出现以来，其中大多数角色都是由涂黑脸孔的白人男子扮演的。然而，世纪之交的舞台上开始出现一些非裔表演者的身影，他们的肤色本就是漆黑的。其中一位最著名的表演者，我猜也就是基顿在《大学》餐厅那一幕里的模仿对象——巴哈马裔美国喜剧演员和歌手伯特·威廉姆斯。

威廉姆斯于 1874 年在拿骚出生，十一岁时被父母带到美国，属于首批登上百老汇舞台的表演者。1903 年，他与表演搭档、非裔美国舞蹈家和喜剧演员乔治·沃克（George Walker）联袂出演了全黑人班底音乐剧《达荷美》(In Dahomey)。1910 年，他开始单飞表演，成为齐格飞歌舞团史上首位黑人明星演员。一些白人演员威胁要退出以示抗议，对此弗洛伦兹·齐格菲尔德的回应是："你们想走就走吧。我可以替换掉你们任何人，除了你们要我炒掉的那个。"[3]

自世纪之交起，一直到他去世，威廉姆斯都是炙手可热的大明星，如今他被视作 20 世纪最伟大的"跨界"艺术家之一。他在 20 世纪 10 年代录制了一些极为畅销的唱片，并与许多同时代的白人明星演员同台演出，其中就包括基顿三人组。

尽管威廉姆斯的招牌角色也以"黑脸"示人，但那并非一个粗俗的刻板形象，而是一个脱胎自人们熟悉的黑人歌舞表演传统的复杂原创角色。在他早期以"威廉姆斯和沃克"(Williams and Walker) 的组合形象巡回演出时，身材高大、体格瘦弱的威廉姆斯扮演"吉姆·克劳"，他笨重的身形和一旁小巧敏捷的沃克扮演的"兹普·库恩"(Zip Coon) 形成鲜明对比。[4] 伶牙俐齿的沃克总能想出一些离奇的赚钱计划，威廉姆斯则是他迟钝、笨拙的跟班。1911 年，沃克死于长期困扰他的梅毒并发症，威廉姆斯不得不重塑自己的喜剧形象，转型成了单人表演的明星。

"约拿人"，如同赋予他名字的《旧约》中的先知一样，他在舞台上塑造的是一个忧郁的形象，一个被命运捉弄的平凡人。他总是穿着过小的正装，戴一顶礼帽，穿着和闹剧滑稽演员（比如巴斯特和乔）类似的拍击鞋，给观众讲一些不着边际的冗长笑话，有时配以朗朗上口的曲调，有时则呈现为威廉姆斯称作"谎言"的口语喜剧片段。这些以工作和家庭为主题的故事观察入微，还夹杂着调侃流行文化和禁酒令的时髦笑点。威廉姆斯的歌曲往往源自黑人生活中的痛苦经历，只是他把这种痛苦描述得足够抽象，也足够有趣，让很多白人观众也能感同身受。《星期六我要辞职》（"I'm Gonna Quit Saturday"）从一个打工人的视角出发，底气不足地宣称这回老板的剥削太过分了。《十个小瓶子》（"Ten Little Bottles"）的叙述者积攒了一大堆黑市私酒，然后沮丧地数着它们一瓶接一瓶地消失，被恳求的亲戚、爱管闲事的邻居和贪馋的当地警察瓜分一空。

威廉姆斯的代表作是《没有人》，后来他在生命最后的阶段承认自己已经唱腻了这首歌，而他的观众们总是百听不厌。这首歌由威廉姆斯作曲，他的长期合作者、黑人作曲家亚历克斯·罗杰斯（Alex Rogers）作词。这是一曲关于贫穷和孤独的哀歌，在从主歌到副歌的过渡中，氛围突然转变成对歌手无能为力的处境的强烈抗议。

> 当生活似乎布满阴雨霾云，
> 而我除了痛苦一无所有，
> 谁来抚慰我混乱冲撞的思绪？
> 没有人。

当冬天来临，雨雪交加，

我肚子空空，双脚冰凉，

谁会说"给你二十美分，买点吃的去吧"，

没有人。

哦，我从未对任何人做过任何事，

我从未对任何人做过任何事，没时间，

直到我在某时某刻，从某人那里，得到某样东西，

我永远不会为任何人做任何事，没时间。

基顿第一部独立制作影片《暗号》的开场字幕写道："本片的主人公来路不明——他不知道要去哪里，又被突然丢到了某地。"其存在主义基调似乎受到了威廉姆斯这首苦中作乐的哀歌的启发。尽管如此，威廉姆斯曲中运气欠佳的主人公与基顿片中身世空白的男主角还是存在几处关键的不同。和典型的巴斯特式角色相比，威廉姆斯唱到的倒霉蛋约拿人明显过着更为物质匮乏且无人问津的生活，基顿片中的主角往往在一开始处于被排斥的状态，不是被心爱的姑娘拒绝，就是被周遭的社会秩序设置了某些障碍：参军（《将军号》）、创业成功（《警察》）或获得继承的财产（《七次机会》）。但他们鲜少陷入赤贫的境地（"肚子空空，双脚冰凉"），也不会完全为社会所抛弃。基顿镜头里的主人公通常都是典型的白人中产阶级奋斗者，他们的目标大多关乎向上流动的社会阶层与浪漫爱情的得偿所愿，而非日复一日的生存。在基顿影片的情节线中，完全不

会出现类似威廉姆斯在《没有人》副歌里唱到的消极反抗——"我永远不会为任何人做任何事，没时间"——恰恰是主人公对行动和参与的投入最终为他在自己的世界里赢得了一席之地。

伯特·威廉姆斯也不是一名抗议歌手。事实上，一些曾因他在全黑人班底音乐剧《达荷美》中取得成功而激动不已的有色人种歌迷对他转去齐格飞歌舞团感到不满，因为后者是一支完全由白人组成的表演团队，观众席的座位还被要求根据肤色隔开。到了20世纪20年代，"新黑人"运动中涌现的年轻进步黑人艺术家已在慢慢抛弃这个传统，人们批评他还在继续"黑脸"表演。20世纪的大部分时间里，起源于前内战年代的黑人歌舞表演传统仍在舞台和银幕上大行其道，尽管20年代以后，包括哈莱姆文艺复兴时期①艺术家们在内的诸多非裔美国人群体都开始反对这种表演形式。20世纪50年代，很多好莱坞音乐剧还会让"涂黑脸"的演员演唱某首以战前南方田园风光为背景的歌曲，此后很长时间里，白人的私人社交聚会上也常见类似的戏码。

但威廉姆斯的艺术还是深深地受到他身为一个有色人种和移民经历的影响。脱下戏服后的他不再是一个口齿不清的南方"黑鬼"，而是一个浅肤色的混血儿，带有西印度口音；因此，他把自己打扮成纯种黑人，在天然卷发上戴一顶爆炸头假发，还用方言说话，也是为了掩盖自己种族身份的模糊性。在他1918年为《美国杂志》（*American Magazine*）撰写的一篇文章中，威廉姆斯谈到这一形象

---

① 又称黑人文艺复兴，也就是前文提到的"新黑人"运动，是20世纪20年代到经济危机爆发这十年间美国纽约黑人聚居区哈莱姆的黑人作家发起的艺术运动，最终扩展至整个非裔美国人群体。

转变对他作为演员的成长的影响，不过他没有直接触及种族的话题。他写道："直到我能够把自己看作另一个人，我才建立起自己的幽默感。"[5]

基顿相当钦佩威廉姆斯。在1958年的一次采访中，他说威廉姆斯是他最喜爱的两位舞台喜剧演员之一，并将他与深受敬重的西班牙小丑马赛林（Marceline）并提，后者自1905年起在纽约竞技场剧院驻场表演了十年，深受儿童观众的喜爱。1960年，基顿又在另一次采访中提到威廉姆斯是他早年的"心头好"，同时他还谈及了一系列以"黑脸"形象表演的白人歌舞杂耍演员：

> 这时我喜欢上了扮成黑人的喜剧演员。我的心头好是伯特·威廉姆斯，他本人也有黑人血统，但他还是会用烧焦的软木塞把脸涂黑……还有莫兰和马克（Moran and Mack），或者卢·多克斯塔德（Lew Dockstader）、弗兰克·廷尼（Frank Tinney）；我们见过一些伟大的黑脸喜剧演员。我们已经彻底失去了他们。

尽管他提到威廉姆斯时特意提及了他的"黑人血统"，并指出这是他与另外四位白人演员的不同之处，但基顿在表达对这种表演形式的怀恋时，似乎并没有将他们区分为两种截然不同的表演模式。在他看来，有色种族的演员把脸"涂黑"跟白人喜剧演员扮成被排斥的种族上的他者并没有什么不同。

那天与他对话的是赫伯特·范斯坦（Herbert Feinstein），一位驻旧金山的广播记者和英语文学教授。赫伯特继续追问基顿，为什么黑脸吟游剧会在之后几十年里逐渐不再流行。他问基顿能否理解，为什么像斯特平·费奇特（Stepin Fetchit）[①] 这样唯唯诺诺又蠢笨的黑人角色"会被一些反黑人团体用来证明黑人就是这个样子的"。基顿没有反驳这种负面刻板印象可能会造成类似的影响，一如他此前表达的对黑脸喜剧的怀旧之情，他平和的回答再次印证了他对种族问题并不敏感的中立态度："哦，从戏剧的角度来看，你不能这样解释；各行各业、各个国家都有蠢人。"[6]

基顿与范斯坦就后歌舞杂耍时代种族喜剧的衰弱做了进一步交流，他似乎不能也不愿区分黑脸喜剧痛苦的文化内涵与他成长过程中接触到的其他种族幽默相对温和的喜剧特色，从他和父亲早期演出时刻板的"爱尔兰"装扮，到他记忆中颇具私人性质的"我的心头好们：我的德国喜剧演员，我的犹太喜剧演员，还有意大利喜剧演员"。这种对更深层、更丑陋的不平等现象的视而不见进一步佐证了黑脸喜剧表演对种族问题的影响，就像《大学》中餐厅一幕的场景，通过挖掘种族之间的差异来逗笑观众，却忽略了使得这一场景中"幽默"奏效的残酷的社会条件。

在读到伯特·威廉姆斯留给当时观众印象的描述时，基顿显然是以一个孩子的身份，"从戏剧的角度"赞赏地观看这位前辈的演出。如同那些默片喜剧演员一样，威廉姆斯的动作极为简洁精准。1922 年，威廉姆斯去世后，他长期以来的粉丝、评论家兼记者海伍德·布鲁恩（Heywood Broun）在一篇悼念文章中追忆了他的舞台风采："一个高个子男人，他的脸用烧焦的软木塞像小丑那样涂

① 演员林肯·佩里（Lincoln Perry，1902—1985）的艺名，被视作好莱坞第一位黑人电影明星，却也因为他扮演的角色展现给观众的种族刻板印象激怒了许多美国黑人。

黑了，一直站在舞台中央，从不使用动作范围超过六英寸的手势。"

威廉姆斯自己也在上述那篇《美国杂志》的文章中提到，他倾向于在舞台上占用一个比较小的空间。他认为，自己之所以使用静态的表演方式，是因为他需要找到舞台上最好的发声位置，因为那是他自认身为表演者最薄弱的环节

我仔细研究了每个我去演出的剧场的音响效果。舞台上总有一个特定位置，那里的声音效果更好……我为自己定下了找到这个位置的任务，一旦完成了就像邮票一样贴上去不动。人们有时会注意到，我的动作非常精简……我站在原地演唱歌曲，是为了保护我的嗓子而非双腿。[7]

1903年，《纽约时报》报道了威廉姆斯在百老汇的突破性演出《达荷美》中展现的明星效应，文中对他的描述可能透露了威廉姆斯后来对一位年轻喜剧演员产生的影响，后者在舞台侧翼的位置观看了他的演出。《达荷美》首演时，巴斯特只有八岁，可能要到几年以后，他自我革新成了一个单人表演者，他才有机会在舞台上见到威廉姆斯。即便在威廉姆斯早期塑造的舞台形象中，这个摇摇晃晃的喜剧角色似乎也在用我们如今称为"基顿式的"手法博人一笑，而实际上也许基顿才是那个一直在模仿威廉姆斯的人。

威廉姆斯尤其擅长把观众逗笑，就像通上了笑声的电路。他的面容严肃，神情阴郁；看上去不太活泼，却拥有他那类人的深邃智慧；他的动作缓慢，透出一种怪异的笨拙。他似乎能够保持好几

分钟同样的表情，而当他做出一个最轻微的动作，就会引发［如此的］大笑……他有着最杰出的喜剧天才。[8]

《时报》刊登的《达荷美》匿名评论对整部作品赞赏有加，却也难逃当时的偏见。在谈到威廉姆斯的时候，报道居高临下地肯定了他对表演时机的精准掌控，一边又说他"迟钝""怪诞笨拙"，而且"沉闷"。他没有真正的智慧，而只有"他那类人的深邃智慧"。这位（可能是白人）作者对威廉姆斯喜剧才华的由衷钦佩，与他表达赞美时所用的种族他者的语言紧密相连。这样的描述也抹除了演员和角色之间的差异，而实际上"约拿人"表现出来的思维迟缓的"沉闷"，就像他土里土气的说话方式一样，都是威廉姆斯精心塑造的舞台形象的一部分。在真实生活中，这位演员虽然只接受过高中教育，却是一个博览群书的人，他用自己可观的收入在哈莱姆区的公寓里打造了一个藏书丰富的图书馆。

19 世纪与 20 世纪之交的种族表演是一个疯狂模仿借鉴的拼凑物。在《时报》的这篇评论里，还提到了这个全黑人剧组中有一名演员"扮演了一个中国人"的角色。［快速浏览一遍该页的其他演出行业报道就能意识到，当时类似的种族刻板印象有多普遍：题为"神秘的日本杂耍艺人"和描述一部新的讽刺音乐剧《苏禄的苏丹》（The Sultan of Sulu）的报道。］二十年后，哈莱姆文艺复兴时期的艺术家们将威廉姆斯涂黑脸孔的表演视作一种自我贬低的传统的回潮。然而，世纪之交的他还是一个开创性的代表人物，也是第一批在舞台表演界和唱片界这两个娱乐媒体领域同时取得巨大商业成功的黑人艺术家。

　　针对吉姆·克劳时代黑人与白人艺术之间的关系，已出版了大量的学术研究著作。这是一个充满了爱与恨、模仿与否认的矛盾的死结。巴斯特·基顿与伯特·威廉姆斯的这段历史仅仅是这种复杂文化碰撞中一个微小的例子，尽管也是一个颇具代表性的例子。巴斯特在接受采访时的回答一贯简洁，每当威廉姆斯的名字出现在巴斯特的童年回忆中，后者似乎总在强调这位身为早期融入者的前辈黑人喜剧演员闯荡娱乐表演业时遇到的阻碍。然而，正如《大学》中那一幕所呈现的，这种钦佩和同情从未转化成对威廉姆斯遭遇的职业困境的理解，也正是在同一个体系里，巴斯特自五岁起就取得了巨大的成功。

　　在他的回忆录里，巴斯特提起他父亲在波士顿一家酒馆里遇见威廉姆斯的故事。和乔一样，威廉姆斯也有酗酒的毛病。他们偶遇的那天，两人都在同一场演出的名单上。乔邀请威廉姆斯坐到他这边来。威廉姆斯做了个手势示意自己坐在"有色人种"区，说："我想那不是个好主意，乔先生。"于是乔走到伯特那一边的位置，跟他一起喝酒。（请注意，即便在一个突出乔的种族宽容的故事里，白人仍然被称为"乔先生"，而他对"伯特"则直呼其名，不加尊称。）[9]

　　威廉姆斯和基顿之间在职业方面的欣赏似乎是双向的。1909年，基顿三人组造访伦敦皇宫剧院时，演出的一大特色正是基顿对伯特·威廉姆斯的模仿表演，尤其是他演唱的《有人说谎》（"Somebody Lied"），这首歌是威廉姆斯几年前的热门歌曲《没有人》的衍生作品。根据基顿的说法，威廉姆斯甚至改写了这首歌的歌词，为了让它更适合一名十三岁滑稽闹剧演员的演出。遗憾的是，改写后的版本没有流传下来。

伯特·威廉姆斯主要从事舞台表演，20世纪10年代中期，他在齐格飞歌舞团的名望达到了顶峰，那期间他还短暂地涉足过电影业，与比沃格拉夫电影公司合作拍摄了三部短片。其中第二部《天生赌徒》（*A Natural Born Gambler*）是我们了解让他在巴斯特童年时期声名鹊起的舞台角色的最佳途径。［在第一部《暗镇庆典》（*Darktown Jubilee*）里，威廉姆斯脱下了他常见的滑稽装束，穿着时髦的西服出场，甚至跟一位黑人女性角色眉来眼去了一番。出品方尤其担心白人观众可能产生的负面反应，因此影片从未在南方上映。］

在《天生赌徒》里，他以惯常的装束亮相，扮演了一个典型的威廉姆斯式的角色：一个黑人赌博俱乐部里的落魄成员，喝酒要赊账，并竭力向一名白人刑警隐瞒他们正在进行的纸牌游戏。现在很容易就能在网上看到这部影片，它的结尾成了对威廉姆斯招牌舞台表演动作的唯一影像记录：他一个人玩扑克，完全用哑剧的形式表演，只用威廉姆斯式的表情和手势来暗示自己抽到的牌，以及其他对手的情况。

无论基顿是否看过《天生赌徒》里这个纸牌游戏的桥段，他在成长过程中一定在舞台上看过很多次类似的表演。观看威廉姆斯用一出动作优雅、节制的小型戏剧模仿一个满手纸牌的玩家——虚张声势、被迫亮牌、怀疑他没有出镜的同桌玩家出老千——我们总会想到《摄影师》中的一幕，基顿独自在空荡荡的扬基体育场里模仿了一整个回合的棒球比赛，他投球、击球、示意看不见的捕手，还威胁要触杀一个不存在的上垒者。

最重要的是，他们之间表演风格的传承，通过威廉姆斯标志性的行走显现出来。他的双脚像鸭子一样外翻，肩膀耷拉下来，长臂垂在身侧，他在酒吧里走来走去，蹒跚的步态显得落寞消沉。他的步态风格不像"黑脸喜剧演员"那样刻板，十年后，基顿在《大学》的餐厅场景里让观众又重温了这一幕；四十七岁时，威廉姆斯在一次演出中晕倒，之后因肺炎去世，基顿的影片上映时，这个被同行 W.C.菲尔兹称为"我见过的最有趣的人，也是我认识的最忧伤的人"[10] 已经离世五年了。

《大学》里的那一幕很快结束于一场潜在的种族骚乱，巴斯特 / 罗纳德在做那个"茶杯翻身"动作时，不小心在铺着地毯的地板上蹭掉了一些脸上的黑色涂料。顾客们注意到了他露出的浅色脸颊，他赶紧跑开了——仍然用威廉姆斯式的摇摆步伐，但速度很快地回到了厨房。在那里，刚才跟他调情的厨师和她的同事们识破了他的诡计，纷纷拿起最近的武器——切菜刀和切肉刀——把他赶了出去。罗纳德惊恐万分，冲出餐厅，消失在大街上，再也不装"黑鬼"了。

基顿用这一幕中的黑脸模仿对威廉姆斯的致敬很可能是无意识的。在他看来，他很可能只是在模仿一个典型的黑脸吟游剧演员的动作——他可能最早是在舞台侧翼欣赏威廉姆斯表演时学会这一招的，但在他幼时所处的娱乐文化环境里，这样的角色也并不少见。不过，无论他是否有意为之，在《大学》这个场景里，这个动作所起到的叙事效果都让我感到尤其接近威廉姆斯的风格。基顿有时会在表演中流露出他崇拜已久的老一代艺人的特质，例如人们熟悉的黑脸吟游剧演员的刻板举止（拖沓的脚步，对白人过分恭敬），同时他也在探索继而转变这些定式的隐喻，而这取决于表演的人是谁，以及他们这样表演的意图。当他扮演的角色的种族身份遭到白人顾客质疑时，他才换上那副刻板的黑人服务生的样态，这就好像基顿承认了在他的角色、他的观众和他自己生活的种族隔离的社会里，种族差异的本质就是表演性质的。他的身体明白这一点，他的思想却似乎从来没有理解过，"黑脸喜剧"本身就是一种刻意的行为，身为一个白人却装扮成黑人的模样，这其实是一种象征性的暴力。《大学》餐厅场景的尾声，是基顿饰演的鲁莽学生逃离了挥舞着刀具的厨房员工，以喜剧性的方式呈现了现实世界里的暴力。作为21世纪的观众，看到这个场景如此迅速地落幕，我们不由得庆幸地松了口气；不过，我们同样感到些许满足，毕竟我们看到的是一个扮成黑脸的白人在这种表演形式漫长历史上尤为罕见的体验：不利于他的后果。

第三部分　坠落

———— ◆ ————

"你觉得那时在你的职业生涯中发生了什么？"

"哦，什么都有。我到了那样一个阶段，根本搞不清楚周遭的情况，然后我开始酗酒。"

——巴斯特·基顿，

出自 1958 年与罗伯特和琼·富兰克林的访谈

倾圮的外墙

《船长二世》拍摄现场工作照，1927 年。

从某种角度来看，基顿的坠落——绝非轻缓的、隐喻性的、让他第一次感到难以立即恢复过来的坠落——始于《船长二世》中那面房屋前墙布景倒在他身上的一刻。在如今已成为他招牌的特技场面中，巴斯特被框在一扇敞开的阁楼窗户里，身体两侧刚好留下五厘米的空间，而他毫发未损。如今这可能是基顿最著名的大场面，被纳入无数经典影片的精彩剪辑里，做成令人印象深刻、不断重复的动图在网上广为流传。

这个特技场面绝对值得反复观看，也值得放慢速度逐帧鉴赏。你可以选择关注墙壁的重量冲向基顿时他令人不安的静止状态，还有他绝佳的即时反应，他困惑地揉了揉后颈，意识到自己的处境发生了变化，接着飞快地跑开了，还不放心地回头看了一眼那堆木头的残骸。或者你也可以尝试盯住那些绳索，在暴露的房屋横截面上很难找到它们的踪迹，正是这些绳索支撑着重达两吨的墙面布景，直到开机的那一刻。三名剧组成员一直隐匿形迹蹲在屋顶上，只待巴斯特的副导演查尔斯·雷斯纳（Charles Reisner）一声令下，他们就会切断这些绳索。整个布景建筑都是由弗雷德·"加布"·加布里掌控的，至今它仍是一个机械奇迹。[1]

这个镜头源自一个由来已久的噱头场面，始于阿巴克尔/基顿的短片《后台》中一处简陋的舞台布景，后来发展为《一周》中的那面旋转铰链墙，它把西碧尔·希利举到半空，同时把巴斯特框在了下方一个敞开的窗洞里。这是窗框笑点的逻辑终点，在原来那个傻乎乎的、依赖道具的笑点上又增加了悬念和潜在的致命危险的元素。从那个角度来看，它是基顿最经典的噱头。自儿时起，巴斯特最大胆的特技就一直具有类似的双重效果：他冒着生命危险，让自己的表演变得滑稽可笑。这就是乔·基顿满是夸张故事的营销策略最重要的前提："不会受伤的男孩"最快乐的时刻，就是他一边把观众逗笑，又用自己的身体冒险吓得他们灵魂出窍。

然而，1927 年的那个周末，一个即将迎来劳动节的周日，那堵真实的外墙倒下的那天，巴斯特感到的必定不是厄运的降临，而是被推向了绝路。庆幸的是，那面道具外墙没有压到他，但还有别的东西把他压垮了。在拍摄那场戏的前一天，乔·申克通知他，巴斯特·基顿制片公司和乔旗下的其他制片公司都将关闭。《船长二世》将是基顿最后一部独立制作的影片。[2]

过去三年里，乔一直是联美公司的董事会成员，现在他要到那里出任总裁。他的计划是让弟弟尼克·申克接管巴斯特的工作；尼克曾是游乐园的管理合伙人，现在是米高梅制片公司及其母公司洛斯连锁影院的总裁。剧院企业家马库斯·勒夫多年前曾与申克家族一同创业，那年秋天他就将告别人世，但在那以前，他开始将多年商业生涯中收购的几家公司［米特罗电影公司、塞缪尔·戈德温制片公司和一家由年轻的加拿大暴发户路易斯·B. 梅耶（Louis B. Mayer）拥有的小公司］的制作部门合并成一个巨大的商业实体，即米高梅公司。基顿／塔尔梅奇／申克公司作为家族企业已经运作了十多年，因而尼克为巴斯特在米高梅公司里找到一个落脚点，这似乎是自然而然的安排，而在瞬息万变的电影业，这里无疑是最能轻松获益的地方之一。

1927 年末，好莱坞黄金时代的"五大"制片厂——米高梅、20 世纪福克斯、华纳兄弟、雷电华、派拉蒙——已经基本成型，尽管其中一些公司还没有发展成今天那样庞大的体量。乔·申克比大多数同类型的制片人坚持了更久老派的独立制片模式。好莱坞电影现在成了一门足够大的生意，需要规模经济的支撑：不是少数几个身兼数职的工作人员在一个街区大小的制片厂地搭建布景的行当，而是配备了专家部门、如同微型城市的大型综合制作体，服装师、编剧、电工、木工、驯兽师们在不同的影片之间不停地连轴转。

好莱坞经济的规模之大，推动了同时期另一个经济体系的发展——华尔街的权力和文化影响力都在 20 世纪 20 年代达到了新的高度，开始在顶级电影大亨们的财务和创意决策中发挥关键作用。在独立制片和自主发行这种较为宽松自由的模式让位于派拉蒙和米高梅这样的纵向一体化大公司后，东海岸的大银行不再敢向小型制片厂提供大额贷款，他们仍然是电影业的主要资金来源地，而小型制片公司时好时坏的票房纪录让他们感到犹豫。为了收回投资，他们需要持续稳固的商业成功的保障。

过去几年里，基顿在类似《将军号》的年代片中对真实细节的痴迷，以及他在《船长二世》中超自然气候飓风场景上展现的非凡想象力，显然对他的拍片预算和申克的票房收入都产生了不利影响。但从整个行业来看，基顿并不算特别挥霍的导演。埃里克·冯·施特罗海姆和 F.W. 茂瑙（F. W. Murnau）这样的欧洲移民导演具有严谨的艺术眼光，他们坚持创作长达八小时的影片，或是为每一个镜头搭建不同的强行透视布景 ①，美国制片人在他们身上烧掉的钱还要更多。

基顿从来不是一个有商业头脑的人，但即便在他和乔的劳动节周末谈话以前，他必定也感知到了电影业正在发生变化。过去一年里，《将军号》的票房失利和《大学》平平无奇的表现一直在他和申克的心头萦绕不去。虽说要到那年 10 月《爵士歌手》上映后，有声电影的革新才会被推向高潮，但好莱坞的每一个人都已清楚地意识到，有声电影时代的到来已成定局。

早在 1926 年夏天，华纳兄弟公司就大张旗鼓地推出了第一部带有同步配乐和音效的商业发行影片。由约翰·巴里摩尔 ② 主演的《唐璜》(*Don Juan*) 是一部浪漫冒险长片。好莱坞历史学家斯科特·艾曼（Scott Eyman）认为这是"一部令人愉悦的巴洛克式混制品，包含了……性变态、恶毒的驼背、刑架上的酷刑、被囚禁的通奸者、被洪水淹没的地牢和糟糕的假发"。[3] 影片的导演是艾

---

① 强行透视是一种摄影技巧，利用光学与视觉的错乱假象，使得被摄物体变形，更近、更大、更小等，利用人眼视觉感知的错觉，让被拍物体与周围环境产生错误的相对性。

② 约翰·巴里摩尔（John Barrymore，1882—1942），美国戏剧和电影演员，早年凭借莎士比亚戏剧中的角色出名，后进入电影界，主演了《罗密欧与朱丽叶》《化身博士》等经典影片。

伦·克罗斯兰（Alan Crosland），就是他在次年执导了艾尔·乔森主演的《爵士歌手》。

《唐璜》可能是一部平庸的电影，但观众都为新颖的声效激动不已，就像三十多年前人们看到不停闪动的动态影像时的心情。影片和另外几部旨在展示维他风系统 ① 重现人声能力的短片一同在纽约首映，第二天，《纽约时报》发表了一篇激情洋溢的评论文章，只是比起对影片的赞赏，它更像是对这项技术的好评：

一个被称作"维他风"的了不起的设备将声音与电影画面同步起来，在华纳剧院上周四晚举行的首场演示会上，挑动了在场尊贵的观众们的激情。对声音的自然再现、乐器的音调特质，还有声音与歌手的嘴唇动作及乐手的演奏动作的时间配合简直不可思议。[4]

几个月后，也就是 1926 年秋天，《唐璜》在洛杉矶的格劳曼埃及剧院举行了西海岸首映式。从不错过任何新鲜技术的基顿和他的老朋友罗斯克·阿巴克尔也坐在观众当中。查理·卓别林、哈罗德·劳埃德、葛丽泰·嘉宝、波拉·内格里（Pola Negri）、金·维多、阿兰·德万（Allan Dwan）、维克多·弗莱明（Victor Fleming）也都去了——20 年代中期最耀眼的默片明星和导演们。[5]当晚放映结束时，观众的反响极为热烈。《综艺》第二天的报道写道："整个剧场的人都在鼓掌、欢呼并跺脚。"映前播放的短片之一

———————

① 维他风系统（Vitaphone）是一种机械还音系统，用于记录和播放声音，最早由华纳兄弟公司采用。

为观众提供了一个声画同步的样本片段：威尔·海斯的一段长三分半钟的演讲，正是这位好莱坞的道德独裁者在几年前将阿巴克尔逐出了电影界。海斯对着镜头发表了一段干巴巴的讲话，赞扬了这种新技术的优点，据说赢得了"震耳欲聋的"喝彩，只是很难说巴斯特和罗斯科是否加入了这一行列。

如同《船长二世》最后一幕中席卷而过的飓风，声音同步的风暴也需要一定的时间形成。在埃及剧院放映《唐璜》后不久，各大电影公司的财务部负责人都从纽约来到好莱坞，与行业内顶尖的创意人才会面。这群人大多是有权有势、人到中年的犹太白人男性，他们留下了一张合影，在米高梅园区洒满阳光的草坪上站成一排，眯起眼睛看着镜头。出席会议的有申克兄弟，米高梅公司总裁路易斯·B.梅耶和他年轻有为的门徒欧文·萨尔伯格（Irving Thalberg）、即将成立20世纪福克斯公司的威廉·福克斯（William Fox），还有其他一些电影业大亨，其中就有基顿的前制片公司经理娄·安格尔，那时他已经跟着乔·申克到了联美公司。

这次峰会的主题是如何在即将撼动整个行业的巨变中幸存下来，他们首先要面对的问题是全国各地影院都急需加装音响设备的线路。公众已经明显表示出了对有声电影的兴趣，而这一需求的增长速度远远超过了电影公司制作、发行和放映的能力。高管们需要说服华尔街银行为他们提供必需的贷款，用于制片厂的改建，还要给许多仍然隶属于电影公司的连锁影院增添必需的放映设备。[6] 为了确保获得这些资金，电影公司必须证明他们能快速回笼大量收益，而那样的金额是基顿或塔尔梅奇姐妹之类的家族企业（或姻亲公司）难以企及的。世纪之交的电影行业早已不再等同于经营一家剧院。它更像是福特汽车装配线这样的大规模生产系统，在这里，投入与产出必须是可量化的，要求可靠且足够大的利润率来满足股东的要求。

1927 年初，福克斯电影公司推出了自己的声音技术系统，有声（Movietone）。他们的第一个尝试是为本就票房表现上佳的默片《光荣何价》（*What Price Glory?*）和《第七天堂》（*Seventh Heaven*）增加了声轨。这些实验引发了一些观众的兴趣。但在同年 5 月，福克斯公司在查尔斯・林德伯格 ① 开始飞越大西洋的航行当晚，在影院播放了他起飞时的同期声影像，就此点燃了公众对有声影像的热情。[7]

林德伯格特技飞行表演为公众带去的兴奋让这次首映给人们留下了极为深刻的印象，在推出有声新闻片的最初几个月里，福克斯还为观众带来了一些并不足以载入史册的主题（借用福克斯"有声新闻"官网的标题）："山羊咀嚼衣物、潺潺的溪流和乘坐消防车的女孩"。这与之后几年早期有声喜剧片的做法如出一辙，在那段时间里，只要有某种声响伴随着动作一同出现就足够了。"有声"系列最终选定了一种更加沉稳且没有山羊的形式：对本周政治和文化事件的快速回顾。这种形式的短片持续了五十多年，也逐渐定义了新闻短片的模式。后来，奥逊・威尔斯（Orson Welles）在《公民凯恩》（*Citizen Kane*）片头再现并嘲讽了"有声新闻"的这种风格。

如前所述，1927 年夏天，基顿和加布里还在设计《船长二号》

---

① 查尔斯・林德伯格（Charles Lindbergh，1902—1974），瑞典裔美国飞行员，1927年 5 月 20 日至 21 日，他从纽约飞到巴黎，用时 33 小时。

如梦似幻的尾声中那面倾圮的道具墙和其余那些倒塌、飞走、漂浮与沉没的布景，此时无声电影的落幕已成定局。只是没人能够预料结局会如此迅速地到来，并在行业里掀起如此剧烈的变化；同样没人能够想到，紧随有声电影之后到来的，是大萧条的灾难。只不过基顿从来都不是一个紧跟好莱坞潮流的人。过去的他不需要那样做。在申克的保护下，他得以远离电影市场日益僵化的法则，埋头创作了十年。申克起初的放养政策让基顿能够随心所欲地尝试那些雄心勃勃的实验，而不去考虑它们能不能收回成本。

然而，从那个劳动节的周末开始，巴斯特再也无法忽视这样一个事实，即他拥有一个准兄弟会赞助人的独立制片时代已经结束了。他还会继续过几年有钱有名的电影明星的日子；实际上，他马上就要接到有史以来最赚钱的工作。只是在他的余生中，他都没有再遇到过像《船长二世》这样的作品，让他能够自由地构思、拍摄、剪辑并主演，在一群由他亲自挑选出来的、值得信赖的合作者的帮助下，从头开始打造一部完全属于他的影片。始于幼年、直至他初入中年的职业道路一直都是平顺而稳定的上升弧线，如今他已到达了顶峰，即将踏上一条布满艰险的陡峭下坠之路。

后来，当他经历了个人生活中的诸多磨难——酗酒导致的意识丧失、从未确诊的深度抑郁、与娜塔莉漫长的离婚程序，还有他与梅·斯克里文（Mae Scriven）短暂且不稳定的第二段婚姻，1933年，他收到梅耶写的一份无礼的个人备忘录，备受屈辱地被米高梅解雇了——那时他又谈起布景墙倒塌的那天，展现出他少有的情感方面的坦率。而在 1930 年，当时他为米高梅出演了一系列票房大卖却毫无艺术造诣可言的喜剧片，在接受为一本名为《闪亮的电影明星》(*Twinkle, Twinkle, Movie Star*)的名流专访书所做的采访时，他特意提到《船长二世》里的特技场面。他详细描述了当时的场景，随后神秘地低语道："当时我很抓狂，否则我绝不会做那件事。"

他没有详细说明"抓狂"指的是什么——生气？失去理智？还是两者皆有？——也没有进一步说明让他处于这种精神状态的原因。考虑到《闪亮的电影明星》是基顿、克拉拉·鲍和朗·钱尼（Lon Chaney）这些大明星的宣传平台，他对这些信息有所保留也是合情合理的。如果提供过多当天让他"抓狂"的背景原因，就会被解读成他对当时雇主的批评，承认失去独立制片的自由仍然让他感到痛苦。

在基顿名声最盛的那段时间里，不同于当时他接受过的其他采访，《闪亮的电影明星》读来就像是他真实的声音：干巴巴的幽默感、直截了当的回答，在描述如何通过物质细节实现某些特效时最为生动。他提到了那天在《船长二世》片场的紧张气氛，那一刻他的语气流露出几分不同于往常的脆弱："我们拍摄那场戏时，摄影师、电工和临时演员都在祈祷，实际上我自己也做了一点祷告……场边有两名临时女演员昏了过去，拍摄过程很艰难，有两名摄影师退出了，片场上的每个人都吓坏了。"我没有在其他地方读到过有关这两名晕倒女性的事迹，所以这可能是个笑话，毕竟他接着又说"我从未听人说起有女人在电影院观看这部电影时昏倒了，我想这个场景大概不值得这样冒险"。[8]但影片副导演查尔斯·雷斯纳后来告诉儿子，拍摄当天他一直跟一名基督教科学会的执业者"在角落里祈祷"（尽管按照基顿的说法，开拍的那一刻，他"躲在帐篷里读《科学与健康》①"）。[9]

为了模拟飓风的效果，造景动用了六台用于驱动飞机的力波蒂牌螺旋桨发动机，经过反复测试和小心安置，它们产生的巨风不会导致布景墙倒下时移位或变形。[10]现场的噪音肯定震耳欲聋。在一项技术含量更低的工程中，造景师往地上钉了两颗钉子，用于指示巴斯特要把脚后跟落在哪里，才能不被砸下来的布景压倒。显然这一幕特效需要一镜到底。这一套犹如人体般精细的布景，只能被制作并毁掉一次。打从孩提时代起，巴斯特就一直在笑声和危险的边缘处徘徊，但从未像此刻那样极端：完成这精彩的一幕，要不就死在片场。

基顿的第三任妻子埃莉诺是一个务实、坦率、不喜欢戏剧化或夸张修辞的女人，她在丈夫晚年时形容他那天的精神状态是"近乎自取灭亡"。[11]无论当天那一幕的拍摄结果如何，她暗示道，那天他全然不把自己的生死放在心上。在和加布里着手策划这个轰然坍塌的布景墙的大场面时，基顿当然不知道自己的制片公司会在影片拍摄结束后被夺走。也许在那一刻，他真的有点盼望那面布景墙会砸到他身上，但他在构思那一幕特效时肯定不是那样想的。尽管如此，埃莉诺对这个故事的说法触及了一些显而易见的东西，任何在今天观看这一幕的人，只要了解基顿的生活背景，都能领会其中的关联。《船长二世》片尾席卷一切的飓风与即将摧毁基顿职业生涯与个人生活的风暴产生了某种命运般的呼应，而那面应声而倒的布

---

① 玛丽·贝格·爱迪（Mary B.Eddy，1821—1910）于1879年创立了基督教科学会，并基于《圣经》撰写了《科学与健康》一书。该教派认为基督教是科学，宣称能够通过祈祷治疗病痛。

景墙不过是他将要失去的诸多庇护所中的一个。

《船长二世》可能是基顿最成熟的一部影片，也是他刚刚抵达又过早失去的独立创作巅峰期的最佳告别之作。这部影片与基顿其他作品的关系就像是莎士比亚和他最后一部戏剧《暴风雨》的关系。[12]《船长二世》上映时，基顿只有三十二岁，他还会拍很多部电影（尽管其中只有《摄影师》和《困扰婚姻》这两部称得上是"他的"作品）。但他这部最后的独立制作影片具有一种人过中年的回顾性氛围，让它有别于 20 年代中期的其他杰作，例如《航海家》和《将军号》。虽说后两部影片也展现出令人惊叹的原创性、表演天赋和技术能力，但它们在某种程度上仍是孩子气的，是一个长大后的孩子用体积超乎寻常的玩具在玩耍：空无一物的远洋轮船，两列飞驰的火车。事实上，正是《将军号》表现出来的这种游戏感，让《生活》杂志的罗伯特·舍伍德反感，毕竟那是一部以战争作为历史背景的影片。

我并不像舍伍德那样对《将军号》产生道德方面的恐惧感，但它也不是我个人最喜爱的基顿电影。在我看来，《船长二世》是他当时创作的所有影片中最丰富、最深刻的一部，因而看到他在那之后不久便发现自己再也无法随心所欲地创作，这就更令人难过了。即便《船长二世》不是他最后一部独立制作的影片，它或许也预示了他职业生涯中某个阶段的终结。影片重温了他在涉足电影界之前就一直关注的核心意象和主旨：对立的父子关系、舞台艺术诱人的想象，还有"家"的不稳定性。

"比尔号汽船"在 1927 年的美国已经是一个家喻户晓的流行文化产物。它是一首 1911 年广为流行的同名歌曲的主角，之后整个 20 年代，这首歌被不断演唱、翻录，并被印制成乐谱供家庭使用（这也是当时衡量一首歌曲走红程度的最重要的标准）。这首歌的表演者是一个叫"莱顿兄弟"（Leighton Brothers）的歌舞杂耍团，他们在前一年刚刚凭借滑稽模仿版的铁路民谣《凯西·琼斯》（"Casey Jones"）大获成功；这首歌由雷恩·菲尔兹（Ren Fields）作词，他曾创作了《在美好的旧时夏日》（"In the Good Old Summertime"）等标准的叮砰巷歌曲①［1949 年，这首歌还被改编成一部米高梅歌舞片，由朱迪·嘉兰（Judy Garland）和范·强生（Van Johnson）主演；基顿戴着一顶不协调的金红色假发出演了一个配角，他还是这部影片的喜剧编剧］。基顿的《船长二世》不是最后一部利用"比尔号汽船"再创作的作品——如今我们称之为知识产权的转化利用。翌年，沃尔特·迪士尼推出了第一部有声动画《威利号汽船》（*Steamboat Willie*），引发了公众轰动，由此开启了一个过去鲜为人知的卡通形象——米老鼠——此后百余年的统治。

《比尔号汽船》和《凯西·琼斯》一样，也是一首叙事歌谣，这首民谣讲述了主角驾驶大型汽船冲向毁灭的故事。不过，不同于《凯西·琼斯》的灵感来源是 1900 年一起真实事故中车毁人亡的火车工程师，《比尔号汽船》的主角是一个虚构人物：密西西比河上的一位蒸汽船船长，在和对手竞赛的过程中死于锅炉爆炸，最后成了"应许之地渡船上的一名领航员"。

假设这首歌谣没有纳入死于火海的情节，那么这两艘桨轮蒸

---

① 叮砰巷歌曲（Tin Pan Alley）是美国 20 世纪上半叶的白人主流音乐，大多欢快风趣，也有怀旧伤感的情调，主要表现美国生活无忧无虑的一面，对百老汇、好莱坞甚至摇滚乐都产生过重要影响。

汽船之间毫无限制的比赛听来就像基顿的本色出演——只是《船长二世》的情节并非如此。基顿饰演的主人公是一个在波士顿受过教育的年轻人，威利·坎菲尔德，前往南方探望与他关系疏远的开汽船的父亲，也就是欧内斯特·托伦斯（Ernest Torrence）饰演的片名中的"比尔"。为什么他们自从威利婴儿时期起就再也没见过面了？为什么母亲要在他完成学业后才让他去见阔别已久的父亲？《船长二世》没有提供任何有关故事背景的情节或台词解释。软弱无能的威利就这样被丢到了虚构的河船交界处的小镇，在那里，他必须学会在船上服从他大男子主义的、雷声大雨点小的父亲，最终赢得后者的尊重。

在基顿的影片中，经常会出现这样一个身材魁梧的年长男性角色，来衬托基顿饰演的身高一米六五、看似懦弱实则颇具运动天赋的主角。有时这个角色以浪漫情敌的形象示人（例如早期短片中高大健硕的歌舞杂耍演员乔·罗伯茨的角色），或是反对巴斯特和他潜在恋爱对象关系的父亲或兄弟。偶尔，这样的对手角色是一名警察，或者像《警察》中那样，是整个城市的警力。在1920年的短片《邻居》中，那位让人不堪重负的父亲就是由巴斯特的亲生父亲乔·基顿出演的，他还带来了一些过去家庭闹剧表演中的戏码。

然而，即便是这些直接套用了基顿三人组剧本素材的影片，也没有一部是直接讲述父子关系的。虽说基顿的每部影片都包含浪漫爱情的情节，可他很少把任何类型的人际关系当作电影的主题。影片里几乎总有一位年轻漂亮的女士，有时在大团圆结局的最后一幕中，这位女士还扮演了等待他的角色，但在此之前，基顿的主角总是孤身一人经历了一切。爱情是一种固定的奖赏，需要凭借个人的勇气、辛勤的工作和不畏肉体伤害的英勇事迹来换取；相反，复杂的人际斗争，就像头发灰白的老威利·坎菲尔德和他有意争取却无可救药的儿子之间的关系，无法赢得爱情的首肯。

《船长二世》的背景设定与基顿的其他影片存在某些共同点——就像《待客之道》与《将军号》一样，故事发生在浪漫化的"南方"；又像《船》和《航海家》一样，故事主要发生在一艘船上——但它探索的心理方面的问题却更像是源自乔和巴斯特·基顿过去的对立关系。影片中同样有一对并置的、惹人发笑的父子形象：身形高大、脾气暴躁、有着老派家长权威观念的父亲，和他身材矮小、动作敏捷、生来就要让父亲头疼的儿子。不过，到了1927 年，也就是基顿家的演出组合解散十一年后，儿子的动机不再是一个聪明孩子反对权威的恶作剧。威利·坎菲尔德是继 1924 年《福尔摩斯二世》之后，第二个被设定为"小某某"① 的基顿电影主角；他想要获得父亲的好感，最终得到他的爱。为了实现这个目标，他选择了早期影片中赢得女孩芳心的同样方式：努力克服这个世界设置给他的障碍（缠绕的绳索、湿滑的甲板、坍塌的房屋正墙、超级大风），并在场面壮观的终极营救中展现出他不畏受伤的勇气和解决问题的能力。

在这一过程中，影片不断加入一些喜剧片段的插曲，重点都在于父子之间的权力斗争，而威利往往是让父亲恼火不已的存在。其中最精彩的一幕是老比尔在帽子店里，他要为儿子毫无男子气概的贝雷帽找到一顶替代品，于是店主把一顶又一顶可笑的帽子安在了

---

① 原文为 Junior，在英语人名中用在与父亲同名者的名字之后。

这个年轻人头上——包括基顿的招牌造型平顶帽，威利抢在父亲看到之前把帽子摘下来递还给售货员。在好几个搞笑场面里，比尔试图向威利展示他心爱的汽船的工作原理，结果威利却摔了个尴尬的（也是神乎其技的）跟头，加剧了老父亲的羞愧感，他很难再为儿子开脱了。

父子之间的紧张关系在稍后一幕中达到了顶峰。脾气火暴的比尔在街上揍了对手一拳，因此被关进了监狱——这听起来很像是乔·基顿会做的事，不管他有没有真的那样干过。巴斯特扮演的威利想出一个主意，到监狱来探望父亲：他把一些工具烤进一只巨大的空心面包里，用来帮助父亲越狱。问题在于，比尔对自己弱小的后代太过反感，便拒绝了这份礼物。威利决意要帮老父亲重获自由，等到一个守卫分心的时机，用一出谨慎而精巧的哑剧向他父亲传达了这个计划。他一边哼着小调，一边悠闲地敲动手指，他的动作慢慢发生了变化，开始假装锯木头，接着监狱门打开了，一双腿沿着面包走向了自由。这是基顿影片中最好的运用哑剧的场面之一，不只因为他的动作准确而搞笑地暗示了越狱的计划，而且整个这一幕还起着更重要的推动剧情的作用。遭到父亲愤怒的拒绝后，威利并没有离开，他坚持留在牢房里，冒着失去自由的危险，也要确保父亲获得自由，因为那是一个好儿子该做的事。他展现出了不同于之后影片结尾处的勇气——跳入水量激增的河流，先后救起了父亲、女友、女友的父亲，在最后一个搞笑场面里，还顺手救起了一个神父。他坚持要让父亲获得自由的动机是爱——并非典型的基顿式主角对女主角抽象、奉承的爱意，而是一个在情感上屡屡遭拒的儿子给予疏远的父亲实际的、能够解决问题的爱。

尽管老比尔没有被威利的面包哑剧打动，但他最终还是承认了儿子的价值。影片结尾处，一场飓风席卷了整个小镇，比尔发现自己还被关在监狱里，整座牢房都将沿着河岸滑进河里。威利终于掌握了此前整部影片中他都没能练就的航海技术，利落地操纵着父亲的蒸汽船方向盘，在千钧一发之际，迎头撞向了正在下沉的监狱，把整个建筑物撞得四分五裂，救出了心怀感激的父亲。在基顿的独立制片生涯中，他曾多次破坏过角色的居所，从《一周》里简陋的套件房屋，到几分钟前刚刚倒塌的房屋前墙，而这座被撞毁的监狱成了这一系列破坏场面的最后一幕。

就像埃莉诺把倒塌的布景外墙解释成不经意制定的死亡愿望一样，这可能是导演本人从未想过的解读；而我之所以将《船长二世》视为基顿艺术生涯的巅峰之作，其部分原因在于最后的父子和解让我感受到了某种类似于年轻时巴斯特与他自己专横的父亲之间的清算。《船长二世》中的威利完成了小约瑟夫·基顿在他甩动篮球和用扫帚敲打的十七年里一直没能做到的事：他战胜了父权，并非用破坏或嘲弄的方式，而是自己承担起了家长的角色。不同于1916 年的那个关键时刻，厌倦了一切的巴斯特和他精疲力尽、饱受虐待的母亲一同离开了奥克兰，丢下酩酊大醉的乔·基顿，甚至没有留下一张告别的字条。基顿用最后一幕改写了当年的结局：威利·坎菲尔德把他坏脾气的父亲从溺水的危机中拯救出来，从而赢得他的钦佩与父爱。在我看来，这是基顿电影中最直白的自我补偿式的愿望满足的时刻，无论有意与否，作为最后一部完全属于他自己的影片，它焕发出一种象征性的力量。在这栋被称作巴斯特·基顿制片公司的房子里，他度过了七年的时光，比他在此期间住过的任何真正的家都更让他快乐，而此刻一切都在他的耳畔轰然倒塌。但就像跌跌撞撞地从废墟里跑出来的威利·坎菲尔德，巴斯特也是在一段时间过后才逐渐接受了现实。只是他用去的不是两秒，而是两年。

米高梅公司的宣传照，约 1927 年。

路易斯·B. 梅耶试图像经营家庭一样经营自己的企业，反之亦然；尽管他的尝试在这两方面都没能奏效。在他担任米高梅最高管理者的三十年里，整个公司文化都受到他令人生畏的人格特质的影响。梅耶坚持在公司源源不断出品的光鲜亮丽、格调高雅的产品上烙下独属于他的印记，其程度甚于好莱坞黄金时代任何一个大公司的高管。他是一个多愁善感的独裁者，发怒和流泪的频率一样高；他也是一个残酷无情的商人，同时坚信电影应当倡导有益的价值观念；在好莱坞大多数人都选择左倾的年代，他是一个坚定的政治保守派；此外，他还是一个爱管闲事的老板，对银幕上的礼仪分寸和银幕下的女性贞洁同样过度关注。

1927 年，基顿和米高梅签订了那份命运攸关的合约。那年也是米高梅关键的一年，只不过与席卷整个行业的有声电影转型期毫无干系。实际上，米高梅是最后一个做出转变的大型电影公司，直到 20 世纪 20 年代末，他们还在持续发行无声电影，也取得了商业上的成功，其中有两部是与基顿合作的。但也是在 1927 年，通过三年前的商业合并成立的米高梅跻身业内收益最高的电影公司，为它的母公司洛斯连锁影院创造了 290 万美元的净利润。[1]

同年 9 月，马库斯·勒夫因心脏衰竭骤然离世。梅耶和尼克·申克之间展开了一场权力斗争，前者掌控着公司在洛杉矶卡尔弗城不断扩张的制片部门，后者则是公司在纽约的经济掌门人。两人之间龃龉已久，梅耶在背后叫申克"臭鼬"（这个外号与他的名字发音相近）。与性格外放的梅耶不同——也不像他在生意场上以慷慨大度著称的兄弟乔——尼克是个冷酷且讲究实际的生意人，梅耶鄙视地说他是个"数豆子的家伙"①。

露易丝·布鲁克斯是好莱坞早期权贵阶层的敏锐观察者，还把一切都记录了下来。在她写给基顿传记作者汤姆·达迪斯的一封私人信件里，她对申克兄弟和尼克的妻子潘西直言不讳的描述令人印象深刻：

> 尼克是个冷酷的小个子，长了一张咸猪肉似的脸。在任何晚宴上，尼克和潘西都可以被商店里的假人代替。在那些小个子的犹太高层中间，乔就像个巨人（约一米八）。他也长了一张不苟言笑的、好像拼凑出来的脸，还被抹去了所有表情。[2]

这时乔被任命为联美公司的董事长，申克兄弟领导着名义上相互竞争的公司，可他们还在继续用老套的家族生意模式管理更大规

---

① 原文为 bean counter，指那些身为公司总管却锱铢必较的人。

模的产业。尼克·申克的女儿妮科拉（Nicola）在多年后回忆起当时的情况，称兄弟俩"每天至少要通三次电话……我不记得他们中有谁曾在没有知会另一个人的情况下做成一笔交易"。那个年代的长途电话还是奢侈品，而兄弟俩分别住在东西海岸。根据妮科拉的说法，他们甚至"发明了自己的语言，一共有两种，那样就没人能听懂他们在说什么了。有一种是根据孩子们玩改字游戏 ① 的暗语发展出来的"。[3]

兄弟俩在这些加密通话中提出了很多计划，打算合并他们掌管的两家公司的发行部门，通过同一个全国电影交换网络发行联美和米高梅的所有产品，以此来规避反垄断法。他们曾在 1925 年提出过这个想法，却被联美公司的创始人之一——查理·卓别林否决了，他嘲讽米高梅制片公司是"软弱的三姐妹"。[4] 然而，两年以后，乔解散了自己旗下所有的独立制作公司，开始全职掌管联美，这时他自然会把自己的头号喜剧明星，也是六年来的妹夫托付给自己的弟弟，并向巴斯特承诺他会得到家人般的关照。

起先基顿摆出了反对的态度，这在他身上并不常见。卓别林和哈罗德·劳埃德都劝他不要接受乔的提议。"他们看起来是在帮你，其实会毁了你，"巴斯特在 20 世纪 50 年代中期对鲁迪·布莱什回忆起卓别林对他的告诫，"他们会扭曲你的判断力。你得不停地为你明知正确的事情争辩。那会让你疲惫不堪。"劳埃德则直截了当地说："他们跟你不是一种人。你会输的。"[5] 很难想象这些对话是

---

① 原文为 pig Latin，是一种依照元音或辅音规律在词尾添加特定后缀或移动字幕顺序的暗语方式，也是一种英语儿童文字改写游戏。

在何种情况下发生的，毕竟这三位收入最高的默片明星私交并不多。但不管怎么说，劳埃德和卓别林这样自导自演的明星的建议对基顿来说没有太大用处，因为他们两人都有足够的经济实力，足够他们慢慢尝试进入有声电影的领域。劳埃德凭借自己的热门影片和精明的商业直觉挣得了巨额财富，他的独立制片公司顺利地过渡到了有声电影时代。他还组建了一支一流的团队，包括长期担任基顿喜剧编剧的克莱德·布鲁克曼，让自己的喜剧片更适应有声电影的变化。至于卓别林，他在全球范围内的广泛成功为他提供了足够的余裕，让他能够在整个 30 年代继续拍摄广受欢迎的默片，并且间隔总是很长；直到 1940 年他才推出自己的第一部有声长片《大独裁者》（*The Great Dictator*）。相较之下，基顿的薪酬再高也不过是乔·申克旗下的雇员，他甚至没有自己制片公司的股份。他在这个行业未来的成功取决于他能否找到另一位同样慷慨大方、不事干涉的赞助人。

没过几天，基顿就坐上了横跨全国开往纽约的列车，在那里，他第一次见到派拉蒙掌门人阿道夫·朱克。当他直截了当地向朱克提问，是否有意接受他的整个公司、团队和一切，他被告知派拉蒙刚刚跟劳埃德签约，此时再加入一位喜剧明星就显得有些多余了。这些话对基顿来说并不成立，因为过去几年里，他的电影和卓别林的电影都是由联美发行的，两者并未产生明显冲突，可是，如他对他的第一位传记作者所言："根本没法说服他放弃那个想法。我从进来的那扇门离开了：基顿去了米高梅。"[6]

接下来发生的事情揭示了基顿管理冲突的方式，未来十年里，这种处事风格将对他十分不利。用他的话来说，他"回到酒店房间里，想要仔细考虑一番，转而开始沉思"。

我把自己搞得一团糟，然后我犯了一个错误，就像我的喜剧里，只要错过一件小事，此后就在困境里越陷越深。这时我决定孤注一掷——我去见了尼克·申克！我既紧张又不安。这一切太像我的剧本里会发生的事了……当时股市还没崩盘。到处都是钱。我应该出去找点钱来，找到能够支持我的人，把我的团队保留下来，继续拍我的电影……结果呢，我跑出去喝了三杯，然后带着软化的态度去见了尼克·申克。[7]

令人震惊的是，他在 20 世纪 50 年代中期回顾这一事件时，认为他的银幕角色会在现实生活中犯下这样的"错误"，在一次重要的商务会议前喝得醉醺醺的："这一切太像我的剧本里会发生的事了。"恰恰相反，他在影片中扮演的总是一个勇敢、大胆、不断往前的人物。没错，他总是自作主张，只是我们很难想象银幕上的基顿会在面对冲突时抽身而退，用烈酒滋养他受伤的自尊心。

打从他二十出头起，酒精就在基顿的日常生活中扮演了一个重要角色。而在禁酒令时代的好莱坞，这种情况并不罕见。塔尔梅奇姐妹都酗酒（最终三人都对酒精或毒品产生了依赖）。迈拉·基顿在玩她那没完没了的皮纳克尔牌戏时，手边总是放着一瓶波本酒。虽然乔·基顿在五十多岁时与一位严格信仰基督教科学派的女士结了婚，从此滴酒不沾，可他的酗酒以及由此引发的暴力行为一直是巴斯特青少年时期一项日益恶化的危机。然而，只要基顿把自己无限的精力和体力投入到每年拍摄的六部短片和两部长片里，喝酒就只是他生活中的一小部分，他还要应付繁忙的拍摄日程、延续到深夜的激烈牌戏和周日在意大利别墅后院泳池边举办的一呼百应的烧烤派对。

到了 1927 年末，和娜塔莉在生理和情感上都已疏远的婚姻让他郁郁寡欢，对自己的职业前途也没有把握，酗酒成了他逃避生活的方式，或者，就像他到访尼克·申克的办公室时那样，把酒精当成了液体的勇气。此后八年多的时间里，基顿一直在酗酒，并且持续表现出这种被动、自毁的特质。乔·基顿是个爱好社交、厚颜无耻的大嗓门酒鬼，喜欢吹嘘和找茬；基顿则习惯安静地、有条不紊地喝酒，犹如一种朝向内心的暴力——几乎就在他丧失自己独立创作权的同时，他的酗酒变得愈发严重，并影响到了他的生活。

一俟他到申克的办公室并"软化态度"后，他就只能接受申克兄弟在他缺席情况下达成的协议了。基顿从来不是一个喜欢争论的人，而在面对尼克·申克这样的谈判高手时，他就像一块黏土一样任人摆布。尼克向他保证，米高梅正在成为好莱坞财力最雄厚的电影公司，没有比这里更好的栖身之所了。在卡尔弗市的外景场地，他对巴斯特说："我们新的大型场地会为你提供更大的产能，减轻你的制作负担。你只要负责搞笑就行了。"[8] 他还为基顿开出了3000 美元的周薪，比他在乔那里的收入整整高出了 50%，外加电影分红，甚至还有给他父亲的生活津贴。基顿确实试图就周薪数额跟尼克争辩一番——即便是这样慷慨的加薪也不能改变他的想法，对他来说最重要的始终是创作方面的自由——但尼克的态度相当坚决："一周 3000 美元刚刚好。现在我们去吃午饭。"

基顿一生都在与他的直系和旁系亲属合作，或者为他们工作：

先是他的父母，再是他的姐夫，如今这段裙带关系里又加入了新人——姐夫的那个更有权势的弟弟。申克兄弟俩都向他保证，他们会照看好他，这对他天性中不谙世事、近乎孩童的部分产生了吸引力，也正是这部分特质让他成为一个创意源源不断的大师，同时又是一个极其糟糕的商人。这种家长式的管理风格——显然还要加上那三杯酒——安抚了巴斯特对自己失去独立性的担忧。多年以后，他才会认识到，这笔转投向米高梅的交易是他职业生涯中最严重的错误。"他们把整件事说得极其动听，"他在 20 世纪 50 年代中期回忆道，"可实际上就是乔把我交给了尼克，就像把零钱从一个口袋移到另一个口袋。"

这笔交易只是米高梅当时为巩固自己最富有、最具影响力的好莱坞制片公司的新地位而促成的一系列大交易中的一小部分。1927年，梅耶还与威廉·伦道夫·赫斯特达成合作协议，发行并资助赫斯特自制的新闻片。赫斯特十年的情妇，女演员玛丽昂·戴维斯（Marion Davies），是米高梅的另一项资产；他们达成了一项默契，米高梅将发行玛丽昂出演的那些不太成功的影片，以此换取赫斯特旗下纸媒对米高梅出品影片的正面评价（赫斯特与戴维斯的关系在《公民凯恩》中被戏剧化地改编了，有些人据此推测，戴维斯全无才华，而事实并非如此；她是一个灵巧的喜剧女演员，离开赫斯特偏爱的哀切的历史剧以后，她开始大放光彩。只不过她的影片很少能够赚大钱，哪怕它们都广受好评）。梅耶利用他与赫斯特的友谊，正如他后来利用自己与赫伯特·胡佛（Herbert Hoover）总统的友谊，让自己的公司成了公众心目中全世界最重要的电影制片公司。赫斯特则把略微年轻的梅耶看作自己的门徒，在写给他的亲切信件的结尾署名"威廉叔叔",还要求他的全国连锁报纸的员工,"把有关〔梅耶家族的〕好照片和讨人喜欢的好故事发给我们的报纸,不论早晚,并指示印刷"。[9]

与竞争对手们相比,米高梅有一个巨大的优势:占地面积超过73公顷的片场,种满了柳树和橘子树(几乎就在声音技术出现的同时,这些彰显富足安逸的点缀,以及原本用来分隔地块的宽阔小巷,都从片场消失了;有声电影需要笨重的设备和巨大的封闭片场,而不是移动摄像机和露天布景)。除了声名稳固的老牌影星——葛丽泰·嘉宝、约翰·吉尔伯特、玛丽·杜丝勒(Marie Dressler)、巴里摩尔兄弟(Barrymore brothers)——公司很快还将推出一批大有可为的新人演员,例如琼·克劳馥(Joan Crawford)和克拉克·盖博(Clark Gable)。米高梅正在形成自己独特的风格:耗资甚巨的奢华制作、由传奇室内设计师塞德里克·吉本斯(Cedric Gibbons)操刀的优雅布景,以及无论情节多么曲折动人,也总是坚定地认同母爱、爱国主义与白人异性恋一夫一妻制的故事内容。梅耶的政治保守主义表现在那些受他偏爱的电影里,它们避免触及社会问题,也不涉及生活中更丑陋肮脏的一面。而米高梅区别于其他大型制片公司最重要的一点是他们坚持以演员为中心的制作方式。大约就是在这个时期,公司宣传部门提出了这样的口号,概括了公司以演员为中心的理念:"米高梅拥有的明星数量更甚于夜空中的繁星。"

1927年,路易斯·梅耶开始为成立一个新的全行业机构而奔走——美国电影艺术与科学学院(Academy of Motion Picture Arts and Sciences)。他的初衷与其说是为表彰电影工作者的成就,倒更像是为了防止演员公平协会（Actors' Equity）之类的行会成立有组织的工会。其他三十六名好莱坞精英也加入了梅耶的行列，该组织成立后第一年的大部分时间都用于解决电影公司和行会负责人之间的纠纷。直到第二年，随着行业向有声电影的转变顺利过渡、电影业的劳动力状况渐趋稳定之后，学院才开始重点关注颁奖事项。梅耶在几十年后的一次采访中欣然承认，奖项制度是作为一种控制手段而设立的："对付［电影人］最好的办法就是在他们身上挂满奖牌。如果我给他们奖杯和奖牌，他们就会拼命拍出我想要的东西。"[10]

基顿结束了他命运多舛的纽约之行，一回来就被大张旗鼓地安置到了米高梅。宣传部门给他拍了一张照片，他提着一对标有"笑料"字样的超大行李袋，站在公司著名的拱形入口前。米高梅为他在卡尔弗城广袤的片场上提供了一处宽敞的平房作为化妆间和休息室，但令梅耶不满的是，他坚持在公司大门外不远处另租了一栋房子。在由洛斯出版并寄送给全国各地影院业主的《发行商》（*Distributor*）新闻周刊里，有一篇居高临下的文章，声称基顿被自主经营制片公司的需求压得喘不过气来，他为米高梅提供的帮助表示感谢："没人能像巴斯特那样承担所有的制片责任。故而麻烦终于悄然而至……如今，在米高梅的监管下，有了米高梅喜剧演员和编剧的帮助，还有米高梅技术人员的指导，巴斯特将再度重返行业之巅。"[11]

基顿在米高梅最早接触的不是性格多变、咄咄逼人的梅耶，后者对基顿的作品和广泛意义上的喜剧都不感兴趣。负责安排这位公司新星工作进度的是欧文·萨尔伯格。这名年仅二十八岁的"神奇小子"制片人在十六岁时就跨进了这个行当，当时他是环球影业总裁卡尔·莱姆勒（Carl Laemmle）的助理。1928 年初，基顿加入米高梅的时候，小他四岁的萨尔伯格已经当了五年梅耶最得力的助手。萨尔伯格是个苗条、英俊、体弱多病的人，患有先天性心脏病。他很小的时候，他母亲就被告知他活不过三十岁〔正因如此，亨丽埃塔·萨尔伯格（Henrietta Thalberg）从不让她唯一的儿子远离自己的视线，即便在他和米高梅当红影星瑙玛·希拉（Norma Shearer）结婚以后也是如此〕。后来萨尔伯格也确实在三十七岁时死于心力衰竭。然而，知道自己来日无多，反而让他迸发出旺盛的精力和高度集中的注意力，这点跟基顿极为相似。

基顿和萨尔伯格还有其他一些共同点。两人都年纪轻轻就跻身行业顶端，语调亲和又极为固执；他们都为人谦逊，基顿经常在他实际执导的影片中让副导演挂名导演的荣誉，萨尔伯格则拒绝自己的名字出现在任何演职员名单里；他们都极为看重自己出品的影片质量，尽管他们对于如何拍摄影片的理念相去甚远。萨尔伯格和基顿也有过几年不错的私交：在 1927 年与希拉结婚以前，萨尔伯格曾经热烈追求过基顿的小姨子康斯坦斯·塔尔梅奇，只是没有成功。[12]

萨尔伯格喜欢基顿本人，也喜欢他的作品；一段时间里，他似乎信守了自己的诺言，保护米高梅的这位新星免受高层干涉。萨尔伯格延续了基顿到那时为止一直采用的家庭式管理风格，指派刚刚成为自己新妹夫的制片人劳伦斯·维恩加藤（Lawrence Weingarten）来管理这位新加入明星的团队。尽管有了萨尔伯格和申克兄弟的承诺，基顿的自由还是打一开始就在合约层面上受到了

限制。他在 1928 年初签署的合同里有一条明确规定，他可以"就
故事和方向与制片人协商，但最终决定归于制片人"。对于这种管
理层面的监督行为，早在他为乔·申克拍摄最后几部电影时，他就
曾表示过不满，如今这种行为却得到了法律层面的认可。七年来，
他一直都有一支精挑细选、随时待命的团队，为他在拍摄过程中需
要的任何布景和道具提供即时支持，如今他突然要在工作中面对一
个庞大的、自上而下运作的官僚机构，用他的话来说，"你必须填
写一式三份的申请，才能拿到一根牙签"。[13]

　　话虽如此，基顿为米高梅拍摄前两部电影时——还是默片——
仍然保有一定程度的创作控制权。在拍摄《摄影师》的过程中，他
甚至保留了几位老团队的成员，这是很多人跟他的最后一次合作：
美术指导弗雷德·加布里，摄影师埃尔金·莱斯利，还有喜剧编剧
克莱德·布鲁克曼。后来和基顿成了朋友、曾在《大学》里扮演反
派的哈罗德·古德温，再次出演了巴斯特不择手段的情敌。负责
这个项目的导演是爱德华·塞奇威克。塞奇威克家过去也是歌舞
杂耍行业的，儿童爱德华曾以"塞奇威克五人组"的形象巡回演
出，还与基顿家有过一些交集。基顿的米高梅长片都是塞奇威克执
导的，多年后，他作为幕后喜剧编剧和基顿在米高梅共用一间办
公室。起初两人在《摄影师》片场成了好友，塞奇威克经常出面对
抗制片人，试图保留基顿的一些创意，但最后大多还是遭到否决。
在 1930 年的有声电影《步兵》（*Doughboys*）① 里，他们伴着克里

---

① Doughboy 是第一次世界大战期间美国流行的俚语，指战争期间的美国步兵，有
一种说法是步兵军服上的铜纽扣很像是过去为水手们制作的油炸面团。

夫·"尤克里里·艾克"·爱德华兹（Cliff "Ukulele Ike" Edwards）的配乐，在银幕上和谐地共唱了一曲——这是这部总体而言喧闹嘈杂的影片中为数不多让观众感到愉悦的时刻。

《摄影师》讲的是一名街头锡版摄影师爱上了新闻片公司的办公室秘书［玛赛莲·黛（Marceline Day）饰］，于是决心把自己改造成一名新闻片摄影师。影片中有一处对公司新近与赫斯特新闻帝国达成协议的巧妙宣传，在办公室门上清楚地标示着"米高梅新闻"。这是基顿最后一部伟大影片，尽管其中一些细节流露出某种多愁善感的氛围，而巴斯特·基顿制片公司的出品中绝对不会出现类似的场面。这部影片见证了这位独具个性的电影人第一次也是最后一次在大型制片厂的环境里充分展现自己的才华，电影历史学家伊莫金·萨拉·史密斯（Imogen Sara Smith），基顿喜剧最敏锐的观察者之一，称其为"夏日最后的玫瑰"，捕捉到了这部影片背后隐含的辛酸。[14]

在拍摄《摄影师》时，基顿第一次不是根据明信片上勾勒的剧本大纲，而是拿着一个完全写好的翔实剧本在拍摄，用他的话来说，这个剧本是由米高梅编剧部"太多的厨师"拼凑出来的（影片字幕只列出了两个编剧的名字，但米高梅的习惯就是让整个编剧团队都参与到一个项目里，即使他们的名字不会出现在银幕上）。[15]在反复向管理层申辩后，基顿得以去掉剧本中一些与情节无关的元素——多年后他说："萨尔伯格想让我加入黑帮的情节，掺一点这个再加一点那个，那就是我的斗争，去掉那些多余的东西。"[16]尽管如此，这部影片仍然是他情节最丰富的默片之一，包括一段三角恋情、一个职业成长故事，还有在充满异国情调的纽约唐人街发生的一起帮派冲突引发的大型动作场面。

对于尚未接触过基顿的人来说，《摄影师》是一部很不错的入门影片；倒不是说这是一部典型的基顿式作品，而是因为在他的早期作品中，对浪漫情节的渲染或沉迷往往给人一种突兀感，《摄影师》则给了观众某种程度的缓冲。这对情侣在摄影师新购入的电影摄影机上方凝视着对方的眼睛，这一幕蕴含的令人颤栗的甜蜜似乎违背了这位厌恶感性的导演的性格——但你很难抵御靠近这样一双富有表现力的眼睛的诱惑。在影片后半段，遭到背叛和拒绝的巴斯特跪倒在沙滩上，这是基顿向情节剧迈出的一步，也是他作为演员欣然接受了一次探索新领域的机会。

以基顿的标准来衡量，作为影片中心情节的爱情故事具有相当的分量。玛赛莲·黛扮演的沙莉算不上一个全面的人物形象，但起码她有一份工作，与他早期影片中的准维多利亚式女主角相比，她有了更多的出镜时间，并且她像是为巴斯特角色真实的人物性格所倾倒，而不是因为他一派威严地完成了某些看似随意的任务。黛饰演的沙莉充满活力和魅力，她是巴斯特自西碧尔·希利时期以来最好的银幕伴侣。乔·申克始终坚持雇用那些有档期、报价适中、长相漂亮的女演员，而米高梅在这方面并不吝啬，女明星们一直是公司最宝贵的资产之一。

拍摄这部影片时，时年二十岁的黛灵活优雅、顾盼生姿，是米高梅签下的一名冉冉升起的新星。她自十五岁起涉足电影行业，先是作为马克·森内特"泳装美女队"的一员出道，后来又与不同类型的男演员搭档，包括孩子气的喜剧演员哈里·兰登、西部喜剧明星胡特·吉布森（Hoot Gibson），以及恐怖片大师朗·钱尼。在出演《摄影师》的前一年，黛被提名为"WAMPAS 宝贝明星"之一，这是一项由西部电影广告商协会（Western Association of Motion Picture Advertisers，简称 WAMPAS）举办的针对年度新晋女演员的评选活动，许多大牌女影星都是从这里起步的：克拉拉·鲍、琴吉·罗杰斯（Ginger Rogers）、琼·克劳馥、卢普·韦莱斯（Lupe Vélez）。玛赛莲·黛的名气从未达到她们的高度；她在 20 世纪 20 年代后期拍摄了一系列优秀的作品，进入有声电影时代后，她也取得了一定的成就，即便是她那些相对较弱的作品也赢得了一致好评。然而，随着有声时代的到来，她很难找到自己适合的领域。她的最后一部影片是 1933 年为一家"贫困行"制片公司拍摄的西部片。次年她退出演艺圈，嫁给一位富有的皮草商，直到 2000 年去世，她都没有再出现在公众视野里，多年来从未接受过任何采访邀请。

《摄影师》在基顿作品中脱颖而出的另一个原因是影片选择了纽约作为取景地。唐人街的布景是在米高梅片场搭建的，但最重要的摄影工作都是在曼哈顿市中心完成的。拍摄吸引了大量观众围观，这让拍摄工作变得尤为困难：现场一位旁观者的自摄影片显示，大约有数百人挤在路障后边，只为观看基顿扮演的角色扛着摄影机穿过一条街道。数量如此之巨的围观者让天性害羞的巴斯特感到不安，在好莱坞电影殖民地小镇生活了十年，他还没有意识到自己有多出名，已经不可能再像个无名氏一样走在第五大道上了。

拍摄仅仅进行了几天，这部当时名为《快照》（Snap Shots）的影片就转移到了米高梅外景地拍摄。不过 1928 年纽约街头的繁华景象已被充分记录了下来，基顿在车流之中飞快地穿梭，他的身影几乎要被纵横交错的电车和双层巴士淹没；他极速冲刺的身影让这部影片迸发出一种更为都市化和现代化的能量，那是过去十年里他在相对田园牧歌式的洛杉矶拍摄的任何一部作品都不具有的质感。

在为数不多的实景拍摄镜头中，最有价值的镜头是基顿在扬基体育场里以纯哑剧方式上演的单人版棒球赛，背景中有一列高架地铁列车意外驶过画面。后来，在一个公共泳池狭小的更衣室里，巴斯特和一个魁梧的男人同时想要换上泳衣，结果被对方的肢体和衣服缠得动弹不得。这两个场景都极为搞笑，还有一个镜头是巴斯特在寄宿公寓的卧室里，试图打开一个拧得很紧的储蓄罐，不小心破坏了房间的墙壁；这一幕完全是即兴创作的。实际上，更衣室的那一幕也是纯然兴起的杰作，他们只好把摄制组经理艾德·布罗菲（Ed Brophy）叫来扮演第二个淋浴的人。[17] 等到基顿开始拍摄他在米高梅的第二部电影《困扰婚姻》时，这种松弛的片场氛围已经一去不复返了。

《摄影师》的票房表现不俗，并且几乎赢得了评论家一致的称赞。公司里流传着一则八卦，说萨尔伯格在办公室旁的放映室里一遍遍地观看这部影片，笑得浑身打颤；他最喜欢的是更衣室里的那一幕。

基顿在米高梅的首部作品取得了公认的成功，这让接下来的一切更令人费解：公司的下一步不是放松对他拍摄计划的控制，反而安排制片人维恩加藤对这位新来的明星采取更为严格的监管。基顿在回忆录中写道，"我一直在求他们：让塞奇威克来当我的导演，再要两三个编剧，我自己的道具师、电工、服装师和几个技术人员，我保证能拍出跟《摄影师》一样好的片子，甚至还要更好。"[18] 回过头去看，这是基顿的最后一搏，电影史上一个微小却重要的部分，也是一个人一生中短暂而富有转折性的一刻，如果当时有人听了他的话，一切的走向或许都将不同。可是萨尔伯格对公司体系里制片人中心制的风气异常坚持，他拒绝了基顿要求一个独立制作部门的提议，也许是担心如果他同意了，所有明星都会开始要求独立制片的权力。

在路易斯·梅耶"炒掉"基顿后的几十年里，米高梅一直把《摄影师》用作喜剧部门新员工的培训影片。影片拷贝都因此磨损了；如今留存下来的版本大约缺失了三分钟，缘于原始底片备份太多次造成的损坏。[19] 讽刺的是，缺失的那一幕讲的是巴斯特的角色在职业初期尝试用胶片记录新闻事件却以失败告终的经历：战舰下水和第五大道上的游行。在之后留存下来的一个镜头中，巴斯特尴尬地坐在放映室里，米高梅的新闻片员工们嘲笑他拍出来的双重曝光影片，好像有一艘飞船正在驶过拥挤的游行场地。而在现实生活中，基顿和米高梅的关系恰恰相反：他们派到街头去拍摄的那个人并非无能的摄影师，而是一位大师，他带回来的不是拙劣的废片，而是精彩的杰作。接下来巴斯特的真实遭遇也与他在影片里的分身截然相反。在经受了早期耻辱性的失败后，他没能证明自己的价值，没能"纠错改正"，反而坚持要履行自己一开始的承诺——让他用自己的方式去干，就能拍出既叫好又叫座的电影——得到的却是他最害怕的结果，并为此受到了惩罚。摄影师的摄影机就要被夺走了。

《逍遥自在》(1930 年) 剧照。

1929 年，基顿拍摄了他在米高梅的第二部电影《困扰婚姻》，
其后痛苦的四年里，直到 1933 年路易斯·梅耶让他走人，他都无
法摆脱自己在这部影片里扮演的——更准确地说是强加给他的人物
形象。他饰演的角色名叫埃尔默·甘特利（Elmer Gantry），是一
名卑微的熨裤工，迷恋上了一位高傲的舞台剧女演员；令人困惑的
是，主人公的名字和辛克莱·刘易斯（Sinclair Lewis）同名小说
中大肆传教的同名反英雄人物毫无联系。之后四年里，基顿在米
高梅扮演了好几个不同的埃尔默，例如《步兵》（1930）里的埃尔
默·史岱文森、《激情水管工》（The Passionate Plumber，1932）里
的埃尔默·塔特尔，以及身份更低微的埃尔默·巴茨，这个角色出
现了好几次，包括他在米高梅的最后一部影片《什么？没有啤酒！》
（What? No Beer!，1932）。即便是那些不叫埃尔默的米高梅时期主
人公，例如《客厅、卧室和浴室》和《纽约人行道》（The Sidewalks
of New York，1931）里的角色，也都表现出类似埃尔默的特征。他

们都是笨拙、愚蠢、容易上当受骗、被其他角色嘲笑或鄙视的人物。除了少数几个例外——比如他在《轻而易举》(*Speak Easily*) 里扮演的古典文学教授——他们都是天真烂漫、不谙世事的乡巴佬，对都市现代性呈现给他们的一切感到困惑，也对生活中出现的女性不安到了惊慌的地步。

在九十年后的我们看来，当时米高梅制片人和编剧团队的做法依然令人费解，他们显然没有意识到，唯有这位新雇员本人才能解决他入职后面临的难题：找到一个适合他出演的项目。他们无法理解他在自制影片中塑造的角色，或者更糟，他们自以为理解了，并基于这种深深的误解为他选择了新的角色。在从巴斯特到埃尔默的转变中，基顿矮小的身材成了令人怜悯的男子气概的欠缺；他坚忍克己的性格成了无法理解的沉闷；他镜头中的人物为掌控他们世界中的物理环境（技术、物理定律、天气的自然力量）而进行的英勇抗争也被简化为单纯的笨拙。自世纪之交以来，"埃尔默"这个名字逐渐失去了人们的青睐，到了 20 世纪 20 年代末，在都市化的现代美国人听来，这个名字代表的就是一个过时的乡巴佬形象。这个名字本身就很"滑稽"，或者说起码表现出一种直白的语言上的幽默，早在基顿说出银幕上的第一句台词前，他就知道这与他的角色并不适配。[1]

"埃尔默"也是基顿为他在加入米高梅前后领养的宠物圣伯纳犬取的名字（康斯坦斯·塔尔梅奇当作新婚礼物送给基顿夫妇的德国牧羊犬，船长，几年前被车撞死了）。狗狗埃尔默成了片场的固定来客，每天陪基顿来上班，下午和葛丽泰·嘉宝一起在整个片场散步。在梅耶最终强迫他搬进片场的休息室后，基顿假借他的同名宠物为托辞，或是把它当作一个站不住脚的借口，在平房入口处挂上一个令人不快的标牌："基顿犬舍"。其中的双关意味显而易见：正如基顿在梅耶批准他使用的地块上饲养宠物一样，他也是被公司高层圈养的对象。这样一个象征他自身被米高梅豢养的宠物名，还故意当着雇主的面挂上一块强调此种联系的标牌，这是一种被动的反抗——对于巴斯特来说，一切都是被动的。

在巴斯特的一生中，还会有更多的埃尔默，无论是人还是狗。20世纪30年代中期，他为教育电影公司（Educational Pictures）拍摄了一系列低成本的快捷短片，《歌剧大满贯》《空中飞人》（Allez Oop）、《水兵》（Tars and Stripes）、《青色火焰》（Blue Blazes）、《车轮上的爱巢》（One Run Elmer），其中的主人公都叫埃尔默。几年后，他为哥伦比亚公司拍摄几部他自称"差劲"的两本影片时，至少重新启用过一次这个名字。那部影片是1940年的《原谅我的卧铺标记》（Pardon My Berth Marks）。50年代末60年代初，他和埃莉诺在圣费尔南多谷六千平方米的地产上养了好几只圣伯纳犬，其中一只就叫埃尔默二世。这个名字不断基于他的自主选择重复出现在他的生命里，似乎表明它对他的意义不只是要提醒他在米高梅时期受到的创伤。他似乎对这个绰号产生了感情，或许把它当作针对那段岁月的一个黑色幽默的玩笑，又或许仅仅是因为它让他想起了第一只圣伯纳犬，我们将在后面的章节里看到它的悲剧命运。

《困扰婚姻》是人类埃尔默第一次也是最后一次在无声电影的世界里露面，起码在这部影片的最后一部分，他已经变成了一个我们熟悉的基顿式的英雄人物。出于片名暗示的种种原因——女演员想要让她真正心爱的男演员吃醋——胆小的干洗工和他的暗恋对象步入了婚姻，他逐渐通过体能上的壮举表明自己的忠诚，最后一幕的高潮发生地是一艘驶向大海的轮船，那也是基顿素来最钟爱的场景之一。

尽管如此，与《摄影师》相比，制片厂显然更大程度地介入了《困扰婚姻》的拍摄。基顿在前一部片子里想方设法拒绝的黑帮情节出现在了这部影片的高潮，私酒贩子进攻到了船上，埃尔默必须单枪匹马将其击退，这一幕展现了基顿作品中不常见的暴力场面（恶意殴打，好几个酒瓶被敲破在头上）。允许基顿自由发挥和纯粹的喜剧动作场景都很少，往往经过很长时间才有灵光一现，而这些片段总是令人难忘，例如在长达四分钟的新婚之夜一幕中，新娘喝得烂醉，毫无知觉地瘫倒在两人酒店房间的地板上。巴斯特/埃尔默的任务是设法把她死沉的躯体挪到床上，而她一次又一次地从他怀里滑落；这一幕涉及各式各样的道具，并引发了一系列复杂的双人摔倒动作。就像《摄影师》中更衣室的一幕，这是对两具紧贴在一起的身体可能引发的喜剧效果的进一步挖掘，无论这两个角色之间的爱情故事多么不幸，观众总还是会被逗笑的。

这套"把新娘带上床"的流程毫无色情意味，终其一生，巴斯特都不喜欢在电影里"擦边"。特里比尔① 的身体被摆成好几个尴尬的姿势，没有任何一个暴露镜头，当他终于把她搬到床上，为她着迷的埃尔默只是在她脸上轻轻啄吻了一下，之后就去了自己的独立房间。然而，制片人维恩加藤强烈反对这一幕的设计，声称

————————

① 《困扰婚姻》中新娘的名字。

"我不喜欢在我的影片里看到这种东西"。基顿越过制片人去找了萨尔伯格，为之好一通抗议，用他多年后的话来说："我像个荷兰大叔①一样说了好一通，才挽救了那场戏。"[2] 这是米高梅公司最后几次有人愿意听他的意见，但他是对的：《洛杉矶时报》的一篇报道提到，尽管整部影片都大受欢迎，但酒店的那场戏"让昨天的日场观众差点笑翻在地"。[3]

　　跟"埃尔默"这个名字一样，这套"把新娘带上床"的流程也留下了长久的余韵。20 世纪 40 年代，基顿出任雷德·斯科尔顿②的喜剧编剧时，为他和米高梅的明星舞蹈演员埃莉诺·鲍威尔（Eleanor Powell）打造了一套类似的戏码。他自己也在 40 年代和 50 年代复刻过类似的短剧表演，当时他和第三任妻子埃莉诺·基顿（她也是米高梅公司的一名前舞蹈演员）前往欧洲马戏团和音乐厅做了一系列特邀演出，埃莉诺负责扮演那个无知无觉的角色。在威廉·惠勒执导的《罗马假日》（Roman Holiday，1953）开场不久处，格里高利·派克和奥黛丽·赫本也演绎了一个简短的版本。

　　《困扰婚姻》中多萝西·塞巴斯蒂安（Dorothy Sebastian）饰演的特里比尔·德鲁是一名自我中心主义的舞台明星，埃尔默是被她利用来完成计划的一枚棋子。她可能是基顿所有女主角中形象最丰满的一个，也可能是最不讨人喜欢的。与基顿早期影片中那些长相甜美、穿着格纹套装的爱人相比，特里比尔是一个精于世故的颓

---

① 原文为 Dutch Uncle，指那些动不动就爱大声批评别人的人，尤其是男性。
② 雷德·斯科尔顿（Red Skelton，1913—1997），美国演员，被誉为"美国小丑王子"，主演了一批歌舞片和喜剧片，代表作有《出水芙蓉》《吹牛大王》《小丑》等等。

废之人，比起不谙社交又缺乏性体验的埃尔默，她显然对酒精和床事都更有经验。她用卑劣的态度对待他，直到影片最后一部分，他把她从一个又一个黑帮分子手里解救出来，她才终于逐渐意识到他的勇敢和爱意。不过，脾气暴躁、任性妄为的特里比尔之所以能在基顿诸多沦为陪衬的银幕女主角中脱颖而出，是因为她的决定——通常都是糟糕的决定——对情节发展起到了至为关键的作用。

在前法典时期，那些欢快的、无视道德约束的女主角在有声电影初期享受过一阵短暂的自由，特里比尔也是她们中的一员，从未因她的精明算计遭到报应。她和埃尔默的关系，起码在最后一幕的航海历险以前，都有一种近似施虐与受虐的色彩。她越是拒绝他，他就越是对她念念不忘，虽说在他多次展示杂技表演般的英雄行为后她还是接受了他，但她从未道过歉。特里比尔甚至比《摄影师》中玛赛莲·黛扮演的那个富有同情心的女秘书更像一位现代女主角，一位经过不断演进而来的 20 世纪末"新女性"的典范。很难想象过去基顿影片里那些处于父亲或兄弟小心看护之下的处女类型的女主角会出于一时自私的心血来潮嫁给男主角，之后还喝得人事不省。

无论他们之间的关系有多反常，特里比尔和埃尔默似乎最终还是成了般配的一对，这都要归功于塞巴斯蒂安和基顿之间真实的化学反应。自从五年前基顿收到塔尔梅奇家的正式通知，把他赶出娜塔莉的卧室之后，他就断断续续地跟其他女人上床，但多萝西·塞巴斯蒂安可能是第一个跟他发展出一段持续恋爱关系的人，而且早于《困扰婚姻》的拍摄。接下来的一年里，他们的关系时断时续，直到塞巴斯蒂安在次年嫁给了西部片明星威廉·博伊德，后者凭借清俊的牛仔形象霍伯朗·卡西迪而闻名 ①。两人在 1936 年再续前缘，当时他们双方的婚姻都破裂了，基顿还刚刚结束了第二次成功的戒酒。

塞巴斯蒂安的舞蹈演员背景让她成为肢体喜剧的得力搭档；在酒店房间的一幕里，她不只是一个任人摆布的布娃娃，还是一个熟练的、尽管没有任何动作表现的参演者。银幕外的她属于基顿初到好莱坞那几年里约会过的类型，类似活力四射的女喜剧演员维奥拉·达娜（Viola Dana）：一个自由奔放的女演员，喜欢恶作剧，在好莱坞社交界颇有影响力。她出生于阿拉巴马州，也曾是一名歌舞女郎，与露易丝·布鲁克斯交好，当时她们都是百老汇香艳歌舞剧《乔治亚·怀特的丑闻》（*George White's Scandals*）中衣着单薄的伴舞（她们都在 1924 年出演了这部歌舞剧，当时的一篇评论写到她们轻薄的服装："观众中的正派女性都掩住了脸，直到她们习惯了这副场面。"[4]）。后来，塞巴斯蒂安成了米高梅的签约演员，在琼·克劳馥主演的默片《我们跳舞的姑娘们》（*Our Dancing Daughters*）中出演一名改过自新的飞来波女郎。现实生活中，她是一个爱好派对的姑娘，只是酒量不太行；她在城里的绰号是"倒地巴斯蒂安"，因为她只要喝上几杯就会醉倒在地。

很难说《困扰婚姻》的醉酒一幕是否基于塞巴斯蒂安传闻中易于醉倒的特质，但有证据表明，后来酒精对她的生活造成了困扰。1937 年，她从基顿家吃完晚饭开车回家，因醉酒驾驶被捕。塞巴

---

① 威廉·博伊德（William Boyd，1895—1972），美国电影演员，制片人。《霍伯朗·卡西迪》是根据克拉伦斯·马尔福德小说拍摄的西部系列片，在美国广受欢迎。

斯蒂安试图说服法官，开车的人是她侄子，当天他也参加了晚宴。这个好似出自特里比尔的计策没能得逞，她被判处吊销驾照一年，外加罚款 75 美元。针对该事件，一家媒体给出了促狭的标题："前女主角喝醉了。"但塞巴斯蒂安对酒精的依赖似乎没有到过基顿那样的地步，她的职业生涯也远未结束。她成功地转型成为有声片演员，并一直工作到 40 年代。1939 年，她在乔治·库克的喜剧片《女人们》（*The Women*）中出演了一个小角色；1946 年，她又参演了弗兰克·卡普拉的《生活多美好》（*It's a Wonderful Life*），但最后她的戏份都被剪掉了。

贯穿了《摄影师》的非基顿式悲剧线索在《困扰婚姻》中占据了更多分量。在那场一时兴起的婚礼后的第二天早晨，特里比尔就离开了丈夫，她的律师和经纪人警告她，如果她跟一个"低廉的小熨裤工"的事情宣扬出去，她的事业就会毁于一旦。另一边，埃尔默还不知道这桩婚事是假的，带着一捧花和一只毛绒小狗敲开了她的酒店房门。这里出现了一个典型的米高梅式过度修饰的细节——这个毛绒宠物的一只眼睛下面还绣上了一滴泪珠。埃尔默想逗宿醉的新娘开心，推开一条门缝，让玩具探出头来上下移动，假装要开口说话。结果是他成了笑话，看到这讨好一幕的只有特里比尔的管理团队。

这只是影片中匆匆而过的一幕，相较于他作为签约演员新生活中将要承受的更多有损尊严的时刻，或许还算不上什么羞辱，只是很难想象基顿会主动选择这只让人心弦紧绷的毛绒狗做道具。《困扰婚姻》里满是类似的由制片人而非主演本人主导的小插曲。但它在情节、风格和幽默感等方面，仍然符合基顿一向的作品基调。

基顿比他的制片人更早意识到声音是电影媒介的未来，因此他要求让《困扰婚姻》成为自己的第一部有声片，但萨尔伯格能够为他提供的只是一些同步背景音乐和音效（幸好加得不多，因为这些音效进一步佐证了米高梅习惯多此一举的风格，要是没有这些背景声，那些笑点的效果也许会更好）。米高梅是最后一家采纳有声技术的大型制片厂，他们在 1929 年才开始涉足有声电影领域，当时片场上能够进行有声拍摄的场地仍然十分有限。梅耶的保守主义也延伸到了他对待新技术的态度上，同样地，萨尔伯格认为有声电影的热潮只会是昙花一现。1930 年，米高梅才开始为最有价值的几位明星投拍有声电影，包括葛丽泰・嘉宝、朗・钱尼和巴斯特・基顿，此时距离《爵士歌手》在电影业掀起的颠覆性浪潮已经过去了三年。

嘉宝在剧情片《安娜・克里斯蒂》（Anna Christie）中用她沙哑、低沉的瑞典口音说出了那句台词："给我一杯威士忌。别太小气，宝贝。"引得观众越发痴迷。她是为数不多能够如此轻松过渡到有声片的默片明星，并借此机会增加了自己的票房吸引力。与她情况类似的还有琼・克劳馥、威廉・鲍威尔（William Powell）和罗纳德・科尔曼（Ronald Colman）。钱尼的版本就不那么幸运了。他从十几岁起就是一名受人尊敬的演员，素有"千面人"之称，能够利用妆效和肢体动作演出各类怪诞或骇人的角色：《巴黎圣母院》《歌剧魅影》《狼人》。他唯一的有声片翻拍自他自己 1924 年的热门影片《三个邪恶的人》（The Unholy Three），事实证明，他浑厚的嗓音与他富有表现力的面容和肢体相得益彰。然而，电影上映七周后，钱尼就因喉咙出血突然离世，年仅四十四岁。

至于基顿，他分了两步走进有声片的世界。1929 年，他在《好莱坞滑稽剧》(*The Hollywood Revue*) 中表演了一幕没有台词的舞蹈场景，这是米高梅利用有声时代早期流行的音乐剧风格歌舞片做的一次尝试。次年他在《逍遥自在》里首次出演了一个有台词的角色，同样是一部在米高梅外景地拍摄的歌舞剧。

基顿的职业生涯不仅经受住了从无声向有声阶段的过渡——他为米高梅拍摄的每部影片都获得了丰厚的回报，他本可以大有所为。对于基顿在米高梅时期拍摄的有声片，传记和电影史往往一笔带过，或将它们简单归于悲剧的范畴；实际上，尽管它们都很糟糕，却也透露了不少独特的信息。它们都有一个共同的特点，那就是让人难以忍受，尤其是他后期的几部作品，从中观众能够清楚地看到主演的酗酒和抑郁状态对他造成的影响。然而，对于那些关心他的工作和生活，也关心有声电影过渡期情况的观众，或是对大萧条最初几年里电影技术和观影口味变化过程感兴趣的人，他 1930 年至 1933 年间拍摄的十部有声长片就成了重要的文献资料。观看这些作品，就是见证了一位艺术家创意不再且逐渐失去职业信心的过程，也是看到脱胎自歌舞杂耍、哑剧、魔术和其他舞台表演形式的悠久默片喜剧传统被一种全新的艺术形式骤然取代的过程。

米高梅安排基顿拍摄的有声片不仅滥用了他们的宝贵资产，还呈现出了一种出奇一致的丑陋状态：刺眼的灯光、呆板的布景效果、介于嗡鸣和轰隆之间的声效。这些问题同样常见于其他早期有声片，因为它们提出了令人头疼的技术要求。电影拍摄首次要求一个封闭的收音场地，需要灼热的灯光照明，演员要靠近固定的麦克风表演，摄影机被安置在沉重的隔音箱，也就是"隔音罩"里。尽管如此，不同于基顿的首部有声作品《逍遥自在》，30 年代初的其他有声片不全是这般构图僵硬、节奏拖沓的下乘之作。虽说这部影片一如既往地获得了票房成功，但这部以疯狂后台为题材的音乐剧就像是专门为羞辱及滥用其主演而拍摄的。九十二分钟的片长让人感觉没完没了，满是没有巴斯特的冗长配音唱段，预示着梅耶在 30 年代中期尤为偏爱的婉转轻柔的爱情二重唱，其代表人物是珍妮特·马克唐纳（Jeanette McDonald）和尼尔森·艾迪（Nelson Eddy）。

这些歌唱场面，就跟那些由一排排穿着相同服装的歌舞女郎以完全不同的水准表演的平淡无奇的舞蹈场面一样，往往只把基顿当成摆设的旁观者，虽说在结尾处，他也得到了一个唱歌跳舞的机会。编剧可能不是故意这么干的，但这个故事简直就是他之后在米高梅遭遇的翻版，看着这部影片，想到接下来会发生的事，你忍不住想对他大喊"快跑！"他扮演的埃尔默（唉）·巴茨是来自堪萨斯州地鼠城的会计。他第一次来到好莱坞，不是为了当明星，而是为了帮助他的暗恋对象、安妮塔·佩姬（Anita Page）饰演的当地选美皇后艾尔维拉·普伦克特实现她的演艺梦想。她的母亲［特丽克西·弗里冈萨（Trixie Friganza）饰］对她的事业抱有很大期待，陪着他们一起坐火车来到西部，一路上不放过任何机会，表达她对软弱无能的埃尔默的蔑视。

概括来说，影片讲述了一个人在违背自我意愿的情况下被打造成电影明星的故事。为了进入米高梅电影公司，埃尔默无意间被卷入了一次选角活动，结果他演出了一个相当糟糕的小角色，反而成了名噪一时的喜剧演员。这时一个不太正派的电影明星［罗伯特·蒙哥马利（Robert Montgomery）饰，他长达几十年的表演和导演生涯此刻刚刚起步］开始追求艾尔维拉。结果她选择了这个前一幕还在试图强迫她就范的男人，而不是那个心地纯洁却头脑简单的埃尔默，这简直违反了所有的叙事和道德逻辑。当时米高梅片场上的其他剧组也接连不断地参与到拍摄中来，很多导演和明星演员都在这部影片里扮演了一些小角色，包括莱昂内尔·巴里摩尔（Lionel Barrymore）、塞西尔·B.戴米尔、杰基·库根（Jackie Coogan）和多萝西·塞巴斯蒂安。

《逍遥自在》原名《在片场》（*On the Set*）。这本是一个更贴切的标题，毕竟该片实质上就是一部制片厂的宣传片，而这个地方既不逍遥也不自在。这部展示幕后故事的浪漫爱情片毫无吸引力可言，不过它倒是让我们看到了从无声电影向有声电影过渡时期米高梅公司的片场面貌。虽说影片把制片厂设定为一个神奇之地，可它呈现给观众的内容却让他们感觉在那里的每一刻都叫人无法忍受。

埃尔默的角色试镜就是被一连串大块头女演员掐住脖子、丢到地上和踩在脚下。最后出场的是弗里冈萨，这名女喜剧演员演出了一个母夜叉般的形象（她最终被选定出演国王的王后，导致后来上演了奇怪的一幕，埃尔默必须跟心爱女孩的母亲共唱一曲忸怩作态又充满暗示的二重唱）。这些反复的推打场面让基顿得以展示几次利落的摔跤动作，外加他长期忍受体罚得来的灵活技巧。然而，这些镜头没有任何叙事功能，并且除了重复堆叠的笑料没有任何进展；只有女演员们说台词的不同语调给这一幕带来了些许变化。在这种静态、重复的形式之下，基顿的特技表演依然让人印象深刻，只是沦为漫无目的的炫技，也脱离了与角色之间的联系。

　　过去基顿三人组表演的核心笑点是年幼的巴斯特躲避父亲挥舞的手脚时展现的灵活与机智。他在默片里的对手成倍增加，逃脱的难度也越来越大：整个城市的警察、塌方的巨石堆、大批牛群或未婚妻，还有飓风。可是，当他被六七个脾气暴躁的女人丢到地上，他被禁锢在了那个静止的画面里，埃尔默·巴茨成了一个可怜的受害者，而非敏捷的幸存者。再去嘲笑他在她们手中受到的虐待——虽说很难克制类似的冲动——就显得过于残忍了。

　　这种不伦不类的悲怆氛围在《逍遥自在》的结尾处达到了顶峰。埃尔默被选为主角，在这部看起来相当糟糕的影片里扮演一个悲惨的小丑，化着意大利丑角式的妆容：一张苍白的脸，画上去的眉毛，耷拉的嘴角。他成了《困扰婚姻》中那只绣着泪滴的毛绒狗的人类版本：一个被设计来勾起同情的玩具。只要是稍稍了解过基顿默片中沉默、庄重人物形象的观众，都会为之震惊。

　　在一段毫无挑战性的群舞之后——尽管他展现了自己滑稽模仿的才能，让人想起他少年时代的滑稽杂耍表演——我们看到一个恐怖的场面，小丑埃尔默被吊在钢丝上，跳了一段牵线木偶舞。在一群围成半圆形的草裙舞蹈女郎的簇拥下，他在舞台上空悬荡、俯冲。要像他那样表现出没有骨架支撑的软绵绵的被动状态，需要高超的肢体技巧，只是这一幕好像一个精准的隐喻，揭示出基顿被新雇主征服的状态，这实在叫人心痛。

　　萨尔伯格安排给《逍遥自在》的编剧团队绝无可能察觉类似的暗指——假设他们对主演的性格和能力具有如此的洞察力，一开始他们就会为他写一个更好的角色。尽管基顿在米高梅期间还拍过更糟糕的电影，但他再也没有拍过与他在制片厂地位如此契合的场景。他在半空中的钢丝上来回摆动，就像一个任人摆布的布娃娃，这与他一直以来呈现的舞台和银幕形象都截然相反，他被剥夺了行动力、想象力，乃至基本的活动能力。

表演结束时，木偶埃尔默被上方操控的隐形装置拖出了画面。下一幕中，还穿着戏服的埃尔默兴奋地匆忙跑去告诉他的爱人——她从旁观看了这次拍摄——制片人对他的表演相当满意，打算把他捧成大明星（为什么一个腼腆的、毫无演艺抱负的小镇会计会成为一名熟练的舞者和喜剧演员？影片毫无逻辑的剧本从未提出这个问题）。就在他想要表白时，毫不知情的艾尔维拉滔滔不绝地说起她刚刚与男主角订婚，之后用一句同样让人抓狂的话把埃尔默送回了舞台，巧合的是，她的台词与马丁·贝克1916年在欧菲姆剧院侧翼对乔·基顿说的那句话完全相同："逗笑我！"影片最后一个镜头是埃尔默的脸部特写，他画着浓重小丑妆的面孔哀伤地望向天空。

20世纪20年代，流行电影结尾处经常出现悲剧小丑的神话形象，米高梅尤其偏爱这一手法。《逍遥自在》上映前两年，朗·钱尼主演过一部荒诞剧《笑吧，小丑，笑吧》(*Laugh, Clown, Laugh*)，他在片中饰演了一个同样虚构的马戏团小丑，发现自己爱上了自小被他当作亲生女儿抚养长大的孤女，这个遭人遗弃的女孩如今已长成年轻女子，这一发现令他惊恐不已，继而设计了自己在舞台上的死亡。几年前，钱尼那部《挨了耳光的男人》(*He Who Gets Slapped*, 1924)曾取得过更大的成功，当时他扮演了一个痴情小丑，那也是萨尔伯格为当时新成立的米高梅公司监制的第一部影片。这个角色在马戏团的表演举世闻名，其内容就是不停地挨耳光，重演他成为小丑之前的伤痛回忆，由此展现的厚颜无耻的受虐狂倾向与主演的表演风格不谋而合。钱尼尤其擅长扮演那些不为世俗接受的人物和受人同情的怪物，不久，鲍里斯·卡洛夫（Boris Karloff）和贝拉·卢戈西（Bela Lugosi）也加入了这一行列。钱尼的父母都是聋哑人，某种程度上，他借由与父母的沟通建立起了自己的哑剧技巧。他是一个容易情绪激动、性格"火爆"的人，就像巴斯特的默片角色都是些冷漠而内敛的人。朗·钱尼是一位杰出的、无可替代的天才；他在电影刚刚步入有声时期就去世了，倘若他没有离去，电影史或许还会留下不同的样貌。然而，把钱尼式的结局嫁接到一部巴斯特·基顿歌舞喜剧片的结尾，不管这是米高梅的哪个人想出来的"好主意"，都是对两位演员的深刻误解。

　　在《逍遥自在》结尾的特写镜头里，埃尔默闭上了双眼，像是要逃离这个灯火通明的声场舞台，摄制组在他身边调试着摄影机和麦克风，属于他个人的屈辱一幕被胶片永远地记录下来，而他对此浑然不觉。在基顿本人的生活中，或许也没有比这一幕更贴切的隐喻了。

F. 斯科特·菲兹杰拉德在好莱坞，1937 年。

巴斯特·基顿和F.斯科特·菲茨杰拉德在米高梅没有过明显的交集。他们也没有太多交集的理由。一个是喜剧明星，一个是编剧——或者，按照他们后来的职位，一个成了喜剧编剧，另一个是公司的"剧本医生"①——他们在制片厂内部分属不同的层级，同样听命于欧文·萨尔伯格治下无所不能的制片部门。他们的社交圈鲜有重合：菲茨杰拉德经常跟安妮塔·卢斯这样的作家同行，以及包括萨尔伯格和他的电影明星妻子瑙玛·希拉在内的好莱坞当权者往来；基顿则更喜欢与其他演员为伴，除了偶尔跟萨尔伯格打打桥牌，他很少跟制片厂高层混在一起。假使菲茨杰拉德和基顿真有机会在制片厂食堂打过照面，很难想象这两个性格迥异的人会有深入交流，他们之间能说的大概只有"请把盐递给我"。

那真叫人遗憾，倘若巴斯特和斯科特有机会交谈一番，他们或

---

① 由电影制片厂签约的资深编剧，负责修改剧本，因其能够指出原来剧本中的问题并给出解决方案而得名。

许会发现，过去十几年里，他们都在卡尔弗城的片场工作、生活，两人有着不在少数的共同点。他们的职业明星生涯几乎开启于同一时间点，菲茨杰拉德的首部畅销小说《人间天堂》出版于 1920 年，基顿也是在那一年发行了自己的大热导演处女作《一周》。他们的命运走向也大致相同：20 年代后半期，他们同样挣扎着要取得商业上的成功，即便当时他们正在创作职业生涯中一些最优秀的作品。20 年代末 30 年代初，他们都在米高梅工作，收入颇丰却无法实现个人的创作野心；到了 30 年代中期，他们都（艰难地）熬过了几次酗酒和缺少工作的困境，直到 30 年代末，他们重又回到米高梅，做着不那么体面的工作，同时过上了更清醒也更稳定的生活。

他们在上述第一段岁月里的配偶——赋闲在家的娜塔莉·塔尔梅奇和狂躁外向的泽尔达·赛尔·菲兹杰拉德（Zelda Sayre Fitzgerald）也是两个截然相反的女性，她们也以相似的令人痛苦的方式，几乎同时从各自丈夫的生活中缓慢退场。1932 年，娜塔莉和基顿在生理和心理上都长期隔阂的婚姻结束于一场痛苦的离婚，泽尔达日益恶化的精神疾病则最终把她送进了精神疗养院。

不知道菲茨杰拉德和基顿是否曾在某个假造的拍摄场地握过手，那是梅耶专为来访贵宾安排的节目，又或是并肩坐在食堂吧台前享用招牌马佐球汤 ①——这只是一个微不足道的假想。可当我尝试想象基顿在 30 年代米高梅的生活，我只能借由菲茨杰拉德的经历去拼凑出一些细节，因为同时代再没有一个人具备如此出色的描述能力，帮助我去唤醒那个世界。

---

① 一种用鸡汤和丸子做成的汤，原产于东欧犹太人社区。

他去世时还只写了不到一半的最后一部作品《最后的大亨》（*The Last Tycoon*）是一部影射小说①，其主人公是一个精力旺盛、难以捉摸的电影制作人，显然是以欧文·萨尔伯格为蓝本。依据作者当时的信件和笔记本，连同《最后的大亨》现存的十六个章节，这部小说为读者讲述了一家没有指名的大型制片厂在有声电影发展初期的内部运作情况，小说设定的背景年代几乎就是基顿在米高梅的那段时期。

菲茨杰拉德首次进入好莱坞是在 1927 年，也就是基顿结束独立制片生涯、转投向米高梅的那一年。当时菲茨杰拉德的主要工作是为商业杂志撰写短篇小说，应第一国家影业公司（First National Pictures）②之邀写了一部飞来波女郎喜剧《口红》（*Lipstick*）——这部影片正是为他仰慕已久的康斯坦斯·塔尔梅奇量身定制的。[1]斯科特和泽尔达在时髦的大使饭店住了两个月，一边喝酒打架，一边努力创作剧本。同时他还与一位十七岁的女演员鲁伊·莫兰（Lois Moran）发展了一段轻率的暧昧关系，导致泽尔达火冒三丈，点燃了用她自己设计的衣服堆满的浴缸。

菲茨杰拉德夫妇喜欢在派对上酗酒闹事的名声在美国之外都不是新闻，对于电影殖民地的许多居民来说，这样的派对宾客显然不会受人欢迎。菲茨杰拉德和经纪人之间的通信往来表明，在喝酒闹事方面不甘人后的"荷兰人"塔尔梅奇也被这对夫妇醉酒后恶作剧的故事给劝退了。据说他们曾在一次晚宴上冲进衣帽间，收集起客

---

① 原文为 roman à clef，出自法语，意为"带着钥匙的小说"，通常是对真实人物的影射，需要读者解码。
② 成立于 1917 年的电影制片和发行公司，后发展为美国最大的连锁影院。

人们的钱包和其他贵重物品，丢进一桶冒着热气的番茄酱里。[2]

兵荒马乱的一个月过后，制片厂认为斯科特的剧本文学性太强，不适合拍成电影，《口红》也再未进入过筹备的第二阶段。菲茨杰拉德也没有拿到尾款；他们离开加州时比来时更缺钱了。但这次失败的剧本创作经历却引向了一次让作者终生难忘的会面。有一回，菲茨杰拉德在城里和二十六岁的欧文·萨尔伯格共进午餐，当时是后者出任制片厂负责人的第三年。他们不是为了讨论某个具体项目才见面的，只是单纯地碰个头。萨尔伯格跟大多数制片厂高层不一样，他是一个热衷阅读的人（在 1924 年的一份个人简介里，他说自己最喜欢的作家包括培根、伊壁鸠鲁和康德），如此看来，他会去结识同时代最重要的其中一位小说家也就不足为奇了。

菲茨杰拉德对萨尔伯格在午餐时说的话记忆犹新。十二年后，他在为《最后的大亨》所做的笔记中重构了萨尔伯格的发言，以高度浓缩的形式写进了小说的第一章里。讽刺的是，作为一个多年来都在徒劳地试图破解好莱坞编剧密码的小说家，菲茨杰拉德在笔记本上重现的这位高管的想法，任谁听来都像是一部电影里的重头戏：

我们坐在米高梅的老餐厅里，他说："斯科特，假设这里有一条穿过高山的道路……有两三个测绘员或者什么人走到你面前，你相信他们当中的一些人，另一些人你不相信，但总的来说，大概有五六条路可以穿过这座山，从你的角度来看，每条路都差不多一样好……你说：'好吧，我们把路修在那里。'接着你用手指描绘出那条路，其他人看不出来，而你心里清楚，你其实根本没有把路修在那里的理由……你得坚持自己的说法，必须假装自己心里有数，你是为某些特定的理由才要把路修在那里的，尽管有时你也会怀疑自己的决定是否明智。"[3]

菲茨杰拉德复原了这段记忆中的谈话，又在下面的注释里写到，萨尔伯格头脑"精明"，同样值得注意的是，他的思路"很广"。这里提到的大制作与土木工程的类比——太像是基顿会用的比方了！——开辟了一条新的思路，就像一条穿越高山的道路，拓开了我们对领导层武断、随性本质的看法。萨尔伯格本人异常英俊，他的身材削瘦、面容严肃，棕色的大眼睛眼波流转，一头微微鬈曲的黑发——与他的公司刚刚签下的那名喜剧演员颇为相似的外貌；上述那段发言无疑让菲茨杰拉德对他更加着迷。

菲茨杰拉德一生都被职业成功和失败的故事所吸引。不止一位评论家指出过，他的很多长篇和短篇都是霍雷肖·阿尔杰①故事的讽刺版本，把前者通过个人奋斗获取成功的大团圆结局替换成某些更黑暗的尾声。只是让作家始终念念不忘的、萨尔伯格在制片厂食堂映衬下脆弱的沉思模样，指向了一个不同于菲茨杰拉德早期作品中的主人公形象。门罗·斯塔尔这个年轻丧偶的经理人是萨尔伯格的虚构化身，他与《了不起的盖茨比》中自欺欺人的私酒贩子和《夜色温柔》或《美与孽》等小说里才华横溢、雄心勃勃却最终失败的主人公都不尽相同。斯塔尔是一位实实在在的成功人士，他是行业内公认的革新者，雇员和同事都尊敬并钦慕他——除了奸诈的

---

① 小霍雷肖·阿尔杰（Horatio Alger Jr.，1832—1899），美国儿童小说作家，作品大都是讲穷孩子如何通过勤奋和诚实获得财富和社会成功。

帕特·布雷迪，一个以梅耶为原型的制片厂负责人。

　　萨尔伯格被许多业内人士视为一个演艺界奇才，菲茨杰拉德正是被他的远见卓识所吸引：他能够同时记住多个正在进行的项目的进度，包括拍摄和后期制作的进程，并给出相应的创造性意见，同时他还能关注整个行业和国家层面上的趋势所向。萨尔伯格去世多年后，编剧本·赫克特（Ben Hecht）在一次采访中仍惊叹于他在制片会议上展现的杰出的口述故事的能力。[4] 然而，萨尔伯格既非囊中羞涩的作家，也不是受挫失意的导演。相反，他是一个天生的企业管理者，是此后统治了好莱坞四十余载的制片厂制度的主要设计者之一。

　　萨尔伯格在环球影业时期开创了自己的计划，之后又在米高梅完善了这一制度，从而能够在整个公司内部巧妙地调配并运用人才：为一个项目组建和重组编剧团队，把演员当成引擎上的活动部件来安装、更换，召开无休止的编剧会议，解决剧本的问题，也对权力斗争加以裁定。[5] 萨尔伯格对于脱胎自这些冲突和妥协的电影享有无可辩驳的话语权，总是轻声细语却不容置疑地做出最终的决定。菲茨杰拉德在 1938 年左右开始创作《最后的大亨》，当时他已叹服于萨尔伯格执掌下的米高梅，但首先这台精密复杂的机器还要用自己的齿轮把他碾碎几回。

　　1931 年，泽尔达刚刚结束在一家瑞士精神病院的长期疗养，他们十岁的女儿斯科蒂（Scottie）则去了寄宿学校，待付的账单堆积如山，这时菲茨杰拉德选择第二次单独造访电影之都。这回他将为四年前那位散发着神秘魅力的年轻高管工作。萨尔伯格交给作家一项任务，要求他将《周六晚邮报》的热门连载作品《红发女郎》

（*Red-Headed Woman*）改编成一部性喜剧片，既要让观众感到刺激，又不能损害米高梅的高档品牌形象。菲茨杰拉德在他那个时代以坦率的性描写和对青年文化的深刻理解而闻名，这让他似乎成了应对这一难题的不二人选。

菲茨杰拉德在逗留的两个月里全身心地投入到工作之中，大部分时间都保持了清醒状态（罕有的几次例外却都是灾难性的），他研究了近来热门影片的剧作结构，并就剪辑和机位做了笔记，通常一个标准剧本不会包含那么多的指示说明。然而，米高梅按其一贯的作派分配给他一名公司内部的编剧，而菲茨杰拉德厌恶合作的程度甚至超过了他对好莱坞的反感——他曾在给经纪人的信中写道："我对这个要命的地方恨入骨髓。"[6]

菲茨杰拉德的 1931 年好莱坞之旅听起来甚至比他第一次来这里闯荡时更丢人，假设还有这种可能的话。一个周日下午，他和一位编剧同行受邀前往萨尔伯格夫妇在马里布的豪宅参加派对。在那天的聚会上，菲茨杰拉德违反了几条他不断变化的自我守则，即他到底能喝多少酒，以及什么时候能喝酒，他把在场宾客（全是顶级明星和导演）都叫到钢琴前，听他为女主人的宠物贵宾犬吟唱一曲，为他伴奏的是默片时代的大众情人拉蒙·诺瓦罗（Ramon Navarro）。主人对这一尴尬事件表现得极为宽容：萨尔伯格悄悄地请一名清醒的客人送菲茨杰拉德回家，第二天玛·希拉还往他在米高梅的办公室发了一封电报："我觉得你是我们茶会上最讨人喜欢的客人之一。"[7]次年，菲茨杰拉德以此为素材写了一个短篇小说《疯狂星期日》（*Crazy Sunday*）。故事以一种自我嘲讽式的基调写就，尽管作者的虚构版本比现实生活中的自己要有尊严得多。

最终《红发女郎》的剧本也被判定为不适合拍成电影。安妮塔·卢斯在她的回忆录《吻别好莱坞》(*Kiss Hollywood Good-By*)中写道，萨尔伯格把整个剧本交给她重写，还说"斯科特想把这本无聊的书变成一首音诗！"[8]菲茨杰拉德的合作编剧把这个消息透露给他，当时他正要动身前往东海岸，并且以为自己完美履行了这份为期五周的合约，即将首次看到自己的名字出现在大银幕上。他被好莱坞的第二次拒绝击垮了。据米高梅的一名行政人员称："菲茨杰拉德整整一个月都没喝过不含酒精的东西。"[9]

在菲茨杰拉德徒劳地尝试创作一个能够取悦制片人同时提升自己文学成就的剧本时，巴斯特也将失去一个梦寐以求的项目。1931年，萨尔伯格提出了一个雄心勃勃的计划，用全明星演员阵容来吸引大萧条时代日渐下降的上座率；对于过去长期围绕单一个性突出的演员——就像基顿——打造影片的行业而言，这是一个全新的概念。

正如萨尔伯格在他无休止的制片会议上设想的那样，这些作品将成为好莱坞盛会的华丽背景，"一条让演员们在其上行走的彩绘地毯"。德国小说《大饭店》(*Grand Hotel*)似乎成了完美的改编对象：它是前一年的国际畅销书，随后米高梅就买下了它的版权，并出资将其打造成百老汇热门剧目。萨尔伯格并不特别喜欢这部电影，说它是"烂片"，但他准确地捕捉到了未来的趋势，明星云集的演员阵容和丰厚的制作预算让《大饭店》成了观众无法拒绝的票房冠军。[10]

故事讲述了柏林一家酒店里一群背景各异的人物交错的命运：一名已过事业巅峰的芭蕾舞女演员，一个粗鲁的商业大亨和被他性骚扰的速记员，一个由贵族堕落而来的珠宝大盗，以及一个决心花光毕生积蓄入住这家豪华酒店的命不久矣的会计师。最初的构想是由葛丽泰·嘉宝饰演芭蕾舞女演员，琼·克劳馥饰演速记员，克拉克·盖博饰演企业家，默片明星约翰·吉尔伯特饰演珠宝盗贼（他曾是嘉宝戏里戏外的情人，从而增加了影片对观众的吸引力），那个名叫克林格莱因的沉郁、怯懦的会计师角色则选中了巴斯特·基顿。导演爱德芒德·古尔丁（Edmund Goulding）有种预感，制片厂的顶级喜剧明星可能借由这个完全依赖剧情的角色大放异彩，基顿也很兴奋能有机会突破自己的表演，和众多大牌明星一起演出这个顶级项目。然而，不到一个月后，通过行业媒体公布的演员名单显示，所有男性角色的人选都被更换了。

盖博的星光正迅速绽放，公司决定与其让他出演戏份很重的配角，还是让他出演爱情片的主角更合适。于是他被选中在《红尘》（*Red Dust*）中跟米高梅另一位当红影星珍·哈露（Jean Harlow）演对手戏。盖博在《大饭店》里的戏份改由资深演员华莱士·比里（Wallace Beery）出演。另一方面，吉尔伯特，这位曾经最炽热的银幕爱人，他的事业却迅速走上了下坡路。他在银幕外的行为，包括公开酗酒和持枪妄想症，使他成为梅耶的眼中钉。毕竟对于注重道德准则的梅耶来说，这位声名狼藉、满口脏话的明星令他感到冒犯。于是这个温文尔雅的珠宝大盗的角色落到了约翰·巴里摩尔头上——众所周知，他也是个酒鬼，但在 1931 年，他还能够控制自己的行为。此外，萨尔伯格在米高梅侦探喜剧《绅士大盗》（*Arsene Lupin*）片场观察到了巴里摩尔兄弟之间的化学反应，最终决定用约翰的哥哥莱昂内尔取代基顿。莱昂内尔是这个著名戏剧世家的长子，自20世纪10年代以来一直是活跃在戏剧舞台上的明星，还是一名电影演员，偶尔也参与导演工作。

萨尔伯格起初有意让基顿来扮演克林格莱茵，但对于《大饭店》这样规模的项目，开拍前还要经历漫长的筹备讨论，最终他被说服了，如果演员名单里有两个而不是一个巴里摩尔，会为这部众星云集的影片增添更多猎奇价值。有消息称，梅耶反对使用基顿，他劝说萨尔伯格和古尔丁，这名喜剧演员酗酒和旷工的问题愈发严重，这极有可能让他在片场变得不甚牢靠。梅耶当然不会喜欢基顿，反过来也一样。但最终决定权在萨尔伯格手里。尽管他欣赏基顿的喜剧风格，这位直觉敏锐的制片人还是选择了在他看来能让《大饭店》从整体上令人眼前一亮的演员：莱昂内尔·巴里摩尔。

制片厂从未主动告知基顿这一变化。他是从《综艺》的一则新闻标题得知自己失去了这个角色，而他的反应就跟斯科特·菲茨杰拉德在几周前得知自己的剧本要被废掉重写时一样：用长时间的酗酒抚平自己的失望之情。对于他们而言，看着这两个项目被递到自己手上再拿走，随后又成了改变行业趋势的热门作品，这无疑加重了他们失落的痛楚。

《红发女郎》在1932年上映后，立即收获了超高票房。主演珍·哈露曾经出演过几部大制作，却从未演出过能让她建立自己标志性银幕形象的角色：一个伶牙俐齿的急性子，肆无忌惮地施展着自己的性魅力。观众立即想要看到她更多的作品，她在二十六岁时因肾病猝死，此前五年里，她还拍了十三部电影。《红发女郎》具有米高梅发行影片中罕见的世俗风格，除了明显的性爱情节，还有挑逗性的裸露片段。它在海斯办公室和全国各地的教堂讲坛上引发了明显的道德恐慌，导致次年对制作准则更严格的执行规定，那时审查机构的领导权已经从威尔·海斯手中移交给了虔诚的天主教徒约瑟夫·布林（Joseph Breen）。

早于《红发女郎》一周发行的《大饭店》取得了更大的成功。虽说无法确认具体的票房数字，但从某些角度来看，它是1932年最卖座的电影；那一年也常被人们视为萨尔伯格的创作巅峰期。第二年，该片摘获了奥斯卡最佳影片，也开创了一个新的类型：明星云集的单一场景影片，从《国际机场》（Airport）到《妙探寻凶》（Clue）再到《布达佩斯大饭店》（The Grand Budapest Hotel），并一直延续至今。1939年，约翰·福特的《关山飞渡》（Stagecoach）上映时，其宣传口号是"车轮上的'大饭店'"。同样基于这一模式拍摄的1940年大学影片《冬季嘉年华》（Winter Carnival）——部分由未署名的菲茨杰拉德撰写——被一位评论家描述为"滑雪板上的'大饭店'"。[11]

一看到《大饭店》大堂里银黑相间的圆形服务台，观众就爆发出阵阵掌声。这一幕的布景由米高梅设计大师塞德里克·吉本斯操刀，并由制片厂顶级摄影师威廉·丹尼尔斯（William Daniels）从当时罕见的鸟瞰角度拍摄。之后影片展开了一整年的巡回放映，每到一处观众都蜂拥而至。《大饭店》问世九十年后，仍是如今被称为"装饰艺术"设计风格的早期典范（当时这种风格被简单地称为"现代"）。与早期有声电影时代的许多成功之作一样，这部影片的某些部分会让今天的观众感觉呆板，且带有浓重的舞台戏剧痕迹，与其说它是一部引人入胜的故事片，倒不如说它是一件精心制作的艺术品。但它仍是一个精彩的例子，为我们展示了制片厂系统开始意识到自己能够做出什么样的成品。

　　《大饭店》也是一个大型表演的展示舞台，生动戏谑地投影了这些明星的公众形象。后来嘉宝自己都说她饰演的格鲁辛斯卡娅凋零的命运悲剧色彩过于浓厚，让她感觉有些刻意夸张了。正是借这位隐退的角色之口，女演员说出了后来伴随她一生的那句话："我只想一个人待着。"不过，嘉宝在影片前半段与伯爵注定要失败的恋情中贡献了自己最精彩的表演，她短暂地脱下了阴沉的面具，露出极富感染力的笑容，就差没在酒店的漆厅里蹦跳起来了。

　　约翰·巴里摩尔担心自己年纪太大，不适合出演这个为爱心碎的男爵。他已经五十岁了，比女主角大二十三岁，为此他只允许摄影师拍摄他举世闻名的侧脸较为上镜的那一面。但他与嘉宝的表演不相上下，诙谐地嘲弄了他一直以来扮演的虚张声势的浪子形象。嘉宝和巴里摩尔都很欣赏对方的作品，尽管他们没有在片场发展出任何浪漫关系（两人过去都曾与共演者擦出火花），但他们在镜头前展现出来的对彼此的欣赏令观众心醉神迷。镜头也回报了他们的爱意：影片上映九十年后，他们在一起的场景，包括一个谨慎地向观众表明舞女和贵族如何共度初夜的淡出镜头，仍是《大饭店》中最亮眼的一幕。

　　影片的第二条支线围绕华莱士·比里饰演的商人和琼·克劳馥饰演的与他一同旅行的秘书展开，并暗示她是他的情妇。这部分剧情的发展不太顺利。比里是一位出道于 20 世纪 10 年代的影星，也是米高梅最受欢迎的角色演员 ① 之一。克劳馥是制片厂的后起之

---

① 原文为 character actor，又译为"性格演员"，指那些擅长扮演个人特点鲜明甚至有些怪异的角色的演员。

秀，以任性的飞来波女郎银幕形象而闻名，出演过无声剧情片《我们跳舞的姑娘们》(与基顿长期的情妇多萝西·塞巴斯蒂安共同主演)。然而他们的表演风格产生了冲突：他喜欢用幅度很大的动作来表现这个人物的粗鄙，而她低调直接的情感表达则预示着好莱坞一种新的表演趋势。比里是一个脾气暴躁又自视甚高的人，他曾一度冲出片场，嚷嚷着等他的搭档学会表演后再回来。他不能理解的是，克劳馥是为了特写镜头在表演——而且是那种极具吸引力的特写镜头，由丹尼尔斯用一种装配了五层白色丝绢的特殊镜头箱拍摄，他也是嘉宝唯一准许为她打光的摄影师。[12]

　　出演克林格莱因时，莱昂内尔·巴里摩尔已经五十三岁了。他的身材魁梧、头发花白，在体格和气质上都跟他弟弟约翰的浪荡子形象大相径庭。与基顿不同，巴里摩尔兄弟中的老大正处于事业上升期。《大饭店》于 1932 年春天首映时，他刚刚凭借法庭剧《自由魂》(A Free Soul)中的酗酒律师一角摘获奥斯卡最佳男演员奖。之后几十年里，他一直很受欢迎，经常扮演克林格莱因式笨拙却善良的角色。不过他最为人所知的银幕形象可能是《生活多美好》(It's a Wonderful Life)中的吝啬鬼波特先生，在这部由吉米·斯图尔特主演的 1946 年经典影片中，莱昂内尔出演了男主角的反面对手，一名吝啬的银行家。

　　莱昂内尔在《大饭店》里的表演广受赞誉。《综艺》杂志写道："莱昂内尔·巴里摩尔的表演值得再获最高荣誉，他在片中饰演的即将离世的簿记员给人留下了极为深刻的印象；这个角色被塑造得极为生动，细节刻画十分细腻……他的表演为喜剧的表象之下铺垫了几抹悲情色彩。"[13] 近三十年后，基顿在口述回忆录时对查尔斯·塞穆尔斯提起巴里摩尔的表演，同样对他赞赏有加："莱昂内尔的表演一如既往地出彩，"但他又加了一句，"如果是我来演那个角色，我会演得跟他不一样。请注意，我不是说会演得更好，只是会不一样。"[14]他没有再多说自己对这个角色的看法，但他对失去《大饭店》这个机会说了很多，甚至超过了他在米高梅拍摄的所有电影。

如果在萨尔伯格领衔的这些制片会议上，有一次得出了与后来不同的结论，基顿会怎么处理克林格莱因这个人物呢？这肯定将成为他电影生涯中一个独特的角色：一个没有太多曲里拐弯的、甚至催人泪下的配角，几乎没有运用肢体喜剧的空间，虽说他肯定会找到加入笑点和特技的机会。克林格莱因的第一场重头单人戏几乎没有对白，这位温文尔雅的职员在一夜狂欢后醉醺醺地回到酒店套房，摸索着穿过昏暗的房间，瘫倒在床上。巴里摩尔在摸酒瓶时撞到了墙壁和家具，惹得观众笑了几声，要是换成基顿，想必他会用一连串疯狂的跌倒来完成这一幕。

巴里摩尔的克林格莱因热情可爱，甚至闪烁着人物的弧光，他在这个角色身上投入的感情与冷静内敛的基顿完全不一样。另一方面，喜剧演员固有的内向矜持可能会为他演绎的垂死的会计增添更多孤独感，毕竟当时基顿和克林格莱因一样，都正经历着生存危机。基顿的嗓音是一种不太悦耳的男低音，比起巴里摩尔精心设计过的舞台腔，他的语调可能会让克林格莱因带上几分乡土气息，但影片本就汇集了一帮南腔北调的演员：瑞典人嘉宝饰演一个俄国人，巴里摩尔兄弟是出身美国中大西洋地区①、受过舞台训练的一

① 美国行政区划的十个大区之一，由七个州组成，因其位于美国大西洋海岸的中部而得名。

代演员中的佼佼者，比里则独自尝试了一种令人困惑的、不太连贯的德国口音（起先比里拒绝了这个角色，因为他不想演反派，最后萨尔伯格就是用尝试一种新口音为诱饵让他答应的）。

假设基顿出现在影片里，或许也会改变结局的基调。影片结尾处，克劳馥饰演的弗莱姆钦同意陪伴时日无多的会计师周游世界。在现存版本的《大饭店》中，这种关系被定义为长幼之间的友好关系，没有两性之间的暗示：不同于她的前老板，两人之间的口头契约表明，弗莱姆钦的新资助人对她没有任何企图。如果换成三十六岁的基顿来与克劳馥配对，当时他还是一副英俊潇洒的日场偶像演员长相，那么观众就很难忽视这两个角色之间可能存在的浪漫关系了。

《大饭店》一炮而红后，基顿向萨尔伯格提议把它翻拍成一部歌舞喜剧片，由他来扮演那名职员（这次不是患了致命的疾病，而是无法治愈的打嗝），劳莱与哈代出演企业家和他在纽扣制造业的对手，吉米·杜兰特（Jimmy Durante）是那个浪漫的男爵，玛丽·杜丝勒和波莉·莫兰（Polly Moran）这对中年女性喜剧组合分别饰演悲惨的芭蕾舞演员和被利用的速记员。他对塞穆尔斯详细描述了这个从未实现的项目，比如杜丝勒会打扮成嘉宝的喜剧版本，把自己"战舰一般的身躯"裹进一条白色蓬蓬裙、一件及地毛皮大衣和"长约 50 厘米的拖鞋"里。仅仅是听他这样描述一番就挺搞笑的。[15]

对基顿而言，让他感觉最自在的表演方式就是拿那些严肃形象来开涮。他一辈子都在那样做，他在诸如《冰封的北方》和《三个时代》里分别戏仿了比尔·S. 哈特的西部剧情片和 D.W. 格里菲斯的伪史诗片里的舞台明星，那些都是他儿时在电影里看过的人物。尽管《大饭店》的恶搞创意只有一条简单的故事线，但基顿还用更单薄的剧本拍过极为成功的喜剧片。假使他提议的演员阵容能够被组织起来，那样一部影片很可能会大受欢迎；毕竟到目前为止，基顿在米高梅拍摄的影片，且不论质量如何，都取得了不错的经济收益。

只是萨尔伯格选择了另一条穿过高山的道路，《大饭店》的搞笑模仿片（提议的片名是《米尔斯大饭店》，取自鲍威尔街上一家声名狼藉的廉价酒店）最终没能得到拍摄机会。反倒是华纳兄弟公司不久后赶拍了一部平庸的维塔格拉夫短片，《无事发生》(*Nothing Ever Happens*)是对米高梅的恶搞模仿之作，由葛丽泰·嘉宝的灯光替身扮演那位不幸的芭蕾舞女演员。

无论基顿会否成为一个出色的克林格莱因，只是想到他本有机会得到这个角色，或是他本有机会在他真正想要出演的影片中出演这个角色的搞笑版本，而这本有可能改变他在米高梅的命运，让他对自己的判断力重新产生信心，这实在令人难过。近三十年后，他在谈到当年这一可能发生的机会时，罕见地流露出些许遗憾与苦涩："要是能拍上一部我如此渴望的电影，也许我就会停止酗酒，把自己重新变成一个逗人开怀大笑的演员。"[16]

基顿还把与《大饭店》相关事件的时间都记错了，这很能说明问题。他是这么跟自己的代笔作者查尔斯·塞穆尔斯说的：1933年初他被开除后，萨尔伯格重新考虑了一下，又让基顿的朋友、米高梅经常任用的导演塞奇威克去邀请他回来拍摄《大饭店》的喜剧版本。基顿还在对梅耶生气，拒绝了这个邀请，但后来年届六十的他也承认，"我是个傻瓜。"[17] 实际上，从这个项目设想到基顿被解雇，几乎过了一年半的时间，最后萨尔伯格也放弃了这个提议。基顿确实在被解雇后的某个时刻愤怒地拒绝过一次萨尔伯格抛来的橄榄枝，但当时《米尔斯大饭店》这个项目早已成为过去式。无论他有多么喜欢基顿的喜剧和基顿本人，萨尔伯格都不打算把制作权交给一名越来越不可靠的员工。

或许是基顿在他的回忆里错置了这段历史，因为他失去了——而且是连续两次——在米高梅从事一个能够让他有所发挥的项目的机会；在他眼里，这跟后来被路易斯·B.梅耶用一纸冷冰冰的备忘录开除是同等程度的差辱，那份备忘录还是由信使亲手送到他充当工作室的平房的。[18] 不管怎么说，这期间的事情都被糟糕的电影和更糟糕的家庭关系弄得模糊不清，而飙升的酒精摄入量则给一切蒙上了又一层迷雾。至于他口中那个被推迟采纳的提议，其中虚假的胜利细节可能是巴斯特潜意识里为那一段不光彩的记忆挽回些许尊严的方式，在同一章里，巴斯特说那是他一生中最糟糕的岁月（其中可能也有查尔斯·塞穆尔斯复述的因素。他们的采访都没有录音，而且查尔斯经常用一种更传统的叙事方式来改编采访对象所说的轶事）。

巴斯特失去《大饭店》这个项目后过了大约一年半，他的生活开始一落千丈。虽说这一错失的机会在这个过程中肯定没起到什么正面影响，但它本质上与此并无干系。他的崩溃从未像《了不起的盖茨比》的作者那样被公开，后者把自己"崩溃"的过程巨细靡遗地记录了下来；一直以来，在他的拍摄现场，演员和剧组都认为他是一个一丝不苟、信守承诺的人，如今他却突然背上了酗酒和不可靠的恶名。尽管如此，他还是米高梅的顶级喜剧明星，无论他的电影拍得多烂，它们还是在持续盈利。

在他与《大饭店》擦身而过以前，他的最后一部作品是《纽约人行道》，讲述了一个不谙世事的百万富翁打算改造一帮街头流浪儿，只为赢得其中一个年轻人姐姐的芳心。这还是基顿来到米高梅后首次与好友塞奇威克以外的导演合作。这一次，他被指派给了锡安·迈尔斯（Zion Myers）和朱尔斯·怀特（Jules White），此前这对搭档一直都在拍摄全犬类演员班底的"汪汪队"系列喜剧片。30年代中期，怀特再度与基顿合作，为哥伦比亚电影公司拍摄了一些廉价的两本影片，后来他还跟"活宝三人组"（Three Stooges）合作拍摄了他们最成功的几部长片。

基顿发现自己成了一对专拍犬类电影导演的首个人类拍摄对象，这让他颇为恼火。最重要的是，他尤其反感怀特盛气凌人的导演风格：这位前犬类饲养员坚持指导这名资深喜剧演员如何行动。更气人的是，他还要告诉基顿怎么样不去做某些事，因为制片厂不鼓励任何可能危及其身价高昂的人形资产的特技表演。无论是因为这份暗含轻视的工作、日益疏远的婚姻，还是因为他对酒精的越发依赖，基顿在拍摄《人行道》期间的做法拉低了他过往为人和工作的底线。

他一直坚持着午餐后在片场打棒球的习惯，可如今他不是老板，而是雇员，这些比赛就从合作伙伴之间的头脑风暴变成了代价高昂的拖延战术。他们还把演职人员分成了支持基顿的反叛者和忠于公司的模范人员。梅耶为这种公然反抗的行为和花销而震怒，威胁要在基顿的合同里加入"禁止打棒球"的条款。然而，除了下午的击球练习，基顿还会做出一些更戏剧化也更费钱的举动。在拍摄一场从船上跳水的戏时，他跳下去后躲过了接应的船只，一路游到岸边，消失了整整一周，在外纵情狂欢。[19]

在基顿拍摄的米高梅有声片中，《纽约人行道》是他本人最不喜欢的，几十年后他还说这部片子"糟糕透顶"。[20] 即便以他 30 年代初的作品为衡量标准，这部影片也属于他最糟糕的产出之一，节奏拖沓，而且毫无笑点，把他自《呆子》(The Saphead，1920) 以来断断续续演出的一类羞怯、内向却生动丰富的角色生搬到了搭建痕迹相当明显的下东区外景地。然而，尽管《人行道》是一部在艺术上失败的作品，它的票房表现却极为亮眼。实际上，得益于制片厂营销部门的影响力，这部影片是他在米高梅期间拍摄的八部剧情片中收益最高的，轻而易举地超过了他在 20 年代独立制作的任何一部影片。[21]

《人行道》之后，他的下一部作品是《激情水管工》。这部影片改编自法国闹剧，给人留下印象最深的是基顿与广受欢迎的舞台和广播喜剧演员吉米·杜兰特的首次合作。杜兰特大基顿两岁，是一名拉格泰姆① 钢琴家，十几岁时就以歌舞杂耍演员的身份出道。20 世纪 30 年代初，他开始拍摄电影，但似乎一直不太适应这个行业；尽管如此，他还是在接下来的二十多年里出演了十几部影片，之后才在电视这一新媒体中找到了一席之地。

杜兰特做了基顿不会做的事，并因此而出名，倒不是说这些事

---

① Ragtime，一种原始的音乐风格，1897 年至 1918 年间在美国十分普及。其主要特点是切分音。

违反了基顿的原则，而是他的个性使然。这位娱乐明星的舞台形象绰号"大鼻子"，是一个爱好闲聊、滔滔不绝的家伙，擅长扮鬼脸、抢劫、荒唐用词、打破第四堵墙，爱说一些"热恰恰"之类的口头禅。尽管两人在银幕外的关系不错，但基顿多年后坦言，杜兰特不断地用拳头打他的手臂，那其实很疼。他们是一对极不相称的银幕搭档。杜兰特刻意张扬的活力冲淡了基顿的存在感，让他安静的存在显得懒洋洋的，而他的羞怯内敛也给人一种被动的印象。杜兰特无休止的热情几乎给人一种攻击性的感觉，尽管从各方面来看他都是一个真正的好心人。在他身旁，基顿平日里极具表现力的肢体显得僵硬、畏缩，好像要设法从银幕上消失。

自从家庭表演组合解散后，基顿一直倾向于单人表演。即便是他跟着阿巴克尔学艺的那几年里，他们也很少像劳莱与哈代那样组成双人喜剧搭档。但萨尔伯格想要把杜兰特打造成一名新星，并且仍在苦苦思索适合基顿的方向，于是他决定让这两位在个人魅力与气质上都截然相反的喜剧演员合作拍摄一系列影片：《激情水管工》《轻而易举》和《什么！没有啤酒？》。要是基顿没有在 1933 年初被开除，他们本来还计划跟儿童明星杰基·库根一起拍摄另一部《好伙计》（Buddies）。

《轻而易举》和《步兵》一样常被视为基顿米高梅时期最好的作品，但这只能说明他那一时期的产出整体水平有多糟。影片导演是他在米高梅最早的合作者，爱德华·塞奇威克，在这部讲述片场幕后故事的乏味浪漫爱情片里，他让基顿出演了一个名义上比他的保留形象"埃尔默"更聪明的角色。他饰演一位天真的古典文学教授，爱上了一名舞女，并误以为自己继承了一笔财富，同意资助她要参加的乏善可陈的巡回演出。杜兰特出演其中的钢琴师，这让他有很多机会表演他的拿手好戏：他坐在键盘前，中断演奏，直接对观众讲一个笑话，然后自己笑着摇摇头，好像在说"我们不是玩得很开心吗？"基顿显然玩得不太开心。尽管他维持了一贯的运动能力和把握时机的水准，但在这部喧闹、絮叨、大部分时间都是静止画面的喜剧里，他没有得到多少发挥的机会。

《轻而易举》中确实有一场令人难堪的戏码，是巴斯特和塞尔玛·托德（Thelma Todd）合演的，后者素有"冰激凌金发女郎"之称，是一名言辞刻薄的女喜剧演员。与基顿之前合作过的女演员相比，托德有着丰富的喜剧表演经验，也是经过市场检验的票房亮点。她的合作对象包括查理·蔡斯、哈里·兰登、马克斯三兄弟（the Marx Brothers），以及劳莱与哈代；喜剧导演哈尔·罗奇曾把她跟扎苏·皮茨（ZaSu Pitts）配对，后者自默片时代起就是一位喜剧片和剧情片明星，她们合作出演了一系列滑稽短片，讲述两个打工女孩在纽约合租的故事。

托德在《轻而易举》里出演与巴斯特演对手戏的拜金女。教授是一个心地善良却不讨女孩喜欢的无趣之人，她想要把教授灌醉，然后引诱他，那样他坚守的维多利亚时代标准就会要求他娶她为妻，结果她自己醉得更厉害，根本没法进行下去。第二天早晨，出现了基顿作品中罕见的带有性暗示的一幕，两人并肩醒来——却是躺在两张床上，插入的对话向观众保证，按照米高梅的标准，两人共度了纯洁的一夜。托德表现出来的前法典时代的鲁莽放肆与教授的古板谨慎形成了鲜明对比；与杜兰特擅长的喧闹场面不同，他们之间的幽默效果更多地存在于肢体动作而非言语表达上，观众也得

以从杜兰特进击型的幽默表达中喘一口气。就像《大饭店》是一个
可能的机会，我们也忍不住要去想象，如果基顿与托德有机会再次
合作，又会给我们带来什么。[22]

　　《什么！没有啤酒？》是基顿在米高梅拍摄的最后一部影片，它
的制作和发行也见证了主演个人与职业生涯的低谷：影片于1933
年2月上映，八天前基顿才被解雇。在那之前的半年，娜塔莉终于
起诉要求离婚，据他自己在几十年后回忆，拍摄期间他每天都要灌
下一瓶威士忌。他总算从意大利别墅搬了出来，住在片场的平房休
息室和一辆豪华的定制巴士里；巴士是他从宾夕法尼亚一位铁路大
亨手上买来的，他说那是他的"陆上游艇"。[23]

　　令梅耶恼火的是，这辆长达11米的巴士成了心怀不满的员工
的派对聚集地。萨姆·马克斯（Sam Marx）是萨尔伯格手下的一
名制片人，在他的回忆里，这里像是一个"革命总部，一个持异议
员工的中心"。[24] 基顿喜欢把"陆上游艇"停在片场，不分昼夜地
吸引来一帮酗酒玩牌的喜剧编剧和演员，以及他们能找到的任何女
伴。就连充当梅耶耳目、并在必要时重拳出击的制片厂安全主管埃
迪·曼尼克斯有时也会来喝一杯并玩上一局。一则流传甚广的轶事
称，有一回梅耶突然冲了上来，让狂欢者都安静下来，基顿则毫不
客气地命令他下去。无论真实与否，它都表明两人之间确实存在冲
突：梅耶长期以来都不信任基顿追求独立的作派，如今他就要行动
起来，把这个麻烦不断、难以管理的员工从片场赶出去。萨尔伯格
还是站在基顿一边，也许是出于个人的同情，又或者是基顿的喜剧
片还在持续为公司盈利，哪怕达不到《大饭店》那样的程度。

　　在1932年为"米高梅巡游"系列拍摄的宣传短片中，基顿和

他的朋友卢·科迪以身穿全套海军制服坐在巴士里打牌的形象出镜：基顿的扮相是头戴翎帽的拿破仑式海军上将，科迪则是他的船长。卢也是默片时代的明星，同样酗酒，自两年前妻子梅布尔·诺曼德去世后也一直单身。在一张拍摄于同一时期的照片里，杜兰特也穿着水手服，跟他们一起在巴士外摆姿势。基顿在米高梅期间的大多数宣传照都是在摄影棚里摆拍的，他被塑造成一个郁结于心的日场偶像，与他在银幕上扮演的呆头呆脑的"埃尔默"们产生了鲜明对照。然而，这些在"陆上游艇"内部和周围有意拍下的傻乎乎的画面，是公司对展示喜剧制作幕后情况的拙劣尝试。制片厂强大的公关部门正在加班加点地工作，想把他们旗下明星这一阶段混乱不堪的单身生活描绘成一段肆意张扬的美好时光。

《什么！没有啤酒？》也许不是基顿出演过最糟糕的电影，但肯定是最难看的一部。塞奇威克再次拿起导筒，剧本则继续由萨尔伯格惯用的编剧团队创作。影片于1932年末开拍，当时基顿正陷于"陆上游艇"时期最痛苦的阶段，由于他的缺席，拍摄不得不中断了好几次。有时他会一连消失好几天酗酒，之后被管理人员送到箭头泉一处昂贵的戒酒中心，而剧组则要尝试在他缺席的情况下继续拍摄。

最终拍摄花了六个多星期才完成，最后的片长勉强超过一个小时。看到年仅三十七岁的基顿饱受酗酒和抑郁摧残的面容，让人不由庆幸这部影片只有六十五分钟。自《轻而易举》以来，他的外貌发生了惊人的变化。在仅仅拍摄于半年前的那部影片里，你可以说他看起来有点疲态，略显憔悴，比起无声电影时代孩子气的形象，他有点老了，但并没有展现出令人担忧的不适。而在《什么！没有啤酒？》里，他的脸庞枯瘦、双眼肿胀、在一些场景里还口齿不清。在极少数情况下，情节要求他跑过一名对手，或者翻过一件家具，他的身手仍旧足够灵活——这些基本的特技动作已经成了他的肌肉记忆。只是他的每一个表情、动作和台词都给人一种茫然的困顿感，整部影片也笼罩着一种草率、倦怠的感觉，如同他混乱内心状态的投影。

在几个场景里，基顿和他的角色似乎融为一体了。在他扮演过的所有卑怯的埃尔默中，这也许是最为被动、任人摆布的一个。他和他的角色一样放弃了说话的机会，也就更不会去反抗从四面八方接连向他袭来的打击了。更具讽刺意味的是，杜兰特饰演了一个名叫吉米的角色。就好像是编剧团队在竭力帮助他们的喜剧新星树立一个深入人心的形象——鉴于剧本创作期间巴斯特顶尖喜剧明星的地位已经岌岌可危，事实很可能就是这样。

埃尔默·J.巴茨这个名字更添了几丝羞辱之意，就像《轻而易举》里的教授，这个埃尔默同样不谙世事、容易受骗，他把积攒下来的现金藏在标本店的填充标本里，结果轻易就被人骗走了。《什么！没有啤酒？》是一部紧跟时事的喜剧片。1932年，富兰克林·德拉诺·罗斯福在总统大选中取得了压倒性的胜利，之后国会里的"干""湿"两派① 正为是否要取消禁酒令展开辩论：直到1933年12月，即电影上映十个月后，第十八修正案才被正式废除。

---

① "干"派指支持禁酒令的民主党人，"湿"派指寻求修改或废除宪法第十八修正案的共和党人。

基顿和杜兰特在片中饰演一对兄弟，在全国投票即将取消禁酒令前夕，他们决定开一家酿酒厂来赚钱，却不小心触犯了私酒贩子的规矩。接下来又是一连串双重间谍和黑帮狂欢的戏码，给人一种既疯狂又乏力的感觉。其中有一幕很长的场景，是杜兰特、基顿和一群临时演员在一家被淹没的酿酒厂里。基顿三人组时期常见的"人肉拖把"又以变体的形式出现了，巴斯特瘫软的身体被拖曳着扔过一个满是啤酒泡沫的房间。

基顿在米高梅拍摄的每一部沉闷的有声电影都至少包含了一个精彩的场景，那一刻他挣脱了名为埃尔默的囚笼，变回了那个仍旧知道该如何表演的演员。这些时刻预示着他本可以在有声时代走上一条不同的道路。在《步兵》里有这样一个场景，巴斯特拿起一把尤克里里，和爱德华·塞奇威克还有克里夫·"尤克里里·埃克"·爱德华兹来了一段三人即兴演奏，他们弹奏的是一曲古老的歌舞杂耍调子；这一幕完全脱离了影片的故事情节。在《激情水管工》里有一段基顿和吉尔伯特·罗兰的手枪决斗戏，他们的演绎为这起攸关荣誉的事件增添了额外的即兴喜剧色彩（1947 年，基顿在巴黎梅德拉诺马戏团成功演出期间以哑剧形式复刻了这段表演）。

《什么！没有啤酒？》的精彩一刻出现在影片结尾处，而且完全没有对白。备受打击的埃尔默·巴茨发现自己开着一辆装满啤酒桶的卡车穿过小镇，身后追着一群歹徒。他把卡车停在一个上行的斜坡上，木桶不可避免地散落下来，一路滚下山坡，像是在追赶拼命闪躲的埃尔默。这是对《七次机会》(1925) 惊险片尾的小规模重现，那部片子里基顿饰演的单身汉主角被一群准新娘追赶着跌进了一条陡峭的深渊。下山途中，他引发了一场山崩，必须比几十块飞速滚落的巨石跑得更快，这些石头大小不一，从小鹅卵石到巨大的石块都有（石头是纸糊的道具，但最重的几块也重达 180 千克）。

这一幕是由几个构图优美的长镜头组成的，用视觉上的几何效果制造出可能的笑料：急坠的峭壁、翻转的圆筒，还有那个挣扎着从中挤出一条路来的瘦长身影。在米高梅有声片狭小、压抑的世界里，摄影机的位置相当重要，这一回，大约两分钟里它都在正确的位置上。即使基顿当时的状态很糟，他应该也有提前跟塞奇威克商量过这一幕的场面设置和时间安排，否则很难想象他能完成这一系列动作。在他为大制片厂主演的最后一部影片的最后十五分钟里，出现了全然属于他的一刻，看到他还能做出这样的动作、创作这样的场面，再看看他在影片其他时间里的状态，两者几乎同样令人伤感。

这一幕带给观众的，除了一个深陷酒精泥沼的人被具象的啤酒容器追赶的痛苦讽刺，还有一个细节，状似无意地残忍点评了这位明星在拍摄期间的生活状况。山脚下有一个 T 型十字路口，商店沿着街道一字排开——这个场景是专为这一幕搭建的，为了躲开滚落的啤酒桶，一辆骤然转弯闪避的汽车撞破了一家杂货店的橱窗。[25] 市场隔壁立着一块醒目的电影广告牌：偏偏就是米高梅的《大饭店》。

这并不奇怪，当时这部影片还在加时路演，制片厂当然要抓住机会给当年影响力最大的影片打广告。只是，看着基顿冲下山坡，远处的广告牌像是在提醒我们，1932 年末，《大饭店》的巨大成功对他而言意味着什么。能够扮演克林格莱因，或是在《米尔斯大饭店》里扮演他的搞笑版本，本来会是他最后一次得到一个可能令他感到兴奋与挑战的角色；之后他要度过的是可悲的、马不停蹄的一年，他与杜兰特搭档出演了一部又一部质量不佳的兄弟喜剧片——更令人沮丧的是，它们全都大获成功。

尽管米高梅的三位主要领导人都是犹太人——梅耶、萨尔伯格和驻守纽约的财务主管尼克·申克——这家制片厂却以其挥霍无度的圣诞节庆活动而闻名。每年都有贫困家庭在制片厂门口排队领取数百个礼品篮。随后，员工们应邀去参加布满华丽装饰的火鸡晚宴。梅耶也会出席，并在某个时刻站起来发表他催人泪下的招牌演讲，他喜欢称这些固定员工为他的"家人"。但在制片厂老板离席去找他真正的家人共度圣诞夜后——妻子和两个已经成年的女儿，她们的生活也都是他一手打理的——片场上就会爆发不那么体面的狂欢。

1932 年的圣诞夜狂欢尤其疯狂。得益于《大饭店》和《红发女郎》这样的大热门，以及基顿-杜兰特的喜剧片或瑙玛·希拉的剧情片《旧情别寄》(Smilin' Through) 之类预算不高却收益颇佳的影片（后者翻拍自诺玛·塔尔梅奇的一部老默片），再加上游泳冠军约翰尼·韦斯默勒（Johnny Weissmuller）出演的广受欢迎的"人猿泰山"系列第一部，米高梅成了五家主要制片厂中唯一在大萧条最低谷时期没有走下坡路的公司。公司当时财源广进，一路高走；有一张那天的照片，拍的是身着圣诞精灵盛装的玛丽昂·戴维斯，正监督分发大堆食品、糖果和玩具。梅耶在餐后致辞中骄傲地——也许言之过早地——宣布："要我说，我们国家已经走出了经济萧条，我们也一样！"

制片人和编剧塞缪尔·马克斯在回忆录《梅耶与萨尔伯格：虚

构的圣徒》(*Mayer and Thalberg: The Make-Believe Saints*)中生动再现了后续的狂欢场面：

> 就像是［梅耶］发出了庆祝的信号，尽管他不会参与其中。等他离开制片厂后，工作正式结束了，狂欢突然就开始了……每张桌子上都摆满了私酒——威士忌、杜松子酒和来路不明的啤酒。哪个男人脸上要是没有一抹口红印，他都不好意思被人看见。要是他把印子擦掉了，马上会有一个姑娘过来再补上……音乐部的钢琴家一个接一个地演奏不同的曲子。随便谁都能去肖像部照张相。情侣们摆出来的姿势让人脸红，有时还不太入目，所幸他们清醒以后不会被这些照片困扰：摄影师的手里拿着酒，还忘了给照相机装胶卷……放映室里不停地在放色情影片，大家都站在那里看，除了那些站不起来的人。[26]

一名参加了派对的场记员回忆说，他发现珍·哈露醉倒在派对外面的地板上，便把人事不省的她扶回了房间里［不难理解那一夜哈露想要忘却世界的渴望，因为她的丈夫、米高梅制作人保罗·伯恩（Paul Bern）就在那年早些时候神秘身亡，当时距离他们成婚仅仅过了两个月］。一位没法站稳的宾客就是巴斯特·基顿。他当时已经喝高了，还想尝试一个复杂的杂技动作，结果一头撞在地板上，失去了知觉，在一位导演平房休息室的沙发上过了一夜。

欧文·萨尔伯格喝酒通常很有节制，但那天晚上，他在过去一年里实现的有史以来最高的经济和艺术成就让他也喝了不少，用马尔斯的话来说，比"他通常喝掉的威士忌掺苏打水"更多一点。他在自己的办公室里接待了一长串前来表示祝贺的员工，"姑娘们送上香吻，男人们跟他握手"，之后他又冒冒失失地跑到派对上去拥抱那些他错过的女士们。[27] 第二天早晨醒来，他感觉身体不适，希拉总是紧张地关注着他的健康状况，坚持要他在家休息几天，直到完全恢复过来。几天后，萨尔伯格在他们位于圣莫妮卡的海滨豪宅里突发心脏病。他又活了三年（但此后他的健康状况，就像他帮助建立的制片厂的历史一样，都再也回不到从前了），直到1936年以三十七岁的年纪去世——这远远超过他出生时医生给他的三十年期限，当时他是一名患有紫绀型先天性心脏病的"蓝婴"①。

萨尔伯格离开制片厂的八个月间，梅耶聘请他的女婿大卫·O. 塞尔兹尼克（David O. Selznick）来代替他的位置。塞尔兹尼克没干很久，因为他明白自己不可能取代萨尔伯格，也害怕被视作裙带关系的受益者。尽管如此，等到萨尔伯格复职时，米高梅的权力平衡已然发生了变化。与萨尔伯格相比，梅耶更趋感伤且保守的品位，成了此时制片厂的主导风向。萨尔伯格自上而下的生产方式依然奏效，但他本人的权力却被那个曾对他视如己出的人削弱了。菲茨杰拉德试图在《最后的大亨》中对这段关系做出戏剧化的处理，小说中的梅耶，也就是那个虚张声势的大人物帕特·布雷迪，不仅做出了背叛之事，还犯下了谋杀的罪行。

1932年的圣诞派对正是那种菲茨杰拉德可能会把自己变成"疯狂星期日"傻瓜的狂欢聚会。不说别的，他总可以把这段经历当作有朝一日要写出来的好莱坞小说的宝贵素材。但那年圣诞节

---

① 这些患儿因先天性心脏缺损，血含氧量较常人更低，身体呈蓝紫色而得名。

他在远离好莱坞的马里兰州，和情绪脆弱的泽尔达租下了一幢名为"和平居"的豪宅，一边持续却（还）不至于毁灭性地酗酒，一边努力完成他的半自传体小说《夜色温柔》。这本书于1934年出版，反响并不热烈，标志着作家人生低谷的起点，在长达两年半的时间里，他的创作停滞不前，受困于间歇性的酗酒行为，泽尔达则在精神疗养机构里进进出出，即便是他最"商业化的"短篇小说也不再有可靠的销路。[28]

1936年，《纽约邮报》发表了一篇残酷的侧写，把菲茨杰拉德描绘成一个盛名不再的可怜人，在他四十岁生日那天，和他的"清醒护士"① 讨价还价，就为了喝上一口他每天配给的杜松子酒。之后菲兹杰拉德想要自杀（我们将在下一章中看到，同一时间，基顿已经跟他的清醒护士结婚又离婚了）。那年晚些时候，菲茨杰拉德在《时尚先生》（Esquire）杂志上发表了三篇文章，记录自己跌落低谷的经历；在他去世后，这些讲述他"崩溃"经历的文章被结集收录在同名遗作集里。菲茨杰拉德再度找回了十年前让他名噪一时的独特声音：这些"崩溃"散文与他最优秀的小说作品一样生动、敏锐。只是在大多数与他同时代人的眼中，其中的本真和诚实是一种品位上的衰退，也是一种令人蒙羞的软弱表现。这些文章也让编辑和制片厂高层在雇用他时，对他身上可能产生的风险有所顾虑。

当时斯科特和巴斯特都差点因为喝酒而送命，只是他们都不会愿意承认；挨过这一遭后，十年大萧条也即将结束，他们分别住在

---

① sobriety nurse，帮助酗酒者提防再度成瘾的风险，并提供心理支持的私人护理人员。

两条不同的海岸线上，竭力回到（相对）清醒的状态，过上安稳的家庭生活。直到 1937 年夏天，萨尔伯格去世半年后，两人在同一周内重返米高梅工作，他们的生活才再次产生交集。[29] 五年前，他们在各自的领域都取得过辉煌的成就，如今他们又回到了卡尔弗城的片场，依仗自己长期积累的专业技能担任幕后顾问——基顿负责设计喜剧桥段，菲茨杰拉德则专注打磨剧本对白——在这台当时运转良好的电影制作机器中发挥着微小却重要的作用。那时两人也都基本摆脱了酗酒的阴影，虽说斯科特的生活不时还会脱轨并导致灾难性的后果。

几乎可以肯定他们的办公室就在同一幢楼里，20 世纪 30 年代末，制片厂的编剧基本上都在那里办公，距离本部食堂只有几步之遥。很难想象他们不会在走廊或制片厂的其他地方擦肩而过，在制片厂广阔的园区里，有一个人工湖，还有各种不同的场景布景，例如纽约市街景、古朴的欧洲村庄和一所维多利亚时代的女子学校。[30] 基顿和他的前导演好友爱德华·塞奇威克共用一套两个房间的办公室；这位工作量不足的喜剧演员利用业余时间打造了一些鲁布·戈德堡①式的机器，例如一个给坚果去壳的装置，通过一系列设计精巧的斜坡和滑道，用小锤子把掉下来的坚果砸开。他的工作包括为马克斯三兄弟编写搞笑场景（他后来批评他们的工作态度太过随意），修改自己过去的喜剧套路，套用给新近崭露头角的喜剧演员雷德·斯科尔顿，后来他翻拍了三部基顿的默片。基顿的很多幕后

---

① 鲁布·戈德堡（Rube Goldberg, 1883—1970），美国漫画家、雕刻家、作家、工程师、发明家，也是全美漫画家协会的创立者和主席。

工作都没有出现在字幕里；他大部分时间都在埋头苦干，只想赚到足够的钱来养活父母和弟妹，对此他没有太多异议。

余下的三年半时间里，菲茨杰拉德参与了许多剧本的创作，然而只有一部影片的字幕里出现了他的名字：1938 年的《战后三友》（*Three Comrades*），改编自埃里希·玛利亚·雷马克（Erich Maria Remarque）以"一战"后德国为背景的同名小说。令菲茨杰拉德沮丧的是，之后剧本又被新晋编剧、未来的导演约瑟夫·曼凯维奇（Joseph Mankiewicz）做了大幅修改（"哦，乔，制片人就永远不会出错吗？"菲茨杰拉德在一封从未寄出的写给曼凯维奇的信中恳求道，"我是个好作家啊，真的。"[31]）。斯科特从未真正掌握过编剧的诀窍，尽管他在为几个米高梅大项目撰写剧本时都起码成功通过了第一稿，其中就包括《乱世佳人》（*Gone with the Wind*）。不过，他在洛杉矶的写作时光没有白白浪费：正是在那些年里，他写出了《最后的大亨》目前留存下来的部分，尽管这本书只完成了不到一半，却是他最具野心的作品之一，也成了他写作生涯最高成就的一部分。

20 世纪 30 年代末，基顿和菲茨杰拉德从长期酗酒及抑郁的深渊中挣扎出来，并与两位女性共同重建了他们的生活。比起娜塔莉和泽尔达，这一次他们选择的伴侣有着更多的共同点。她们都是职业女性，也都在与伴侣相关的行业中独立工作：埃莉诺·诺里斯，在 1940 年成了埃莉诺·基顿，过去是米高梅公司的一名舞蹈演员；希拉·格雷厄姆（Sheilah Graham）是一位杂志写手和一稿多投的名人专栏作家，自 1937 年起陪伴在菲茨杰拉德身边，直到他 1940 年猝死在她的公寓里。埃莉诺和希拉也都是务实的照料者，为她们伴侣的身心健康投入心力，也为他们的创造性工作提供辅助，使其成为可能。她们都比自己的伴侣长寿数十年，并成为他们遗产的守护者：1966 年基顿去世后，埃莉诺全身心致力于寻找、保存并宣传他的作品；格雷厄姆则写了不下三本关于她和菲茨杰拉德共度时光的书。

　　人们对基顿和菲茨杰拉德的晚期职业生涯普遍有着误解，认为他们在经历了一段年轻时的辉煌后，便陷入了拮据、悲惨且创造力枯竭的生活之中。事实上，他们的人生故事都显示出强大的自我修复与重塑的能力。他们都是有着强烈个人意愿的创作者，习惯于拥有自己作品的最终决定权；起先他们都因受到好莱坞制片厂系统的限制而苦不堪言，后来又完全无法在其中发挥作用。两人都没能在米高梅找到一处适宜的职业栖息地，直到他们穿过了"灵魂真正黑暗的夜晚"，那是菲茨杰拉德在"崩溃"系列散文最后一篇《小心轻放》(*Handle with Care*) 中的说法。对他们而言，那片黑夜包含了不止一次在戒酒所度过的时光。萨尔伯格在设计自己那条穿过高山的道路时，选择把菲茨杰拉德和基顿留在山下。但到了 1937 年夏天，他们开始在编剧大楼工作的时候，他们已经从另一边走了过来。

不是酒鬼，是醉鬼

基顿和他的第二任妻子梅·斯克里文，
在格劳曼中国剧院举办的《金刚》(*King Kong*)首映礼上，1933 年。

　　基顿曾说自己在 20 世纪 30 年代初的状态就像"站在世界之巅——的雪橇上"。[1] 这幅画面本身就蕴含喜剧色彩；很容易就能围绕它展开一整部影片，一部从来没有过的、以冬季运动为题材的基顿式长片。但它也准确地唤起那一刻背后的焦虑和恐惧，那种在陡峭山顶摇摇欲坠的感觉，第一次感受到地心引力无情的力量。过去一直都在推动他向上攀爬的动力开始减弱，随之而来的坠落是那样迅速，比他曾经跃过的任何一座悬崖都更垂直向下，突然之间，一直伴随着他的称号——"不会受伤的男孩"不像从前那样有效了，他不再是那个传说中无法被伤害的孩子。

　　基顿曾踏上过历史的快车道，而在 30 年代初的某一刻，他的顺境戛然而止了。他猛然意识到自己和他所处的时代陷入了相同的境地：大萧条最严重时期的抑郁者，禁酒令即将废止时期的酒鬼，一个失业的离婚男人，为了养活一大家子人，随便什么活接。没过几年，基顿甚或成了一个落后于时代的人，一个好莱坞早年的遗迹——这样的状况起码持续到了 50 年代早期，随着电视业的兴起和对无声喜剧的重新发现，他的事业又有了起色。

他不像丽莲·吉许、约翰·吉尔伯特或塔尔梅奇姐妹等默片时代的明星那样，是大萧条时代文化品位转变的受害者（诺玛的前两部有声电影都失败了，她的职业生涯就此终结；康斯坦斯干脆选择不拍有声电影，在 1929 年退出影坛）。要是他尽早解决了自己酗酒的问题，以及／或者被选中参与更适合他的项目，不难想见基顿本有可能在有声电影时代重振他的事业，无论是作为演员、导演，还是兼而有之。然而，《什么！没有啤酒？》成了他为一家美国制片厂主演的最后一部故事长片。[2] 虽说之后他又作为不署名的喜剧编剧在米高梅工作了十二年，为克拉克·盖博、朱迪·嘉兰和埃丝特·威廉斯（Esther Williams）等诸多明星设计并排演了不少喜剧片，但他再也没有得到过执导一部长片的机会。

1929 年，美国股市崩盘，历史上之后的一段时间常常被比作一场宿醉（最早提出这个比喻的人正是 F. 斯科特·菲茨杰拉德。他在 1931 年的一篇文章《爵士时代的回声》中为过去十年描绘了一幅沮丧的肖像，称之为"历史上代价最高昂的放纵"[3]）。大萧条时期文化品位的急速转变自有其背后的原因；百老汇舞台上的左派论战、关切社会问题的畅销小说，以及道貌岸然的（同样也是经过美化的）黑帮片的兴起，这些文化产品的热潮表明 30 年代热切地想要在每一个领域把 20 年代抛诸身后。过去十年里狂飙突进的股市和疯狂迷离的派对的幻影暴露在新十年经济萧条的严酷光景之中，显出苍白、轻浮的底色。甚至大萧条时期的很多影片都切实展现出这种"宿醉"的特质，并非由于摄影师们还在承受上一次酗酒后的头痛（虽说那肯定是某些人的情况），而是因为录音所需的封闭式摄影棚都没有窗户，墙壁又厚，还需要大量炽热的灯光，当时的一位音效工程师回忆说，演员的发胶都开始冒烟。[4]

对于巴斯特·基顿，20 世纪 30 年代的宿醉岁月不仅是文化上的，也是生理上的。1932 年年中到 1935 年末，这段时间是他情绪最低落、酗酒最严重的时期，也是他人生中罕见的因超前于时代而无法获益的时期：1935 年 6 月 10 日，传统上被视为嗜酒者互诚协会①的成立日，成瘾性治疗就此有了历史性的转变；如果他晚出生几年，就能受益于这一变化。

无论基顿在那天或之后几个月里做了什么，几乎可以肯定他都在酗酒。万圣节那天，他在接受了两周痛苦的住院治疗后（据说在某些时刻还动用了束缚衣）离开了索特尔退伍军人医院。直到那天为止，他肯定都不"清醒"——我们将会看到，对他和戒酒互助会的创始人及成员来说，这个词有着截然不同的意义。在好莱坞宣传机器和当时舆论对酗酒污名化的影响之下，基顿的医生向媒体发表声明，称这位演员"因家庭和经济问题出现了精神崩溃"，并强调"他的情况非常严重"。[5]

研究戒酒运动的历史学家们如今怀疑协会的成立时间实际上可能有一周左右的偏差；但总之是在 1935 年 6 月中旬的某个时候，刚刚戒酒成功六个月的纽约市股票分析师比尔·威尔逊（Bill Wilson）递给俄亥俄州阿克伦市直肠外科医生罗伯特·史密斯

---

① 又名匿名戒酒互助会（Alcoholics Anonymous，以下简称 AA），美国退役军人比尔·威尔逊和外科医生罗伯特·史密斯是协会的共同创始人。

（Robert Smith）一瓶啤酒，让他在手术前能够稳定自己颤抖的双手。所幸手术成功了，患者也恢复了健康。更重要的是，医生此后再没有碰过任何酒精饮料。而那个给了他最后一瓶啤酒的人也没再动摇过，前一年他在曼哈顿的一家戒酒医院里摆脱了酗酒的恶习。

在那家医院里，威尔逊恳求他从未相信过的上帝显灵，他体验到了后来他称之为一股"热流"的经验：一阵明亮的光，伴随着一阵突然的升腾与澄明，"仿佛山顶强大的清风持续吹来"。[6] 他问自己的主治医生威廉姆·"西尔基"·希尔克沃思，这段经历到底是神圣的顿悟，还是戒酒期间服用颠茄引发的幻觉？希尔克沃思是治疗顽固酗酒者领域的先驱，他对病人说，既然他的情况已经严重到了需要奇迹的地步，不妨就相信他真的被某种超自然力量接触过了。"不管你是怎么走到这一步的，"威尔逊回忆起医生对他说的话，"坚持住。坚持住，伙计。这比你几个小时前的状态好多了。"[7]

"西尔基"是对的：20 世纪 30 年代中叶，还没有任何一种酗酒治疗模式能够取得可靠的成功率，因此一道从天外飞来的白光也许是最好的出路。希尔克沃思熟读瑞士精神分析学家卡尔·荣格的著作，很快威尔逊也成了他的读者；荣格曾经写道，在他看来，唯一能够扭转严重酗酒病例的希望就在于某种形式的精神体验。这不一定是宗教上的皈依；也可能是威尔逊后来称为"深度自抑"的情况的诸多变体之一，即在意识到自己的成瘾变得无法控制的时刻，把自我交付给某种更高的力量。

这类体验后来成为嗜酒者互诫协会的核心理念之一，但协会创始人们并不会把比尔·威尔逊在 1934 年末体验到的个人启示作为整个项目的起始点。一切始于同年的一个夏日，在与其他酗酒者共同努力了六个月而未果后，他终是把自己仍不确定的戒酒方法传授给了另一个还在苦苦挣扎的酒鬼。威尔逊很快便意识到，这种人与人之间的传递不仅是他朋友能够持续保持清醒的关键，同样也能帮助他坚持下去。比尔·W 和鲍勃医生 ① 用他们之间的合作建立起的这种自我维持的互助模式具有变革性的意义，直到去世后他们的身份才被公之于众。奥尔德斯·赫胥黎（Aldous Huxley）在 20 世纪 60 年代与比尔交好（好几次还带着迷幻药去找他，想要探索这种药剂在心理治疗方面的价值），他说比尔是"本世纪最伟大的社会建筑师"，这句话并非毫无缘由。[8]

将酗酒视为一种疾病而非罪过或性格特质，这并非戒酒互助会的首创；研究成瘾这一棘手社会问题的人员在 19 世纪中叶就提出了这一观点。但确实是戒酒协会的广泛成功改变了美国人对待自己和亲人药物滥用问题的态度，并最终把这种改变推向了全世界。1935 年夏天，比尔·W 和鲍勃医生经由宗教运动牛津集团 ② 阿克伦分会的成员初次介绍见面时，"酗酒者"一词还不是广泛意义上依赖酒精者的称谓。当时比尔正在城里尝试一次最终失败的商业冒险，他给一位不酗酒的成员打了电话，请她帮忙联系当地随便哪个愿意跟他见面、想要避免酒瘾复发的酒鬼，他给自己起了一个更通俗的外号，叫"朗姆酒猎人"。[9]

与 19 世纪末相比，20 世纪 30 年代中期的酗酒和戒毒治疗没有太多进展；那时乔和迈拉·基顿作为表演者参与了数不尽的兜售

---

① 如下文所述，他们尽量保持匿名。
② 牛津集团（Oxford Group）是在 20 世纪初席卷欧洲和美国部分地区的半宗教政治运动，由弗兰克·布克曼创立于 1938 年。

药物的巡演，通常这些演出中贩售的药剂就包括有望治愈"恶魔朗姆酒"的灵丹妙药——一些不含酒精的调制饮料。和巴斯特一样，比尔·W 也出生于 1895 年（又是这个年份！），当时禁酒运动正朝着更为激进的方向发展。当声名不佳的禁酒运动斗士凯莉·纳西翁（Carrie Nation）挥舞着斧头砸毁了她的第一个目标——堪萨斯州威奇托市一家酒店里的酒吧，巴斯特和比尔都年满五岁。纳西翁及其追随者立即成了无数报纸漫画和酒吧笑话的题材。爱迪生公司甚至还以她的运动为主题拍摄了一部喜剧片《酒馆摧毁者》（The Saloon Smashers，1901），其中有一群调酒师被一群挥舞着斧头的妇女从工作场所赶出去的场景。无论比尔和巴斯特有没有在六岁那年看过这部影片，他们的童年无疑充斥着禁酒主义者的形象——爱管闲事的女性道德家，以侵犯男性的自由和乐趣为己任。

在基顿和威尔逊长大的过程中，"干""湿"两派之间的文化和政治斗争持续不断，当时的社会对酗酒者并不友好，人们不会把酗酒看作一种生理疾病，认为患者理应得到同情和治疗，相反，大多数人都觉得酗酒者需要的是惩罚和改造。那些年里，一个人如果酗酒成瘾且无可救药，最有可能的下场是被关进城市监狱的醉汉牢房（乔·基顿就进去过不止一次），或是被关进环境恶劣的公共醉汉收容所；要是你有能力，也可以去更高档的"脱酒"场所，也就是所谓的"jitter joints"或"dip shops"。比尔·W，这位曾经的股票投机者，差点就要喝光自己在 20 年代经济腾飞期挣到的钱，他就是在一家类似的机构——曼哈顿的查尔斯·B.唐斯医院——经历的"白光"体验。[10]

比尔和鲍伯医生在 1935 年 6 月的会面也许标志着后来的匿名

戒酒互助会的开端，可起初协会成员增速缓慢。创始人拒绝广告和其他任何形式的公开宣传，并且他们商定了"团体贫困"的承诺——不缴纳会费，不与任何政党或宗教组织建立联系，不接受公司、机构甚至个人慈善家的大笔捐赠，从而最大限度地维护了机构的独立架构和声誉。然而，同样也是这些原则，使得这种简单却具有变革性的新方法难以传播开去。

最初几年里，唯有通过那些参加了最早两次聚会的人把理念带回家乡，新的戒酒小组才得以成立；这两次聚会分别在鲍伯医生阿克伦的家里和比尔在布鲁克林的家里举行。通过酗酒者及其家人的良好口碑，以及比尔对寻找和帮助酗酒者同胞近似福音派传教者的热诚，该项目得以有所进展。然而，协会活动了四年之后，全国只有大约一百人在他们的帮助下保持了清醒。不过，无论确切的数字多么微不足道，协会在预防再度酗酒方面取得了比其他任何戒酒方法都更高的成功率。

1939 年，协会独立出版了一本以新的官方名称为题的书籍，发展势头略有回升；这本书以直接邮购的方式进行销售，而这一招商业上的险棋最终被证实是该组织实现财务自由的关键。但在 1941 年 3 月 1 日，《周六晚邮报》刊登了一篇封面专题长文，言辞热忱地详细介绍了协会的戒酒项目。作者谨慎地隐去了所有采访对象的真实身份，包括比尔和鲍勃医生。这本杂志是全国读者最多的周刊之一，披露更多信息的要求纷至沓来，"大书"的销量开始飙升——这本用超厚纸张印刷的书籍色彩鲜艳、开本巨大，更便于急切的"朗姆酒猎人"查找和翻阅。

在很短的时间内，戒酒互助会的规模开始急速扩张；这篇文章发表过后仅仅十个月，1941年底，协会成员数量就翻了两番。[11]
协会抵御住了职业化的冲动，在经济和意识形态上都与医疗机构保
持了距离，但有一些医生开始建议酗酒病人参加当地戒酒互助会的
聚会，并结合更传统的治疗方式。

　　这篇文章的发表在戒酒运动的历史上和戒酒互助会自身的文献
资料中都常被引述为一个关键转折点。《邮报》的报道极为成功地
扩大了协会的影响力，因而六年后，比尔说服作者杰克·亚历山大
（Jack Alexander）撰写了一篇后续报道，记录下该组织从大约两千
名成员增长到近九千人——用亚历山大的话来说，这个数字是"通
过艰苦的努力"才达到的，"其中一些措施的余韵尚未散去"[12]；
在美国各地、英国、澳大利亚、南非、几个斯堪的纳维亚半岛国
家，甚至夏威夷的一处麻风病人聚居地都举行了地方会议。

　　倘若基顿碰巧看到了《周六晚邮报》上的第一篇文章，他也可
能认为文中报道的大有希望的改造酒鬼的新方法与他毫无关系。毕
竟，1941年春天，他已经从索特尔退伍军人医院成功"脱酒"五
年多了；当时他已经跟埃莉诺成婚一年，在切维厄特山的一幢小平
房里过着有序而惬意的生活，他和娜塔莉的离婚官司已经是九年前
的事了。[13] 每个工作日早晨，巴斯特和埃莉诺都会开车到米高梅，
她有一份舞蹈演员的合约，他则在跟爱德华·塞奇威克共用的办公
室里为其他演员提供喜剧方面的建议，跟制片厂的朋友们聊天［包
括他最喜爱的喜剧门徒，签约演员露西尔·鲍尔（Lucille Ball）］，
摆弄他自制的机械装置，它们都做得非常精巧，整个制片厂的人都
会跑来观看它们的运作。与巴斯特·基顿制片公司时代相比，他的
活动范围缩小了很多，也不再有太多创意工作要做，然而，比起过

去混乱的十年，他显然过上了一种更为平静的生活。

但要是在某个春日的早晨，基顿在米高梅理发店里等待时翻阅了那期《周六晚邮报》，并且要是他当时处于一种不常见的自我反思的情绪之中，他的目光可能会停留在一个段落上，而这个段落似乎分毫不差地勾勒出他在喝酒时的性格特征：

> 酗酒者生性敏感多疑，喜欢独力解决自己的难题；他惯于忽视自己的悲剧，自己深陷泥沼的同时也导致身边人的悲剧。他坚信，虽然自己过去无法摆脱酒精的控制，但他最终能成为一个懂得节制的饮酒者。从医学角度来看，他是最古怪的生物之一，但他往往也是一个极其聪明的人。他与试图帮助他的专业人士和亲属争论不休，并从驳倒他们的过程中获得一种反常的满足感。[14]

每一则关于基顿酗酒问题的故事都与他的职业生活及个人生活息息相关，并且总是流露出类似的回避型对抗态度。尽管他在少年时期目睹过父亲经历类似的危机，尽管几名密友在20世纪30年代中期他自毁倾向最严重的时候曾试图伸出援手，他对所有这些关切的表示都回以粗暴的态度，甚至偶尔激烈地予以否认。

演员小威廉·考利尔（William Collier Jr.）——他的小名也叫巴斯特，不过他从没在演艺圈用过这个名字——是哥伦比亚公司的当红男明星，也是基顿的好友。20世纪20年代末，他经常携关系不稳定的情人路易丝·布鲁克斯到意大利别墅做客。到了70年代，他在与基顿的传记作者汤姆·达迪斯交谈时，回忆起他和巴斯特在30年代初一起参加的一次灾难性的猎鸭之旅。康斯坦斯·塔尔梅奇代表全家来找他，问他"能不能为基顿的酗酒问题想想办法"，而他决定利用巴斯特对户外运动的热爱，做出一点个人干预的努力。

两个巴斯特在贝克斯菲尔德（Bakersfield）共度了一个不太愉快的周末。他们开着设备齐全的"陆上游艇"去露营；基顿不仅整个周末都在酗酒，还带来一位不知名的女伴，虽说她在整个旅程中几乎都没怎么说话，却让两位朋友没法推心置腹地交谈。基顿弄出了一场不怎么体面的闹剧，像是他的默片里会有的桥段：男人们在黎明前起身去打猎，他醉醺醺地把女孩的靴子套到自己脚上，结果阻断了双脚的血液循环；睡前的威士忌麻木了他的神经，直到他们踏上狩猎的旅途，他才发现自己穿错了鞋。

这双靴子绷得太紧，根本脱不下来，最后不得不用刀子把它们从基顿腿上割下来。最后考利尔总算和穿戴整齐、相对清醒的基顿蹲在了一处猎鸭的埋伏地，他觉得这会儿该谈谈朋友不断升级的嗜好了，而基顿的回答很明确，他不想再继续这个话题："听着！如果你是被派来小题大做一通，告诉我错过了什么，那你就是在浪费时间。我知道这世上唯一能治愈我的人就是我自己！所以听着，我知道我在做什么。"[15]

我们只是通过转述才听到的这句话，但基顿在采访录音里说话的口气就是那么直白平实；考利尔是一位才华横溢的轻喜剧演员，他可能是在对着达迪斯的录音机尽力模仿他的老朋友。对于基顿这样尤其注重个人隐私的人，他当然会拒绝任何干涉他个人行为的意图。然而，那些年里，也曾有过那样的时刻，他几乎是在以自己的方式——用他的身体，无声地，发出求救的信号。路易丝·布鲁克斯在 1977 年写给达迪斯的一封信中提到，基顿"用棒球棍击打他在米高梅平房里的内置书柜的玻璃门"[16]，那晚巴斯特·考利尔也在场。

这一事件已成为基顿生平的一个重要传奇情节，也是他的传记片里将会出现的场景：那天在意大利别墅举行了一次小型晚宴，之后基顿突然要求考利尔和布鲁克斯（当时两人又在片场旧情复燃）开车送他去"犬舍"。他们到了那里，他平静地给两人各倒了一杯酒，然后走进隔壁房间，拿着球棒回来，砸碎了墙上内置书架的每一块玻璃。当时米高梅明星的休息室都布置得相当豪华，房间里有很多单独的嵌板，他的破坏行为持续了好一会儿。干完这一切后，基顿又坐回去继续刚才的谈话，言谈间丝毫不提刚才发生的一切。

从某种角度而言，这一幕简直是"家具大屠杀"的精准重现。多年前，那个喝醉的乔·基顿在罗德岛州普罗维登斯的剧院里发作了一通，仅仅为了蓄意公开表达对剧院老板财产的蔑视，至于被扣的薪水或职业声誉，都见鬼去吧。正是乔对那些椅子和那张豪华法式沙发椅的系统性破坏直接导致了基顿家演出规格的降级，从顶级的杂耍剧场沦落到潘塔基斯剧院每日三场伤筋动骨的演出；他们在那里度过了一个不甚愉快的演出季，直到巴斯特中断了演出，带着母亲坐上那列横穿全国的火车，把醉醺醺的父亲独自留在舞台后门边。在巴斯特平房化妆间的地板洒满玻璃碎片的那晚，他的脑海里未必闪过这段痛苦的回忆，但就像他从小到大每次跌倒后承受的冲击力，这份痛楚也留存在了他体内的某处。

对于"基顿犬舍"不情愿的房客来说，待在里面的感觉肯定就如这个名字的隐喻一般：一个笼子，直到他再次被召唤到某个位于米高梅大门紧锁围墙内的封闭录音棚之前，这里就是圈禁他的地方。直到他人生中的那一刻，他的生活总是围绕着移动、行动和即兴发挥的自由而展开，难怪他为了发泄情绪摧毁了自己被束缚的最直接的象征。如今我们把基顿这样处理公开表达愤怒或任何强烈负面情绪的方式称为"回避型"。

终其一生，基顿都在避免与人直接产生冲突。1932 年，娜塔莉雇用的明星律师给基顿送来了离婚协议书，这位喜剧演员的反应是置之不理，这一举动实质上是把他们大部分的共同财产拱手让给了妻子（后来娜塔莉的律师还为不走寻常路的明星埃罗尔·弗林辩护过，帮助他摆脱了两项可能性很高的法定强奸指控）。[17] 这种根深蒂固的、不愿面对任何形式对抗的态度——可以想见，也包括与他自己的对抗——让他在被米高梅解雇之后，直到 1935 年秋天戒酒成功的那些年里表现得非常糟糕。

这一时期，基顿的酒精摄入量不断增加，这也导致他做出了一系列值得商榷的商业决定，例如，1933 年春夏，他在佛罗里达州的圣彼得堡度过了灾难般的九周，当时距离他被米高梅有失体面地解雇只过去了几个月。当地开发商、投机取巧的投资人和好莱坞逃亡者共同建立了一家名为肯尼迪制作公司（Kennedy Productions）的企业，他们乐观而混乱地想要把圣彼得堡打造成当地媒体口中的"东方好莱坞"。当时公司投拍的第一部影片《克洛伊》（*Chloe*）已经进入最后制作阶段，这是一部以路易斯安那河口为背景的低成本剧情片。

只是在获得了基顿这样的大明星后，肯尼迪集团显然大大扩张了自己的野心。圣彼得堡《独立报》（*Independent*）早在基顿到来前就吹嘘了好几周，说"随着基顿来到圣彼得堡，这里将会成为仅次于好莱坞的电影重镇"。而在他抵达前一天，也是这份报纸登出了大幅标题：**基顿的电影事业转移到此**。[18]

根据协议，基顿将在未来两年里拍摄六部电影，并可选择续约三年，片酬与他在米高梅期间完全相同：每周 3000 美元。他在这里的首部影片《渔夫》（*The Fisherman*）将由他的老搭档卢·利普顿（Lew Lipton）编剧，他是基顿最后两部默片的合作编剧，它们也是基顿真正享有创作话语权的最后两部作品：《摄影师》和《困扰婚姻》。利普顿能够参与到佛罗里达的项目里来，这对处于人生低谷期的基顿必定很有吸引力：就是这个同事，知晓他偏好的工作方式，甚至设法帮助他在米高梅自上而下的企业氛围里拍出了他想要的电影。正如基顿在他们抵达不久后对当地报纸所说的："我们来这里是为了拍出我们自己的电影。"[19]

《渔夫》打算启用马歇尔·"米奇"·尼兰① 为导演；他与基顿的私交不错，尽管他不是一个如利普顿一般让人放心的选择。自默片时代以来，他一直是电影界的重要人物，早在 20 世纪 10 年代，他先是和玛丽·璧克馥共同演出，后来又执导了她最受评论界赞誉的几部作品。可是，因为长期酗酒，尼兰的职业下滑期比基顿的更长。据说，后来他再与璧克馥合作时始终无法进入状态，以至于她基本上都是在自导自演。[20]

圣彼得堡热情欢迎了基顿的到来。他获得了这座城市全部的关

---

① 马歇尔·"米奇"·尼兰（Marshall "Mickey" Neilan，1891—1958），戈德温公司在默片时代的顶尖导演之一。米高梅公司成立后，他因不堪忍受梅耶的高压政策而离职。

注，当地媒体就他到来一事的报道持续不断，好奇的记者一路跟随在他身后：就连他和尼兰去当地冲浪俱乐部游泳的事情都被"海滩新闻"当作一则事件报道了。只是佛罗里达的那个夏天无可争议地失败了，成了一个彻头彻尾的错误，近乎呈现出一种喜剧色彩。说好的 2000 平方米的录音内景地很快缩减到了 930 平方米（而且远远不到能够投入使用的地步），室外场地又有太多蚊虫，根本拍不出像样的镜头。在佛罗里达制作剧情长片的基础设施还不到位：服装和设备需要公司花钱从纽约或加州用棚车运来，直到影片按计划开拍后，基顿才不得不对他毫无头绪的合作者们指出这一事实。

高温和潮湿融化了胶片上的感光乳剂，也融化了女主角莫莉·欧黛（Molly O'Day）脸上的妆容。她同样是一位陷入困境的默片时代明星。1928 年，她的制片厂，第一国家影业公司，告知她必须把自己塞回前一年拍摄时穿的服装中去，否则她就要失去自己的明星合同。为此她接受了一次痛苦而屈辱的减肥手术，整件事还被宣传得沸沸扬扬。手术确实取得了"成功"，配合艰苦的节食，欧黛的服装尺寸确实缩小了，可她的身体两侧也留下了一道道蜿蜒的疤痕。公司违背了减肥成功就给她工作的承诺，她在 1930 年宣告破产。[21] 三年后，她与肯尼迪制片公司签约，那时她也才二十三岁，她一定和基顿一样，在重拾事业的兴奋中忽略了很多负面因素。

莫莉·欧黛在 1935 年退出影坛前还拍摄了六部影片，但《渔夫》从未完成，甚至依据种种迹象表明，这部影片都没有开拍过。没有任何留存下来的影像记录，除了大量制片会议和一次宣传拍摄外再无其他进展。那天基顿戴着一顶墨西哥阔边帽，欧黛则穿了一身女装戏服，根据《独立报》的报道，基顿从马背上摔了下来；那是一匹名叫"月中人"的白色骟马。不过，他在圣彼得堡的日子也并非完全无所事事；在那里，他和这座城市中的联盟球队——可口可乐装瓶工队一起为整个体育场的观众表演棒球赛（可口可乐是当地的主要产业，也是肯尼迪制片公司的主要投资商之一）。球队输了，三垒的基顿却"始终让全场情绪高昂"。[22] 三垒一直是他最喜欢的位置，也是内野上的"热门角落"，总有精彩刺激的场面发生。多年后，圣彼得堡一家报纸的编辑回忆说，基顿为这座城市提供的娱乐并不总是那么体面："他的大部分工作都是在当地一家酒吧里完成的，他会时不时地脱掉裤子，还用裤子来扫地，以此逗乐那里的顾客。"[23]

在那九个星期的大部分时间里，基顿的状态都不甚清醒，尽管如此，佛罗里达州的交易之所以会失败，既不是因为基顿酗酒，也不是因为他违背了承诺。肯尼迪制片公司就是一艘正在下沉的破船——他们在 1935 年被收购前的资金只够再拍两部电影了，他们的新星坦率地告诉他们，他认为他们是在白白浪费钱，之后他获准带着全部的 2.7 万美元酬金离开，并且双方对此都没有异议。正如基顿在回忆录里所说："他们听了我的话，把钱付给我，我又丢了一份工作。这个项目已经广为人知，于是我从中得到的是几周的工资和另一项失败的记录。"[24]

佛罗里达州的项目最终成了一次令人蒙羞的失败。但在那段无知无觉的岁月里，基顿最糟糕的决定是他与梅·斯克里文的婚姻。在拍摄《什么！没有啤酒？》期间，为了让他能够进行日常拍摄，这位居家护士被雇来帮助他保持清醒，自然而然地成了他的女友，之后又成了他的妻子。如同那一年发生的所有事情，一切就这样毫无道理又顺理成章地发生了。1932 的新年夜前后——他想要在米高梅圣诞派对上完成特技动作却把头撞在地板上一周后——基顿突然动念要跟斯克里文去蒂华纳旅行。这个位于下加州南面的墨西哥小镇，距离边界线只有几千米，新近成了时尚的休闲胜地，就像当时的拉斯维加斯，那里有赌场、赛马、品类丰富的合法酒类和一整条街的高档酒店。

巴斯特和梅在阿瓜卡连特（Agua Caliente）度假村住了一周，一个尖塔顶造型的摩尔式梦幻乐园，尤其受到好莱坞人的欢迎：珍·哈露、克拉克·盖博、加里·库珀和马克斯三兄弟都被拍到过在高尔夫球场或铺着鲜艳瓷砖的泳池旁纵情享乐。20 世纪 30 年代初，阿瓜卡连特的夜场表演以一对父女为特色；几年后，这个名叫玛格丽塔·卡门·坎西诺（Margarita Carmen Cansino）的少女会把她的黑发染成红色，她的"种族"发际线通过化学电解的方式抬高（她有一半西班牙血统），之后她被打造成了一个名叫丽塔·海华斯（Rita Hayworth）的好莱坞明星。

梅·斯克里文身为戒酒护士的职责似乎在与她的客户发展出亲密关系后就终止了。在这里，她不曾留意让他在饮酒作乐方面稍加节制，反倒也加入了这场狂欢，当他们在新的一年从墨西哥回来后，他们已经结婚了，尽管还没有获得法律上的约束力。那年晚些时候，巴斯特与娜塔莉办完了离婚手续，他和梅站到法官面前，再次宣读了他们的誓言。他们又在一起生活了两年，直到她在 1935 年夏天起诉与他离婚，当时距离基顿"恢复清醒"只有几个月了（不同于比尔·威尔逊和鲍勃医生，"恢复清醒"对基顿到底意味着什么，这个问题我们稍后再谈）。

在基顿的生平里，梅·斯克里文始终是一个模糊的人物。在对第一位传记作者提到她时，他似乎主要称她为"护士"，或许是担心任何更具体的称呼都会让他那位爱打官司的前妻回到他的生活里来。他在回忆录里用第一句话概括了整段关系："我的第二段婚姻没有持续太久，这是我对它最美好的回忆。"[25] 就连梅的姓氏都好像蒙在一层迷雾之中。在那段时间的新闻和公开记录里，她可能是以下任何一个人——斯科里文、斯科利文斯、斯科利本或斯科利本斯；后来，又经历过两段婚姻和离婚，她的名字又发生过很多变化：梅·格瑟特、梅·曾格尔、朱厄尔·梅·基顿；最终，到了20世纪50年代中期，她又摇身一变成了朱厄尔·斯蒂文，这回她试图把自己打造成一名舞台剧制作人和剧作家（尽管有时她仍自称为"前巴斯特·基顿夫人"）。

同样，梅在照片中的形象也飘忽不定。她很有魅力，但不像电影明星那样美丽。她留着一头黑卷发，五官像鹰一样犀利，穿着高跟鞋时，她要比丈夫高出一截。她打扮入时却并不奢华：在一张两人出席格劳曼中国剧院举行的《金刚》首映式的照片中，她戴着一顶与披肩搭配的白色钟型帽，周身散发着一种近似波希米亚的气息；而他则戴着高礼帽，穿着燕尾服，拄着手杖（在那个不稳定的年代，这件配饰可能在他要保持平衡时派上用场），表情有些茫然，但总的来说打扮得整齐利落。梅看向镜头的眼神通常很严肃，但在一些照片里，她看向丈夫的眼神又显露出真实的温情。他看她的眼神就更难解读了，毕竟那段时间大多数照片里的他都是一副醉态或者身体不适的样子。

梅出身于加州中部的一个农民家庭，她是一名出色的学生，曾梦想过登上舞台，但后来她还是做了更实际的选择，当了一名注册护士。遇到基顿的时候，她已经二十七岁了，结过婚又离了，为医生诊所和私人客户工作了十年。她起码还照顾过一位有酒瘾的高级娱乐明星：乔·E.布朗（Joe E. Brown），一个脸部表情尤其丰富的喜剧演员，也是一名前儿童杂技演员。他是基顿的朋友，曾在米高梅雄狮棒球队与他并肩作战。[26] 如今他在影迷中最为人所知的角色应该是在比利·怀尔德的《热情如火》（*Some Like It Hot*）中饰演的那位镇定自若的百万富翁奥斯古德·菲尔丁三世，当他发现自己爱上的不是一个女人而是一个穿了裙子的男人后（杰克·莱蒙饰演的约瑟芬），他说出了那句经典台词："没有人是完美的。"

梅显然不是完美的。然而，虽说在她第二任丈夫的生平叙述中，她往往给人一种负面印象，并且她嫁给巴斯特的动机看来也很可疑，但有一点是肯定的，她并非一个传统意义上的拜金女。就在他们到蒂华纳私订终身前几周，他被米高梅解雇了，如果她想在他的资产和声望都开始下行时另寻出路，当时是她理想的脱身时机。然而，在佛罗里达的那场灾难中，以及在那以后的两年里，他的收入减少，好莱坞能够提供给他的工作机会也越来越少，她却坚持留在了他的身边。

1934年，基顿与教育电影公司签约出演了一系列短片，这是一家低成本的制作公司，宣传自己的两本影片是长片的"节目调味品"。此后三年里，他为教育电影公司主演了十六部短片，只有一部他署名为联合编剧，没有一部是他导演的。这些短片都是在简陋的场地上用几天时间拍摄完成的，这与他在20世纪20年代耗费四到六周时间精心制作的两本影片相去甚远。只有几部算得上是有头有尾的正经娱乐片，但它们都包含了至少一次基顿式的灵光一现，即便是其中最差劲的一部，也比他在米高梅拍摄的几乎所有有声片都更值得一看，在那些影片里，他如困兽般的悲惨境遇一览无余。等到他与教育公司签约时，他已经到了任何工作都接的地步，哪怕它们并非最优项目，只要有所保障，就比任何不确定的、最终带来失望的投机项目要强（就像佛罗里达的烂摊子）。

基顿像是把这份新的临时工作看成一份正当的、虽说收入不多的工作，只要他能坚持在不喝酒的情况下度过一个工作日，他就能发挥自己的表演天赋，贡献出独特的喜剧构思。《歌剧大满贯》（1936）是他唯一参与创作的教育公司短片，也是其中最好的一部，并且还是他从索特尔出院后拍摄的第一部作品，这其中并非毫无关联。影片中有几幕精彩的独舞，其中还有一场戏是基顿对弗雷德·阿斯泰尔前一年在《礼帽》（*Top Hat*）中软鞋舞表演的巧妙模仿。还有一幕描绘了他与一名女招待的无言邂逅，她翻动煎饼的样子让人不由想起基顿1917年到访查尔兹饭店的情景。教育公司的许多短片仍然依赖于某个版本的傻瓜"埃尔默"形象，有时还会在标题里用上这个名字，然而，尽管这些短片的对白都没什么亮点，节奏也颇为混乱，但比起米高梅公司的那些失败之作，它们展现出了对基顿的基本喜剧特质更好的理解。

教育公司的这份收入足以让梅和巴斯特勉强度日，同时巴斯特还在继续供养母亲和弟妹，另一方面，梅却在通过各种合法的与不那么合法的方式补贴家用。她曾多次实施倒卖家具的计划，用基顿的信用额度购买昂贵的物件，再以低价转手卖掉，换取方便的现金。在他们婚姻的晚期，她开了一家美容院，取名为"巴斯特·基顿的美容店"，没过多久就关门了。当他反对她使用他的名字时，她在"巴斯特·基顿"后面用小字号加上了"太太"两字。[27] 根据某些传闻，梅还曾在家庭经济困难时用性爱换取过金钱。

露易丝·基顿在哥哥去世十年后接受采访时说，她曾陪着梅一起去比尔特莫尔酒店，并在酒店大堂等了一下午，而嫂子"招待"了七八个男人，露易丝还说这些客人是她的一些"男性好友"——这表明基顿的家族成员，可能包括巴斯特本人在内，不仅知道梅在从事的所谓副业，还为其招揽客户。[28] 毕竟基顿一家几十年来都在美国到处演出，住在剧院的膳宿公寓里，在往往与性工作相交织的娱乐经济中挣扎求生。巴斯特就曾在 20 世纪 50 年代愉快而坦率地对他的传记作者讲述过自己早年的一段性经历。当时他还只有十几岁，去了马斯基根演员聚居地附近的一家妓院，可能还染上了淋病之类的东西。或许是巴斯特在与梅的婚姻中太过昏沉，以至于没有意识到她是在用身体支付账单。也有可能他是故意视而不见，就像他刻意忽视了自己酒精成瘾的不愉快事实。

巴斯特与梅共度了两年多的婚姻生活，期间他酗酒的情况相当严重，那段时间无疑是他一生中最黑暗的时光；在他的回忆录里，这部分内容都出现在题为"我痛恨书写的一章"。在读到对于他们关系的描述时，我们很难对梅产生太多同情；她似乎是一个情绪不稳定且渴求关注的女人，对伴侣健康的关注远不及她想要成名的渴望。但也可以那样说，要是没有她，他也许根本就撑不过那几年。

基顿一辈子都把日常生活的实际细节托付给女性，尤其是在处理金钱这方面。在他孩提时期，迈拉的裙子下面藏着一个暗袋，里头装着每周表演的收入，用杂耍圈的行话来说，那是他们的"秘密钱袋"。跟娜塔莉·塔尔梅奇结婚后，乔·申克支付的薪水都直接转账给她；意大利别墅和他命名的"娜塔莉号"也都直接归在她名下。埃莉诺·诺里斯在 1940 年成了基顿太太，在他余下的二十六年中，她扮演了多种不同的角色，用一位基顿传记作者的话来说，她集"贴身男仆、厨师、管家、账单支付人和长期提醒者于一身"。[29]

尽管他们共度的时光并不快乐，梅·斯克里文还是承担起了照护者及家庭帮手的重要角色。如果没有她，当时在生理和心理上都处于低谷、已经极为依赖他人的巴斯特将会彻底陷入无望。1933 年秋天，为了宣传在圣路易斯市举办的为期一周的杂耍演出，基顿接受了《圣路易斯邮报》（St. Louis Post-Dispatch）的采访，谈到妻子（记者称她为前"梅·斯科里伯德小姐"）时他也承认，她"缝纽扣、补破洞，让我不会散架"。[30]

梅的缝纫技艺在岁月长河中已无迹可寻，但在最后一项任务——让巴斯特不要散架——方面，她可能算不上成功，实际上，没有人能够成功。在他们的婚姻中，他持续性地经常酗酒，基于当时社会对待成瘾治疗和性别关系的普遍看法，梅似乎把每次危机过后照护他恢复健康看作自己身为妻子的责任，而不是要帮助他设法过上不酗酒的生活。事实上，她想要照护他的动机十分强烈，甚至在 1935 年年中，当时距离她起诉离婚已经过了几个月，看到头条新闻报道巴斯特被套上束缚衣送往医院时，她还试图赶回他身边（还有一种说法是，他被送到医院时已经没有了知觉，为了防止他第二天早上溜走，才给他穿上束缚衣。在第一位传记作者粉饰过的版本里，基顿用从胡迪尼那里学来的方法挣脱了束缚）。无论如何，当时巴斯特已经决定要结束这段婚姻，并拒绝见到他不久前已疏远的第二任妻子。

梅向一位美联社通讯记者坚称："我知道我能帮到他。三年前我帮他渡过了类似的崩溃，这次我也能做到。"她甚至还让报纸刊登了一张她写给医院的装腔作势的字条，如果巴斯特当时还能看报纸的话，此举定会让他羞愤欲绝："亲爱的，你想见我的时候就请告诉护士。埃尔默和我都在等你。很多很多的爱，梅。"[31]

这张字条没有得到回复。事实上，巴斯特再也没有见过埃尔默。这只圣伯纳犬自 20 世纪 20 年代末以来就一直是他在家里和工作中的伙伴。万圣节那天，他从医院回到家里，梅出于怨恨已经把狗卖掉了，永远地搬出了切维厄特山的房子，还带走了包括银器在内的整整一半家产。巴斯特雇了一名私家侦探去追踪埃尔默的新主人，甚至派他一路追到了梅在弗雷斯诺附近的家乡，却再也没有找到这只以他的有声片时代形象命名的宠物的踪迹。[32]

我们尚不清楚这次住院是怎么扭转了巴斯特的颓势。此前他已经有过太多类似的低潮期，为什么 1935 年 10 月成了他"跌入谷底的"时刻（套用戒酒互助会的说辞）？这跟他接受的治疗方法似乎没有太多关系。医院为他提供的是一种强化厌恶疗法①，此前已经对他失效过一次。在他令人反胃的描述中，"前三天里，护士和医生什么也不做，就是给你灌酒，每半小时灌你一次……他们先让你喝威士忌，连续几轮以后，再给你杜松子酒、朗姆酒、啤酒、白

---

① 又称对抗性发射疗法，这是一种应用具有惩罚的厌恶刺激来矫正和消除某些适应不良行为的方法。

兰地、红酒……在那之后他们又开始灌你威士忌……等到你恳求，'哦，不！拜托把它拿走！'你的女招待和穿白大褂的调酒师只会冲你友好地微笑。"[33]

以现在的眼光去看，这种噩梦般的强制醉酒、非自愿入院和使用束缚衣进行负面强化的治疗方案简直就是一种医学酷刑，然而，在 20 世纪 30 年代中期，它却是针对酗酒的先锋疗法。另一种常见的疗法是某种 19 世纪的"水疗法"，过去巴斯特也曾尝试过用它来戒酒，结果还是失败了：他在米高梅浑浑噩噩的最后一年里，被定期送到加州圣贝纳迪诺的箭头泉硫磺洞穴度过戒酒疗程，人们认为那里的天然温泉具有疗愈效果。只不过硫磺洞穴和紧身衣都有一个共同点：它们都不是病人自主的选择。直到 1935 年 10 月的那次非自愿入院，根据任何现代成瘾性治疗项目的定义，基顿都是一个无可救药的病例：他根本就不想好起来。

正如巴斯特·考利尔讲述的狩猎之旅和路易丝·布鲁克斯讲述的砸碎米高梅休息室玻璃的轶事所示，酗酒状态下的基顿显然是一个难以接近的人，他的体内充斥着愤怒，却几乎无法把它表达出来。无论他在索特尔的那段时间里发生了什么，肯定没有另一个酗酒者向他伸出援手，更别提什么"白光"的顿悟了。终其一生，基顿都对宗教或任何形式的形而上学完全不感兴趣。我们可以从他的作品中看出他对物质世界的信念；在这个世界里，唯一的、更高级的力量就是物理定律：速度、重量、力量和重力。

基顿的第二位传记作者，汤姆·达迪斯，本身也是一名成功的戒酒者，他在自己的职业生涯中曾多次关注创意与成瘾的复杂关系。他写到，在基顿的长期私人医生约翰·舒曼（John Shuman）

的指导下，索特尔的工作人员必定"最终让他明白了，他就是不能再喝酒了，否则他很快就会把自己给喝死"。[34]虽说舒曼不可能知道，这种理性说服的策略正是希尔克沃思博士在一年前向经受了"热流"启示的比尔·W提出的建议，当时比尔正试图向其他酒鬼宣讲臣服于更高等力量的必要性，只是他没有成功。就基顿的情况而言，他私下承认自己无法克制对酒精的依赖，或许还跟另外一件令他羞愧的事情有关：就像他与娜塔莉的婚姻一样，他跟梅的关系也已经彻底结束，出院之后，他就只能依靠自己了。他决定戒酒，似乎完全出于要活下去的决心。

尽管如此，达迪斯对基顿在索特尔戒酒经历的描述并不完全准确。多年后，基顿自己曾在多个场合提起这段往事，他说他出院后做的第一件事情就是走过与他家相邻的高尔夫球场的 18 个洞①，走进会所点了两杯双份曼哈顿鸡尾酒。"它们喝起来棒极了，还有久久的回味。"他在回忆录里夸耀道，像是要细细品味这份回忆。[35]在某几次讲述里，他还会特别把这一时刻与个人对酒精的胜利联系起来：能够自行决定喝什么、喝多少，他用这样的方式对自己证明，现在他可以控制自己不去酗酒了。

不用说，刚从戒酒所出来就喝下四份烈酒，无论是当时还是现在，恐怕都不属于戒酒者匿名互助会认定"清醒"的范畴。事实上，在治疗结束后从医院回家的路上喝酒，是比尔·W在"大书"里特别提到的第四阶段酗酒者的症状，这一阶段的酗酒者也是最难帮助他们戒酒的。他还提到过这一阶段的另一个征兆，即被统称为

———————

① 一个标准高尔夫球场共计 18 个洞。

震颤性谵妄的一系列极端阶段症状，显然那也是基顿当时的经历。

后来，基顿能够实事求是地坦诚讲述自己酗酒的过往，就像戒酒互助会鼓励会员在聚会中这般开始自己的分享："我是［姓名］，我是个酒鬼。"詹姆斯·卡伦是一名在 20 世纪 50 年代与基顿有过合作的年轻演员，在他最后的岁月里跟他走得很近，他回忆起基顿有次在总结自己和酒精的关系时说："我不是酒鬼，我是个醉鬼。"[36]——这话就像是聚会上某个成员的措辞。在他非自愿停留在索特尔的两周时间里，有一刻，基顿似乎迈出了最终被定义为"十二步戒酒法"的第一步：承认自己失去了对酒精的掌控能力。

然而，没有持续的互助网络这一关键因素——也就是那年 6 月，比尔·W 和鲍勃医生在阿克伦想到的"一个醉鬼帮助另一个"的模式——基顿在 1935 年 10 月找回的清醒状态被证实是不可持续的。在他的余生中，他还是会定期陷入酗酒的困境，其中至少有两次严重到需要住院治疗。尽管从 1940 年开始，他获得了一个充满爱意的伴侣的支持，但本质上他与酒精的关系仍是他需要独自处理的事情。

1941 年，巴斯特和埃莉诺结婚一年后，他们一整个夏天都在东海岸巡演一出旧时百老汇悬疑喜剧《猩猩》(The Gorilla)。这部剧大受欢迎，基顿饰演的精明警长尤其受到好评。《康迪涅戈州纪事报》(Connecticut Record-Journal) 指出："基顿让观众凝神屏息，捧腹大笑。"《布鲁克林每日鹰报》则评论道："基顿先生不费吹灰之力就成了观众的最爱……他的天赋就是不会表演过头，一向如此。"[37] 后者从杂耍时代起就对他偏爱有加，也是少数几家在《将军号》上映后对其表示赞赏的报纸之一。过去十年里，他一直靠在幕后编写喜剧桥段和拍摄被他贬低为"骗子"的低成本短片谋生，如今再度面对现场观众演出，巴斯特感到充满活力，他必定不乐意再回到米高梅办公室工作。

开车回家路上，巴斯特和埃莉诺在马斯基根做了短暂停留。在那里，巴斯特向他的新婚妻子介绍了"牛头帕斯科酒馆"的招牌菜，玉米面糊油炸湖鲈鱼；他曾在这家酒吧街对面的棒球场度过八个夏天，和当地孩子及其他来度假的少年演员一起打球（乔·基顿则毫无疑问在酗酒）。可是"叮当林"的房子早已卖掉了，夏季的演员聚居地也和杂耍行业一同消失了。

无论巴斯特是否就着一杯啤酒咽下他的鲈鱼，但这次访问勾起的怀旧之情似乎打破了他艰难维持的清醒状态。回到切维厄特山的家和米高梅的工作之后，他又开始酗酒，而这是他离开索特尔后近六年来的第一次。埃莉诺从没见过他喝那么多酒，她吓坏了，给他的医生打了电话，他又被送回了医院，不过这回不需要束缚衣了，并且只住了一周。

在她丈夫去世后，埃莉诺·基顿有时会气恼地表示，人们对他的生平描述过多集中在了他严重酗酒的时期。她尤其不喜欢汤姆·达迪斯在 1979 年出版的传记，她曾为这本书提供了数小时的采访和研究帮助。她认为达迪斯过分沉湎于巴斯特严重酗酒的那几年，相较而言，那只是他生命中一段不长的时期；传记对他后来作为职业艺人在相对清醒状态下度过的三十年时间却一带而过，那时他婚姻美满，完全有能力供养还在依赖他的原生家庭。的确，纵观他整整七十年的人生历程，放眼他的诸多经历与成就，在刚刚步入中年时当了两年半到三年的酒鬼，这看来不过是他生命中的一小部分。可是，在讲述那个持续了七十年的故事时，我们无法绕过这样一个令人痛心的事实，基顿的事业之所以脱轨，很大一部分原因在于他与酒精的抗争，并且在他的余生中，酗酒的阴影有时仍会侵蚀他的生活。

高大帅气的哈罗德·古德温，这位曾在 1927 年出演《大学》中反面角色的男演员，此后几十年里成了基顿的好友和长期合作伙伴，他讲过一件发生在 1949 年《巴斯特·基顿秀》拍摄现场的事情。这是一档在演播室里现场录制的喜剧小品节目，在洛杉矶哥伦比亚广播公司的附属电视台 KTTV 播出了一季。在电视发展的早期，这种只在当地播放的节目很常见，因为大多数城市仍然缺乏接收全国广播电视信号的技术。[38]

基顿的电视荧幕首秀也许观众人数有限，但绝不是一个小制作。《综艺》写道，这档节目有 3000 美元的预算，是"所有地方电视台节目中运营经费最高的"。[39]节目迅速走红，一天晚上哥伦比亚广播公司的高层也来观看现场录制，希望让他制作一档在全国范围内都有影响力的系列节目。

据在节目中担任配角兼编剧的古德温回忆，当时观众里坐着一些大人物，而基顿的一个特技出了岔子，有点类似 1932 年米高梅圣诞派对上把他砸晕的动作："他有点喝多了，弄伤了头，血流了下来。"[40]基顿究竟是出于紧张才自毁前程，还是酗酒成了他应对每周制作半小时新素材的压力的方式——就连最辛苦的一天三场巡回杂耍演出都不曾有过那样严苛的要求，对此我们不得而知。然而，尽管评论都为他着迷——《生活》杂志惊叹道："五十四岁的他在毫无保护的地板上做出了其他喜剧演员在一堆棉花糖上都不会尝试的跌坐动作。"[41]——《巴斯特·基顿秀》从来没有走到全国的电视屏幕上。

20世纪50年代，基顿迎来了事业的复苏期。那十年里，他在好莱坞大片中出演了一些备受关注的配角，还经常在电视和舞台上演出。他在伦敦为一部从未拍出试播集的电视剧工作时，收到了时年七十八岁的迈拉去世的消息。埃莉诺后来回忆说，巴斯特读完他弟弟发来的电报后，消失了四五个小时，她肯定他是去狂饮了一通。但等到他返回他们暂住的酒店时，他已经恢复了神智，双眼也哭红了；他一直在城里的街道上走来走去，独自为母亲哀悼。[42]

回到过去十五年他们和迈拉一起生活的房子里，巴斯特又开始酗酒，那年深秋，他的情况危急，被送回了索特尔退伍军人医院；在一次咳嗽导致的食道静脉破裂后，他开始大出血。报纸刊登了他濒临死亡的消息，尽管大多数报道都对真正的原因避而不谈，只说是某种"肠胃疾病"引起的。医生让埃莉诺把他的亲人召集到他床边。没想到五天后他的情况开始好转，三周后就出院了，医生为他身体的复原能力所折服，预判他能够康复，但有一个苛刻的条件：要想活下去，他就必须戒酒。[43]

埃莉诺后来说，她真希望医生还能加上一条戒烟的医嘱，因为最终是肺癌带走了她烟不离手的丈夫。但不管如何禁止，巴斯特总会设法绕过医生的禁令。和二十年前一样，他又一次仔细聆听了医生的警告，并认真遵循了……一段时间的医嘱。他出院后不久，一名采访者来到他家，就最近乔治·伊士曼纪念馆 ① 颁发给他和其他

---

① 乔治·伊士曼（George Eastman, 1854—1932），柯达公司创始人。他的住宅自1947年起被设置成博物馆，致力于相片和电影档案的收藏。

一些无声电影先驱的终身成就奖进行了对话。随着谈话的进行，话题转到了巴斯特最近的这次住院（尽管没有人提到酒精在其中扮演的角色），他坦言，这是一个脆弱的时刻，"我有点被吓到了"。[44]

到了 20 世纪 60 年代，巴斯特和埃莉诺达成协议，他可以在每天晚饭前喝上一两杯啤酒，这是一个得体的"鸡尾酒时段"，当时的朋友们都记得他遵守了这个约定，并且没有明显的负面影响。基顿去世两年前，年轻的电影历史学家凯文·布朗洛前去拜访，当时他正在收集默片时代明星口述史，为他开创性的著作《游行已过》（*The Parade's Gone By*）准备素材。在他们长时间的愉快谈话即将结束时，基顿热情地展示了他的小型家庭"沙龙"设施，包括老式酒吧黄铜脚轨支架和吐酒桶，还从装冰块的铝桶里给他的采访者拿了一瓶冰镇生啤，并自豪地宣称："如果你喜欢啤酒，这就是城里最好的。"[45]

实际上，从他 1935 年底第一次戒酒成功，到他 1966 年初去世，这段时间里，基顿一直都处于当时戒酒互助会文献中称之为"醒酒鬼"（"dry drunk"）的状态，这样的人能够"让瓶塞留在酒瓶里"几个月甚至几年时间，然而他们并未把自己交付给一种更高的力量，或是去帮助其他酗酒者。基顿一辈子都是个无神论者，考虑到他固执的性格，以及他对任何形式对抗的厌恶，似乎很难想象他会做出类似的事情。

到了 1955 年，也就是巴斯特最后一次因为酒精引发严重健康危机的那一年，匿名戒酒互助会已经成为具有全球影响力的组织。那一年，该项目发行了"大书"的第二版，以此庆祝成立二十周年纪念日，此举得到了媒体的广泛报道，他们早已不是过去只能通过邮购自主出版物的小型组织了。大众文化已经接受了酗酒是一种疾病而非恶习的概念。1945年，比尔·怀尔德改编自畅销小说的《失去的周末》（*The Lost Weekend*）上映，该片讲述了一位酗酒作家跌入人生谷底的经历。影片一炮而红，横扫包括最佳影片在内的四项奥斯卡主要奖项。怀尔德和他的编剧查尔斯·布雷克特（Charles Brackett）就剧本征询了多名互助会成员的意见，只是根据协会匿名的传统，他们的名字都没有出现在字幕里，也从未被明确提及。[46]《失去的周末》的成功引发了一系列关注酒精依赖问题的影片，包括《长春树》（*A Tree Grows in Brooklyn*，1945）、《乡下姑娘》（*The Country Girl*，1954）和《一个明星的诞生》（*A Star Is Born*，1954）。它们都以比过往好莱坞更真实也更富同情心的视角关注了这一问题，并得到观众和评论界的一致认可。

基顿最后一次住进索特尔医院时，就算病人自己不知情，他的医生肯定已经熟知戒酒互助会这一治疗酗酒的有效辅助手段。可是似乎没人鼓励基顿向他的酒友寻求帮助——或许是因为他的医生太了解自己病人的脾气了，又或许是基顿的世界知名度让他很难在匿名情况下做点什么。尽管如此，在难以想象的情况下，他设法参加了一个每周一次的聚会，他应该不是第一个与该组织产生联系的好莱坞明星。1953年，默片时代以来的歌手、演员莉莲·罗斯（Lillian Roth）在她的电视节目《这是你的人生》（*This Is Your Life*）中详细讲述了她跌入人生谷底后在戒酒会帮助下康复的过程，这番公开剖白具有开创性的意义。次年她又出版了一本畅销回忆录《明天我会哭泣》（*I'll Cry Tomorrow*），后来改编为由苏珊·海华德（Susan Hayward）主演的口碑之作。[47]

如果巴斯特能够或者愿意把互助聚会纳入他的生活，他的戒酒经历也许会截然不同，可能不会复发，或者复发次数更少，并且更清楚地了解该如何作为正在康复的酗酒者去生活。而在他最需要帮助的时刻，他生命中本有一个人能够去到他身边，作为另一个成功的戒酒者陪着他。那个人就是他的父亲。自从1925年左右，乔·基顿一直没有再酗酒，这都要归功于他和那位他的孩子们称为"基督教科学派女士"的关系。[48]身为19世纪的产物，他最终既没有被理性的劝说所规训，也没有接受其他酒鬼的陪伴，而是臣服于一位宣扬禁酒的女基督徒。

尽管乔和迈拉从没有正式离婚，但她不仅接受了这段新关系，而且似乎还很欢迎。用埃莉诺的话来说，乔不喝酒的时候是个"可爱的男人"，他和他的禁欲系女友有时会被邀请到维多利亚大道的房子里，一同庆祝家人的生日或欢度节日。[49]乔在儿子成年生活中的分量当然比不上迈拉，但在巴斯特酗酒最严重的那几年里，他的父亲本有很多机会可以把他拉到一旁，跟儿子聊聊这种在诸多方面都跟他自己二十年前陷入绝境时极为相似的自毁行为。他好像从来也没有这么做过，毫无疑问，也正是基于某些相同的原因，巴斯特长久以来才无法正视自己的问题。两个约瑟夫·基顿都是回避错误、骄傲而固执的人；比起当面坦承他们共同的心魔，他们宁肯耗费多年时间独自与其抗争。

乔在自己最后几十年的人生中，大部分时间都住在洛杉矶几个备受演艺界老手偏爱的住宅型酒店里，由巴斯特支付每月账单。1940年的官方人口普查表上，他的职业是"电影演员"，对于这个歌舞杂耍界的忠实拥护者来说，这是一个多少有点让人感动的称谓，过去他总是把电影看轻成时髦的"昙花一现"，只在儿子的电影里出演一些小角色。直到临终前，他还保留着基顿三人组昔日表演的报道和海报，照片上的基顿穿着和爸爸一模一样的"爱尔兰"装扮，那是他幼年时的扮相。

作为父亲，乔·基顿有很多不足之处，但他看起来很爱他的儿子。他不能够，或是不愿意把自己与酒精斗争过程中得来的智慧传给儿子，这对他是一个悲剧性的错失的良机；更具残酷讽刺意味的是，戒酒互助会两位创始人和大多数早期成员的经历都跟乔与巴斯特各自的低谷颇为类似。在戒酒运动传开以前，该团体成员的种族出身还不像后来那般多元化，他们大多是曾经风光一时的中年白人男子，因拒绝正视自己的酗酒问题毁掉了事业、名誉和家庭。

乔在生命最后阶段患上了老年痴呆症，被送进了护理院，对此巴斯特深感不安，甚至不愿提及。他对自己第一位传记作者的说法是，父亲是被车撞死的，实际上，尽管乔·基顿确实在1944年的一起车祸中受了轻伤，他1946年的死亡证明上写的却是"老年性精神病"引起的肺炎。[50] 在他一生接受过的诸多采访中，巴斯特曾多次提到自己与其他演艺界传奇的交集（比如他与胡迪尼的故事，最早可能是他的公关哈利·布兰德编出来的，说他的绰号"巴斯特"是胡迪尼起的，当时他看着这个不屈不挠的小家伙从一段楼梯上摔了下来），偶尔也会混淆一些时间线或事件，但他很少会凭空捏造什么事。乔的衰老似乎表明了他作为父亲的虚弱，而巴斯特觉得有必要掩饰这一点，就像是为了保护他，不让人看到他无能为力、丧失了男子气概和不够坚强的一面。詹姆斯·卡伦——他讲述的基顿故事总是透出敏锐的观察力，足以证明他是基顿朋友中最善于窥探人心的一个——认为巴斯特心底里其实不喜欢乔，"但他永远不会承认的，因为他觉得不喜欢自己的父亲是不够美国的行为"。[51] 一直到他自己去世，巴斯特都拒绝听人说父亲的坏话，恰恰是在这个男人不断把他丢出去的过程中，他才学会了飞翔、坠落，并设法奇迹般地着陆。

第四部分　着陆

————　◆　————

"见鬼，我有种感觉，我可能就是会一直活下去。"

——巴斯特·基顿，1965 年

距他在 1966 年 2 月 1 日去世还有三个月

和查理·卓别林在《舞台春秋》（ *Limelight*，1952 年）中的一幕。

　　"如果还有人说这跟过去一样，"巴斯特·基顿在查理·卓别林 1952 年的影片《舞台春秋》里饰演的无名角色抱怨道，"我就从窗户里跳出去。"（更准确的发音应该是"窗乎"[1]，即便是在一部以爱德华时代伦敦为背景的电影里，基顿也保留了他一贯的中西部口音。）这是一部讲述舞台幕后故事的影片。我们第一次见到这个毫无怀旧之情的家伙，他坐在更衣室里，对着镜子往脸上贴耷拉下来的胡子：他是一个辉煌不再的音乐厅喜剧演员，正与他多年前的舞台搭档为仅此一晚的盛大演出作准备。坐在前景里的是卓别林饰演的卡尔维罗，他正往脸上涂抹油彩；作为一个酗酒的小丑，他已经没有多少前途可言。这两位演艺界的老将要在多年后首次共同面对观众。而在现实生活中，这是两位演员第一次，也是唯一一次合作。

---

[1] 标准的英语发音为 window，基顿的发音是 winda，此处同样采用音译。

他们在过去五十多年里的舞台和电影生涯时间线几乎是重合的，而基顿唯一一次与卓别林同台亮相，却只有影片最后十五分钟的几个镜头，并且大多数还是无声的场景，这多少有些让人奇怪。影片其余部分的重点不在于两人角色的关系，而是讲述了卡尔维罗和克莱尔·布鲁姆（Claire Bloom）饰演的特丽萨之间不那么吸引人的纠葛。她是一名郁郁寡欢、企图自杀的芭蕾舞演员，年老的小丑相信她的天赋，帮助她从歇斯底里的瘫痪状态中恢复过来，她随即爱上了他。如果这个剧情听起来像是有意为之的夸张设定，那你显然低估了《舞台春秋》自视为一部严肃影片的意图。

影片精心打造了一个剧院后台作为拍摄现场，再现了卓别林童年记忆中伦敦音乐厅的场景；对于卓别林和基顿来说，《舞台春秋》都是他们各自职业生涯与个人生活的转折点，尽管这部影片并非这种变化的主要原因。20世纪50年代初，在淡出电影业近二十年后，步入晚年的基顿迎来了职业生涯的复起，那也恰是卓别林在影片中的第二自我极度渴望的。与此同时，卓别林也即将进入电影事业漫长的终章，等待他的是远离聚光灯的边缘时刻和日渐衰竭的艺术创造力。直到1977年去世以前，他只执导了另外两部影片，分别是1957年的《纽约之王》（A King in New York）和1967年的《香港女伯爵》（A Countess from Hong Kong）。这两部作品都是在欧洲拍摄的，并且都口碑不佳，偶尔甚至沦为观众和评论界奚落的对象。两者相似的片名暗示了卓别林在生命最后阶段对自己的看法：一个类似的被放逐的皇室成员。

人们对《舞台春秋》的看法一直存在分歧，但它作为卓别林电影生涯中最后一部主要作品的地位却是毋庸置疑的。假设这是他的谢幕之作，即便留有些微遗憾，它会是一次与导演非凡的职业生涯恰如其分的道别。以如今的视角来看，它不只是一部娱乐片，而更像是对创作者内心世界的精确描绘，毫不矫饰地展现了他对艺术和电影毕生的依恋之情。电影上映七十年后，创作者的人生轨迹已然淡入历史的背景，而这部作品既像一段诚实的自我剖白，又隐隐展露出为满足自我需求而创作的意味，以至于很难绕过它的自传性元素，将其纯粹视为一部艺术作品来评判。

多年来，卓别林一直是小报头条新闻的常客，其背后的原因是他与女人们——更确切地说，与姑娘们纷杂混乱的关系。他有一个相当糟糕的习性，总是让他在选角时遇到的年轻女演员怀孕，之后出于责任感（或害怕丑闻）与她们结婚，再对她们不闻不问，直到她们起诉与他离婚。第一回发生在 1918 年，十六岁的米尔德里德·哈里斯（Mildred Harris）起先给出了一次错误的怀孕警报，但他们的结合很快带来了一个儿子，这个孩子出生时有严重的先天缺陷，三天后便离世了。孩子名叫诺曼·斯宾塞·卓别林（Norman Spencer Chaplin），可哈里斯坚持只在墓碑上刻了"小老鼠"。[1]

人们普遍认为孩子的离世启发了卓别林创作自己的第一部长片《寻子遇仙记》（1921），一部讲述父子关系的温情之作。他在失去第一个孩子十天后就开始筹备这部影片，他的第一个任务就是找到一个扮演片中弃儿的小演员，后来这个角色的戏份大多由年仅五岁的杰基·库根出色地完成了。然而，卓别林对那个刚刚经历丧子之痛的少女母亲却没有丝毫温柔可言，哈里斯感觉自己几乎被抛弃了，因为他比以往任何时候都更投入于自己的作品。儿子去世几个月后，他们就分居了，次年她以遗弃和虐待为由起诉与他离婚。多年后，哈里斯在一次采访中说道："关于查理我只记得一件事……孩子死的时候他哭了。"[2]

这段婚姻在大众瞩目之下解体了，五年后，卓别林与又一个十六岁女孩丽塔·格雷（Lita Grey）重蹈覆辙。这段关系背后的故事令人不安：格雷在《寻子遇仙记》的梦境一幕中扮演一个轻浮的天使，"勾引"了流浪汉和另一个男性角色，当时她至多只有十二岁。第二段婚姻维持了两年，并带来了两个孩子，之后格雷也起诉要求离婚，让这段丑闻登上了更多报纸版面。20 世纪 30 年代中期，卓别林又经历了一次"五月到十二月"的婚姻①，这回的对象是《摩登时代》女主角宝莲·高黛（Paulette Goddard）。他们在一次中国之行中秘密结婚了，当时新娘约莫二十五岁，这让她成了他的四位妻子中成婚时最年长的，虽说他们的恋情早在几年前就开始了。高黛在《大独裁者》中又跟卓别林合作了一次，之后他们也离婚了，这次两人是和平分手，并且没有孩子。

1943 年，女演员琼·巴里（Joan Barry）对卓别林提起了亲子鉴定诉讼，后者的性生活再度成为花边新闻的头条；而早在这件事以前，舆论就对卓别林的"道德"产生了担忧——这是针对他系统性引诱并虐待年轻女性的一种委婉说法。[3] 就在巴里的诉讼案提交法庭两周后，他的第四段婚姻又进入了大众的视野，五十四岁的他迎娶了十八岁的纽约名媛，也是一名颇有抱负的女演员乌娜·奥尼尔（Oona O'Neill），这桩婚事丝毫无助于改进他的形象。乌娜的父亲是著名剧作家尤金·奥尼尔（Eugene O'Neill），尽管他自女儿幼

---

① May-December marriage，意为老夫少妻式的婚姻。

年起就不太参与她的生活，但在得知她与一个仅比他小六个月的男人私奔后，他公开宣布与她断绝关系。[4]

克莱尔・布鲁姆在《舞台春秋》中饰演的舞者特丽萨・"特里"・安布罗斯显然是卓别林生命中反复出现的一类人的化身：比他年轻得多的缪斯女神变成他潜在的浪漫伴侣（事实上，在两个长镜头里，奥尼尔担任了布鲁姆的替身，她们两人的身形十分相似）。然而，影片通过交换追求者和被追求者的角色，让卓别林的角色摆脱了对现实的影射。在他虚构的老男人和年轻女孩的交往变化中（卓别林当时已经六十二岁了，布鲁姆则是二十岁），坚持认为他们之间导师／被引领者关系应该更进一步的是特里，并恳求卡尔维罗娶她，后者却拒绝了。相反，他鼓励她与一个年龄更相近的男人恋爱。这个角色是一位热诚的年轻作曲家，卓别林让自己二十六岁的儿子西德尼（Sydney）出演了这个角色（他是卓别林和丽塔・格雷的第二个孩子），这个或许无意的选择却给人一种诡异的感觉。其中一条情节线涉及卡尔维罗和特里为安抚房东太太假扮夫妻，又暗示他们之间依然是纯洁的。影片最具暗示性的时刻跟特里毫无关系；这一幕是卡尔维罗表演的哑剧小品，讲述的是一个跳蚤马戏团的老板，一只不听话的跳蚤菲莉斯在他的裤子里来了一段漫长的、令人发痒的旅行。

《舞台春秋》毫不留情地展现了表演者与生俱来的自恋情结。在一个痛苦的梦境中，原本训练有素的跳蚤演出意外失败了，徒留卡尔维罗面对空荡荡的剧场，而在另一个不是梦境的场景中，他的表演还没结束，就被哄笑着赶下了舞台。卓别林不仅愿意直面自己对掌声和赞誉的渴求，也是被驱使着面对这一切；整体而言，《舞台春秋》既可以被看作一次刻意的分析，又是那种强烈冲动的无意识症状的投射。

然而，关于卓别林一生对年轻女性的痴迷，将她们视作尚未成型的容器，需要他在艺术和情感方面的指导，影片基于此的视角显然更为谨慎。卡尔维罗可能不被允许和特里发生性关系；实际上，除了有一次他在梦里想象两人在舞台上表演小品，其中出现了一些类似调情的动作，此外他没有表现过被她吸引的迹象。尽管如此，电影还是把他塑造成了她的人生导师、父亲和理想化的爱慕对象。他对她的掌控表现在，当他试图把她交给年轻的（还是由他儿子扮演的）情敌时，尽管她抗议说卡尔维罗是她的真爱，最终还是接受了那个年轻人。影片结尾时，特里已是世界闻名的芭蕾舞演员；她实现了卡尔维罗曾在她身上预见到的已臻化境的艺术高度，那恰恰是他自己苦苦追求却不得的东西。只是她似乎少了一个选择，那就是独自在镁光灯下单足旋转而不选择两个男人中的任何一个。

特里或许可被视为卓别林生命中所有女性理想化身的综合体。和他母亲一样，她也是一名英国音乐厅的舞者，其表演能力始终受到精神疾病的影响（至少在卡尔维罗拯救她以前是这样，而那是卓别林没有为母亲做到的事）。就像他引诱过、有时还与其成婚的那些女孩和年轻女子，她也是一张美丽的、等待他去描绘的空白画布。就像她实际上的替身乌娜一样，她是那种宠溺丈夫的妻子，关心卡尔维罗的健康，容忍他的情绪，缝补他的袜子。卓别林剪辑了一些关于特里贫穷童年的闪回镜头，但在最后的版本中删除了这些背景素材。我们一开始看到这个角色的时候，她正处于人生的最低谷：穿着天使般的白色睡衣蜷缩在床上，手里攥着一瓶药瓶，那是她刚刚尝试自杀用的。我们只知道她是一个需要拯救的可爱的受害者，而卡尔维罗几乎是立刻出现在她面前，挽救了她的人生。

布鲁姆光彩动人的表演使得特里对卡尔维罗付出的真情让人动容，尽管我们对她试图自杀的原因和她想要跳舞的动机都知之甚少。然而，透过一个持续虐待女性的男人的视角去看待一个理想化的女性人物，特里成了一个令人不安的形象：一个"真正的艺术家"（卡尔维罗语），只有在被拯救、改造、被爱情拒绝又被一个年长、智慧的男性不断说教后，她的潜力才会被激发出来。

卓别林的政治信仰导致的公共关系问题与他的诸多性丑闻又不尽相同，但在媒体对他的报道和联邦调查局为他设立的调查档案里，这两方面的因素时常混杂在一起。右倾报纸的专栏作家倾向于把他描绘成一个身份不明的可疑人物，一个性变态和持反常政见者，一个通常不值得信任的人（鉴于当时盛行的反犹主义思想，对他的指控有时还涉及他隐瞒自己犹太出身的阴谋论）。他声援各类左翼事业并公开对共产主义苏俄表示同情，这让 J. 埃德加·胡佛领导下的联邦调查局自 20 世纪 20 年代初第一次"红色恐慌"时期就开始持续关注他的动向。虽然卓别林对左派的同情是不可否认的（也是毋庸置疑的），可是不管怎么说，都很难把他跟共产党员联系到一起，更不用说任何与间谍相关的活动。[5]

20 世纪 50 年代初，卓别林开始筹拍《舞台春秋》时，美国正处于第二次"红色恐慌"时期。那是约瑟夫·麦卡锡参议员和众议院非美活动调查委员会的鼎盛时代，还有包括新晋年轻参议员理查德·尼克松在内的一群保守派政客，他们认为，把卓别林赶出美国，或者让他到国会委员会面前作证，这是他们的责任。

　　基于这些压力，尽管《舞台春秋》的内容完全与政治无关，它还是成了卓别林自我放逐离开美国前的最后一部作品。卓别林与家人远渡重洋，前往伦敦去参加影片的全球首映礼，途中他通过广播新闻得知，美国总检察长已经取消了他的再入境许可。如果他想回到他成年后一直居住的国家，又不放弃自己的英国公民身份——又一个让某些人质疑他的爱国主义的原因——他必须先就自己的政治信仰和社会关系接受讯问。《洛杉矶时报》的头条新闻标题写道：**查理·卓别林被逐出美国，等待接受讯问**。由于争议不断，尽管影片在国外大获成功，只有少数几家美国影院上映了《舞台春秋》。

　　这种威胁的本质就是司法部的欺凌行为。联邦调查局手里没有任何卓别林的把柄，如果他接受了象征性的再次入境"讯问"，他很可能就被允许回美国。然而，深感冒犯的卓别林对美国政府的发言深信不疑，发誓再也不会踏上他自己选择的国家。十几年后（在他人生的最后二十五年里，他和乌娜还有他们的八个孩子一起生活在瑞士的一幢偏远别墅里），他在自传中回忆道："是否回到那个令人不快的国家，这对我来说没有太大影响。我本想告诉他们，越早摆脱这种充满仇恨的氛围对我越好，我早就受够了美国的侮辱和那里道貌岸然的氛围。"[6]

　　仅有一次他违背了自己的誓言。1972 年，他飞到洛杉矶去接受奥斯卡终身成就奖。麦卡锡时代的过激行为不再是时代的潮流，民众对他的看法也随之缓和，他的性丑闻也逐渐淡出了舆论的记忆——有权有势的男性的性丑闻大多如此。同年晚些时候，《舞台春秋》终于在美国大规模上映了，其时距离它拍摄完成已经过了整整二十年。第二年，凭借他自己创作的优美配乐（自《城市之光》

起一向如此），那是他一遍遍对着电影音乐总监反复哼唱谱写的旋律，卓别林赢得了自己唯一一座竞争性奥斯卡奖。卓别林对前一次入境签证的两个月期限感到不满，故而没有再去美国接受奖项。四年后，他在瑞士家中去世，享年八十八岁。

对于卓别林而言，有声电影问世后，他也以完全不同于基顿的景况，经历了职业方面的困境。不同于《舞台春秋》里认为自己只有喝醉了才能搞笑的卡尔维罗，卓别林本人没有成瘾方面的问题，虽说他父亲是在三十八岁时因急性酒精中毒去世的。他的麻烦显然也与金钱无关：在伦敦贫民窟度过了极度贫困的童年后，到了20世纪20年代，他的财产已经足够保障他在不损害自己艺术追求的前提下向有声电影时代过渡。事实上，他的巨额财富给了他充分的余裕，按照他偏好的节奏制作他想要的电影，而在有声电影问世以后，那意味着每部作品之间非常、非常漫长的间隔。卓别林在有声片时代的挑战（除了上文提到的无数个人缺陷以外），是如何让他极致严谨且以直觉至上的拍片风格在日益追求效率的电影界发挥作用。

围绕卓别林的完美主义有着无数传说：他愿意为了打磨一个笑点或者一幕片段而停工数天乃至数周，他最终采纳的镜头与他使用的胶片之间有巨大的废弃率。然而，随着有声片时代的到来，这种本就不同寻常的工作方式变得更加难以为继。即便是富裕到能够自己制作电影的制片人，能够录音的拍摄场地也是有限的，而且需求量很大，摄制组也开始有了工会组织。正如基顿同一时期在米高梅所经历的，有声电影带来的变化意味着拍摄必须遵照计划表来进行，一切才能够正常运转。显然，就卓别林的情况而言，一旦这位导演、明星、制作人、作曲家和全能的作者导演受困于一个创作瓶颈，拍摄也不再能无限期地拖延下去。

整个 20 世纪 30 年代，卓别林只拍出了两部影片，《城市之光》（1931）和《摩登时代》（1936）。这两部电影都是默片，或者说近乎于默片，[7] 就当时的情况而言，简直是跟时代完全脱节的作品，可它们都被誉为杰作并受到观众的无尽追捧——尽管一些评论家认为《摩登时代》传递的反工业化主张说教意味过浓。《城市之光》和《摩登时代》都是在行业进入有声时代以后拍摄的默片，它们的存在本身就是一种抗议；它们的形式和内容都是对随现代性而来的大规模生产导致的异化的批判。

之后的十年里，卓别林还是只拍了两部影片。1940 年，当罗斯福政府在是否以及何时加入欧洲战局的问题上犹豫不决时，他推出了《大独裁者》；这是他第一部真正意义上的有声片，其时电影进入有声时代已经整整十三年了。《大独裁者》是一部反法西斯的讽刺片，卓别林在结尾处发表了一段长达六分钟的演讲，穿着假扮阿道夫·希特勒的制服，透过镜头直面银幕前的观众，宣扬了世界和平与博爱，这把影片的说教意味提高了好几个档次。他在自传里回忆了自己遇到的种种阻力，除了联美公司——他自己的制片厂的质疑，还有来自电影审查机构的阻力，后者警告他这部影片可能无法获准在英国上映。"可我决心要拍下去，"卓别林写道，"因为希特勒必须被嘲笑。"[8] 影片上映时，英国和德国已经开战，《大独裁者》不仅在英国上映了，还成了鼓舞士气的宣传片。

《大独裁者》是卓别林职业生涯中最赚钱的作品，但其布道式的结尾却引发了评论界的分歧。一名隶属于保守派赫斯特旗下报纸的评论者写道："投身喜剧的卓别林是最棒的。"[9]《纽约邮报》的评论者则毫不客气却准确地指出："这篇演说与影片之前的所有内容都格格不入，让人坐立难安。"[10]

大体而言，对这部以时政为主题的讽刺片，就算是那些长期以来基于卓别林的左翼政治倾向而对他抱有怀疑态度的观众，也给出了相当不错的反馈，他应邀在战争期间各类公开活动中发表了同样慷慨激昂却又措辞模糊的演讲。然而，也正是这些模糊的措辞为那些一向热衷于给卓别林贴上"不爱国的懦夫"标签的人提供了弹药，此前他们批评他的借口是在"一战"期间逃避服役（实际上，他说自己曾去登记过，只是从未被征召入伍）。《大独裁者》上映后成为卓别林到那时为止票房最高的剧情片，并获得了五项奥斯卡提名。最终影片颗粒无收——也许这是一个早期征兆，暗示在卓别林表面的声望之下，好莱坞对他的政治言论的耐心是有限度的。

卓别林在 1947 年的黑色喜剧《凡尔杜先生》(*Monsieur Verdoux*）中更进一步，要求观众抛却他们对流浪汉的美好记忆，用一个冷酷无情的反英雄角色来取代过去的印象。影片主角不断引诱富有的寡妇，结婚以后再杀死她们。该片改编自一起真实事件，最早是奥逊·威尔斯向卓别林提出的建议。影片还明确批判了资本主义和冷战期间的军备竞赛，而这两种立场在"二战"后盛行的爱国主义与狂热的反共氛围中都是不受欢迎的。

影片海报上有这样一句话："卓别林做出了改变。你会吗?"观众的回答是他们不会。近于虚无主义的《凡尔杜先生》票房失利且口碑不佳，但也有少数评论赞誉它是卓别林迄今最伟大的作品。不论如何，该片的失败直接导致了公众对这位曾经备受推崇的明星进一步的反感。在《凡尔杜先生》之后，卓别林又进入了一段漫长的沉寂期。之后几年里，他萌生并放弃了多个酝酿已久的想法，最终定下了其中最具自传色彩的创意：《舞台春秋》。

卓别林在 20 世纪 10 年代中期以令人目眩的方式成名时，曾是第一位被米妮·马德恩·菲斯克等戏剧界权威冠以"艺术家"之名的电影明星。而到了 20 世纪中叶，对无声喜剧的文化评价也发生了变化：1949 年 9 月，作家詹姆斯·艾吉（James Agee）为《生活》杂志撰写了一篇由好几部分组成的长文，《喜剧最伟大的时代》（"Comedy's Greatest Era"），文章的巨大影响力是今天任何一篇电影评论都无法想象和企及的。

艾吉在他所处时代的媒体图景中是一个与众不同的存在，就像罗伯特·舍伍德之于他的时代一样，尽管前者身上还多了一层电影明星的光环。他由散文家转变为电影评论家，后来又成了编剧，他充满诗意的抒情散文和对电影的无限热爱让他成为家喻户晓的人物，也成了知识分子精英阶层的宠儿，就连那些仍对电影不屑一顾的人也是如此。诗人 W.H. 奥登（W.H. Auden）曾给《国家》（the Nation）杂志写信说，虽然"我不太喜欢电影，也从来不看……但以我之见，他的专栏是当今美国新闻界最引人注目的日常事件"。[11]

艾吉最早成名于 20 世纪 30 年代，当时他为沃克·埃文斯（Walker Evans）记录大萧条时代的畅销摄影集《现在，让我们赞美伟大的人》（Let Us Now Praise Famous Men）撰写了令人振奋、偶也令人费解的配文。到了 40 年代，他同时为《时代》和《国家》担任了一段时间的每周评论员，之后参与创作了一些如今已成经典的电影剧本，例如约翰·休斯顿（John Huston）的《非洲女王号》

（*The African Queen*）和查尔斯·劳顿（Charles Laughton）的《猎人之夜》（*Night of the Hunter*）。在他去世后才出版的未完成的自传体小说《家庭中的死亡》（*A Death in the Family*）为他赢得了普利策小说奖。

艾吉属于那种独具个人魅力的文学名流：交友广泛，有自毁倾向，一个结过三次婚的烟鬼和无法摆脱酒瘾的人，有着演员约翰·加菲尔德①般粗犷英俊的面容。他和舍伍德一样是个多面手，他在写作每周影评时的视角远不止于电影本身，同时也不会忽略这种媒介为人们提供的基本乐趣。如今人们编撰经典电影评论集时，《喜剧最伟大的时代》总会被收录进去；它是一篇俏皮而尖锐的宣言，意在重新发掘作者青年时代记忆中电影的愿望，它们的"喜剧动作之美是言语远无法企及的"。

艾吉写下《喜剧最伟大的时代》时年仅四十岁（五年后，他因突发心脏病在出租车上去世，结束了他以毁灭性速度耗损的一生）。然而，他在 1949 年如此深情回忆的大部分默片，至少在二十年前就已经看不到了。它们被遗忘在无人记得的储藏室里——当时基顿好几部影片的命运都是如此；或者，在更常见的情况下，它们被悄无声息地处理掉了。

纽约现代艺术博物馆的确收藏了一批重要的默片喜剧，艾吉利用这些不完整的藏品做了材料收集，正如他所言，当时有几百部热门影片在市场上流通，只要你有一台家用电影放映机，就可以租借

---

① 约翰·加菲尔德（John Garfield, 1913—1952），美国男演员，以扮演工人阶级角色著称，两次获得奥斯卡奖提名，被认为是马龙·白兰度、蒙哥马利·克利夫特和詹姆斯·迪恩等方法派演员的先驱。

到这些拷贝。只是对普通观众来说，默片喜剧已经成了一种奇巧的遗迹，人们对它们最主要的印象是那些恶搞的伎俩，继而导致这一类型的影片在大众心目中被定义成一些并不准确的陈词滥调。类似的影片有 1939 年的《好莱坞车队》（*Hollywood Cavalcade*），这部喜剧片以默片时代为背景，基顿在其中客串了"他自己"，把奶油馅饼精准无误地丢到明星爱丽丝·费伊（Alice Faye）漂亮的脸蛋上。要知道他自己的喜剧片里从来没有出现过类似的投掷糕点的情节，更不用说场面夸张的馅饼大战了。

不出所料，在《生活》那篇文章中描写默片喜剧明星的四部分综述里，卓别林排在第一个出场，怀旧的打字机字体为他排出的小标题是"流浪汉"。从艾吉的视角出发，他写道，《城市之光》结尾处最后几个人物脸部特写镜头构成了"最伟大的表演和电影中最高潮的时刻"。但读者有一种感觉，艾吉把关于基顿的部分留到最后，让"伟大的冷面"① 在哈罗德·劳埃德（"男孩"）和哈里·兰登（"婴儿"）之后登场，这并非因为基顿在他心目中是四人中排名最低的，而是因为作者对这个男人怀有某种特殊的牵绊，他"有着一张如同银版摄影相片般沉静而忧伤的脸庞，制作了电影史上最荒诞精妙的喜剧片，赋予观众最赏心悦目的观感"。这篇文章发表十一年后，基顿本人引用了其中一句话作为回忆录的开篇，并怀着欣慰的骄傲之情指出："那位可亲的评论家，已故的詹姆斯·艾吉……形容我的脸 '几乎就像林肯的脸，是一种早期的美国原型：令人魂牵梦萦、英俊潇洒，几乎可说是美丽的'。"[12]

---

① 原文为 stone face，指一个人的脸上没有表情，看起来冷漠、不好接近。

　　《喜剧最伟大的时代》是一首献给失落艺术形式的情歌，同样也隐含了对保护和重新发掘这一正在消失的文化遗产的呼吁。[13]这篇文章是杂志有史以来反响最热烈的内容之一。与艾吉同代的观众想起了他们年轻时看过的电影，这让他们的心头微微触痛，而新的一批电影爱好者，那些根本不记得有声电影时代之前岁月的年轻观众，突然受到了激励，要去寻找那些难得一见的珍宝。电影历史学家汤姆 · 斯坦佩尔（Tom Stempel）写过，他"还没看过任何一部默片喜剧就爱上了这种类型的电影"，因为他小时候被《生活》杂志上那篇文章中的一张照片给迷住了，那是一个空荡荡的教堂，基顿独坐在一张长椅上；二十年后他才找到这张照片的出处——1925 年的影片《七次机会》。[14]

　　得益于艾吉对《凡尔杜先生》的大力支持——他在《国家》上为之写了不下三篇专栏文章，称其为"有史以来最好的电影之一"[15]——评论家和卓别林成了朋友，《非洲女王号》上映期间在洛杉矶和卓别林共度了一段相当长的时光。凑巧的是，那时卓别林和基顿正在拍摄《舞台春秋》中的一幕重头喜剧场面。评论家和妻子米娅应邀出演台下的观众，现场还有演员、剧组和一群来为影片提前造势的记者；讽刺的是，后来影片被记者写成了卓别林失去公众青睐十年后的盛大回归。[16]基顿和卓别林并不只是为了新闻效果才找来一群临时演员填补拍摄期间观众席的空缺：他们自小就在舞台上演出，当然明白，面对现场观众，他们能够更好地把握时机，也更有效地制造笑点。

　　他们近乎无声地围绕着一个娱乐剧场的舞台表演了这一幕［拍摄地是雷电华电影公司旗下的一个排练舞台，美术指导欧仁 · 卢里耶（Eugene Lourié）几近完美地把它打造成了 1914 年左右伦敦帝国剧院的样子]。他们的表演是一段基本没有台词的二重奏，用于仅一晚的盛大表演：卡尔维罗扮演一名疯狂的小提琴手，他的情绪随着他演奏的旋律而变化；基顿是他表情阴郁的搭档，用钢琴为他伴奏。说得更确切一些，是在尝试伴奏，因为在他演奏时，松散的乐谱一页页地、好像永无止境地从谱架上滑落。在钢琴手和这堆尼亚加拉大瀑布一般的纸张流较劲时，卡尔维罗在一旁和他的小提琴拉锯，直到琴弦断裂，接着出现了一个怪异的噱头，他的两条腿先后神秘地变短了，最终消失在了他的裤腿口，他必须摇晃着让它们变回正常的长度。

解决了这个奇怪的病症后，卡尔维罗认定，他的舞台搭档的三角钢琴需要调音。他打开琴盖，打到了搭档的脸，他们拿着钳子一同翻检乐器内部的问题，剪短并拉出了大堆纠缠在一起的琴弦。等到钢琴手总算又坐下来弹奏时，他们同时（以一种精确到秒的同步性）发现，他踩到了搭档的小提琴，正把它当成木制雪鞋穿在脚上。卡尔维罗不慌不忙地从背后的口袋里掏出一把备用小提琴，两人以惊人的速度表演着二重奏，直至乐曲高潮达到了顶峰，这时卡尔维罗掉进管弦乐池，落在低音鼓上。

卡尔维罗坠入乐池的一幕是设计好的动作，可他在掉下去的过程中突发心脏病却不是演出的一部分。他在阵阵掌声中被抬回了休息室，人还陷在那面鼓里。他甚至要求工作人员把他再抬出去谢幕。只是，不同于片场台下虚构的观众，真正坐到影院里观看这部影片的观众会意识到老小丑的生命力正在衰竭。在影片的最后时刻，卡尔维罗远远地躺在舞台侧翼的一张道具沙发上，而在前景的最远处，他的女门徒旋转着越过他身边，踏上了舞台，也走出了她成为世界知名芭蕾舞演员职业生涯的第一步。在卡尔维罗的临时病床边站着几位舞台同行，其中就有那位无名钢琴手，他已经卸下了舞台妆面，只穿了一件衬衫。他带着敬意，默默地看着医生前来宣布卡尔维罗的死亡。那张肃穆的面孔，在刚才的小丑表演中不协调到了惹人发笑的地步，恰恰是这一刻所需要的。

基顿在整部影片里的戏份大约只拍了三周，还包括了排演的时间。尽管在场的每个人都认为这两名资深喜剧演员看起来非常享受这项工作，也相当尊重彼此，但对他们的这次合作，人们有着不同的说法。据卢里耶回忆，两人为了由谁来做舞台上陪衬的一方而进行了"友好的交锋"，卓别林偶尔会反对基顿的想法："卓别林会抱怨……他的说法是，'不，这是我的戏。'"克莱尔·布鲁姆对卓别林的传记作者大卫·罗宾逊（David Robinson）说，她认为"他［基顿］的一些招数对卓别林来说有点过分出彩了，尽管他在放映室里对着当天冲洗出来的拷贝哈哈大笑，可他不觉得有必要把这些镜头都剪进最后的版本里去。"[17]

艾吉夫妇在回忆当天的拍摄时，也提到现场观众为基顿在舞台上即兴的新奇表演所折服；看到成片之后，他们都有同样的感觉，最好的几处亮点全被剪掉了。埃莉诺·基顿在片场只待了一天，但她总在驳斥那些编造出来的谣言，说两位电影人之间存在敌对关系，而那是现实中从不曾发生过的。"我记得，"她在谈到丈夫的这段经历时说，"他度过了一段美好的时光。我不知道卓别林是不是也这么想。"[18]

埃莉诺对卓别林与基顿合作中没有发生任何竞争或职业嫉妒

事件的回忆得到了类型演员诺曼·劳埃德（Norman Lloyd）的支持与证实。他自默片时代起就一直活跃在电影业，直到2021年以一〇六岁的高龄去世，简直是好莱坞旧日传奇的一座无价宝库。劳埃德是奥逊·威尔斯水星剧团①的一名成员，与阿尔弗雷德·希区柯克和让·雷诺阿（Jean Renoir）都有过合作。他也在《舞台春秋》里扮演了一个重要配角，一名富有同情心的舞台经理，六十多年后，他依然记得坐在观众席里观看基顿与卓别林拍摄了那场小丑表演，说那是"我一生中最了不起的经历之一"。[19]

最重要的是，劳埃德记得在卓别林与基顿共同研究演出细节的日子里，前者的执导风格发生了变化，这让他印象尤为深刻。卓别林一向以最亲力亲为的导演之名而著称，他为演员们表演整场戏，连手势和说台词的语气他都要指导一番。就连布鲁姆也承认，如果当时她是一名更有自信的成熟演员，她可能会对卓别林持续不断的细微指导感到愤恨，虽说她回忆起自己在卓别林指导下完成的银幕处女秀时唯有溢美之辞。但据劳埃德回忆，卓别林在与基顿为那个默片场面做准备时，"他们几乎有一套速记法。他们就是这样做的……很客观，对话很少。他们就那样过了一遍，然后查理说'我们把它打印出来'。那是最顶级的专业素养"。值得注意的是，这样的拍摄节奏——尽可能在第一遍拍摄时就成功，以便保持动作的新鲜感——更像是基顿而非卓别林的导演哲学。作为一个同级别的即兴创作大师，有他在场似乎改变了卓别林片场的典型氛围（缓慢、

---

① 奥逊·威尔斯和约翰·豪斯曼1937年在纽约成立的剧团，后为哥伦比亚广播公司制作了一系列广播剧，其中最著名的《世界大战》为他赢得了雷电华电影公司的合约。

严谨、不断受制于导演强加给他人的自我意识），更接近于基顿习惯的更悠闲的"工作方式"。

无论他们拍摄那一幕时表现得多么完美，卓别林和基顿在《舞台春秋》里呈现的结果总是给我一种恼人的不完整感，好像这是他们某一次未竟的同台演出。不管怎么说，这一幕还是影片里最有意思的场景，接连不断的笑点，每个喜剧演员都充分发挥了自己的特长：卓别林的哑剧和情感表达，基顿的道具喜剧和跌跤。他们似乎都很在状态，对表演的素材和作为搭档的彼此都很满意。然而，两人的互动几乎没有催生任何建构感或交互的流动感，这主要基于导演的选择，而与剪辑室里最终可能或可能没有发生的事情关系不大。

除了涉及钢琴调音的那部分搞笑场面以外，两位喜剧演员几乎没有完整地同框过。如果没有一个可以复原的固定主机位，影院里的观众也就没有机会亲眼目睹临时演员扮演的观众可能看到的场面：两个小丑对着他们的乐器和彼此，产生了愈发强烈的挫败感。比方说，基顿饰演的近视钢琴手似乎急于开始他们的二重奏，可是，对于那个阻止他的搭档开始演奏的令人费解的短腿特技，我们却没有看到他的反应镜头。同样，卡尔维罗好像也没有意识到他的朋友正与不断滑溜下来的乐谱作斗争。

在这两位喜剧演员赖以起家的以角色为基础的小品喜剧中，这种互动性恰恰是最关键的核心元素，并且在拍摄这部影片时，两人在这方面的造诣无疑都已趋于完美。然而，基顿在自己的电影里努力追求的效果——通过摄影机的摆放和剪辑，证明观众看到的一切都是实时实地发生在真人身上的——在这个场景别扭的孤立剪辑和分镜中几乎消失殆尽。观众明显能够感觉到，对于这个节目的大部分内容，就算他们两个不在同时同地表演也说得过去。

卓别林究竟为何选择这样的取景和剪辑方式，至今我们仍不得而知；这部影片的其他部分（例如芭蕾舞表演和单人喜剧短节目）表明他知道如何拍摄舞台上的动作以便尽量展示表演者周围的空间。如此说来，把跟基顿合作的这个节目分为两个松散连接的喜剧片段，无论是否出于自觉，他是在害怕被基顿抢了舞台上的风头吗？还是说，在一部大肆渲染卡尔维罗与观众之间隔绝感的影片里，这一幕支离破碎的节奏和错失喜剧时机的意识是导演刻意的设计？倘若果真如此，为什么这个小品得到的是大受欢迎的结局？经过了剪辑和镜头的切割，这个场景仍然能让观众捧腹大笑。只是，当我们意识到拍摄现场的观众能够从另一个角度欣赏两位顶级大师的合作，而此后的观众都将永远错失这样的机会，还是不免心生黯然。[20]

假设到目前为止我说得还不够明白：我不是《舞台春秋》的忠实影迷，无论它在电影史上的地位多么重要。撇开作为影片基本要素的黏腻三角恋情——我们现在已无法将这一因素与卓别林本人的喜好区分开来——我以为这是一部没有灵气的、矫揉造作的影片，到处都是充满说教意味、谈论艺术和死亡的格言。这些话大部分直接出自卡尔维罗之口，导演想把他塑造成一个饱经沧桑的智慧宝库，讽刺的力道却不足够。他留给特丽萨的临终遗言——"心灵和头脑。真是令人费解啊！"——让人感到这段对话还隐藏着某种更为痛苦的含义，这是卓别林根据自己从未发表的长篇小说改编的对白。

就《舞台春秋》而言，其中有导演着意挥洒个人风格的情节，也有一些他努力想要拍好的桥段，尽管如此，这部影片也许是卓别林作品中最为纯粹的例子，展现了影评人安德鲁·萨里斯（Andrew Sarris）所说的"艺术家的孤芳自赏"。[21]卡尔维罗家的墙上贴满了他过去演出的海报和一张年轻时的照片，观众一眼就能认出那是默片时代的卓别林：脱下戏服的流浪汉。当被抛弃的特里抗议说她依然爱着卡尔维罗时，他令人震惊而自鸣得意地回应道："你当然爱他。你会永远爱他。"就好像他是直接对1952年的电影观众说出的这句话。他们才是卓别林真正想要赢回的爱慕对象，让他在20世纪中叶从政治讽刺影片转向了忏悔式的自传作品。

对卓别林常见的批评是他想要把戏剧和喜剧结合起来，得出的却是一些矫揉造作的产物。在我看来，这样的评价对《寻子遇仙记》和《城市之光》之类的作品是不公平的，这些影片中丰沛的哑剧表演与夸张的喜剧场面同样能够触动观众的心弦。《舞台春秋》是另一种类型：一部关于表演的冗长论述，让人疲惫不堪，它不是在为我们展现，而是在"告诉"我们主人公的感受；它也是一部职业生涯的集大成之作，但不知为何它仍然称不上一部伟大的电影。

但无论你喜欢与否，任何想要了解查理·卓别林生平和作品的人都应该去看看《舞台春秋》，同样，无论你喜欢与否，他都是20世纪最重要的公众人物之一。除却那些感伤的段落，这部影片给人以一种奇特而庄严的威仪，尤其是人物停止对话，为观众奉上一段没有台词的哑剧或一段令人痛心的浪漫配乐。每次观看这部影片，我都会为其中内省与遗忘层叠交织的氛围，为那些卓别林无情地直面自我的部分，以及他拒绝去关注的部分而困惑。影片呈现主人公形象时在道德方面的懈怠，它看待那些本身并无浪漫情愫的事物浪漫化的视角，以及它认为女性青春和美貌赋予生命意义的永恒原则，都让我想起伍迪·艾伦的《曼哈顿》(*Manhattan*)——如果影片最后卡尔维罗没有死在后台，而是跑到舞台上的特里身边，向她宣誓他的爱，那么年龄和权力的差异都将不复存在。

尽管如此，《舞台春秋》终究是一部对个人表演（卓别林、基顿、布鲁姆）以及正在消失的表演传统极为珍贵的记录之作。故事发生在 1914 年，那一年英国踏上了"一战"的战场，而卓别林开始了自己的电影生涯。可是卡尔维罗这个曾经的音乐厅小丑，他的表演风格还要追溯到更早以前的 19 世纪末。就像詹姆斯·艾吉在 1949 年对默片喜剧的致敬文章同样也是在呼吁对无声喜剧的保护和重新评价，《舞台春秋》的怀旧表面之下隐藏着一个尖锐的观点，即过去的流行艺术依然有其重要意义。卡尔维罗最后去世了，但他对音乐厅舞台的热情却在特丽萨身上得到了延续——作为芭蕾舞演员，她代表着更为古老的传统，虽说她的青春活力又将她与未来联系在一起。

无论卓别林拍摄《舞台春秋》时的盲点有多大，他终究在回顾的同时看向了前方：这部影片以极为现代的方式展现了它对往昔流行文化的热爱。人们忍不住要去设想，要是他没有退却到自我放逐的生活之中，要是他没有沉浸在卡尔维罗所说的"哀伤的尊严感"里，之后他还会拍出什么样的电影；卡尔维罗向特丽萨描述的这种精神状态，是摧毁一个小丑的表演才能的丧钟。

就像基顿一样，卓别林也以自己的存在搭建了一座桥梁，联结起 19 世纪以舞台为基础的娱乐行业和 20 世纪的大规模生产技术。在新世纪跨过了自己的中点以后，他们的表演生涯终于产生了交集，这个时机看来倒也合适。只是在《舞台春秋》的三周拍摄期结束后，他们重又分道扬镳，并且再也没有合作过。卓别林退居幕后，把大部分时间都投入家庭生活，扮演起了父亲的角色，基顿则进入了一个新的成功阶段，全情活跃在电影和电视上。

基顿的复起并非《舞台春秋》的功劳。他至少在两年前就已经宣布了自己的回归，在朱迪·嘉兰 1949 年的音乐剧《美好的夏天》(*The Good Old Summertime*) 中出演了一个配角（他还编排了其中的喜剧桥段），参与了 1949 年和 1950 年的两部高收视率周播剧（尽管播出周期都不长久），还在比利·怀尔德 1950 年的好莱坞讽刺片《日落大道》里客串了一个只有两句台词却令人印象深刻的小角色。无论如何，在基顿已经去世六年之后，美国仍然几乎没人能看到《舞台春秋》，因此，那时围绕他在片中的短暂亮相而起的或真或假的传奇，都已经来不及对他的事业造成任何影响了。

基顿在回忆录里半开玩笑地描述了影片开拍前他去参加的第一次碰头会，看到他好好地站在那里，没有一丝崩溃或破产的迹象，卓别林显得很吃惊："显然他以为会看到一个身心俱疲的人。而我当时的状态很好。我刚在纽约待了四个月，平均每周客串两次电视拍摄。也就是说当时我的事业处在上升期，那也影响了我的外貌。"[22] 尽管如此，卓别林直到去世都确信，他让基顿在 1951 年出演自己的影片，是在后者落魄潦倒时给了他一份工作。

卓别林和乌娜·奥尼尔的长女杰拉尔丁 (Geraldine)——20 世纪 60 年代以后，她本人也成为美国和西班牙电影界的传奇人物——讲过自己带男友回家的故事。她的男友对当时已近古稀的卓别林表达了应有的敬意，之后热情地赞扬了基顿的喜剧。晚餐时，年轻人不断地向女友著名的父亲打探与"伟大的冷面"共事的经历。杰拉尔丁回忆说，父亲"缩得越来越小，他的身形萎缩了，伤得很重，好像有人捅了他一刀……晚饭后，他盯着炉火沉思，突然他小声嘟囔了起来。他看着我朋友的眼睛说：'可我是个艺术家。'没人知道他在说什么。接着他又说：'要知道，是我给了他工作。'"[23]

"艺术家"，这个由20世纪戏剧界精英在10年代中期赋予"小流浪汉"创作者的头衔，对几十年后的卓别林仍旧意义重大。他不仅仍然在意这个称号，还想确保它永远只属于他一个人。与之相反，当人们在基顿晚年偶尔向他抛出如此高调的赞誉时，他却不屑一顾地说："没有人能够成为穿拍击鞋、戴平顶帽的天才。"埃莉诺后来回忆说，面对那些想用"那套天才的废话"来打破僵局的潜在对话者，他总是因为反感而退缩。[24]

基顿唯一认可打破了这条"天才不穿拍击鞋"规则的人就是查理·卓别林。虽说他有时也会就这位英国喜剧演员缓慢的工作方式或是他卖弄意识形态的偏好讽刺几句，但他总是把卓别林视作喜剧电影的巅峰。他对经纪人说，即便没有报酬，他也要接下《舞台春秋》的角色。基顿在回忆录中写到20世纪20年代初以来，评论家就一直"说〔卓别林〕是个天才，对此我绝对表示赞同"——可在同一段里他又说"对查理出色导演技能的如潮好评恐怕也冲昏了他的头脑"。卓别林早期收获的巨大声誉，以及盛名带来的鼓励效应，后来也干扰了他自发与观众共情的能力，基顿并非第一个有此想法的人。《舞台春秋》正是对这一现象的深入挖掘，而它的导演比任何人都更为真切地感知到了这一点。

卓别林 1964 年的自传与四年前基顿口述给查尔斯·塞缪尔斯略显随意的回忆录截然不同。这本五百页篇幅的自传是由喜剧演员本人亲自写就的，其中的叙事口吻经常显出几分怪异，卓别林回忆了他早年在伦敦贫民窟的生活，以及后来那些名流云集的晚宴，细节之详尽堪比马塞尔·普鲁斯特，而他的几段婚姻和漫长的电影生涯却只用一句话甚至更短的篇幅略过。

卓别林的传记作者大卫·罗宾逊在他为这部内容翔实的巨著撰写的序言中敏锐地指出，第十一章结尾处发生的决定性转变，也就是二十六岁的卓别林突然获得了史无前例的世界性声誉。从那里开始，这本书的风格骤然发生了不可逆转的变化。经过言辞粉饰的对往事简短却精准的回忆让位于一种有所保留的语气，也就是卡尔维罗本人值得敬佩的"哀伤的尊严感"。"直到这一刻，"罗宾逊写道，"我们都在追随一个年轻人的冒险，他挣扎、奋斗、试验并最终凭借自己的天赋一飞冲天。现在我们看到的是一个世界名人的自画像，心满意足地沉迷于王子和总统的追捧。"卓别林的自传以其奇特的方式在精心再现的感官记忆和自鸣得意的抽象概念之间画下了一道分界线，在他的作品里，再没有一部影片能像《舞台春秋》这样无限接近他的自传——至少在读者 / 观众中唤起了类似的令人心寒的反感之情。

想要翻阅卓别林自传找到巴斯特·基顿蛛丝马迹的读者注定要失望。这一疏漏本身并不代表作者对基顿抱有特别的敌意。还有一些他生命中更重要的人物，包括他四十多年来的伙伴、忠实而耐心的摄影师罗兰德·"罗利"·托瑟罗（Roland "Rollie" Totheroh），还有他两个孩子的母亲丽塔·格雷，他们的名字都没有出现在自传里。[25] 一如基顿在《舞台春秋》里饰演的无名角色在卡尔维罗临终谢幕时默默地站在一旁，卓别林在作别人世时也没有提及他们合作的时光。实际上，围绕这部影片拍摄过程的叙述只占了几个段落，关于影片上映产生的争议和卓别林一家之后的自我放逐却占据了很多页的篇幅。

直到《舞台春秋》问世几十年后，"卓别林还是基顿？"才成了电影爱好者和影评人之间常见的客厅游戏 ①。我不太喜欢这样的游戏：急切地列出清单、做出排名，用不同的艺术和艺术家进行比拼（包括颁奖），我一向认为这是在利用人性中最糟糕的一面，也利用我们天性中或许不可避免要向权利、权威和地位体系看齐的冲动。在默片喜剧的殿堂里，有足够的空间留给这两位无与伦比的演员和其他更多人，甚至也有充分的理由去倾覆这座殿堂，尤其考虑到许多当时的影片业已失传。当我开始计划这本书的写作时，我的一位朋友、一位默片喜剧的忠实拥护者，用他自己可爱的措辞对我说，他戴的是"卓别林的红玫瑰"，而不是"基顿的白玫瑰"。作为评论家，我从不喜欢排名，但从我衣襟上玫瑰的颜色就能猜出，我是为谁而写下了这本书。

卓别林作为演员和哑剧演员的艺术魅力，以及他通过手势、面部表情和动作来表现人物性格的能力是他人无法比拟的。他将儿时经历的音乐厅传统与电影这种新媒体巧妙地融合在一起，焕发出那个时代独一无二的华彩，尽管他作为导演从未绽放过那般耀眼的光芒。生活中的他也许冷漠又傲慢；作为一名艺人，他与世人建立了

---

① 西方人举行节日聚会或派对时为活跃气氛而进行的一些游戏。

比任何人都更为直接的情感联系。在《舞台春秋》里，卓别林并不总是抱着最大的诚意去尝试探索自己身上的这些矛盾之处，以及自己年轻时的舞台小丑形象与年老后的"哀伤的尊严感"之间的鸿沟。

诺曼·劳埃德饰演的舞台经理是卡尔维罗临终一幕的其中一位见证人，他与基顿、西德尼·卓别林等人站在一起，这幅构图让人想起巴洛克式的宗教画。劳埃德回忆这个场景时说，当摄影机拉向远景，把侧翼和舞台纳入画面时，基顿不停地小声对卓别林嘀咕，建议他"不要动，查理，你在画面的中心"。[26] 基顿用自己的方式——也是默片导演的风格，他们经常在摄影机转动的同时与主演们对话——协助导演了这最后一幕，或者说起码他在密切关注着制作的方方面面，因为人们正把一条被单盖过卓别林的头顶，这让那位素有控制狂之名的导演无法监控现场的情况。

《舞台春秋》随着卡尔维罗在侧翼的死亡而落幕，基顿的角色默默站在他身后，而真正的基顿则不那么安静地更新着摄影机的位置变化，这样的组合展现出一种具有象征意味的正确性。就像回旋着踏入聚光灯下的舞者一样，濒死小丑的舞台搭档还站在那里；这么多年来，他一直想尽办法待在这个行当里，想必他还会继续表演下去。影片上映后，卓别林还度过了二十多年的人生，而基顿只剩下十四年。但在之后的四分之一世纪里，前者基本上退出了影坛，后者却从未停止工作。这是基顿一生中第二次涉足一个崭新的娱乐技术领域，并再度重塑自我，重新开始了他的职业生涯。对于整整一代美国人，大多是在《舞台春秋》上映前后出生的那一代美国人，在他们的成长过程中，认识的都是那个经常出现在电视上的人。

《十个女孩前》(*Ten Girls Ago*)的拍摄现场，1962 年。
（照片由克里斯·塞甘提供）

　　《舞台春秋》开拍前，卓别林和基顿进行了数十年来的首次会面，他们谈论的第一件事就是电视。他们相互寒暄着说了一些玩笑话，六十二岁的英国人惊叹于五十六岁的美国人看上去如此年轻。"查理，你看电视吗？"得到的回答出人意料。"老天啊，不。"卓别林说。这也解释了他在之后几十年里，和为数众多的高尚父母一样，不允许自己的孩子们看一眼"差劲的、讨人厌的小屏幕"。然后，他再次打量了基顿一番，问他是如何保持体型的。"电视。"基顿答道。由于这一新兴媒介的迅速发展，当时他的事业也逐渐复起了。基顿在回忆录里用戏谑的报复口吻谈起这段往事，巧妙地总结了两人之间的差异：平民主义者和唯美主义者，机械未来主义者和怀旧的技术恐惧者，实用主义的工匠和理想主义的艺术家。[1]

　　基顿喜欢关于电视的一切：在电视上出现，观看电视，向任何愿意聆听的人谈论电视技术的进步或电视媒体的未来。1948 年，他二十六岁的儿子吉姆，一名家有年幼子女的海岸警卫队退伍军人，得到了诺玛姨妈送给他的一台电视机（两个当演员的塔尔美奇姐妹都没有孩子，但她们从不吝啬于向侄子们赠送奢华的礼物）。这是他居住的社区里的第一台电视机，通用电气公司造的，十英寸的屏幕，在吉姆的记忆里，它"重得要命。我们收到这台电视机的第一个周末爸爸就来了。整个下午，他都坐在那里目不转睛地看着……我记得他在吃晚饭的时候说：'这是娱乐业的未来。'"[2]

基顿在晚年接受一次采访时被问到有关电视制作成本的问题，他就此开启了一个与提问无关的话题，对美国和欧洲电视机的画质做了一番比较："他们的机器很漂亮，法国人做的电视机最好。我相信我们有，大概五百条分辨率线的画面？法国电视机有七百五十条。他们画面的质感也比我们好得多。"在同时期的另一次采访中，他似乎预见到了有线电视和按需流媒体服务的未来，尽管他设想的对消费者有利的经济体系在我们这个订阅服务激增的时代并未实现：

我迫切希望看到电视和电影联姻并设计出一套新体系的一天，因为这样下去是不行的。我认为只有一个解决办法：应该有付费电视，他们可以把费用降低到世界上最穷的人也看得起，他们可以让它成为一个便宜的娱乐项目。这样你就能拍出你在电视出现以前拍的一模一样的电影。[3]

第一次接触电视过后不久，基顿就为自己家也买了一台电视机，当时他和埃莉诺仍与母亲与弟妹同住一处。此后，去基顿家拜访的人总能听到电视机的背景声，音量调得很大，他在"一战"服役期间耳朵受过伤，导致听力受损。没有工作的时候，他会在电视机前坐上几个小时，玩单人纸牌游戏、抽烟，滔滔不绝地对任何经过的人发表正在播出的节目的看法。詹姆斯·卡伦回忆说，他看电视的时候还会冲着屏幕大声喊出指令，好像他才是导演："停！现在移动摄影机！"1956年，他和埃莉诺在圣费尔南多谷买下了一栋房子，去过那里的访客都有这样的印象，他坐在由车库改造的房间里，他称之为他的"老巢"，在跟来访者以他一贯的言简意赅的风格交谈时，他总还要分出一部分注意力给那面小小的黑白屏幕。他的一个孙子在接受采访时回忆道："他从不离开他的老巢。他爱电视。他什么都看。"[4]

尽管基顿从未提过这部剧的名字，但他最爱的50年代节目中肯定包括了先锋情景喜剧《我爱露西》（*I Love Lucy*），主演是他的老朋友露西尔·鲍尔，也是他曾经的米高梅门生。当被问到新一辈中谁是最优秀的喜剧演员时，他经常说鲍尔是他的"最爱"之一，认为她对表演时机的掌握"无可挑剔"。实际上，在《我爱露西》的播出过程中，基顿也做了幕后的贡献。1950年，哥伦比亚广播公司试图说服鲍尔出演一部根据她成功的广播系列剧《我最爱的丈夫》（*My Favorite Husband*）改编的情景喜剧，她同意签约，条件是要跟她现实生活中的丈夫，古巴裔美国爵士乐队指挥德西·阿纳兹（Desi Arnaz）共同出演。让一对不同种族的夫妇来出演一部本土喜剧，电视台对这个提议有所疑虑，于是鲍尔夫妇编排了一段现场杂耍表演，当作实验性的试播节目。

基顿为鲍尔的这场重要的肢体喜剧表演做了指导，演出借鉴了西班牙小丑佩皮托的表演方式，让鲍尔扮演一位到阿纳兹的管弦乐队面试的笨拙却机智的大提琴手。这集试播剧当时从未实际播出（人们一度认为拷贝失传了，直到 1989 年才被找到，并作为露西尔·鲍尔致敬特辑的一部分由哥伦比亚电视网播出），但它显然足够搞笑，让哥伦比亚广播公司有信心把自己的黄金时段剧集交给鲍尔和阿纳兹。这部电视剧一共播出了 180 集，或许是所有早期情景喜剧中最具影响力的一部。第一季的第一集中用上了精简版的大提琴小品，因此，尽管基顿从没有客串演出过《我爱露西》，但他仍在这部剧里留下了自己的印记。[5]

一如当初歌舞杂耍与无声电影的关系，基顿在小屏幕上的职业时段恰好也是电视的黄金年代。他与米高梅的长期合约在 1949 年左右到期了，他意识到自己作为演员的工作已经够多了，无需待在制片厂继续他已经干了十三年的喜剧医生的日间工作。虽说巴斯特在米高梅的第二次就业要比第一次开心得多，但他的能力显然没有得到充分发挥，而且离开这个曾带给他太多痛苦经历的地方，必定让他如释重负。

如今很容易就能在 YouTube 上找到 1949 年米高梅为庆祝公司成立二十五周年拍摄的宣传短片，从中我们得以察觉基顿和这家他为之持续工作了近二十年的公司的关系。就在路易斯·B. 梅耶发表他标志性的华丽演讲前，镜头扫过一桌又一桌坐在那里参加正式午宴的明星，有些人还穿着他们正在拍摄的电影戏服。在一张长桌的尽头，基顿坐在青少年演员小克劳德·贾曼和莱西① 中间，后者待

---

① 米高梅 1943 年影片《灵犬莱西》(Lassie Come Home) 的主角狗演员，后来米高梅又拍摄了好几部以"莱西"为主角的影片。1954 年至 1973 年，又有一部同名电视连续剧在美国播出，共拍摄了十一季，曾两次获得艾美奖。

在一个单独的小隔间里，对着它自己的盘子。这几个刻意的座位安排产生的喜剧效果不禁让人联想起"基顿犬舍"和霸道的犬类喜剧导演朱尔斯·怀特。一直以来，这位喜剧演员在制片厂的地位都是类似吉祥物的存在。

在这部十分钟的短片里，大多数名人似乎都全神贯注于食物或谈话；他们或者没有注意到摄影机从身旁掠过的瞬间，或者在它扫过时匆匆露出一个打破第四堵墙的微笑。爱娃·加德纳（Ava Gardner）和克拉克·盖博与基顿的老搭档吉米·杜兰特谈笑风生，弗雷德·阿斯泰尔旁边的朱迪·嘉兰则靠着椅背与身后那张桌子上的人聊天。而当镜头停在基顿桌边，他不仅"开演"了——立即换上他那副职业性的空白表情，就像他每次知道自己正面对镜头时一样——而且已经开始了一段即兴道具喜剧的表演。他咬了一口芹菜，似乎不喜欢它的味道，做了一个要把它吐在手上的动作，然后——由于他和我们都知道摄影机的存在——重新考虑了这个粗鲁的动作，他的眼神飞快地避开了无所不知的镜头，显出嘲弄般的羞愧。这场戏仅仅持续了几秒钟，是在不需要表演的情况下做出的一场微型表演。他是在自娱自乐，还是在履行米高梅赋予他的长期使命，尽可能地提供喜剧桥段？无论答案是什么，这段芹菜即兴的潜台词是显而易见的：他与这个拥挤古板的公司活动格格不入，他知道这一点，他还知道我们也知道这一点。

基顿在 1929 年米高梅全明星班底的《好莱坞滑稽剧》里出演了他的首个有声片角色，影片中的他既沉默又严肃，排在米高梅一长串签约演员的末尾。每个人都穿着一模一样的黄色雨衣和帽子，并且除了他以外的每个人都在高唱米高梅歌舞剧《雨中曲》最新的

热门主打歌。在这短短几秒钟里，基顿的肢体语言传达的信息本身
就像是针对他在制片厂怪人身份的一个玩笑：他疑惑的表情和闪烁
的眼神似乎在问，"我在这里干什么？"到了二十年后的周年纪念午
餐会上，他和这家拥有"比天上星星还多的明星"的制片厂的关系
仍然没有变化。在梅耶偏爱的华丽统一的氛围中，他还是那个排在
末尾的人，尽管身处一个格格不入的可笑环境，他还是在尽力博得
观众一笑。

　　20 世纪 50 年代初，基顿开始在《美好的夏天》和《日落大
道》等大制作影片里出演一些引人注目的小角色。但正如他在儿子
客厅里预见的那样，大银幕上的演出已不再是娱乐行业的尖端，更
不属于最前沿的录播娱乐节目。事实上，1949 年末，基顿开始出
演周播电视剧的时候，电影业正陷于全面恐慌之中。次年，《综艺》
杂志评论了他的节目《巴斯特基顿的喜剧时刻》(*The Buster Keaton
Comedy Hour*) 第二部，同时还发表了一篇文章，配有典型的危言
耸听的标题：**"必须重振想一要一看的习惯。"** 这位不愿透露姓名的
作者随即表示了担忧，认为"全国商业运营经受了又一波下滑，行
业管理者们担心'看电影'已不再是美国家庭的日常活动，而正在
迅速归于'特殊事项'。如何对抗那样的趋势——以及有没有可能
对抗那样的趋势——应当被视为行业面临的首要问题"。[6]

　　在几股力量的交织作用下，20 世纪 40 年代末 50 年代初见证
了电视机普及率的增长和电影上座率的下跌。1948 年，最高法院
在"合众国诉派拉蒙"一案中结束了六大电影制片厂的垄断地位，
禁止他们拥有自己的连锁影院或打包预订（即只向发行商提供强
制性的捆绑"片单"销售）。1952 年，联邦通信委员会结束了为期

五年的新电视台牌照冻结，这一禁令是在全国范围内的牌照申请造成信号干扰问题后实施的。在此之前，美国只有少数几个"电视城市"，也就是拥有同时支持全国性和地方性节目基础设施的城市中心。[7]

1949 年，第一台电视机出现在西尔斯·罗巴克的商品目录上，当时美国还有十四个州根本无法提供电视服务。[8] 随着 20 世纪进入中叶，仍然只有 9% 的美国家庭拥有电视；主要的家庭娱乐设备依然是收音机，自 30 年代以来都是如此。在许多地方，对这一新鲜技术感兴趣的人会聚集到花大价钱买了电视机的当地酒馆收看节目。[9]

像吉姆·基顿和他父亲那样在 20 世纪 40 年代末拥有一台电视机，相当于在 80 年代初拥有一台个人电脑：它是早期用户的奢侈品，是一种几乎人人都能识别却只有很少人能负担得起（或对他们有用）的技术。然而，随着制造材料供应的增加、功能和技术的进步，以及"二战"后消费者经济的迅速增长，家用电视屏幕很快成了"电子壁炉"，在 20 世纪余下的时间里一直如此，并延续至今。

到了 20 世纪 50 年代末，大约 90% 的美国家庭都拥有了一台电视机，这种媒体开始与消费主义和墨守成规联系在一起——直到 21 世纪初高端电视节目① 的出现，它才摆脱了过往"傻瓜管"② 的形象。只是，在那段前途未定的短暂时间里，电视有机会去尝试一

---

① 原文为 prestige television，指那些有品质的电视节目，区别于低俗的大众娱乐节目。
② 原文为 boob tube，美国俚语中对电视机的称谓，boob 意为傻瓜，tube 则是指电视机里的显像管，其引申含义就是看电视不需要动脑子。

些新的形式，有些新颖而前卫，有些则十分复古，甚至让人想起电影被发明出来之前的年代。

早期电视与歌舞杂耍之间的重叠如此明显，一个新词"杂耍电视"① 被用来描述这种现象。起初这个年轻媒体为观众提供的内容几乎完全以综艺节目为主，还直接引进了不少多年来成功的广播节目，因此，成功的喜剧演员的职业轨迹往往是从舞台到广播再到电视，而完全跳过了电影这个步骤。由前杂耍艺人和"红菜汤地带"② 喜剧演员米尔顿·伯利（Milton Berle）在 1948 年末主导的《德士古星剧院》（*Texaco Star Theater*）③ 就是第一批成功转型电视的广播节目之一。伯利主持时不甚稳定、甚至近于挑衅的情绪在观众中大受欢迎，一些餐馆和夜总会在每周二"米尔蒂叔叔"④ 播出时客流量大减，不得不在那些夜晚关门歇业。

《德士古星剧院》于 1956 年停止播出时（当时已经改名为《米尔顿·伯利秀》），伯利的绰号已经变成了"电视先生"，现场综艺节目以各种形式在各个电视台播出。许多类似的节目都是由前舞台小丑们主持的：玛莎·雷伊（Martha Raye）、艾德·怀恩（Ed Wynn），甚至基顿的前银幕搭档吉米·杜兰特。但其中持续时间最长的（也是杂耍性质最纯粹的）是埃德·沙利文（Ed Sullivan）的节目，一直持续到 1971 年，为动物表演、杂耍艺人和新晋流行歌

---

① 原文为 vaudeo，意为综合了多种娱乐形式的电视节目，包括歌舞、流行音乐、动物表演、马戏特技、明星客串等等。
② 原文为 Borscht Belt，是对美国俄裔犹太人的谑称。
③ 该节目于 1938 年 10 月 5 日首次在广播电台播出，一直持续到 1949 年，后于 1948 年至 1956 年在电视上播出，该节目是喜剧与音乐的结合。
④ 指米尔顿·伯利。

手提供舞台。沙利文是一位娱乐专栏作家，他笨拙的舞台表现力也成了节目持续的笑点和吸引力之一。

基顿上过很多次沙利文的节目——他喜欢告诉别人他怎么用一个古老的舞台手法难倒了主持人，这个手法也曾出现在《福尔摩斯二世》里——那个十年里，他的身影还出现在无数其他综艺节目中。通常他的表演都是过去某个默片套路的变体，当然并不总是如此。他第一次作为嘉宾上的节目是 1949 年的《艾德·怀恩秀》，这档节目也是第一个在西海岸录制的现场直播系列节目（在电视业发展初期，大多数节目都是在纽约制作的）。他和老牌杂耍艺人怀恩合作表演的小品，改编自三十二年前他在自己第一部电影《屠夫小子》里跟阿巴克尔合作的"帽子糖浆"戏码。默片的过时性成了笑话的一部分，演员们举着提示卡模拟默片的字幕。

正是观众对这次客串演出的热烈反响促成了同年晚些时候开播的《巴斯特·基顿秀》。这个每期半小时的系列节目在洛杉矶当地的 KTLA 播出了一季；只有一集的内容留存了下来。[10] 根据这个样本来看，这档节目介于情景喜剧和系列小品之间；在仓促的背景叙事之后（他的角色也叫巴斯特，需要为职业拳击赛接受训练），基顿便基本独自一人待在一个摆满道具的健身房里，举重器、跳绳、划船机，还有他自基顿三人组时期以来一直偏爱的道具——篮球。

这个节目的对白和背景设置都不太扎实，也许是因为节目的两位编剧之一、基顿长期合作的喜剧编剧（也是《将军号》的共同导演）克莱德·布鲁克曼经常喝得醉醺醺的，无法按时交出每周的剧本。[11] 可是一旦基顿开始表演肢体喜剧，除了现场观众的笑声、掌声和偶尔的抽气声，就不需要其他音效了。节目最精彩的部分是基顿独自面对镜头，从一连串不可能的角度投篮——从背后高高抛起，躺在地上，在一段舞蹈结束时随意一丢，甚至不用看一眼篮筐。

让巴斯特拥有自己全国电视系列节目的设想在 1950 年后就没了下文，这总算让他松了一口气。"这是我知道的最快通往森林草坪公墓的办法，"多年后他这样说，"为周播节目挖掘素材。"但这些早期尝试起码向基顿展示了他想要在电视界工作的方式：哪怕不是现场直播，也要对着演播室里的现场观众表演。多年后，他在接受口述历史学家斯特兹·特克尔（Studs Terkel）采访时阐述了他对此事的看法：

> 我最早开始接触电视节目的时候，那还是一个年轻的行业，我们是对着观众工作的。后来他们想说服我对着一台沉默的摄像机工作。可是那样行不通，因为不管你怎么做，拍出来的都像是三十年前的产物。它看起来不像时新的东西……而且罐头笑声一点都不好。它们一点也不真实。

直到 20 世纪 50 年代中期，"单元剧"（anthology drama）都是电视节目中最受欢迎的形式之一：每周由不同的编剧、导演和明星出演的独立小型电视剧。这也成了青年才俊寻找机会的一个平台。类似《克拉福特剧院》（*Kraft Television Theater*）、《固特异电视剧场》（*Goodyear Television Playhouse*）、《第一演播室》（*Studio One*）和《90 分钟剧场》（*Playhouse 90*）等节目成了电影新星（保罗·纽曼、乔安娜·伍德沃德、西德尼·波蒂埃和罗德·斯泰格尔）和即将成名的编剧、导演及电视名人（帕迪·查耶夫斯基、约翰·弗兰克海默、阿瑟·佩恩、罗德·瑟林）的试验场。

1954 年，基顿在电视单元系列剧《道格拉斯·范朋克剧场》（*Douglas Fairbanks Presents*）一部时长半小时的电视电影中担任主角，该片改编自尼古拉·果戈理（Nikolai Gogol）的短篇小说《外套》。这部名为《觉醒》（*The Awakening*）的作品是一个隐隐带有奥威尔式色彩的故事，讲述了在一个官僚主义的乌托邦里，一个胆小的职员节衣缩食，用一件昂贵的定制大衣替换了自己寒酸的外套。《觉醒》的剧本和导演风格都是 20 世纪 50 年代中期典型的电视剧风格：剧本过于夸张，高潮部分的演说以毫不基顿的直白方式阐述了故事的主题。尽管如此，这部剧还是值得我们关注，这还是基顿自十一岁时参加《小爵爷》的季度驻场演出后第一次扮演纯剧情片的主角。基顿在片中饰演的这个无足轻重的人最终成了一名反叛者，他的表演不仅扎实可信、令人同情，还呈现出惊人的现代感。他似乎完全理解自己正在表演的是什么类型的作品，尽管这种为小屏幕创作的、情节具有高度象征性的两幕剧要求的是一种全新的表演模式，与他的舞台或电影经验都不尽相同。

20 世纪 50 年代到 60 年代初，几乎每一种电视潮流中都出现过基顿的身影。他继续着自己长期以来受到家庭观众欢迎的娱乐演员的形象，在家庭情景喜剧《唐娜·里德秀》（*The Donna Reed Show*）里客串过两回，还跟埃莉诺在儿童节目《马戏团时间》（*Circus Time*）里表演过一场嬉闹剧。在《隐藏摄像机》（*Candid Camera*）里，他在午餐柜台前用一顶不合适的假发和一碗汤恶搞了一把围观的人群。在《迷离时空》(*The Twilight Zone*)的一集搞笑分集中,他扮演了一位穿越时空的守门人;这个来自1890年的家伙在现代经历了一系列倒霉事件,最终决定回到自己的时代。

他出演过不止一个类似主题剧集的电视角色,他们都想要回到往昔。在1955年的电视剧《伪善者》(*The Silent Partner*)中,他是一个被人遗忘的默片喜剧演员,名叫"凯尔希·达顿"。这个角色显然是以基顿本人为原型,他坐在酒吧凳子上,静静地观看自己过去的导演得到了奥斯卡终身成就奖。在闪回镜头里,他变回了年轻时的自己,而唯一表示他重返青春的妆造是一顶可笑的黑色假发——乍看之下,这个选角似乎不那么合理,但后来你就明白了,哪怕基顿已经六十岁了,他还是那个唯一能够表演跌跤动作的人。不知为何,他在扮演这些心心念念想要回到过去的角色时,从未有过特别出彩的表现,也许是因为它们都是别人赋予他的角色,而不是他自己创作的故事。只要有人提出要求,他总是乐意去做一个从扔馅饼时代过来的前辈的分内事,但在现实生活中,他是一个面向未来的人,一个自1895年抵达此刻的人,并且他决意要留在当下。

他才是娱乐业的未来,一向都是。他曾是舞台上的少年明星,有时人们会误把他当作一个身材矮小的成年人,或者他想要给人们留下那样的印象;如今他上了年纪,又在一种新媒介上不断做出新的尝试,并为其注入青春的活力。不过,人过中年的他是在最古老的娱乐形式之一——马戏中发挥出了最大的创意,也取得了就他个人而言最大的成功。1947年至1954年间,基顿三次前往巴黎,参加梅德拉诺马戏团的季度演出,埃莉诺经常与他一同搭档出演。

有些基顿晚年生活的叙述想要把他塑造成一个被好莱坞永久摧

毁的悲剧人物，因而把他在马戏团表演的那段时光描绘成某种穷途末路的潦倒之举，好像他沦落到了安着红鼻子、跟在大象身后清扫地面的境地。实际上，他为之工作的对象是欧洲最负盛名也最具创新意识的马戏团之一，他一直享有下半场演出的优厚待遇；在那个年代、那个地方，小丑也是最受重视的现场表演者之一。

梅德拉诺马戏团有时被称为"小丑圣殿"或"粉红马戏团"（因其桃红色的拱形天花板而得名），但它当时并非如今在法国巡回演出时的帐篷马戏，而是在蒙马特波希米亚街区拥有自己的一幢永久性建筑。1875 年，它的前身费尔南多马戏团成立后，一直以各种形式活跃在马戏行业。这幢建筑在 1973 年被拆毁，在原址建起了一个家乐福超市；在现存的照片中，它是一个圆形建筑，顶部建成了马戏团帐篷的圆锥形状。

费尔南多马戏团距离洗濯船[①]（Bateau-Lavoir）不远，这幢破败的楼房租金低廉，因而吸引了很多艺术家租住在此，这也让马戏团成了长期以来画家们的聚集地。19 世纪末，奥古斯特·雷诺阿（Auguste Renoir）、埃德加·德加（Edgar Degas）、乔治·修拉（Georges Seurat）和亨利·德·图卢兹·罗特列克（Henri Toulouse-Lautrec）都以费尔南多的演出为题材创作油画和速写。艺术家们为马戏团的小丑、舞蹈演员、马术表演所倾倒；在德加的作品里还出现过一位著名的混血儿高空表演者，名叫"拉拉小姐"，她用牙齿咬住天花板上垂下的横杆，表演高难度特技。

——————

① 位于巴黎蒙马特区拉维尼昂 13 街的一座肮脏的建筑物。第一批艺术家于 19 世纪 90 年代居住于此，1914 年后他们陆续迁出，其中包括了毕加索。这个地名的意思是洗衣船，因为它看上去像洗衣妇女们的船。

出生于西班牙的小丑杰罗尼莫·"布姆·布姆"·梅德拉诺（Geronimo "Boum Boum" Medrano）是费尔南多马戏团最大牌的明星，也是最受欢迎的票房支柱，1897 年起他接过了马戏团的经营管理权，自此费尔南多马戏团便成了梅德拉诺马戏团。之后十年里，它又吸引了新一代艺术家们，包括费尔南德·莱热（Fernand Leger）和巴勃罗·毕加索（Pablo Picasso），两人也都是洗濯船的住户。莱热出版了一本在梅德拉诺剧院后台创作的素描集，毕加索改变个人风格的"玫瑰时期"主要描绘的都是马戏团身着粉色服装的杂技演员和菱形图案演出服的女演员肖像，毫无修饰的背景如同沙漠一般。梅德拉诺剧院的特色之一是一处后台酒吧，粉丝们可以到那里与他们喜爱的表演者交流。毕加索每周都要去看三四次演出，并且喜欢在散场后跟小丑们一同狂欢。

1912 年，"布姆·布姆"意外去世，他年仅五岁的独生子热罗姆·梅德拉诺（Jérôme Medrano）继承了马戏团。他被送往全国最好的学校学习，年满二十一岁后，年轻的梅德拉诺宣布了他接管马戏团的宏大计划，要让马戏表演变得现代化，同时又不抛弃传统。之后几十年里，他成了 20 世纪初那一代马戏团老板中的一员——另一个是约翰·林林·诺斯（John Ringling North），林林兄弟[1] 的这个侄子极具商业头脑——他们在传统马戏表演中加入了电影、电视及流行乐行业的艺人，重塑了古老的、岌岌可危的马戏表演行业。

---

[1] 美国著名的七兄弟，其中五人合力创建了美国最大规模的马戏集团。他们还参与投资了铁路、石油、丰地产和银行业等商业活动。

对于热罗姆·梅德拉诺这个热情的影迷而言，这意味着他要从好莱坞引进人才。直到 1940 年马戏团因"二战"关门前（这期间，热罗姆隐姓埋名为法国抵抗运动工作），劳莱与哈代已经来客串演出过一季。让基顿为 1947 年的秋季演出揭幕，意在向巴黎人展示梅德拉诺已经从战时的沉寂中归来。[12]

20 世纪上半叶，巴黎的马戏团行业既是一种受人尊敬的艺术，也是一门欣欣向荣的生意，全城都是竞争激烈的马戏剧院。梅德拉诺的圆形剧场座位陡峭倾斜，可容纳约两千名观众，相对于其主要竞争对手"布格里奥纳冬季马戏团"擅长的大型动物表演来说，这个场地仍然太小了。但这里的规模使其成为小丑表演的理想场地，也成了后来梅德拉诺的招牌表演。巴黎侨民期刊《羽毛笔》(*The Quill*)的编辑阿瑟·莫斯（Arthur Moss）在 1924 年的一则通讯中描述了梅德拉诺的独特氛围：

小范围的马戏场地有很多显而易见的优点。场地里一次只有一个节目上演，虽说每次更换节目时，会有半打低级小丑闹哄哄地跑来跑去……从剧院的每个角落都能看清楚表演，因此节目必须达到必要的水准，每一个细节都经得起推敲。对小丑表演尤其如此。他们不再是让人迷惑的笨拙搞笑、翻转腾挪的角色，浑身披挂着亮片，迷失在三个圆环和五个舞台的万花筒里①，在这个唯一的小型舞台上，产生了查理·卓别林那样级别的个性独到的喜剧演员。[13]

---

① 原文为 three rings and five stages，意指好几个节目同时上演的混乱场面。

　　能够在 1924 年与卓别林相提并论，这是对一个"低级小丑"最大的褒奖。但在法国，基顿几乎享有同等地位，即便他在美国的事业已跌入低谷，他在这里依然备受推崇。等到他于 1947 年在梅德拉诺登台首演时，他已有将近十五年不曾出演过好莱坞大片了。法国人却依然用国王般的待遇欢迎了他们钟爱的"Malec"，他们就是那样称呼他的默片形象的。马戏剧院外的宣传海报称他是"美国电影界的头号喜剧演员"。他的首次梅德拉诺演出大受欢迎，每晚都座无虚席，跟他一同演出的小丑们则聚集在舞台入口处围观他的表演。不久法国电影资料馆就举办了一次他的默片回顾展；一天晚上，他出席了展映，并留下了一张查看一台老式电影摄影机的照片。

　　巴斯特似乎很享受这些间歇性的巴黎演出。有一张 1947 年首演时的宣传照，拍的是他被围观者们簇拥着弯下身子，在马戏团大厅的湿水泥地上留下自己的手印和鞋印，而那是好莱坞格劳曼中国剧院从未向他发出过的邀请。在另一张照片里，他在剧院前面摆着姿势，表情显出几分困惑，外墙上有一幅三米高的壁画，描绘的是他的脸。在后台即兴拍摄的一张照片里，他和三只黑猩猩沉浸在纸牌游戏里；埃莉诺笑着回忆说，那年表演中的一只黑猩猩对他产生了强烈的依恋，相对地也对她感到厌恶。

　　20 世纪 30 和 40 年代，基顿也到欧洲工作过几回，出演了一些低成本制作的电影，例如《香榭丽舍大道之王》(*Le Roi des Champs-Elysées*) 和《古老的西班牙习俗》(*An Old Spanish Custom*)，都是些匆忙了事的敷衍之作，他在其中没有太多的创意贡献。可梅德拉诺的那些演出必定给他相当不同的感受。他终于体会到了自十三岁以来长久渴念的经历，那时基顿三人组漂洋过海到了伦敦，在皇宫剧院完成了第一次海外演出。乔的暴躁脾气和毫无缘由的仇外情绪毁了那次旅行；那个需要适应不同风俗习惯的"旧世界"的概念让他深感冒犯，就像他感到电影的发明是对他个人的打击，一周演出结束后，他飞快地带着家人回到了熟悉的美国歌舞杂耍巡回演出之中。

　　近四十年后，此时乔·基顿已经过世了一年，而他的儿子，在为别人的电影当了十年随传随到的喜剧医生后，终于有机会按照他的设想去做一些现场表演，马戏团老板支持他的决定，埃莉诺和马戏团技艺精湛的小丑团队也给了他足够的舞台支持。他可以在季度表演过程中不断打磨同一个小品，而不用每周忙着找新点子；每晚他只表演一场，而不是像他童年时那样一天两场；从巴黎中产阶级家庭到高雅的马戏艺术鉴赏家，甚至少数他在好莱坞的前同事都热情颂扬了他的表演。在留存下来的一段五分钟长的梅德拉诺演出片段里，华莱士·比里和奇科·马克斯（Chico Marx）在看台上开怀大笑。

　　基顿第一次在梅德拉诺的表演，再创并拓展了他与朋友吉尔伯特·罗兰在《激情水管工》这部可悲粗俗的米高梅有声片里上演的喜剧对决。1951年第二回登台时，他选择的是《困扰婚姻》里"把喝醉的新娘弄上床"的桥段，埃莉诺接过了当初多萝西·塞巴斯蒂安扮演的那个被男主角拖拉摔打的角色。1954年，他在梅德拉诺的最后一个演出季中创作了一系列小品，有些是独角戏，有些是与埃莉诺合演的，他扮演的倒霉蛋总在尝试完成简单的日常任务时不幸失败，每场戏结束时，总有一个扮成警察的小丑上来把他拖走。小说家兼体育记者保罗·加利科（Paul Gallico）在基顿夫妇跨越大洋前往巴黎的途中与他们结识，他也去看了1954年的一场演出，并为《时尚先生》撰写了相关报道：

> 我当然是去了梅德拉诺，就为了看那里的特邀明星小丑。他上台了，一个愁眉苦脸的小个子，戴着一顶平顶帽，系着领带，松松垮垮的衣服，拍击鞋，手里拿着一套挂在衣架上的礼服，显然是在找干洗店。他还没演完，这套西装就在舞台上彻底毁掉了，观众都在歇斯底里地大笑。

加利科描述的梅德拉诺演出似乎糅合了基顿三人组和默片时期的表演素材：有一次，巴斯特的角色打断了马戏团长的表演，后者被他激怒了，就像过去他打断乔的即兴民谣演唱，挑起他喜剧性的怒火一般。最后倒霉的巴斯特"被追得满场跑，身后不仅跟着一帮警察，还有一大群引座员和服务生"。这个让表演冲破舞台限制进入其周围剧场空间的想法，让人想起巴斯特小时候飞进乐队演奏池或观众席的情景。加利科从现场孩子们欢快的尖叫声中想起了自己年轻时观看基顿电影感受到的快乐：

> 这就是我记忆中那个面无表情的男孩，上百部电影的主角，受挫的哑剧艺术家，被人追赶，受人欺凌，连器物都要找他的茬……追逐的过程中，他突然在一个出口处消失了，片刻后出现在舞台高处，与管弦乐队挤成一团，那些侍从再度朝他聚拢过来，我能听到孩子们狂喜的笑声——"可怜的小个子"——当他再次脱身，他们重又大笑起来。那是属于孩子们和保有童心的大人们的世界，而基顿一直是那个世界最伟大的诠释者之一。[14]

也是在 1954 年的同一场演出中，至少有一个孩子体验到了除快乐以外的内在转变。如今的马戏历史学家、前小丑多米尼克·扬多（Dominique Jando）在马戏行业工作了五十多年，九岁时，父亲带他去梅德拉诺观看了基顿的演出。十四岁时，扬多成了梅德拉诺马戏团的一名志愿者；十八岁时，他成了那里的一名小丑。六十七年后，他谈起那次演出对他的人生造成的影响，他说："他走进了我的内心世界。我没法说清楚他对我的意义。对我而言，巴斯特·基顿就是小丑表演的标杆。"[15]

尽管梅德拉诺的工作报酬丰厚，但对基顿夫妇来说并不十分有利，因为法国法律只允许外国人携带限定数量的现金出境。因此埃莉诺和巴斯特度过了比以往更奢华的巴黎之旅，他们下榻在五星级的乔治五世酒店，并经常光顾"约瑟夫小酒馆"，这家餐厅供应精致豪华的龙虾菜肴，后来基顿还会在家里为客人重现这道菜。埃莉诺对这些旅行保留了美好的回忆，四十多年后，她在接受一次采访时说："它们很有趣，很美妙。"[16]

1954 年，梅德拉诺的演出走到了尽头，巴黎演出结束后，热罗姆·梅德拉诺和基顿夫妇为他们能否到其他欧洲马戏团或音乐厅演出的问题发生了争执，因为是热罗姆支付了他们往返欧洲的旅费。巴斯特和埃莉诺认为热罗姆的限制过于专横，在国外期间继续接受其他邀约，但梅德拉诺想要为自己的马戏团争取专属演出的愿望也是可以理解的。

当时，马戏在欧洲作为一种流行艺术的地位已日渐式微，到了20 世纪 60 年代初，梅德拉诺马戏团被竞争对手冬日马戏团收购，也失去了自己独特的、以小丑为主的表演风格。然而，热罗姆·梅德拉诺一直在寻找能够让马戏团适应时代的方法；1956年，他帮助开设了一档周播电视节目，以巴黎周边的马戏团为拍摄对象，名为"星光大道"（"The Runway of the Stars"）。它成了法国历史上播出时间最长的电视节目之一，在不同的电视台间一直播放到1978年。

对基顿的个人生活和职业生涯而言，20世纪50年代中期都是一段充满变化、失落和自我重塑的时期。1955年迈拉去世后，他又因酗酒引发的健康危机住进医院，几因咽喉大出血而丧命，这似乎让他开始重新思考要如何度过余下的岁月。他不再那么频繁地在电视综艺节目上露面。下一个十年里，直到60年代中期，他转而在当时极为流行的全明星巨制中演出一些配角：《八十天环游地球》（*Around the World in 80 Days*）、《疯狂世界》（*It's a Mad Mad Mad Mad World*）、《春光满古城》（*A Funny Thing Happened on the Way to the Forum*）——这些电影的片名大多冗长滑稽，演员阵容也过于庞大。它们通常都要到国外拍摄，这是巴斯特和埃莉诺都喜欢的福利，比起为一次电视客串费尽心力创作二十分钟的喜剧小品，客串演出电影的性价比要高得多。

20世纪60年代初，基顿还签约出演了一系列"海滩音乐剧"中的配角，都是由主营B级片的美国国际制片公司（American International Pictures）出品的：《沙滩舞会》（*Beach Blanket Bingo*）、《睡衣派对》（*Pajama Party*）、《装满比基尼》（*How to Stuff a Wild Bikini*）。这些都是面向年轻观众的不折不扣的烂片，当被问及这些影片时，基顿给出的回应只有"轻蔑的响声"。[17] 他签约的一些项目可能会引来他的低声嘲笑，但基顿喜欢工作。

在生命的最后十五年里，尽管他的身手还十分灵活，他扮演的角色大多只要求他摆出一副坚忍克己的表情，而不要求他表演肢体动作，但他也不会放过任何一个让他表演跌倒或展示特技的机会。一组拍摄于 50 年代中期的剧照显示，他在年近六旬时仍然能够随心做出一个后空翻。他在七十岁出演《春光满古城》时终于接受了使用替身拍摄奔跑的长镜头，那时距离他因肺癌去世只有几个月了。等到要为基顿拍摄中景插入镜头时，替身演员回忆说，工作人员都被这位身着长袍的喜剧演员吓了一跳，眼看着他一头撞在一根树枝上。[18] 就像儿时被扔过舞台的那个他一样，巴斯特仍然能够同时引发笑声和惊叹；只是那时的他看来太过幼小，不应接受那样的惩罚，如今他又太老了。但在他生命的两头，以及在它们之间的所有时刻，他面对灾难时的镇定自若始终是惹人发笑的核心。

1955 年，基顿在未来和过去之间做了一次交易，他利用这十年间演艺界的传记片热潮——尤其是那些沦落为成瘾者的演艺界人士跌宕起伏的人生——以五万美元的价格把拍摄自己生平故事的权利卖给了派拉蒙公司。结果这部由唐纳德・奥康纳主演的影片非但没有准确呈现基顿的人生，更糟的是，它一点也不搞笑；尽管奥康纳勇于接受挑战，但他并不适合这个角色。基顿参加了影片的前期制作会议，担任了技术顾问，指导剧组如何重现他旧作中的场景，并在现场监督喜剧场景的拍摄，甚至帮助比他年轻三十岁的主演学习了一些他的老绝技：《生活》杂志刊登了一张对页照片，拍的是他们穿着配套的灰色运动服，在排练《大学》里的"茶杯翻滚"，奥康纳后来承认他始终没有完美掌握这个动作。

基顿和奥康纳很快就成了好友；年轻的那位也是在杂耍表演

家庭中长大的，几年前他还在《雨中曲》里扮演了一位前杂耍音乐家。后来埃莉诺回忆说："他很喜欢巴斯特……他们就像兄弟一样，刚一见面就熟络起来。"[19] 然而，导演邀请他去观看每日成片时却被婉言谢绝了。通过对拍摄现场的观察，基顿就能准确判断出这部影片最终会是什么样，他还记得自己和米高梅的创作之争是多么徒劳，所以他没有过多干涉。

《巴斯特·基顿的故事》是一部循规蹈矩的讲述演员幕后人生的情节剧，过多地沉湎于基顿的酗酒岁月，让人觉得他在有声片时代的困境是由于他无法胜任有声对白造成的。影片最后一幕是基顿的银幕化身咧嘴大笑着向赞赏他的观众挥手致意，这个镜头完全背离了基顿的形象。剧本的完全失实起码让他的两位前妻都找不到合理的说辞去反对她们的形象，因为无论是朗达·弗莱明（Rhonda Fleming）饰演的攀权附贵的歌舞女郎，还是安·布莱思（Ann Blyth）扮演的过分支持丈夫事业的前选角经纪人妻子都与基顿现实生活（或现实世界）中的女性毫无相似之处。然而，当时在纽约以朱厄尔·斯蒂文为名做美容师的梅·斯克里文还是对派拉蒙提起了五百万美元的诽谤诉讼，结果毫无进展。

巴斯特和埃莉诺私下认为这部传记片是令人尴尬的胡扯。她回忆道："我们去格伦代尔的一家影院看了第一场试映，结果我们几乎是手脚并用地爬着逃出来的，那东西还没结束，我们就尽可能逃得远远的，实在太可怕了。"[20] 鉴于这部电影的诸多错漏，它是部烂片的事实可能也让他们松了一口气：他们知道人们很快就会忘记它，而且他们已经拿到了五万美元，这笔钱让他们买下了两人一起购置的第一套房子，也是巴斯特最后居住的地方：圣费尔南多谷伍德兰山一栋占地六千平方米的两居室牧场式别墅。

1957 年，电影上映之际，基顿夫妇硬着头皮在电视节目上多番宣传《巴斯特·基顿的故事》。一天，基顿以为要去参加全国广播公司的商务会议，却被意外安排到了《这是你的人生》节目上，在埃莉诺的事先安排下，他生命中的重要人物先后意外来访，她干脆地把这段经历形容为"地狱"。听着主持人拉尔夫·爱德华兹（Ralph Edwards）用伤感的语调复述他的生平经历，他显然感到痛苦，唯有在少数几个时刻，他才流露出一丝真实的情绪。当他父母在杂耍时代的老朋友、女演员路易丝·德莱瑟从舞台侧翼走出来拥抱他时，他的双眼湿润了，她轻轻地为他拭去眼泪，说"别哭，你要把我也弄哭了"。等到与德莱瑟同名的基顿的妹妹登场时，他假装嘲弄地勒住她，用显然属于兄妹间暗号的亲切口吻质问她："你怎么能这么对我？"[21] 等到埃莉诺最后一个出场时，她的出现明显让他如释重负。等她坐到他身边准备开始采访环节时，他假装瞪了她一眼问道："这是你安排好的吗？"

20 世纪 50 年代末 60 年代初，基顿除了参演一些电影小角色，还通过出演电视广告来增加自己的收入。小屏幕上的广告业逐渐摆脱了由一家公司赞助整个节目（《德士古明星剧院》《克拉夫特剧院》）并要求主持人在节目中口播的旧有模式，继而催生了一个全新的市场。随着电视业逐渐摆脱了广播时代的习惯，广告变成了穿插在节目中的独立小片段，基顿得以在这些微型电影中充分发挥自己的天赋。

他不苟言笑的面容彼时已被岁月刻下了深深的皱纹，在不同时期代言了消食片、西蒙生啤、福特伊克诺莱恩面包车、山姆洛克机油、银河系巧克力棒和列维黑麦面包。他很少拒绝高回报的商业工作邀约，还曾对一个记者说："这对我是很轻松的工作。快点做完，然后待在家里享受生活。"[22]那些年里他确实享受了生活，"待在家里"的说法却并不准确；据埃莉诺估计，在基顿晚年，她和丈夫平均每年有六个月时间不在家，他们去外地拍摄电视节目，在舞台上露面，到国外拍电影，或在夏季剧场巡回演出。[23]

毫无疑问，基顿积极参与广告拍摄的一部分原因是想给埃莉诺留一笔钱，让她在自己去世后也能衣食无忧。但这些广告也给了基顿再次构思特技和喜剧演出的机会：为福特汽车广告精心设计的追车戏，西蒙生啤广告的一系列哑剧小品，还有吉普车广告中，他站在高板上精巧优雅地向下俯冲的动作。他的广告倾向于简洁的视觉风格，位置靠后的镜头足以在画面中展现他的整个身体，并且没有中断动作的剪切镜头。聘请他当代言人的公司都得到了一位经验丰富的导演，他们大多利用了这个优势，让他负责广告片的构思和执行。

这些电视广告和电影配角对基顿来说都是游刃有余的工作；1964年春天，一个名叫艾伦·施耐德（Alan Schneider）的年轻戏剧导演找到他，想邀请他出演一部艺术短片，片名就叫《电影》（ *Film* ）。这是爱尔兰现代主义剧作家塞缪尔·贝克特（Samuel Beckett）第一次担任电影编剧，后来的事实证明这也是他的最后一次尝试。施耐德和贝克特一样，都没有任何拍摄电影的经验。施耐德是贝克特的许多剧作在美国首演的导演，包括1956年的《等待戈多》（ *Waiting for Godot* ），偏偏是在迈阿密的椰林剧场——本质上是为之后的百老汇版本进行的外地预演，等到正式演出季开始后，施耐德不再担任该剧的导演。[24] 当时他们想让基顿出演"幸运儿"，一个在第一幕中途出场的被奴役的人物，直到剧终都没有一句台词。他的主人波卓一直用绳子牵着他在舞台上走来走去，在主人的催促下，"幸运儿"开始了一段长达三页的独白，全都是些对神学的滑稽模仿，并逐渐演变为结结巴巴的胡言乱语。

我们很容易理解贝克特为何会把基顿看作潜在的"幸运儿"人选，以及为何剧作家会在八年后选择这位喜剧演员出演他唯一的一部电影。[25] 成长于都柏林郊区福克斯洛克的少年贝克特一直是默片喜剧的狂热粉丝，卓别林、基顿，劳莱与哈代都是他的心头好。贝克特在描述许多剧中人物的服装细节时，一再借鉴了那个时代银幕小丑的标志性装扮——松松垮垮的流浪汉服装、破旧的鞋子和帽子；《等待戈多》中一个反复出现的、具有重要意义的笑话就是不断被戴上、脱下和交换的圆顶礼帽。而在所有默片喜剧演员中，基顿对世界的感知显然与贝克特最为接近，以他恬淡隐忍的个性接纳了这个永远对他展露敌意的世界。基顿影片的主人公，例如《冰封的北方》，会在走出纽约地铁后发现自己身处冰冷的北极圈；而贝克特笔下的角色，比方说《终局》，一开始就毫无缘由地把自己埋至腰部。在这两种情况下，唯一的办法就是接受自己所处的无可理喻的环境，并在巨大的荒诞之中继续自己的生活。

过去曾是"人形拖把"的基顿，总是以他对极端身体状况的淡定接受作为自己喜剧的发源点，他本有可能塑造一个相当精彩的"幸运儿"，而他内心拒绝伪装的那部分必定能让他理解这个角色滔滔不绝、假扮博学的表面之下到底隐藏了什么，哪怕他的理解并不透彻。本来他还有机会与前杂耍同行伯特·拉尔（Bert Lahr）合作，后者出演过《绿野仙踪》里胆小的狮子，也是椰林预演中的两名主角之一。可是埃莉诺·基顿习惯性地预审了给她丈夫寄来的剧本，看完后她对他说："我完全看不懂这个剧本。我不知道它要说什么。"[26] 巴斯特听了她的话，拒绝了这份工作，对这部后来成为20 世纪戏剧里程碑之一的巨作，他甚至没有读上一行。

巴斯特去世多年后，埃莉诺仍然坚持她的看法，她告诉记者"一旦他们对我表现出超强的知识分子和艺术家气质，我就搞不懂他们的意思了"。如果巴斯特在埃莉诺的敦促下读了《等待戈多》的剧本，也许他同样会困惑不解。这对夫妇的诸多共同点之一是缺乏正规教育，而且对这方面漠不关心。埃莉诺的父亲是华纳兄弟制片厂的电工，在她十岁时死于一场工伤事故。十五岁时，她辍学成了一名舞蹈演员，帮着养活母亲和妹妹，就像巴斯特从小凭借自己的舞台天赋养活了基顿一家人。两人都是在老派的娱乐业精神影响下成长起来的，他们关心的是要取悦观众，并给他们留下深刻印象；用巴斯特的话来说，"观众的职责在付钱进场以后就结束了"。[27] 这部长达两个半小时的关于存在虚无的戏剧一定让他们觉得愚蠢透顶。然而，基顿八年后主演贝克特的《电影》时，他的表演令人震撼，甚至远远超越了影片本身的质量——尽管后来他对记者说，"要命，我是最不该来评论它的人，有一半时间里我都不知道他们在干什么。"[28]

关于《电影》的制作过程有很多相互矛盾的传闻。影片是1964 年夏天拍摄的，摄制组在下曼哈顿度过了酷热难耐的十一天。剧本出版时，施耐德特别写了一篇文章，回忆了导演、主演和编剧在纽约的一次尴尬会面，他们三个坐在酒店房间里面面相觑，基顿一直盯着电视上播放的扬基队比赛，只用简短的单音节词回答他们的提问。但《纽约客》的一篇关于《电影》片场的报道却观察到了编剧和喜剧演员在拍摄间隙的"无声对话"：在贝克特的注视下，基顿表演了一出小型哑剧，他在口袋里翻找零钱而不得，接着就在口袋里挖了一个假想的洞，一直通到裤腿口。作者写道："他摸到裤腿口的地方，找到一个二十五美分的硬币，得意地举起来递给贝克特。贝克特仰头哈哈大笑。"[29]

这种即兴创作在《电影》里运用得相当之少。这部二十分钟的黑白短片是一部探讨哲学理念的沉闷影像探索，除了一声压低的"嘘！"以外再无其他声效；在出版的剧本里，开头第一句就是"esse est percipi"——这句拉丁语的意思是"存在即被感知"。故事讲的是基顿饰演的无名角色（他在剧本里叫"O"，但这个名字在影片里从未出现过）想要躲开摄影机的眼睛（在剧本中被拟人化为"E"），摄影机在满是瓦砾的街道上追着他到处跑。

在这个看不见的折磨者的追逐下，O跑进了一栋楼里，上了楼梯，最终进入了一个非常贝克特式的房间，破败的房间里空荡荡的，只有一张床、一把摇椅、一只金色的大碗、一个鹦鹉笼子，以及剧本里写到的"大猫和小狗"，它们都有一种"不真实的气质"。影片最后时刻，基顿只对着镜头露出背影，他在摇椅上睡着了，这时摄像机仿佛拥有了自己的意识，悄悄地对准了他。影片结尾是他脸部的特写镜头，一只眼睛被眼罩遮住了，他醒来后带着极度惊恐的表情看着镜头，然后把脸埋进了双手里。

其中有一段拍的是他要把狗和猫赶出去——每次他把一只放到门外，另一只就会跑回来——这是《电影》里最接近肢体喜剧的一幕。开拍前基顿曾表示愿意为这出猫狗大戏出谋划策，这是剧本里他唯一喜欢或者说理解的部分。施耐德冷淡地回绝了这一提议，说贝克特的诠释者"通常不会为［他的］素材做铺垫"。[30] 不过，拍摄这场戏时，施耐德也承认"有些花絮里，巴斯特对着动物做鬼脸和抓狂的镜头，比电影的其他部分都要有趣"。[31]

不过，《电影》里也有一些比其他部分都更有趣的亮点。在他的散文和戏剧创作中，贝克特笔下的喜剧和悲剧总是糅杂在一起，给人以一种肆意粗放的欢闹感；《等待戈多》就充分彰显了他以小丑为素材的杰出创作能力。但他唯一一次尝试的电影创作却是与一个如此沉重的概念装置有关——本质上，摄影机的凝视是一种可怕的、甚至暴力的威胁——以至于拍摄现场没人知道该如何把这位爱尔兰剧作家的构想转化到胶片上，就连俄罗斯传奇摄影师鲍里斯·考夫曼（Boris Kaufman）也做不到。《电影》没能实现其创作者棘手的视觉创想，这其中最大的讽刺在于，从来没有人征求过基顿的意见，而他是整个片场上最了解电影、也最知道如何解决问题的人。

每个人都说《电影》的拍摄是一次艰苦的经历——施耐德、贝克特、埃莉诺，还有在影片中扮演了一个小角色的詹姆斯·卡伦。已经六十八岁半的基顿戴着他标志性的平顶帽，穿着贝克特喜欢给角色包裹的厚重的长大衣，在三十四摄氏度的高温下，他全力以赴地拍摄了一个又一个镜头，施耐德则在布景区学习如何正确匹配镜头的聚焦和曝光。基顿对这个项目的无法理解让他成了理想的贝克特式演员：这位剧作家一直以来都明确表示，他更喜欢演员在诠释他的作品时不探究其中的含义。施耐德曾一度对于让基顿出演这个角色感到担忧，可正式开拍后，他和贝克特都为这位喜剧演员的表现兴奋不已，并由衷地敬佩他忍受身体不适的能力。在贝克特的回忆里，"当我在湿热的环境中步履蹒跚时，基顿却在上下飞奔，我们要求他做什么，他就做什么。"[32]

拍摄地点是下曼哈顿一处即将拆除的围墙附近的建筑工地，很快附近就挤满了围观的人。艾伦·金斯堡（Allen Ginsberg）与他的长期合作伙伴彼得·奥洛夫斯基（Peter Orlovsky）一起观看了基顿的拍摄，后来他写了一首诗来描绘当天见到基顿的感受，"布鲁克林大桥下／巨大的红砖墙边，穿着红色吊带裤，活生生的他依然不动声色。"[33] 十三岁的电影发烧友，莱昂纳德·马尔廷（Leonard Maltin），看到基顿坐在汽车后座上读报纸，于是害羞地走上前去做了自我介绍。[34] 这个项目在知识分子中的声望也吸引来了一批欧洲的崇拜者。法国导演阿伦·雷乃（Alain Resnais）带着女演员德菲因·塞里格（Delphine Seyrig）前来观摩，他们拍了一张基顿独站在破败砖墙旁的黑白快照，这张照片很像是导演五年前的大热艺术片《广岛之恋》（Hiroshima Mon Amour）的剧照。

1965 年 9 月，《电影》在威尼斯电影节举办了全球首映。正如施耐德曾担心的那样，观众更多地将其视为基顿而非贝克特的作品。当时年近七十的巴斯特还不知道他只剩下不到五个月的时间，肺癌正在侵蚀他的生命，他出席了电影节，并在映后见面会上得到了长达五分钟的全场起立鼓掌。他眼含热泪，向观众发表了简短的讲话："这是我第一次受邀参加电影节，但我希望这不是最后一次。"[35]（这比他在 1960 年接受奥斯卡终身成就奖时发表的获奖感言要长得多。他在接受自己唯一的奥斯卡奖时只说了："谢谢"。）

　　大多数观众都被《电影》搞得一头雾水。几周后，它在纽约电影节放映，一些影评人甚至感觉受了冒犯，认为这是一部故弄玄虚之作。《纽约时报》的博斯利·克劳瑟（Bosley Crowther）称这部短片是"一部悲惨而病态的作品"，并认为它如此使用基顿常见的银幕形象，对这位电影界传奇有失尊重，"把一位曾带给无数人欢乐的老牌影星卷入其中，是这部显然属于象征主义范畴的作品的残酷举动"。

　　《电影》从未在电影节以外的地方发行过，也很少有观众，直到 2015 年，它才得到修复，并与精彩的实验纪录片《非电影》（Notflm）一同重映。不过，对于一些人来说，这两位 20 世纪杰出艺术家合作中可能存在的某些谜团仍然令人着迷。法国哲学家吉尔·德勒兹（Gilles Deleuze）在 1993 年写下的最后一部个人著作中，称《电影》是"最伟大的爱尔兰影片"，[36] 当时这部片子基本只能在艺术收藏家手里找到——这个赞誉略显奇怪，鉴于贝克特与故土之间强烈的疏离情绪，他曾把那里成为"我失败的流产之地"。[37]

　　贝克特本人对施耐德的说法是，他觉得他们的合作是一次"有趣的失败"。拍摄完成后不久，他在给影片剪辑师的一封信里写道，"这部作品以某些奇异的方式，因偏离了严格的初衷，从疯狂的宏大构思转向了某种陌生感与纯粹的影像之美"。[38] 基顿在接受采访时坚称，剧作家涉足电影领域的大胆尝试只是"他做的一个疯狂的白日梦"，但他猜想《电影》可能要表达的是"存在即感知"的某种重述："一个人可以逃开所有人，但他无法逃开自己。"[39]

　　《电影》的成败与主演关系不大。当他接下这个项目时，他的生活里还有更多更有趣的事情在发生，起码从他的角度来看是那样。他自己的影片开始在世界各地的电影节和回顾展上被修复和重映，这得益于他跟雷蒙德·罗豪尔（Raymond Rohauer）的合作，后者是一位痴迷默片拷贝的收藏家，也是好莱坞花冠剧院的经理。1954 年，巴斯特和埃莉诺参加了《将军号》的一次放映，罗豪尔不顾巴斯特的缄默，走上前去跟他们做了交谈。接下来的几年里，两人成了让人大跌眼镜的商业伙伴，他们尽可能地追踪巴斯特过去独立制作的长片和短片的下落，把它们从开始腐坏的硝酸片基胶片转成防火的安全胶片保存，同时明确影片的版权归属，让基顿夫妇可以从这些影片在全球的发行过程中获利。其中一些拷贝保存在基顿家的车库里，罗豪尔惊恐地发现，巴斯特叼着点燃的香烟，随意检视这些极易损坏的胶片。在意大利别墅院子的一个工具棚里也发现了一些拷贝，当时那里是演员詹姆斯·梅森和家人的住所。[40]

罗豪尔对宣传情有独钟，包括对他自己的宣传。和基顿不同，他是一个毫无羞耻心的、贪婪的求名者，喜欢用最大字号把自己的名字写在他找到的每一部影片的片头，他的版权诉讼在道德层面也不太立得住脚，以错误的方式掠夺了好莱坞很多人的资源。他在获取电影版权方面随心所欲的做派经常被视作一种盗版行为，一位共事者曾说他是"比佛利山庄的食腐乌鸦"。[41] 基顿夫妇也不喜欢罗豪尔本人，埃莉诺还特意告诉来采访的人，对于他说出的任何有关她丈夫或他作品的评价都要慎重对待。然而，罗豪尔在寻找和修复散失默片方面的无上热情帮助保存了基顿的许多影片，以及哈里·兰登、德国表现主义演员康拉德·维德（Conrad Veidt）和满满一仓库卓别林默片的剪辑片段，让人们如今仍得以观看和研究。

由于罗豪尔的努力，当基顿在威尼斯电影节上鞠躬致谢时，他的事业已经全面复苏，并且随着更多遗失的电影被找回和修复，人们对他的关注在他去世后依然有增无减。

20世纪60年代，基顿一直活跃在演艺界的各个领域——商业广告、美国和外国电影中的小角色、百老汇复排剧的夏季巡演、与埃莉诺一起参加"州博览会"、到拉斯维加斯演出一段时间——有一个他在晚年参与的项目，比他在有声电影时代到来之后参与制作的任何一部影片都更充分反映他的创作敏感度。1964年，加拿大国家电影委员会委托他拍摄一部喜剧短片《时光快车》（*The Railrodder*），旨在促进加拿大旅游业的发展。在闷热难熬的《电影》拍摄结束仅仅几个月后，巴斯特就和埃莉诺搬进一节舒适的私人车厢里住了六个月，这辆列车带领他们穿越了整个加拿大，一路从新斯科舍到温哥华拍摄这部影片。导演是一名年轻的英裔加拿大人，名叫杰拉尔德·波特顿（Gerald Potterton），他是基顿长久以来的影迷，不仅听取了偶像的建议，实际上还让他共同执导了这部影片。

从某种程度上来说，这是巴斯特·基顿的第二十部也是最后一部无声短片，距他涉足长片前拍摄的最后一部（1923年的《爱巢》）已过去了四十多年。这还不是基顿出演的最后一部影片——拍完《时光快车》后，在他仅剩的十五个月里，尽管健康状况日益恶化，他还是前往意大利出演了低成本闹剧《意大利式战争》（*Due Marine e un Generale*），这部影片后来也在英语国家上映了；他还到西班牙拍摄了《春光满古城》中的戏份，并再次前往加拿大主演了关于建筑工地安全的工业题材电影《抄写员》（*The Scribe*）。但

《时光快车》或应被视为基顿个人的银幕告别之作，这是他最后一次参与能让他充分发挥其天赋的项目（或者说大部分天赋；如果完全让他自己发挥，他也许能想出一个内容更充实的故事来）。

《时光快车》的故事背景相当简单，几乎没有情节：基顿饰演的沉默寡言的无名角色响应了报纸上一则广告的邀请，"**现在就去加拿大！**"，独自一人乘坐单人小型铁路轨道车穿越了整个国家。在这部没有冲突的《将军号》重制版本中，巴斯特偶尔会遇到与火车相关的挫折，但由于没有追击的敌人，也没有任何真正的目标，因此大部分情节都围绕他在狭小轨道车上费力完成的日常任务展开。画面的背景从松树林变成开阔的平原，再到加拿大各个城市的天际线，而这名悠然自得的旅行者晾晒衣物、编织毛衣抵御寒冷、藏身于树叶遮挡处捕猎野鸭，还在午后从容量大得不可思议的机载储物箱里取出一整套茶具，享用精致的茶点。影片既要展示周围的景色，又要捕捉基顿的喜剧动作，但他使用道具时的细致动作，以及那辆值得信赖的轨道车驶过高高的栈桥和陡峭的悬崖时他静止不动的身影，都赋予了影片一种从容不迫的庄严感。不同于20世纪20年代的默片，《时光快车》的色彩十分丰富，长镜头从远处拍摄独行的旅人，驾驶他那辆红黄相间、令人愉悦的红黄色敞篷车穿过那些美景。

现实生活中的基顿热爱户外运动——1940年，他和埃莉诺安排了长达一周的露营当作他们的蜜月旅行；透过《时光快车》，我们很容易就能感受到他在长途铁路旅行中体验到的自由感，也许这就像是他成长过程中经历的无数次杂耍巡回演出旅行。在这次不寻常的拍摄过程中，人员不多的摄制组都住在一连串的火车车厢里，随着拍摄一路向西移动，波特顿和基顿夫妇的关系变得越来越亲密。巴斯特去世几十年后，这位导演每次路过洛杉矶还都会去探望埃莉诺；如今，波特顿也九十多岁了，多年来他一直是一名导演和动画师，回忆往事时，他还是把拍摄《时光快车》的经历称作他职业生涯的高光时刻之一。

另一位加拿大电影人、纪录片导演约翰·斯波顿（John Spotton）也参与了拍摄，并拍摄了一部幕后纪录片《巴斯特·基顿再度启程》(*Buster Keaton Rides Again*)，这部影片也是由加拿大电影委员会资助的。基顿并不喜欢在场有另一支团队，他担心自己在表演以外的时刻被镜头拍摄下来，会违背他长期以来坚持的个人原则，在镜头前保持入戏状态。然而，斯波顿的拍摄成果，这部长达五十五分钟的讲述《时光快车》幕后故事的黑白纪录片，对任何有兴趣了解基顿作为演员、导演和普通人的观众都是一份珍贵的影像资料。

除了零星的静照和几位默片时代共事者的回忆，我们很少能看到他在片场的记录，但《巴斯特·基顿再度启程》拍到了基顿和波特顿讨论摄影机机位设置和解决出现的问题时的情景。在讨论一个涉及非职业配角演员的镜头时，基顿同意年轻导演的观点，即首先不应指导他们"演戏"。在他们共同导演的一幕中，一群以意大利语为母语的铁路工人从隧道里跑出来，他亲自把每个临时演员指引到他认为他们需要待在镜头前的位置，用动作而不是语言去传达他的意图（在梅德拉诺马戏团与他共事过的两名法国小丑也记得他用过类似的非语言的交流方式）。[42]

工作之余，基顿也钟情于观摩现场的演出；当摄影机不再对着他时，他脱下了在镜头前常戴的那副漠然面具，看到好笑的场景，他会马上笑起来，也会给剧组讲故事，或是从座位上站起来表演一个想法。他即兴模仿了路易斯·B.梅耶的浮夸演讲，指导一个桥牌新手学习基本策略，吹灭他六十九岁生日蛋糕上的蜡烛（这也是他倒数第二次的生日了），在迷人的片尾字幕映衬下，他一边弹奏尤克里里，一边唱起了改编过的更为欢快的老铁路民谣《凯西·琼斯》。我们还会看到巴斯特和埃莉诺亲昵活泼的伴侣关系，她和他一起打牌，在一天漫长的拍摄结束后，不停地要求他小睡一会儿（"我要把她卖了。"他偷偷地对举着机器的摄影师说）。

这部纪录片中有一幕透露了基顿最真实的片场状态，通常总是和蔼可亲的他和波特顿为如何拍摄一个可能存在危险的搞笑场面发生了冲突。轨道车要驶过一座横跨河流的高架桥，这个镜头要拍的是一张展开的地图被吹到主角脸上，把他的上半身都包裹在这张迎风拍打的地图里，而他要奋力挣脱这张纸的束缚——这是《暗号》里旧报纸那场戏的高风险版本。

可以理解的是，波特顿担心基顿对这一幕的设计太过危险：一位六十九岁的老人在落差极高的地方以极快的速度行驶，还是站在一辆敞篷的单人铁轨车里，甚至完全看不见前方的状况。但基顿强烈坚持自己完全有能力按计划完成这个搞笑场面的拍摄。在火车车厢改造的更衣室里，他对埃莉诺抱怨道："那不危险。就是小儿科，老天。我在梦里做的事情都比这更危险。"埃莉诺显然知道他说的是实话，她不反对他的想法，但建议他去找导演而不是她来投诉。最后这场戏还是按照基顿要求的方式拍了，成片相当完美：既有趣又惊险，恰如基顿自童年起就一直为观众带去的搀杂欢笑的惊叹。

尾声
埃莉诺

埃莉诺和巴斯特·基顿在《时光快车》片场。
[照片由大卫·德·沃尔皮（David de Volpi）提供]

［埃莉诺］从没当过演员，只是个舞者。但她［在梅德拉诺马戏团］的首次亮相如此出色，我再也不需要其他女性搭档了。

——巴斯特·基顿，《我的奇妙闹剧世界》

关于基顿的晚年岁月，有一个问题始终挥之不去，就像围绕他儿时的诸多传闻，人们总是要问："他有没有受到虐待？"后来人们也总想知道，他有没有对自己一路走来的职业生涯感到失望？无论针对哪个提问，似乎都无法得出确切的答案，并且无论如何作答，看起来都无关紧要。正如他总是嗤笑人们认为他在舞台上长大的过程中承受了过多暴力的看法，基顿同样不屑于任何针对他的后半生都沉溺于没能充分实现自我的失落感的暗示。实际上，他经常坚持声称自己非常幸运，能够拥有如今的事业和生活。"我认为自己拥有最快乐、最幸福的人生，"他对回忆录的共同作者如是说道，"如果我还要抱怨，那就太可笑了……我细数过那些被失败、悲伤和失望填满的岁月，我不断地惊讶于它们占据的比例是如此微小，并为此欣喜不已。"

当然，基顿在他最后十年的个人生活里拥有了他成年后从未享受过的家庭幸福。当他和埃莉诺搬进他们在伍德兰山买下的别墅时，他已经六十岁了。这所长满常春藤的房子坐落在路名颇具诗意的西尔万街（Sylvan Street）上。他们在那里住了十年，享受着温馨的家庭生活，在他与娜塔莉的十年婚姻中（当然也包括他与梅·斯克里文共度的晦暗的两年），他从未有过如此心满意足的状态。在房子占据的六千平方米土地上，基顿种了一些果树——柠檬、桃子、李子、杏子——旁边是他们搬来时就有的核桃树；他还开辟了一块菜园，种了芜菁、西红柿、白萝卜和莴笋。他的孙女记得，每年圣诞节时她家都会收到一袋十磅重的去壳核桃。

基顿夫妇一生都很喜欢动物，他们在伍德兰山先后养过两只圣伯纳犬；第一只叫埃尔默二世，取自巴斯特在 20 世纪 30 年代丢失的那只宠物，而埃莉诺抱怨说"没必要给每只圣伯纳犬都取名叫埃尔默"，她坚持叫它的继任者朱尼尔，而不是埃尔默三世。他们还养了一只叫珍妮的猫和十几只罗德岛红母鸡①，鸡笼是巴斯特自己造的，好像一所老式的乡村校舍，他还搭配了一面晨起暮落的小型旗帜。

西尔万街的房子还点缀了其他的奇思妙想，让人想起基顿的默片《电子化屋子》或《一周》里的奇妙住宅：一列火车模型从巴斯

---

① 19 世纪 40 年代中期在罗德岛和马萨诸塞州培育起来的一个品种，主要用作肉鸡和蛋鸡。

特用车库改造的工作室绕到厨房，再从厨房延伸到后院，火车车厢的大小正好给来访的朋友和孙辈送上热狗、爆米花和可口可乐。巴斯特用他的广告收入修建了一个游泳池，池缘铺的都是基顿夫妇在旅行途中收集的彩色石头。他们几乎每天都打桥牌，这项让他们在20世纪30年代末相遇的娱乐活动占据了他们共度的余生中大部分的休闲时光，无论是在家，还是在遍布全球的工作旅途中住过的无以计数的酒店房间和火车车厢里，他们几乎每天都会玩牌。

　　我不会假装了解定约桥牌的规则，这是桥牌规则中一种相对较新的形式，在1938年左右最为流行，当时埃莉诺想要学打桥牌，便去参加巴斯特家的牌局，她不知道坐在那里安静打牌的男人是谁，只知道他是米高梅的一个喜剧编剧，她偶尔会在食堂附近看到他。可我知道桥牌是爱好者们所谓的"深奥游戏"。就像国际象棋一样，桥牌具有无限的变化潜力，在人类短暂的一生中，很难完全掌握它的精髓。它又跟国际象棋有所不同，也是一种合作游戏，玩家只有找到一个能在无言中适应他的出牌风格和思维方式的人，才能打出最高水平的比赛。桥牌游戏是一种亲密的行为，即便对基顿夫妇这样大多在沉默中打牌的人也是如此，或者说，尤其如此。

　　1965年秋，埃莉诺和巴斯特结束了国外的长期工作——威尼斯电影节上的《电影》放映，之后去了意大利拍摄《意大利式战争》，然后到西班牙去拍摄《春光满古城》，还有在多伦多拍摄的《抄写员》——他在回国的飞机上就病倒了，人们只好给他输氧。回到洛杉矶的第二天，多年来持续困扰他的剧烈咳嗽又发作了，结果发现医生曾在他们出发前诊断为严重支气管炎的病症其实是肺癌的症状。埃莉诺一直没有把真相告诉巴斯特，这在如今看来可能违反了医学伦理，在当时却只是出于夫妻间的考虑。为他诊断的医生预测他还有三个月的时间，事实证明这一预测几乎完全正确。基顿的行动总是比预期或需要得更快，他准时地依照《圣经》分配给人的七十年①结束了自己的生命，仅超出了短短几个月。

最后几个月他都是在家里度过的，和朋友们打桥牌、照看鸡群（巴斯特用20世纪中期银幕女神的名字为它们命名：艾娃、玛丽莲、莎莎），回到他花了六十年时间才建成的家中，享受归家的宁静。他只在医院待了一晚，也就是去世前的一晚；第二天早晨他被送回家后不久，癌症就转移到了他的脑部。1966年1月31日，他以一种极为少见的情绪度过了生命中的最后一天：愤怒。他一向痛恨冲突，他的整个喜剧形象都源自于一种崇高的被动性，逐渐逝去的光明让他愤恨不已。埃莉诺回忆道，"你总是听人说起那句老话，离开的人会又踢又喊；他也一样。他不想离开……他根本不在乎旁边的人是谁，他只想叫他们走开。他不想要任何帮助。"[1] 最终，在安眠药的作用下，人们说服他躺下；第二天一早，他就离开了。

一位名叫奇克的助手从医院赶来帮助埃莉诺，在最后那悲惨而短暂的一天里，巴斯特一遍遍地向他提出同样的问题："我为什么还不放弃？为什么？"鉴于他去世前那段日子的状态，这句话听来尤为令人心惊。一直以来，他都是一个不言放弃的人，这对他似乎是个不可想象的选择，无论他要面对的是乔·基顿在舞台上的怒火，还是任何一个他总为自己在影片中设置的难以动摇的敌对力量：龙卷风、汹涌的河流、成群结队的追捕警察、雪崩般滚落的纸

---

① 语出《圣经·诗篇》第九十篇第十节："我们一生的年日是七十岁。"

糊巨石，或者任何其他命运给出的安排。

1966 年基顿去世时，他把大部分晚年时间都用来观看和演出的媒体已经跨入了另一个巨变的时代。要是他再多活三年，他就能见证到那时为止电视直播收视率最高的事件——1969 年夏天的阿波罗登月。要是再多五年，并且愿意继续表演（很难想象他会失去表演的热情），他就能在 60 年代末出现的下一波电视综艺节目中客串演出：《卡萝尔·伯内特秀》（*The Carol Burnett Show*）、《斯莫瑟斯兄弟喜剧时刻》（*The Smothers Brothers Comedy Hour*）、《桑尼和雪儿秀》（*The Sonny and Cher Show*）、《大笑开怀》（*Laugh-In*）。再过十年，他就能主持一期第一季的《周六夜现场》（*Saturday Night Live*）。再往后推一年，他就会是《布偶秀》（*The Muppet Show*）史上咖位最大的嘉宾。假设他跟查理·卓别林一样活到八十八岁，他就能见到 1984 年的第一台麦金塔家用电脑（Macintosh home computer）——就像 20 世纪 40 年代末的早期电视机一样，这种设备肯定会激发他技术狂人的好奇心。要是他活上整整一个世纪，一直到 1995 年，他的人生就会跟当时被称作"万维网"的东西的初始形态产生重叠，如今它已无处不在，甚至不需要单独为它取名了。哪怕在一百岁的高龄，巴斯特也肯定会是第一批尝试使用它的人。

至于电影……如果基顿一直活到亲眼目睹电影制片厂制度的消亡，看着这个在 20 世纪 20 年代末崛起时扼杀了他的创作自由的体系走向既定的末路，情况又会如何？在他去世一年半后就上映了《邦妮与克莱德》（*Bonnie and Clyde*），这部电影的暴力风格极大地改变了电影业的风向；到了 20 世纪 60 年代中后期，艺术片又成了新的潮流：伯格曼、库布里克和卡索维茨。基顿又会如何看待这一切？梅尔·布鲁克斯讽刺娱乐业的《制片人》(*The Producers*)会让他发笑吗？1968年，距离威尔·海斯来到好莱坞不遗余力地摧毁了罗斯科·阿巴克尔的事业四十七年后，《海斯法典》终于正式成为历史，七十二岁的巴斯特会隐隐感到几无波澜的满足吗？

　　丈夫去世后，埃莉诺·基顿独自度过了三十二年的人生，在日常生活以外，她成了基顿作品的忠实拥护者和推广者，并四处旅行，在基顿的默片展映会和电影节上发表演讲。她也坚持自己的工作，往往是与动物相关：她饲养并训练圣伯纳犬。包括20世纪90年代系列家庭影片《贝多芬》(*Beethoven*)的几位狗狗明星。她曾在宠物店工作过一段时间，还在洛杉矶动物园担任志愿讲解员。

　　基顿去世后不久，埃莉诺就卖掉了伍德兰山的牧场式别墅，此后一直住在洛杉矶几处简朴的公寓里，那里有她在娱乐圈内外的众多朋友。她喜欢看《笑警巴麦》(*Barney Miller*)、《陆军野战医院》(*M*A*S*H*)；她为朋友们做炖肉，跟他们一起去看电影和冰球比赛；总之，她过着巴斯特希望她能有的简单、快乐的生活。[2] 她一直没有再婚，也不像过去那样频繁地打桥牌。毕竟，她失去了理想的搭档。

　　1998年，埃莉诺在八十岁时去世了，她得以亲自参加了丈夫百年诞辰纪念日的活动，包括电影节和放映回顾展。如今，距离他被命运抛到这世上已过去了一百二十余年，世界用新的媒介记录下关于他的回忆；他肯定不曾想过传媒会发展到如今的地步，但他无疑会欢迎这样的变化。他的疯狂特技和缄默面容以精彩剪辑、动图和表情包的形式在网上流传。他曾在《福尔摩斯二世》中试图爬入的大银幕已经让位给了无数家庭影院和手机屏幕。他成了一种人人都能理解的语言，即电影本身的语言。

在我为本书前往洛杉矶做研究旅行的尾声，我决定去好莱坞山森林草坪纪念公园拜谒基顿的墓地。我买了一捧向日葵——这种简朴的花朵似乎很适合中西部，我叫了一辆车送我去那里。司机是一个年轻的亚美尼亚移民，他彬彬有礼地问我是要去探访谁的墓地，当我告诉他基顿的名字时，他的脸一下子涨红了。巴斯特·基顿！一路上我们都在谈论司机记得的基顿电影中的片段，显然他在整个童年观看的苏联时期电视节目里，总是会有基顿的身影。等我们到了墓地，他帮我找到了正确的位置，然后一直陪我站在那里交谈，不知为何，我们的兴致很高，没人感到悲伤——即便躺在六尺之下，基顿也能让我们开怀大笑。

直到我们准备离开时，司机才告诉我他对这里如此熟悉的原因：他父亲不久前也去世了，就被葬在这里。我们决定从给巴斯特的花束里抽出一支向日葵，送到他父亲的墓前；司机承诺下次跟母亲一起来森林草坪公墓时，他也会绕道来看看巴斯特。几个月后，他发给我一条短信：基顿幕前放了一朵玫瑰的照片。

倘若要把基顿如今对全世界电影人的影响编撰成一份目录，那不会是一件难事，虽说这项任务可能永远难以完成：在成龙或是埃德加·赖特（Edgar Wright）的电影里能看到对他的喜剧场面的借鉴；在《疾速追杀2》（John Wick 2）的开头，他飞驰的身影被投影到一栋大楼的侧面；在数不胜数的网站、推文和受他启发的自行车特技中，我们也总能看到他的影子。但在我写作这本书的过程中，让我最难忘的往往是与某些人（通常是陌生人）的交谈，他们的表情总是会被基顿的名字点亮；或者是那些没有听说过基顿的人——比如一个卖给我赛百味三明治的少女，她工作的三明治店就在密歇根州马斯基根市一家即将放映《将军号》的影院对面——他们会对着这个名字皱起眉头表示疑惑，但也会说自己有点兴趣，之后会去找来他的片子看看。他的一生从未有过止歇，又给人以奇迹般的优雅印象，而那个在世纪之交被发明出来的新技术要记录的恰恰就是他最擅长的东西：移动。他就在那里，等待着目光的追索，在每一个可以想到的平台上从我们身边倏忽而过，依然并永远领先于他的时代。

致 谢

像巴斯特·基顿这样留下了数不胜数的遗产和公共记录的人，要为他写一本书，就等于进入了一个由相互关联的文本、电影和图像构成的迷宫。有好些个助理研究员，他们的能力远远超出了这个项目的要求，在继续他们的杰出项目前帮助我进行了档案方面的研究：艾彼·班德、利安娜·鲍曼·卡皮奥、伊森·德·塞弗、乔·列温斯顿和丽萨·西姆斯。

凯文·布朗洛是默片电影学者中的"院长"（虽说用这个词来形容他充满活力和欢乐的工作未免过于庄重），在2019年旧金山默片电影节期间，他在卡斯特罗剧院楼上喧闹的大厅里慷慨地接受了采访。如果没有他在过去几十年里为研究、保护和宣传默片遗产所做的工作，那么我们其余这些关心默片的人就少了很多可看、可写的东西。

约翰·本特森是研究默片拍摄地点的专家，他不仅为我提供了关于这个主题不可或缺的书籍材料，还通过电话向我介绍了基顿一生中生活和工作过的地方。约翰还以他敏锐的眼光和旺盛的好奇心阅读了全书的最终初稿。

多米尼克·扬多、格雷格·德桑托、格雷格里·梅和史蒂夫·史密斯，他们都是职业小丑和／或小丑表演的教师与历史学家，亲切地与我谈起基顿对他们的事业和马戏行业的影响。

彼得·拉布扎总是随时为我提供阅读建议；每次我到洛杉矶的玛格丽特·赫里克图书馆——因为新冠的缘故，我到那里去的次数远没有达到理想的状态——他总是坐在一张桌子前工作。路易丝·希尔顿是赫里克图书馆的研究专家，她知识渊博，对我的询问反应灵敏，并且理解为什么尽管图书馆网站上已经对它进行了精美的数字化处理，但我仍需要将迈拉·基顿的剪贴簿握在手中。来自纽约公共图书馆综合研究部的保罗·弗里德曼为我提供了难以找到的档案。劳伦·雷德尼斯、凯伦·汤森和大卫·科本哈芬帮助我浏览学术数据库，并寻找需要的部分，同时激励我像他们那样思考严谨、写作出彩。

珀利·罗斯友好地对我的初期草稿做了一次"巴斯特阅读"。她迅速而敏锐的答复使我避免了一些令人尴尬的错误，而她对诸多默片传说如数家珍，她的讲述令我目眩神迷。

鲍勃和米娜科·伯根开车带我在洛杉矶寻访那些默片电影的拍摄地，与我谈论了他们和埃莉诺·基顿长达二十五年的友谊，并与我分享了他们记得的一切，从在穆索和弗兰克餐厅的晚餐到电影、书籍、照片，以及那些难以找到的电影片段。我理解了为何这些对埃莉诺如此重要，我也希望能像她一样，永远把它们留在我的生命中。

国际巴斯特·基顿协会的许多成员（他们自称为"Damfinos"①）提供了他们关于默片和电影史的知识、见解和好奇心。我能想到的名字有比妮·布伦南、克里斯·西古恩、唐·马克霍尔、埃琳·莱德尔·梅尔瓦特、加布里埃拉·奥尔德姆、杰克·德拉加、帕特里夏·艾略特·托比亚斯、罗恩·施佩、露丝·沙尔曼、特利什·沃尔特斯和维姬·史密斯，但还有许多人在三次基顿大会上分享了他们的想法和热情，我有幸参与了这三次会议，并就写作过程中的研究做了报告。基顿的孙女梅丽莎·塔尔梅奇·考克斯参与了其中两次活动，并在讲台和晚宴上亲切地分享了她祖父的故事。我希望我们很快就能在马斯基根或其他地方再次相聚。

还有一小群人，他们是亲密朋友与亲密读者之间罕见的重合。他们阅读了尚未写完的草稿（有时还是一团乱），他们为我提出建议，或只是一句急需的"继续加油"：阿莱克·列夫、安妮·嘉谢特·卡列波·亨特、撒穆尔·布伦南、雷切尔·西姆和佐伊·罗森菲尔德。大卫·富兰克林在关键时刻插上了天使的翅膀，用他强大的智慧快速浏览了全文。

其他朋友并没有直接参与这本书的写作，但如果没有与他们的交谈、友谊和多年来的爱，我永远无法写出这本书来。我一直在与他们对话，即使他们并不知情：阿米尔·奇玛、阿里·布拉姆珀尔、大卫·福尔曼、艾尔莎·戴维森、希瑟·考德威尔、杰西卡·伯斯汀、若昂·卡米洛·彭纳、乔迪·罗森、约翰·斯旺斯伯格、凯文·阿泰尔、普鲁登斯·蒂平斯、罗姆尼·奥康奈尔、萨莱

---

① 同 damned if I know，意为"我怎么知道，要是我知道就好了"。

塔·戈麦斯、谢里尔·蒂平斯、西德尼·鲍勃·迪茨二世、西丽埃塔·西蒙奇尼、蒂莫西·诺亚，以及——为了避免这份名单变得过于冗长——所有在沃辛顿的秋季周末聚在一起的人们。

我在《石板书》和《石板书》播客上最出色的同事们对我时断时续的创作假期几乎呈现出一种带有喜剧色彩的宽容。他们包括但不限于：卡梅伦·德鲁斯、查乌·涂、丹·科伊斯、福里斯特·威克曼、朱莉亚·特纳尔、琼·托马斯、K.奥斯汀·柯林斯和斯蒂芬·梅特卡夫。

我钦佩的作家们有时会突然给我寄来鼓励的只言片语，让我倍感满足：亚当·高普尼克、詹姆斯·桑德斯、乔什·莱文、凯瑟琳·舒尔茨、菲利斯·纳吉和塞缪尔·安德森。还有其他在电影和戏剧史方面宝贵的知识来源：安妮·海伦·佩特森、法兰·涅曼、弗里兹·克莱默、伊萨克·巴特勒、詹姆斯·L.奈保尔、卡丽娜·朗沃斯、马克·哈里斯、理查德·布洛迪、莎拉·甘斯克和特拉夫·S. D.。

布鲁斯·莱文森和莉亚·邦顿，这两个与我素未谋面的人，不遗余力地为我借来别处都找不到的绝版书。还有无数通过 Twitter 与我结识的人帮助我走上了我从未想过的研究方向。

爱达荷州科顿伍德的圣格特鲁德修道院的修女们在 2019 年夏天接待我参加了为期五周的写作静修营。我无法充分表达她们的热情好客、和蔼可亲以及对沉默的尊重，对我作为一个作家和个体的意义。尤其是科琳·福斯曼修女和我的写作同伴希瑟·金，让我在那里度过了平静、富有成效和充满乐趣的时光。

除了巴斯特·基顿，本书还有另一个必不可少的先决前提：拉克什·萨蒂亚尔，是他在一同喝咖啡时让我相信，我心里有一本书，而且就是这本。在前四分之三的编辑过程中，他成了我重要的朋友和最值得信赖的读者，帮助我让这本书逐渐成型。我的经纪人伊利·斯切尼和亚当·伊格林对我的工作始终保持着耐心和热情。即便新冠阻碍了我的写作计划，亚当和他的助手伊莎贝尔·门迪亚付出了超乎寻常的努力，在最后一刻审读了我的稿件。杰德·惠在这个项目的最后阶段助其成型，本杰明·霍姆斯以"巴斯特式"的速度和技巧进行了校对，詹姆斯·伊亚克贝利则根据我选择的照片设计了精美的封面。妮可·迪梅拉帮助我获得了我想要的图片版权，并帮助我发现了我自己绝对找不到的更好的图源。

　　我错过了太多与三个美好家庭相处的时间，而这本傻里傻气的书就这样诞生了。我的父母乔·史蒂文斯和黛安娜·史蒂文斯，给了我和手足们——斯科特和特雷西——对文字与思想的热爱以及冒险精神，我希望我们也能把这种精神传给自己的孩子们。我的姻亲家庭——贝内特和朱迪·温斯托科夫妇，南希和迈克尔·耶西夫妇，以及他们的孩子们，用他们无微不至的照料弥补了我的长期缺席。最重要的是，与我一同生活的两位奇特的人，罗伯特·温斯托克和珀尔·泽尔丁，对于我在电影和书堆里消失的难以想象的时长，他们都忍受了下来。我感谢他们给予我时间和空间去追寻我的心之所爱，但我对他们的爱远胜于此。

注　释

序言　1895 年

[1] Marion Meade, *Buster Keaton: Cut to the Chase* (New York: HarperCollins, 1995), 14.

[2] Tom Gunning, "Primitive Cinema—A Frame-up? or The Trick's on Us,"*Cinema Journal* 28, no.2 (Winter 1989): 5.

[3] Louis Tanca, "Les frères Lumière proches du régime de Vichy, ou la tache sur un symbole patrimonial de Lyon,"Rue89lyon.fr, October 13, 2017, https://www.memoiresdeguerre.com/2017/10//les-freres-lumiere-proches-du-regime-de-vichy-ou-la-tache-sur-un-symbole-patrimonial-de-lyon.html.

第一部分　起飞

[1] Rudi Blesh, *Keaton* (New York: Macmillan, 1966), 27.

1　他们叫它 "20 世纪"

[1] Meade, *Cut to the Chase*, 25.

[2] Blesh, *Keaton*, 31.

[3] Meade, *Cut to the Chase*, 27.

2　"毫无疑问，她是一头小兽"

[1] Mary Renck Jalongo, "The Story of Mary Ellen Wilson: Tracing the Origins of Child Protection in America,"*Early Childhood Education Journal* 34, no. 1 (August

2006): 1.

[2] Stephen Lazoritz and Eric A. Shelman, *Out of the Darkness: The Story of Mary Ellen Wilson* (Lake Forest, CA: Dolphin Moon Publications, 1998), 325.

[3] Sallie A. Watkins, "The Mary Ellen Myth: Correcting Child Welfare History,"*Social Work* 35, no. 6 (November 1990), 500–503.

[4] Lazoritz and Shelman, *Out of the Darkness,* 229.

[5] Ibid., 325.

3 "他是我儿子，我爱怎么扭断他的脖子都行"

[1] 乔・基顿在 1920 年的两本影片《邻居》中出演了巴斯特在片中的父亲。

[2] "Laws of the State of New York, and of the United States, Relating to Children," New York Society for the Prevention of Cruelty to Children, November 1876, https://www.loc.gov/item/17018283.

[3] Buster Keaton, interview with Studs Terkel, 1960; collected in Kevin W. Sweeney, ed., *Buster Keaton: Interviews* (Jackson: University Press of Mississippi, 2007), 112.

[4] Buster Keaton with Charles Samuels, *My Wonderful World of Slapstick* (New York: Da Capo Press, 1982), 33.

[5] Viviana Zelizer, *Pricing the Priceless Child: The Changing Social Value of Children*(Princeton, NJ: Princeton University Press, 1985), 85.

[6] Benjamin Barr Lindsey, "Children on the Colorado Stage,"*Survey*, October 14, 1912.

[7] Elbridge T. Gerry, "Children of the Stage,"*North American Review* 151 (July 1890): 18.

5 一个总惹麻烦的哈克・费恩

[1] M. Alison Kibler, *Rank Ladies: Gender and Cultural Hierarchy in American Vaudeville* (Chapel Hill and London: University of North Carolina Press, 1999), 120.

[2] Robin Bernstein, *Racial Innocence: Performing American Childhood from Slavery to Civil Rights* (New York: New York University Press, 2011), 20.

6 不会受伤的男孩

[1] 堪萨斯州金斯利市《图像》(*Graphic*) 上关于幼年巴斯特洗衣机绞拧器事故的报道出自莎拉・奇特尔的 Pinterest 账户。波莉・罗斯提请我对此注意。

[2] Myra Keaton scrapbook, Margaret Herrick Library, Academy of Motion Picture Arts and Sciences, Beverly Hills, California.

[3] Meade, *Cut to the Chase*, 45.

[4] Tom Dardis, Keaton: The Man Who Wouldn't Lie Down (London: Andre Deutsch Limited, 1996), 19.

[5] Meade, *Cut to the Chase*, 53.

[6] "'"Buster" Is a Big Boy Now,' Mourns Daddy Keaton at New Palace," *Fort Wayne Journal-Gazette*, February 25, 1915.

7　"逗笑我，基顿"

[1] Meade, *Cut to the Chase*, 48.

[2] Blesh, *Keaton*, 82.

[3] Meade, *Cut to the Chase*, 44.

[4] Blesh, *Keaton*, 82.

[5] Ibid., 80–81.

[6] Ibid., 81

第二部分　翱翔

[1] Buster Keaton, interview with Fletcher Markle, Telescope, aired April 17, 1964, Canadian Broadcasting Company.

8　暗影王国的速度狂热

[1] Nellie Revell, "Speed Mania Afflicts Vaudeville,"*Theatre Magazine*, October 1917, 216.

[2] Jay Leyda, Kino: *A History of the Russian and Soviet Film* (London: George Allen & Unwin, 1960), 407–409.

[3] Vachel Lindsay, *The Art of the Moving Picture* (New York: Macmillan, 1916), 12.

[4] Lucy France Pierce, "The Nickelodeon," *World Today,* October 1908, quoted in Gerald Mast, ed., *The Movies in Our Midst: Documents of the Cultural History of Film in America* (Chicago: University of Chicago Press, 1982), 52–53.

[5] Chicago Vice Commission, "Cheap Theaters," 1911, quoted in Mast, *The Movies in Our Midst*, 62.

9　在查尔兹饭店吃煎饼

[1] Keaton and Samuels, *My Wonderful World of Slapstick*, 90.

[2] Blesh, *Keaton*, 84.

[3] "Remaining Childs Restaurants," Forgotten New York, July 25, 2015, https://forgotten-ny.com/2015/07/remaining-childs-restaurants/.

[4] "Business: Childs' War," *Time*, February 11, 1929.

[5] "'Lost Washington: Childs Fast Food Restaurants," Greater Greater Washington, Nov. 30, 2010, https://ggwash.org/view/7454/lost-washington-childs-fast-food-restaurants.

[6] E. B. White, "Spain in Fifty-Ninth Street," *New Yorker*, June 15, 1935.

10 考米克

[1] Geoffrey Nowell-Smith, *The Oxford History of World Cinema* (New York: Oxford University Press, 1996), 49.

[2] Adela Rogers St. Johns, "The Lady of the Vase," *Photoplay*, June 1923.

[3] James L. Neibaur, *Arbuckle and Keaton: Their 14 Film Collaborations* (Jefferson, NC:McFarland & Company, Inc., 2007), 17.

[4] Lisle Foote, *Buster Keaton's Crew: The Team Behind His Silent Films* (Jefferson, NC:McFarland & Company, Inc., 2014), 185.

[5] Sweeney, *Interviews*, 18.

11 罗斯科

[1] Mack Sennett, *King of Comedy* (Lincoln, NE: Lively Arts, 2000), 45.

[2] David Yallop, *The Day the Laughter Stopped* (New York: St Martin's Press, 1976), 60.

12 扫帚

[1] Neibaur, *Arbuckle and Keaton*, 58.

[2] Ibid., 96–97.

[3] Sweeney, *Interviews*, 193.

13 掌镜的梅布尔

[1] Brian Duryea, "The Necessity of Thrills," *Green Book Magazine* 15, no.4(1916).

[2] Julian Johnson, "Impressions," *Photoplay*, July, 1918.

[3] Julian Johnson, "Mary Pickford," *Photoplay*, February 1916.

[4] Delight Evans, "Mary Pickford, the Girl," *Photoplay*, July 1918.

[5] Zanny Love, "Hollywood's Leading Ladies: Mary Pickford," New York Public Library, April 11, 2018, https://www.nypl.org/blog/2018/04/11/mary-pickford-women-hollywood.

[6] Joanna E. Rapf, "Fay Tincher," in Jane Gaines, Radha Vatsal, and Monica Dall'Asta, eds., *Women Pioneers Film Project* (New York: Columbia University Libraries, 2013), https://wfpp.columbia.edu/pioneer/ccp-fay-tincher/.

[7] Betty Harper Fussell, *Mabel: Hollywood's First I-Don't-Care Girl* (New Haven, CT:Ticknor & Fields, 1982), 34–35.

[8] Ibid., 81.

[9] Greg Merritt, *Room 1219: The Life of Fatty Arbuckle, the Mysterious Death of Virginia Rappe, and the Scandal that Changed Hollywood* (Chicago: Chicago

Review Press Incorporated, 2013), 67.

　　[10]　Julian Johnson, "Impressions," *Photoplay*, June, 1915.

　　[11]　Fussell, *Mabel*, 44.

　　[12]　Ibid., 53.

　　[13]　Ibid., 174.

　　[14]　George D. Proctor, "Oh, It's an Interesting Life!" *Motion Picture News*, December 13, 1913.

　　[15]　"Oh, Those Eyes," *Biograph Bulletins*, April 1, 1914.

　　[16]　Will Rex, "Behind the Scenes with Fatty and Mabel," *Picture Play*, April 1916.

　　[17]　Charlie Chaplin, *My Autobiography* (London: Bodley Head, 1964), 148.

　　[18]　Sweeney, *Interviews*, 67.

　　[19]　Ibid., 96.

　　[20]　Chaplin, *My Autobiography*, 149–152.

　　[21]　Rex, "Behind the Scenes with Fatty and Mabel."

　　[22]　Mack Sennett and Cameron Shipp, *King of Comedy* (Garden City, NY: Doubleday, 1954), 179.

　　[23]　Chaplin, *My Autobiography*, 152.

　　[24]　Sidney Sutherland, "Madcap Mabel Normand—The True Story of a Great Comedian," *Liberty*, September 6, 1930.

　　[25]　Chaplin, *My Autobiography*, 150.

　　[26]　Fussell, *Mabel*, 95.

　　[27]　Minta Durfee, interview by Don Schneider and Stephen Normand, July 21, 1974, https://www.angelfire.com/mn/hp/mintai.html.

　　[28]　Adela Rogers St. Johns, *Love, Laughter and Tears: My Hollywood Story* (Garden City, NY: Doubleday, 1978), 67.

　　[29]　"Mabel Normand Fighting Death," *Los Angeles Herald*, September 20, 1915.

　　[30]　"Octopus Seizes Mabel Normand," *Photoplayers Weekly*, September 4, 1915.

　　[31]　Steve Massa, *Slapstick Divas: The Women of Silent Comedy* (Albany, GA: Bear Manor Media, 2017), 40.

　　[32]　Randolph Bartlett, "Why Aren't We Killed," *Photoplay*, April 1916.

　　[33]　Karen Ward Mahar, *Women Filmmakers in Early Hollywood* (Baltimore: Johns Hopkins University Press, 2006), 123.

　　[34]　Fussell, *Mabel*, 234.

　　[35]　Ibid., 114–115.

　　[36]　Ibid., 231.

　　[37]　Sutherland, "Madcap Mabel Normand."

14   一流的演员，一流的演出

[1] Frederick Lewis Allen, *Only Yesterday* (New York: Bantam Books, 1931), 1–2.

[2] F. Scott Fitzgerald, *This Side of Paradise* (New York: Alfred A. Knopf, 1920), 59.

[3] Matt Kelly, "The Father of Black Baseball," Major League Baseball, https://www.mlb.com/history/negro-leagues/players/rube-foster.

[4] David and Julia Bart, "The Centennial of KDKA's Historic 1920 Broadcasts," *Antique Wireless Association Review* 33(2020): 25–32.

[5] "The Bombing of Wall Street," *American Experience*, PBS, aired February 13, 2018, https://www.pbs.org/wgbh/americanexperience/films/bombing-wall-street/.

[6] Ann Douglas, *Terrible Honesty: Mongrel Manhattan in the 1920s* (New York: Farrar, Straus and Giroux, 1995), 8.

[7] 基顿在战争中没有参与过任何军事行动；他抵达法国时，敌对状态已经结束了。在服役的几个月里，他为等待回国的军队表演娱乐节目。他在米高梅初期拍摄的两部有声片《好莱坞滑稽剧》和《步兵》里都融入他与部队成员组成的"阳光剧团"（Sunshine Players）的表演元素。

[8] Meade, *Cut to the Chase*, 309.

[9] Neal Gabler, *An Empire of Their Own: How the Jews Invented Hollywood* (New York:Anchor Books, 1988), 31–32.

[10] Dardis, *The Man Who Wouldn't Lie Down*, 65.

15   "危险的"家庭制造

[1] Philip Stewart, "Henry Ford: Movie Mogul?" *Prologue*, Winter 2014, https://www.archives.gov/files/publications/prologue/2014/winter/ford.pdf.

[2] Katherine Cole Stevenson and H. Ward Jandl, *Houses by Mail: A Guide to Houses from Sears, Roebuck and Company* (New York: Preservation Press, 1986), 19–32.

[3] Sweeney, *Interviews*, 125.

[4] Lea Stans, "Sibyl Seely, Buster's Most Charming Leading Lady," *Silentology*, July 21, 2015, https://silentology.wordpress.com/2015/07/21/sybil-seely-busters-most-charmingleading-lady/.

[5] 人们历来认为西碧尔·希利在《冰封的北方》中扮演了巴斯特的妻子一角，但实际上该角色似乎是由一位不知名的女演员扮演的，她与西碧尔的长相非常相似。

16 米粒、鞋子与地产

[1] Margaret L. Talmadge, *The Talmadge Sisters* (Philadelphia: J. B. Lippincott Co., 1924), 174–175.

[2] Meade, *Cut to the Chase*, 144.

[3] Keaton and Samuels, *My Wonderful World of Slapstick*, 135.

[4] John Bengtson, "Greenacres, Pickfair, Chaplin's Breakaway Home, and Keaton's Italian Villa," *Silent Locations*, March 5, 2019, https://silentlocations.com/tag/buster-keatons-italian-villa/.

17　影子舞台

[1] F.P.A., "Plutarch Lights of History no. 3: Charles Chaplin," *Harper's Weekly*, March 25, 1916.

[2] Minnie Maddern Fiske, "The Art of Charles Chaplin," *Harper's Weekly*, May 6, 1916.

[3] Charles Grau, "Charlie Chaplin," *Harper's Weekly*, May 6, 1916.

[4] Sime Silverman, "The Life of a Cowboy," *Variety*, January 19, 1907.

[5] Anthony Slide, *Inside the Hollywood Fan Magazine* (Jackson: University Press of Mississippi), 3–21.

[6] Barbara Hall, "Gladys Hall," in Jane Gaines, Radha Vatsal, and Monica Dall'Asta, eds., *Women Pioneers Film Project* (New York: Columbia University Libraries, 2013), https://wfpp.columbia.edu/pioneer/gladys-hall/.

[7] Frank R. Adams, "The Stuffed Shirt," *Photoplay*, October 1923.

18　伤痕累累的幽默感

[1] Harriet Hyman Alonso, *Robert Sherwood: The Playwright in Peace and War* (Amherst:University of Massachusetts Press, 2007), 12–20.

[2] Robert Sherwood, Silent Drama, *Life*, March 3, 1921.

[3] Ibid., December 29, 1921.

[4] Ibid., October 25, 1923.

[5] Ibid., March 3, 1921.

[6] Ibid., October 6, 1921.

[7] Ibid., February 24, 1927.

[8] Howard Wolf, "Buster Keaton Needs Stuffed Club, Pies," *Akron Beacon-Journal*, December 19, 1927.

[9] Robert Sherwood, Movies, "The Cameraman," *Life*, October 5, 1928.

[10] Ibid.

[11] Robert Sherwood, "Screen Comedian Out of His Element." *Film Daily*, May 14, 1930.

19　一部为你，一部为我

[1] Mordaunt Hall, "A Civil War Farce," *New York Times*, February 8, 1927.

[2] "The General," *Variety*, February 9, 1927.

[3] Martin Dickson, "The General," *Brooklyn Daily Eagle*, February 7, 1927.

[4] Katherine Lipke, "Comedy Is Lost in War Incidents," *Los Angeles Times*, March 12, 1927.

[5] Dardis, *The Man Who Wouldn't Lie Down*, 144.

[6] Meade, *Cut to the Chase*, 172.

[7] Ibid., 165.

[8] Blesh, *Keaton*, 149.

[9] Sweeney, *Interviews*, 46.

[10] "City Deserted for Filming Big Scene of Keaton's Picture," *Cottage Grove Sentinel*, July 26, 1926, reprinted by the Cottage Grove Historical Society in *The Day Buster Smiled* (Cottage Grove, OR: Eugene Print, Inc., 1998), 27.

[11] Charles Dorn, *For the Common Good: A History of Higher Education in America*(Ithaca, NY: Cornell University Press, 2017).

[12] Sweeney, *Interviews*, 210.

[13] Ibid., 175.

20 "黑人摇摆者"

[1] Daniel Moews, *Keaton: The Silent Features Close Up* (Berkeley: University of California Press, 1977), 261.

[2] 影片字幕中没有署名的厨师由黑人女演员先驱苏尔-德-万夫人（Madame Sul-Te-Wan）扮演。她在 D.W. 格里菲斯的《一个国家的诞生》中出演了一个角色，由此成为第一位（无论男女）与电影公司签约的非裔美国演员。直到 20 世纪 50 年代，她还在那些具有里程碑意义的好莱坞电影里扮演了一些小角色，包括《金刚》、《萨勒姆的女仆》(*The Maid of Salem*) 和《胭脂虎新传》(*Carmen Jones*)。

[3] Glenn Dixon, "The Makeup of a True Pioneer," *Washington Post*, August 22, 2004.

[4] 这两个名字的渊源都与威廉姆斯和沃克之前的吟游诗人有关。早在他们扮演这两个角色之前，"吉姆·克劳"尚未成为美国重建时期种族隔离政策的代名词，它是美国首位主要的黑脸艺人、纽约白人喜剧演员托马斯·"爸爸"·赖斯（Thomas "Daddy" Rice）在 19 世纪 30 年代创造的舞台形象，成了一个流行角色（也是一首歌名和一股舞蹈热潮）的名字。"兹普·库恩"则是在"吉姆·克劳"之后不久出现的另一个流行人物形象，一个浮夸的、沉迷女色的花花公子，总是自命不凡地说错话，暗示他想要"超越自己出身"的倾向。

[5] Camille F. Forbes, *Introducing Bert Williams* (New York: Basic Books, 2008), 35.

[6] Sweeney, *Interviews*, 132.

[7] Forbes, *Introducing Bert Williams*, 289.

[8] Ibid., 115.

[9] Keaton and Samuels, *My Wonderful World of Slapstick*, 78–79.

[10] Michael Feingold, "The Sad Funny Man," *Village Voice*, February 5, 2008.

21 倾圮的外墙

[1] 有关这一特技场面的细节来自基顿作品收藏夹、电影人杰克·德拉加（Jack Dragga），他设法找到并采访了那三名负责剪断绳索的工作人员中的一人。根据这次采访，德拉加在他的短片《伟大的 BK 之谜 2》（*The Great BK Mystery 2*）中运用塑料微缩模型再现了这一特技。

[2] Meade, *Cut to the Chase*, 179.

[3] Scott Eyman, *The Speed of Sound: Hollywood and the Talkie Revolution 1926–1930* (New York: Simon & Schuster, 1997), 99.

[4] Mordaunt Hall, "Vitaphone Stirs as Talking Movie," *New York Times*, August 7, 1926.

[5] Eyman, *The Speed of Sound*, 103.

[6] 距离合众国诉派拉蒙案中，最高法院裁定电影业纵向垄断为非法的裁决，还有十一年的时间。

[7] Eyman, *The Speed of Sound*, 113.

[8] Harry T. Brundidge, *Twinkle, Twinkle, Movie Star!* (New York: E. P. Dutton & Co., Inc., 1930), 209.

[9] Interview with Charles Reisner's son Dean Reisner, quoted in Oliver Lindsey Scott, ed., *Buster Keaton: The Little Iron Man* (Christchurch, NZ: Buster Books, 1995), 235.

[10] Sweeney, *Interviews*, 61.

[11] Scott, *The Little Iron Man*, 233.

[12] Dardis, *The Man Who Wouldn't Lie Down*, 154.

22 麻烦悄然而至

[1] Tino Balio, *MGM* (New York: Routledge, 2018), 54.

[2] Louise Brooks to Tom Dardis, March 25, 1997, Louise Brooks papers, Margaret Herrick Library, Beverly Hills, California.

[3] Scott Eyman, *The Lion of Hollywood: The Life and Legend of Louis B. Mayer* (New York: Simon & Schuster, 2012), 128.

[4] Joyce Milton, *Tramp: The Life of Charlie Chaplin* (New York: HarperCollins, 1996), 268.

[5] Blesh, *Keaton*, 297–298.

[6] Ibid., 298.

[7] Ibid., 299.

[8] Ibid., 300.

[9] Eyman, *The Lion of Hollywood*, 116.

[10] Ibid., 117.

[11] Dardis, *The Man Who Wouldn't Lie Down*, 161.

[12] Mark A. Vieira, *Irving Thalberg: Boy Wonder to Producer Prince* (Berkeley: University of California Press, 2010), 40.

[13] Blesh, Keaton, 303–304.

[14] Imogen Sara Smith, *Buster Keaton: The Persistence of Comedy* (Chicago: Gambit Publishing, 2008), 176.

[15] Sweeney, *Interviews*, 143.

[16] Ibid., 144.

[17] 布罗菲在这场即兴发挥的戏份之前也曾出演过一些小角色，但此后他的事业蒸蒸日上，整个 20 世纪 30 年代，他都在米高梅的影片中演出。他在《步兵》中饰演的教官，让巴斯特的角色苦不堪言。

[18] Keaton and Samuels, *My Wonderful World of Slapstick*, 212.

[19] Smith, *The Persistence of Comedy*, 181.

23 埃尔默

[1] 我已故祖父的名字就叫埃尔默。他是一个潇洒的都市人，也是个彻头彻尾的现代人。他和我祖母在 20 世纪 30 年代中期结了婚，我那更现代的祖母给他改名为"迈克"，他们都觉得这个名字更适合他在余生中使用。

[2] Blesh, *Keaton*, 311.

[3] "Keaton Silent and Funny," *Los Angeles Times*, June 1, 1929.

[4] "Scandals of 1924," *Indianapolis Times,* July 12, 1924.

24 穿过高山的道路

[1] 菲茨杰拉德在 1921 年的一篇个人简介里写道："就我个人而言，我去看电影时喜欢看到康斯坦斯·塔尔梅奇这样讨人喜欢的飞来波女郎，或是卓别林或劳埃德的喜剧片。我不那么喜欢那些振奋人心的东西。对我来说，那根本不是生活。"基顿没有出现在他的名单里，这并不奇怪，因为菲茨杰拉德接受这次采访时，基顿作为独立导演只发行了几部两本影片。但他没有太多戏剧冲突的喜剧很可能也符合菲茨杰拉德的口味。参见 "Fitzgerald, Flappers and Fame: An Interview with F. Scott Fitzgerald," *Shadowland 3*, no. 5 (January 1921)。

[2] Aaron Latham, *Crazy Sundays* (New York: Viking Press, 1972), 42.

[3] Matthew Bruccoli, *Some Sort of Epic Grandeur: The Life of F. Scott Fitzgerald* (Columbia: University of South Carolina Press, 1981), 257.

[4] Vieira, *Irving Thalberg*, 173.

[5] 萨尔伯格对创作会议的喜好是永无止境的。导演金·维多在他的回忆录里讲了一个故事，制片人要求他到办公室来讨论一个剧本，他去了，结果被叫到一辆豪华轿车上开会。他和编剧刚刚开始阐述他们关于一部"比利小子"西部片的想法，却意识到他们正被开往殡仪馆。在不知道葬礼主人公是谁的情况下，他们跟着走了进去，和萨尔伯格坐在一起，牧师开始朗诵悼词，萨尔伯格还在继续轻声

说着他对剧本的想法。后来他们意识到那是梅布尔·诺曼德的葬礼,她在三十七岁时死于肺结核。维多看到房间里都是默片时代的传奇人物,包括诺曼德的鳏夫卢·科迪、玛丽·杜斯勒、麦克·塞纳特、哈里·兰登和巴斯特·基顿,他们都在哭泣。"我被他们的面孔迷住了,"维多写道,"这些滑稽的面孔曾让全世界的人们放声大笑。如今他们的脸都被悲伤扭曲成了另一种同样滑稽的怪相。"参见 King Vidor, *A Tree Is a Tree*, 引自 Christopher Silvester, ed., *The Penguin Book of Hollywood* (London: Penguin Books, 1998), 144–147。

[6] Arthur Krystal, "Slow Fade: F. Scott Fitzgerald in Hollywood," *New Yorker*, November 8, 2009.

[7] Vieira, *Irving Thalberg*, 166.

[8] Anita Loos, *Kiss Hollywood Good-By* (New York: Viking Press, 1947), 34.

[9] Samuel Marx, *Mayer and Thalberg: The Make-Believe Saints* (New York: Warner Books, 1975), 231

[10] Vieira, *Irving Thalberg*, 176.

[11] David Bordwell, "1932: MGM Invents the Future, Part 2," *Observations on Film Art* (blog), March 22, 2015, http://www.davidbordwell.net/blog/2015/03/22/1932-mgm-invents-the-future-part-2/.

[12] Jeffrey Vance and Mark A. Vieira, "Commentary," *Grand Hotel*, directed by Edmund Goulding, Blu-ray, Warner Bros., 2013.

[13] Alfred Rushford Gleason, "Grand Hotel," *Variety*, April 19, 1932.

[14] Keaton and Samuels, *My Wonderful World of Slapstick*, 242.

[15] Ibid.

[16] Ibid., 244.

[17] Ibid., 243.

[18] Dardis, *The Man Who Wouldn't Lie Down*, 225.

[19] Meade, *Cut to the Chase*, 205.

[20] Keaton and Samuels, *My Wonderful World of Slapstick*, 240.

[21] Meade, *Cut to the Chase*, 205.

[22] 考虑到托德在拍完《轻而易举》三年后就去世了,这让人尤其伤感。她在二十九岁就去世了,比起她的喜剧作品,她神秘的死因显然更让人们记忆深刻:她是在自己的汽车里窒息而死的,当时她的车停在她已婚情人的前妻、名叫珠儿·卡门(Jewel Carmen)的前女演员家的车库里。几十年来,人们反复推测,托德要不是自杀,要不就是被卡门谋杀,但进一步的调查表明,她的死因是一氧化碳中毒。

[23] Meade, *Cut to the Chase*, 211.

[24] Marx, *Mayer and Thalberg*, 158.

[25] 有关这一幕拍摄现场的信息调查,参见 John Bengtson, "Keaton's 'What, No Beer?' Barrel Avalanche," Chaplin-Keaton-Lloyd Film Locations (and More), September 23, 2017, http://silentlocations.com/2017/09/23/keatons-whatno-beer-

barrel-avalanche。

[26] Marx, *Mayer and Thalberg*, 253.

[27] Ibid.

[28] Bruccoli, *Some Sort of Epic Grandeur*, 340–345.

[29] Dardis, *The Man Who Wouldn't Lie Down*, 246.

[30] Steven Bingen, Stephen X. Sylvester, and Michael Troyan, MGM: *Hollywood's Greatest Backlot* (Solana Beach, CA: Santa Monica Press, 2011).

[31] Bruccoli, *Some Sort of Epic Grandeur*, 430.

25 不是酒鬼，是醉鬼

[1] Blesh, *Keaton*, 314.

[2] 20 世纪 30 年代和 40 年代，他确实领衔主演了几部低成本的国际影片。其中只有一部《香榭丽舍之王》值得一看，尽管其中呈现了一个最具受虐狂倾向的完美主义者基顿；另一部是鲜有人问津的英国电影《侵入者》(The Invader)，这部失败之作被电影历史学家凯文·布朗洛评为史上最糟糕的电影之一。

[3] F. Scott Fitzgerald, "Echoes of the Jazz Age," in *The Crack-Up* (New York: New Directions Books, 1956), 21.

[4] Eyman, *The Speed of Sound*, 200.

[5] "Frozen Face Film Star Collapses Under Load of Family Difficulties," *Chippewa Herald-Telegram*, October 22, 1935.

[6] Ernest Kurtz, *Not God: A History of Alcoholics Anonymous* (Center City, MN: Hazelden Educational Services, 1991).

[7] Francis Hartigan, *Bill W.: A Biography of Alcoholics Anonymous Cofounder Bill Wilson* (New York: Thomas Dunne Books, 2000), 4.

[8] Susan Cheever, "Bill W.: The Healer," *Time*, June 14, 1999, http://content.time.com/time/subscriber/article/0,33009,991266,00.html.

[9] Henrietta Sieberling, quoted in John Sieberling, "Congressman Sieberling's Remarks about Bill Wilson's Visit to the Sieberling Estate" (speech, Founders' Day meeting, Alcoholics Anonymous, Akron, Ohio, 1971),https://silkworth.net/alcoholics-anonymous/congressman-seiberlings-remarks-about-bill-wilsons-visit-to-the-seiberling-estate/.

[10] Hartigan, *Bill W.*, 60.

[11] Ibid., 143.

[12] Jack Alexander, "The Drunkard's Best Friend," *Saturday Evening Post*, April 1, 1950.

[13] 1941 年底，美国加入第二次世界大战，路易丝和哈利·基顿都在拉斯维加斯的一家军需品工厂找到了临时工作。早在 20 世纪 20 年代初，巴斯特就为母亲和弟妹买下了维多利亚大道的房子，他不想留母亲一个人住在那里，于是他卖掉了切维奥特山的房子，和埃莉诺搬到了迈拉家。埃莉诺和巴斯特一直在那里住到 1956

年 6 月，才终于搬进了自己的房子；期间露易丝、哈利和哈利的妻子及年幼的儿子有时也过来跟他们一起住。

[14] Jack Alexander, "Alcoholics Anonymous," *Saturday Evening Post*, March 1, 1941. 事实是这个假想的酒鬼和所有可能帮助他的专业人士都是男性，这一点与早期戒酒会著作中许多盲目的性别歧视不谋而合（为《匿名戒酒会》一书拟定的其中一个名字就是"一百个男人"）。AA 早期确实有一些重要的女性成员，尤其是马蒂·曼（Marty Mann），她积极倡导消除酗酒的污名化，是"全国酗酒教育委员会"（后来成为"全国酗酒和吸毒问题教育委员会"）的创始成员之一。

[15] Dardis, *The Man Who Wouldn't Lie Down*, 192–193.

[16] Louise Brooks to Tom Dardis, March 24, 1977, Tom Dardis papers, Margaret Herrick Library, Beverly Hills, California.

[17] Meade, *Cut to the Chase*, 212.

[18] "Keaton Production Moves Here," *St. Petersburg Evening Independent*, May 29, 1933.

[19] Christopher Carmen, "The Florida Fiasco," in *The Best of the Keaton Chronicle*, vol. 1 (International Buster Keaton Society, 2002), 10.

[20] Tricia Welsch, *Gloria Swanson: Ready for Her Close-Up* (Jackson: University Press of Mississippi, 2013), 87.

[21] Megan Koester, "Hollywood's First Weight-Loss Surgery: Molly O'Day," January 20, 2020, Make Me Over series episode 1, in *You Must Remember This*, produced by Karina Longworth, podcast, http://www.youmustrememberthispodcast.com/episodes/2020/1/13/hollywoods-first-weight-loss-surgery-molly-oday-make-me-over-episode-1.

[22] DeYoung, "Making Movies on Weedon Island."

[23] Ibid.

[24] Keaton and Samuels, *My Wonderful World of Slapstick*, 245.

[25] Ibid., 246.

[26] Meade, *Cut to the Chase*, 213.

[27] Ibid., 216.

[28] Dardis, *The Man Who Wouldn't Lie Down*, 232.

[29] Ibid., 252.

[30] "He Knows How to Smile," *St. Louis Post-Dispatch*, October 2, 1933.

[31] "Breakdown Proves Love Has Not Died for Ex-Mrs. Buster Keaton," *Iola (Kansas) Register*, October 23, 1933.

[32] Scott, *The Little Iron Man*, 300.

[33] Keaton and Samuels, *My Wonderful World of Slapstick*, 246.

[34] Dardis, *The Man Who Wouldn't Lie Down*, 244.

[35] Keaton and Samuels, *My Wonderful World of Slapstick*, 247.

[36] Smith, *The Persistence of Comedy*, 196.

[37] "Buster Keaton Comes Back to the Brighton as a Star," *Brooklyn Daily Eagle*, July 9, 1941.

[38] 这个现场录制的节目只有一集留存了下来，因为当时保存电视节目的唯一方法是使用拍摄（电视节目）的屏幕纪录片，一种原始的录制技术——基顿对其糟糕的图像质量不屑一顾。1949 年的《巴斯特·基顿秀》经常被人与次年名字相似的《巴斯特·基顿喜剧秀》混淆，后者在没有现场观众的情况下录制，并在全国播出，仅持续了十二周便被取消。

[39] "3G Budget put on Keaton Teleshow," *Variety*, December 16, 1949.

[40] Meade, *Cut to the Chase*, 241.

[41] James L. Neibaur, *The Fall of Buster Keaton* (Lanham, MD: Rowman and Little field, 2010), 183.

[42] Dardis, *The Man Who Wouldn't Lie Down*, 264.

[43] Ibid.

[44] Sweeney, *Interviews*, 12.

[45] Ibid., 214.

[46] Kurtz, *Not God*.

[47] 一些戒酒会成员对罗斯违反匿名原则的行为感到不满，尤其是在她（与戒酒互助会赞助人）的第三次婚姻破裂后，她又开始酗酒。但她公开承认自己酗酒的行为打破了一个重要的禁忌。在她出演《这是你的人生》后，节目收到了四万封观众来信，请求帮助他们解决自己或亲人酗酒的问题。1957 年，基顿做客同一节目时，他的失落岁月被含糊地概括为"你试图用自己的方式来克服困难"的时期，这表明公开承认酗酒的耻辱感仍根深蒂固。

[48] Dardis, *The Man Who Wouldn't Lie Down*, 119.

[49] Scott, *The Little Iron Man*, 335.

[50] Meade, *Cut to the Chase*, 238.

[51] Ibid., 55.

26 过去的时光

[1] David Robinson, *Chaplin: His Life and Art* (London: Grafton Books, 1985), 252.

[2] Lita Grey Chaplin, *My Life with Chaplin* (New York: Grove Press, 1966), 264.

[3] 验血结果表明，卓别林不是孩子的父亲，但他并未否认他和巴里有过一段很长的婚外情。然而法庭不允许将测试结果列为证据，卓别林最终同意支付孩子的抚养费直到她成年，尽管他在孩子的生活中没有扮演任何角色。参见 Robinson, *Chaplin*, 525–528.

[4] Robinson, *Chaplin*, 529.

[5] Charles J. Maland, *Chaplin and American Culture: The Evolution of a Star Image* (Princeton, NJ: Princeton University Press, 1989), 264–273.

[6] Chaplin, *My Autobiography*, 455.

[7] 两部影片都使用了卓别林创作的主题同步配乐，《摩登时代》还加入了一首无厘头歌曲。

[8] Chaplin, *My Autobiography*, 387.

[9] Maland, *Chaplin and American Culture*, 180.

[10] Ibid.

[11] John Wranovics, *Chaplin and Agee: The Untold Story of the Tramp, the Writer and the Lost Screenplay* (New York: Palgrave Macmillan, 2005), 22.

[12] Keaton and Samuels, *My Wonderful World of Slapstick*, 11.

[13] 艾吉的这篇文章以对基顿的赞美结尾，其段落开头有几处与事实不符，但文章展现出来的洞察力和机智令人惊叹，其中可能包含了有史以来关于"伟大的冷面"最敏锐的一句观察："在他鲜少表露情感的外表下，偶尔也会透出几分尖酸；他的喜剧中蕴含着一种冰冷的低语，不是悲怆，而是忧郁。"参见 James Agee, "Comedy's Greatest Era," in *Agee on Film*, vol.1 (New York: Perigee Books, 1941), 2–19。

[14] Tom Stempel, *American Audiences on Movies and Moviegoing* (Lexington: University Press of Kentucky, 2001), 12.

[15] Agee, *Agee on Film*, vol. 1, 250.

[16] Tom Dardis, *Some Time in the Sun* (New York: Charles Scribner's Sons, 1976), 214–215.

[17] Robinson, *Chaplin*, 568.

[18] Scott, *The Little Iron Man*, 357.

[19] "Interview with Norman Lloyd," *Limelight*, directed by Charles Chaplin, Blu-ray, 2015, Criterion Collection.

[20] 在出演《舞台春秋》五年后，基顿在《玛莎·雷伊秀》(*Martha Raye Show*) 中重新创作了一版音乐二重唱小品，由雷伊饰演小提琴手。这位女喜剧演员曾在《凡尔杜先生》中与卓别林有过合作。电视版增加了许多噱头，还用更多镜头将两位表演者同时展现在观众面前。鉴于电视节目短剧的目的是为了展示基顿作为雷伊本周的客座明星，而不是要推进关于她自己角色的故事，因此这种重点的转移并不一定表明所有添加的素材都包含在原来设想的电影版本中。

[21] Andrew Sarris, "*Monsieur Verdoux*," in Richard Schickel, ed., *The Essential Chaplin* (Chicago: Ivan R. Dee, 2006), 262.

[22] Keaton and Samuels, *My Wonderful World of Slapstick*, 271.

[23] Geraldine Chaplin interview, in *The Life and Art of Charles Chaplin*, directed by Richard Schickel, 2003.

[24] Meade, *Cut to the Chase*, 259.

[25] 哈罗德·劳埃德曾在完全中立的语境下被提及过一次，卓别林曾租用过劳埃德的制片公司之前使用过的场地。尽管他对在他之前的一些舞台丑角的钦佩之情溢于言表，卓别林对同时代的从业者几乎只字不提。

[26] "Interview with Norman Lloyd," *Limelight*.

27 娱乐业的未来

[1] Keaton and Samuels, *My Wonderful World of Slapstick*, 271.

[2] Meade, *Cut to the Chase*, 240.

[3] Sweeney, *Interviews*, 55.

[4] Meade, *Cut to the Chase*, 276.

[5] Brenda Neece, "A Cello Helped Launch One of the Most Popular TV Shows of All Time," Cello Museum, September 15, 2020, https://cellomuseum.org/a-cello-helpedlaunch-one-of-the-most-popular-tv-shows-of-all-time/.

[6] "Must Revive Want-to-See Habit," *Variety*, March 1, 1950.

[7] Erik Barnouw, *Tube of Plenty: The Evolution of American Television* (New York: Oxford University Press, 1982), 110–115.

[8] J. Fred MacDonald, *One Nation Under Television* (New York: Pantheon Books, 1990), 60.

[9] Robert J. Thompson, "Television in the United States," *Encyclopedia Britannica*, https://www.britannica.com/art/television-in-the-United-States/The-late-Golden-Age.

[10] 由于保留下来的早期电视作品太少，节目第一部经常被与第二年播出的名字类似的《巴斯特·基顿喜剧秀》(*Buster Keaton Comedy Show*) 混淆，对这两部作品的了解都不多。节目第二部中的两集后来被剪辑在一起，以名为《巴斯特·基顿的不幸遭遇》(*The Misadventures of Buster Keaton*) 的专题片在海外发行；此外，节目第二部的内容似乎已完全失传。

[11] Matthew Dessem, *The Gag Man: Clyde Bruckman and the Birth of Film Comedy* (Raleigh, NC: Critical Press, 2015), 214–215. 1955 年，布鲁克曼再也找不到工作，也无法控制自己的酗酒恶习，他借走了基顿的一把枪，告诉基顿他想在即将到来的公路旅行中保护自己，结果在洛杉矶一家餐厅的洗手间里开枪自杀。

[12] Dominique Jando, "Cirque Medrano (Paris)," *Circopedia*, http://www.circopedia.org/Cirque_Medrano_(Paris).

[13] Arthur Moss, "Letters from Abroad: Cirque Intime," *Freeman* 8 (January 2, 1925): 399–400.

[14] Paul Gallico, "Circus in Paris," *Esquire*, August 1, 1954.

[15] 作者对多米尼克·扬多的采访，June 8，2021.

[16] Scott, *The Little Iron Man*, 342.

[17] Sweeney, *Interviews*, 215.

[18] Meade, *Cut to the Chase*, 302.

[19] Scott, *The Little Iron Man*, 370.

[20] Ibid.

[21] 相较之下，哈利·基顿在《这是你的人生》的兄弟会面中只得到了一次

僵硬的握手。由于哈利显然无意在经济上独立于哥哥，他们的关系逐渐变糟。1956年，基顿卖掉了他和弟妹还有母亲断断续续生活了几十年的房子。这让哈利既没有工作，也没有地方安身。哈利最终搬到了加利福尼亚州的边境小镇圣伊西德罗，他在那里经营了一段时间的酒店，赌狗又赌马。1983年，他在街上摔倒后去世，享年七十八岁。参见 Meade，*Cut to the Chase*，307。

[22] Caryn James, "How Keaton Commanded His Life's Last Stage," *New York Times*, October 6, 1996.

[23] 作者对鲍勃和米娜科·伯根的采访，他们是埃莉诺·基顿的长期好友，May 20, 2021。

[24] 椰林剧场的《等待戈多》是一部令观众痛苦的作品，它严格地遵循了贝克特对该剧的构想，它也是一次口碑不佳的失败演出。在混乱的前期宣传过后，该剧被贬为"轰动两大洲的笑剧"，这相当于宣告了这部剧的彻底完结，当地观众大多是为了在茶余饭后找点乐子的富裕游客，这样的评论让他们纷纷离开了剧场。参见 Alan Schneider, "No More Waiting!" *New York Times*, January 31, 1971。

[25] 基顿并不是《电影》的首选；其他被考虑过的名字包括查理·卓别林、泽罗·莫斯苔和爱尔兰演员杰克·麦克高兰。参见 Alan Schneider, "On Directing Film," in *Film by Samuel Beckett* (New York: Grove Press, 1969), 66.

[26] Scott, *The Little Iron Man*, 300.

[27] Keaton and Samuels, *My Wonderful World of Slapstick*, 280.

[28] Sweeney, *Interviews*, 234.

[29] Jane Kramer, "Beckett," *New Yorker*, August 6, 1964.

[30] Schneider, "On Directing *Film*," 68.

[31] Ibid., 81.

[32] 凯文·布朗洛对塞缪尔·贝克特的采访，布朗洛在罗斯·里普曼 2015 年执导的散文电影《非电影》中引述了这段话。

[33] Allen Ginsberg, "Today," in *Collected Poems 1947–1997* (New York: HarperCollins, 2006), 353.

[34] Leonard Maltin, interview in *Not film*, directed by Ross Lipman, 2015.

[35] Sweeney, *Interviews*, 232.

[36] Gilles Deleuze, "The Greatest Irish Film," *Essays Critical and Clinical*, trans. Daniel W. Smith and Michael A. Greco (Minneapolis: University of Minnesota Press, 1997), 23.

[37] Samuel Beckett, *The Letters of Samuel Beckett*, vol. 1: *1929–1940*, Martha Drew Fehsenfeld and Lois More Overbeck, eds. (Cambridge, UK: Cambridge University Press, 2009), 647.

[38] Samuel Beckett, *The Letters of Samuel Beckett*, vol. 3: *1957–1965*, George Craig, Martha Drew Fehsenfeld, Dan Gunn, and Lois More Overbeck, eds. (Cambridge, UK: Cambridge University Press, 2014), 629–631.

[39] Dardis, *The Man Who Wouldn't Lie Down*, 270.

[40] Meade, *Cut to the Chase*, 250–255.

[41] Michael Binder, *A Light Affliction: A History of Film Preservation and Restoration* (London: Lulu.com, 2015), 88.

[42] 出自 1987 年凯文·布朗洛和大卫·吉尔为泰晤士电视台执导的《巴斯特·基顿：无可匹敌》(*Buster Keaton: A Hard Act to Follow*) 中对基顿的采访。

尾声　埃莉诺

[1] Scott, *The Little Iron Man*, 415.

[2] 作者对鲍勃和米娜科·伯根的采访。

图书在版编目(CIP)数据

巴斯特·基顿:电影的黎明/(美)达娜·史蒂文斯(Dana Stevens)著;杨懿晶译. —上海:上海人民出版社,2024
书名原文:Camera Man:Buster Keaton, the Dawn of Cinema, and the Invention of the Twentieth Century
ISBN 978 - 7 - 208 - 18924 - 9

Ⅰ.①巴… Ⅱ.①达… ②杨… Ⅲ.①巴斯特·基顿(1895 - 1966)-传记 Ⅳ.①K837.125.78

中国国家版本馆 CIP 数据核字(2024)第 098802 号

责任编辑 吴书勇
装帧设计 李婷婷

巴斯特·基顿
——电影的黎明
[美]达娜·史蒂文斯 著
杨懿晶 译

出　　版　上海人民出版社
　　　　　(201101　上海市闵行区号景路 159 弄 C 座)
发　　行　上海人民出版社发行中心
印　　刷　江阴市机关印刷服务有限公司
开　　本　890×1240　1/32
印　　张　15.75
插　　页　3
字　　数　348,000
版　　次　2024 年 9 月第 1 版
印　　次　2024 年 9 月第 1 次印刷
ISBN 978 - 7 - 208 - 18924 - 9/J·714
定　　价　98.00 元